Catherine Keller · Der Ich-Wahn

Catherine Keller

# Der Ich-Wahn

Abkehr von einem lebensfeindlichen Ideal

Aus dem Amerikanischen
übertragen von Erika Wisselinck

Kreuz Verlag

Die Originalausgabe erschien bei Beacon Press,
Boston, Massachusetts, U.S.A. unter dem Titel
»From a broken web. Separation, Sexism, and Self«

CIP-Titelaufnahme der Deutschen Bibliothek

**Keller, Catherine:**
Der Ich-Wahn : Abkehr von einem lebensfeindlichen Ideal /
Catherine Keller. Aus d. Amerikan. übertr. von Erika Wisselinck.
– 1. Aufl. – Zürich : Kreuz-Verl., 1989
  Einheitssacht.: From a broken web. separation, sexism, and self <dt.>
  ISBN 3-268-00084-3

1. Auflage
Copyright für die deutschsprachige Ausgabe Kreuz Verlag AG Zürich 1989
»From a broken web«
© 1986 by Beacon Press, Boston
Umschlaggestaltung: Jürgen Reichert
Satz: Typobauer, Scharnhausen
Gesamtherstellung: Freiburger Graphische Betriebe
ISBN 3 268 00084 3

# Inhalt

# Einleitung

**M**uß ich, um ein Selbst zu sein, etwas Eigenständiges, von allem anderen Abgetrenntes sein? Wie sonst könnte ich ein »Ich« sein? In unserer Zivilisation gehen Mythos und Religion, Philosophie und Psychologie von der Voraussetzung aus, ein Individuum sei ein eigenständiges Wesen: Ich existiere säuberlich getrennt von meiner menschlichen und räumlichen Umgebung; ich bleibe in jedem Augenblick im wesentlichen das gleiche Ich. Nach allgemeinem Verständnis wird Getrenntheit und Abgrenzung mit jener Freiheit gleichgesetzt, die wir als »Unabhängigkeit« und »Autonomie« schätzen. Die Vorstellung, daß Ich-selbstsein Trennung voraussetzt, ist sogar in der Sprache verankert. Das lateinische Wort für »selbst«, *se*, was »für sich« bedeutet, ergibt in der Zusammensetzung mit *parare* (vorbereiten) im Englischen das Verb »to separate« (trennen). In unserer Kultur führt der Weg zum Selbst über die Trennung.

Ich werde in diesem Buch die Vorstellung von der notwendigen Autonomie in Frage stellen. Es hat sich herumgesprochen, daß Frauen nicht den Normen entsprechen, die eine von Abgrenzung geprägte Gesellschaft aufgestellt hat. Als Töchter, Ehefrauen, Mütter, Schwestern und Freundinnen sind Frauen in ein komplexes Beziehungsnetz eingebunden, in dem sich die Grenzen von Ich und Umwelt, von Selbst und Anderem, verwischen. Ihre traditionelle Spezialisierung auf Beziehungsarbeit scheint bei Frauen an die Stelle von Ich-Stärke und sozialer Macht getreten zu sein und hat die harten Kanten einer Welt, die das Trennende betont, abgepolstert. Dennoch behaupte ich, daß wir durch die Hinwendung zum Verbindenden, so diese mit feministischem Bewußtsein gekoppelt ist, zu einer neuen Auffassung von Ich-selbst-sein gelangen können und werden. »Für sich« sein bedeutet nicht notwendigerweise, ohne Beziehung zu existieren. Gibt es überhaupt so etwas wie ein eigenständiges, von der Umwelt getrenntes Selbst – oder ist das nur eine Pose?

Die Grundthese dieses Buchs läßt sich einfach zusammenfassen: Trennung (Abgrenzung) und Sexismus machen miteinander die wichtigsten Voraussetzungen für die Entstehung des Selbst in unserer Kultur aus. Daß jedes Subjekt, menschlich oder nichtmenschlich, das, was es ist, nur durch eine klare Trennung von allem anderen ist, und daß dem Menschen von Natur aus und mit vollem Recht das Privileg der Zivilisation gebührt: Diese beiden Prämissen arbeiten zusammen wie zwei Augen, um eine durchgängige Weltsicht aufrechtzuerhalten. Die Augen, mit denen man sieht, hinterfragt man dabei nicht. Im Verlaufe dieses Jahrhunderts hat jedoch die Frauenbewegung den alltäglichen Sexismus sehr deutlich gemacht, und zugleich haben in einem anderen Bereich unzählige theoretische Weiterentwicklungen die Vorstellung von einem aus isolierten Atomen bestehenden Universum über den Haufen geworfen. Doch solange wir nicht die entscheidende Verknüpfung beider Prämissen erkennen, wird die alte Weltsicht ihre im Unbewußten verankerte Triebkraft behalten.

Wenn hier die althergebrachte Vorstellung, wie sich der Mensch zu einem autonomen und auf dieser Basis sozial verantwortlichen Individuum entwickelt, in Frage gestellt wird, dann wird das wohl ein Protestgeschrei unter Feministinnen wie auch unter Antifeministen hervorrufen. Doch wenn ich eine neue Form von Bezogenheit befürworte, muß das zugleich bedeuten, daß ich die Menschen in einem weichen undifferenzierten Schlamm emotionaler Abhängigkeit versinken lassen will? Mit der Vorstellung von Symbiose und Ungetrenntheit verbinden wir eine Unmenge angsterregender Assoziationen: eine Welt voller Horden oder Gruppen, eine Welt voll präödipalem Narzißmus oder kollektivem Unbewußten, von zerstörter Privatheit oder erbarmungsloser Gleichheit. Gefährde ich nicht das gering genug bemessene Ausmaß an Bewußtheit und Freiheit, das die Zivilisation erreicht hat? Diese Bedenken sind legitim. Die einmalige Integrität einer fest umrissenen Individualität, die traditionell mit der Unabhängigkeit eines klar abgegrenzten Ichs verbunden ist, stellt einen unverzichtbaren Wert dar, ist in der Tat ein Prüfstein für jede befreiende Theorie menschlicher Beziehungen. Doch sollten wir uns nicht von falschen Alternativen wie »Selbst« versus »Beziehung« irreführen lassen. Beziehung kann einerseits Abhängigkeit vergrößern, kann andererseits aber auch Freiheit erproben und fördern.

Hinter all diesem Beharren auf Abgrenzung steht die Furcht vor Verschmelzung, vor Selbstauflösung. Doch nehmen wir einmal an, daß hinter dieser Furcht vor dem Verlust des Selbst eine tiefe Angst vor Frauen lauert. Diese grundlegende Gynophobie führt dann dazu, daß jede feministische Perspektive – und ganz besonders eine, die ein Gefühl für radikale Interdependenz entwickelt – in den Verdacht gerät, weibliche Vorherrschaft zu proklamieren und das differenzierte Individuum abzuschaffen. Werden die strengen maskulinen Ich-Grenzen gelockert, dann, so befürchtet man, wird das eine Flutwelle matriarchalen Kollektivismus auslösen. Doch haben nicht nur die Sexisten die Angst vor »Bienenstock und Ameisenhügel« internalisiert. Die meisten von uns sind in enger Beziehung zu Müttern aufgewachsen, deren eigene kreative Energien im häuslichen Alltag nie zum Tragen kommen konnten und die deshalb eine übermächtige emotionale Bedrohung darstellen. Meine Argumentation läuft darauf hinaus, daß sich in und unter uns ein neues Bewußtsein nur dann entwickeln kann, wenn Frauen und Männer diese verborgene und in allen kulturellen Verästelungen lebendige Matriphobie überwinden.

Auch heute haben Frauen noch immer allen Grund, den Verlust ihrer Eigenpersönlichkeit zu fürchten. Daß sich Frauen stets nur in Beziehung auf jemanden hin definieren konnten, kam mehr oder weniger einer psychosozialen Sklaverei gleich. So ist es durchaus logisch, daß sich das Erringen einer eigenständigen Individualität, wie sie bisher nur den Männern vorbehalten war, als Fluchtweg anzubieten scheint. Sicher würden viele Frauen darauf bestehen, daß ein Mehr an Beziehung das letzte ist, was sie sich wünschen. Wie oft hören wir von Frauen, daß sie sich erst – oder endlich – einmal trennen und ihre eigene Autonomie entwickeln müssen: ein besonders dringliches Motiv unter Frauen, die nach langer Versenkung und Verstrickung in Ehen, Familien oder enttäuschenden Liebesaffären nun endlich einmal zum Luftholen kommen.

Ich glaube jedoch nicht, daß diese Frauen, die in sich selbst ein neues Kraftzentrum suchen, im Grunde Bezogenheit wirklich ablehnen. Ich glaube eher, daß Frauen sich nach *Welten* sehnen –

nach Orten innerer und äußerer Freiheit, in denen neue Formen von Bezogenheit möglich sind. Mit anderen Worten: Frauen, die gegen die Zwänge der herkömmlichen weiblichen Beziehungsformen ankämpfen, wünschen sich nicht weniger, sondern mehr (und andere) Beziehungen; nicht Trennung, sondern wirkliche Bezogenheit. Der Weg der Trennung wird also einer Frau nur für kurze Zeit neue Energien spenden, so notwendig er in jedem männlich definierten Arbeitszusammenhang auch ist. Andererseits wird eine Frau, die die traditionell männlichen Ich-Muster verinnerlicht hat, ihren Geist keineswegs dadurch beleben können, daß sie zu den klassischen weiblichen Verhaltensweisen zurückkehrt. Wir brauchen etwas Neues.

Und was ist mit den immer noch sehr wenigen Männern, die nach einer neuen Art von Männlichkeit suchen und die (manchmal) bereit sind, sexistische Vorstellungen abzubauen, und damit einen erheblichen Verlust an Prestige riskieren? Sie werden weder sich selbst noch den Frauen helfen, wenn sie lediglich gegen das unabhängige Ich revoltieren und sich den Mustern von Passivität und Abhängigkeit unterwerfen, wie sie zum Weiblichkeitsstereotyp gehören. Hier tut zunächst Auseinandersetzung mit ihren noch immer dick gepanzerten Abwehrmechanismen not.

Ziel meines Buches ist es jedoch nicht, die gängigen Formen des männlichen und weiblichen Selbst zu vergleichen. Trotzdem glaube ich nicht, daß wir die Frage der Geschlechtsidentität mit all ihren schmerzhaften Verwirrungen beiseite lassen und etwa irgendeinen allgemeinen »Humanismus« erreichen können. Wie auch immer unsere sexuellen Vorlieben oder unsere Lebensphase aussehen, wir wachsen nie über unsere Geschlechtsidentität hinaus, sondern stets *mit* ihr und *durch* sie. Die Probleme des getrennten Selbst und die Möglichkeiten einer Alternative betreffen aber – wenn auch äußerst unterschiedlich – Männer und Frauen gleichermaßen.

Welche Alternativen bieten sich an? Es genügt gewiß nicht, nur von »weniger Trennung«, »mehr Beziehung« oder »Gleichgewicht« der Geschlechter zu sprechen. Das wären billige Kompromisse. Die Krise der Subjektivität in diesem Jahrhundert und die Grundströmung der Frauenbewegung verlangen mehr als ein paar freundliche Veränderungen in Sprache und Lebensstil. Nichts Geringeres als unser Leben ist gefordert. Umfassend denken und tief fühlen in all unseren Wissenschaftsbereichen und Erfahrungen, Interessen und Fachgebieten hilft uns derweilen, die Gestalt des Möglichen zu formen. Daraus folgt, daß der Inhalt dieses Buches, das zugleich feministisch und interdisziplinär ist, niemanden ausschließt, der nicht ausgeschlossen sein will.

Im ersten Kapitel begegnen wir einer vertrauten Dyade, deren Glieder ich das ›trennende Selbst‹ und das ›fließende Selbst‹ nenne. Herkömmlicherweise handelt es sich hier um jenes sich ergänzende Paar, das als Mann und Frau bekannt ist, ein Paar, bei dem *sein* Selbstsein auf Kosten des *ihren* zustande kommt. Ich bediene mich Simone de Beauvoirs klassischer Analyse der patriarchalen Unterordnung von Frauen als Objekte der männlichen Subjekte. Selbst in ihrer einzigartigen Mischung von Feminismus und Existentialismus finden wir in ihrem Konzept der Subjektivität gewisse androzentrische Prämissen, die ich bis zur Theologie der Transzendenz zurückverfolge.

Das zweite Kapitel beschwört verschiedene Ungeheuer herauf. Wir erkennen, wie das alte mythische Ungeheuer die verlorene weibliche Kraft verkörpert und von den Anmaßungen des patriarchalen Helden besiegt wird. Innerlich, in den Psychen von Männern und Frauen, und äußerlich, in den Institutionen der öffentlichen Welt, unterdrückt, wendet sich die Ungeheuer-Energie gegen die Normen der Männlichkeit und droht mit einer wütenden Wiederkehr des Unterdrückten. Fabeltiere kehren zurück, im Protest gegen eine Frauenfeindlichkeit, von der die entscheidenden abendländischen religiösen Traditionen – die hebräische, die griechische und die christliche – durchdrungen sind.

Im dritten Kapitel lassen wir uns auf eine tiefenpsychologische Untersuchung der Triebkräfte des Helden ein. Freud und Jung bieten innerpatriarchale Berichte über die misogynistische Männlichkeit des Helden, seine in steter Verteidigungsbereitschaft befindliche Ich-Struktur, seine frauen- und vatermörderischen Bedürfnisse. Diese Erklärungen sind immer noch von androzentrischen Vorurteilen geprägt, sie können letztlich, wenn auch auf andere Weise, dazu dienen, das heldische Ich zu rechtfertigen. Ich stütze mich bei meinen Deutungen auf eine feministische Analyse von Trennung und Beziehung, wie sie vor allem bei Nancy Chodorow zu finden ist, um mich der Theorie eines beziehungsfähigen Selbst anzunähern, das weder auf »weibliche« Psychologie noch auf patriarchale Kulturaneignung beschränkt ist.

Im vierten Kapitel möchte ich kosmologische Aspekte einbeziehen. Das bindungsfähige Selbst, und zwar keineswegs abhängig von irgendwelchen Merkmalen weiblicher Psychologie, zeigt eine tiefe Affinität zu allen Wesen. Um dieses »alle« zu erkennen, müssen wir der Metaphysik eine andere Richtung geben, müssen wir unsere Sichtweise ausweiten. Diese Sichtweise, die ich anstrebe, beruht zu gleichen Teilen auf Gefühl und auf Analyse. Es stellt sich, wenn wir uns mit der »Prozeß-Philosophie« von Alfred North Whitehead beschäftigen, sogar heraus, daß *Gefühl* das Vehikel aller Beziehung ist. Fließend und nach allen Seiten durchlässig sein – beides seit jeher dem Unheimlichen und Weiblichen zugeordnet – erweist sich nun als Merkmal jedweden Seins: Alles, was im Universum existiert, kann beschrieben werden als ein Prozeß der Wechselwirkung mit allem anderen Existierenden.

Im letzten Kapitel wird schließlich das Bild des Netzes deutlich. Dichtung und Mythen bringen uns ein neues religiöses Gefühl nahe, das arachnisch genannt werden kann, und mit dessen Hilfe wir so etwas wie eine feministische Ontologie des Selbst formulieren können. Hier werde ich vier *nicht*-polare Begriffspaare vorstellen: eins sein/viele sein, öffentlich sein/privat sein, Körper sein/Seele sein und hier sein/jetzt sein. Diese bilden einen komplexen Rhythmus, aus dem das bindungsfähige und fließende Selbst sich und seine Welt zusammensetzt.

Was wir hier miteinander zu weben beginnen, ist das Netz der Interaktionen. Laßt uns mit jenem Gefühl der Beziehung experimentieren, das hier und jetzt beginnt: mit den Gefühlen dieses Augenblicks und unseren Körpern, mit dem Gewicht des Buches und dem Puls unseres Blutes in den Fingern. Wir wollen uns die radikale Choreographie alles Lebendigen vorstellen. Dann können wir vielleicht zugleich damit beginnen, im Namen der Bezogenheit alle jene Freiheiten und Einsamkeiten zurückzugewinnen, die häufig unter der Vormundschaft des abgegrenzten Selbstseins gehalten werden. Allerdings wird dann unsere Subjektivität nie wieder die gleiche sein.

Kapitel 1

# Das Abgegrenzte und das Fließende

*... ich härme mich ab um meinen trauten Odysseus. Jene erproben die Hochzeit und ich ersinne Verzögerung ... Und nun webt' ich des tags an meinem großen Gewande, aber des nachts dann trennt' ich es auf beim Scheine der Fackeln.*

Homer, Odyssee

*Denn weben bedeutet nicht nur (anthropologisch gesehen) vorherbestimmen oder (kosmologisch gesehen) verschiedene Realitäten miteinander verbinden, sondern auch erschaffen, etwas aus der eigenen Substanz machen, so wie es die Spinne tut, wenn sie ihr Netz spinnt.*

Mircea Eliade, Patterns in Comparative Religion

In dem klassischen Epos des Westens, der Odyssee, wartet Penelope, während ihr Mann, Odysseus, durch die Welt schweift. Er nimmt seinen Weg durch Zeit und Raum als Eindringling, Flüchtling und Verführer und schafft damit ein Ich von epischer Unabhängigkeit, setzt es gegen eine Welt gefährlicher Gegner. Feinde und die Elemente, Ungeheuer und zauberische Frauen dienen lediglich dazu, seine Selbstidentität zu stärken und die Kraft seiner Autonomie unter Beweis zu stellen. Erst verläßt er sein Heim, dann vollendet er die archetypische Reise des Helden, indem er zur treuen Penelope zurückkehrt. Sie hat nichts geschaffen, vollendet, sie *bleibt* lediglich: intakt, doch abgehärmt. Täglich hat sie an ihrem Gewand gewebt und das Gewebte wieder aufgetrennt, sie hat sich selbst bewahrt – doch ist das wirklich ein Selbst? – für ihn, an einem festen Ort, in einer zyklischen Zeit. Er ist »befreit von«, sie ist gebunden. »Befreit sein von« ist die Etymologie des Absoluten: das in sich selbst Vollendete, Unabhängige und getrennt von allem anderen Existierende. Nach Simone de Beauvoirs inzwischen klassischem Satz: »Er ist das Subjekt, er ist das Absolute: sie ist das Andere.«[1] Doch hätte Penelope, während sie die Fäden des täglichen Überlebens bindet und wieder löst, überhaupt das Absolute sein wollen – auch wenn ihr Schicksal wie ihr Weberschiffchen in ihren eigenen Händen gelegen hätte?

Dieses klassische Paar steht für ein vertrautes Muster. Wir begegnen ihm in den endlosen Geschichten von fahrenden Rittern und durchs Land ziehenden Cowboys, die ihre Abenteuer vor dem emotionalen Hintergrund der wartenden Frauen bestehen: »In Liedern und Geschichten erleben wir, wie der junge Mann hinauszieht, um Abenteuer zu erleben ... sie ist in einen Turm, ein Königsschloß, einen Garten, eine Höhle eingesperrt, sie ist an einen Felsen gefesselt, eine Gefangene, sie liegt in tiefem Schlaf: sie wartet.«[2] Die meisten von uns kennen diese sich ergänzende Dyade aus der weniger heldischen eigenen Familiengeschichte. Und noch besser kennen wir sie, weil wir selbst diesem Muster keineswegs entgangen sind. Es scheint zwei unterschiedliche Arten von Selbst zu geben, die total voneinander abhängig sind; die Aufgabe des einen ist es, seine scheinbare Unabhängigkeit zu beweisen, die Aufgabe des anderen, diesen Anschein aufrechtzuerhalten. Wenn nun »die Andere« ihre Unabhängigkeit beweisen will, wird sie sich doch nicht ausgerechnet dazu befreien wollen, daß sie sich wiederum in der Subjektivität des (scheinbar) losgelösten und als höchste Instanz geltenden Ichs gefangen findet. Und wenn *er* anfängt, sich aus den Verhaltensweisen des »männlichen Ichs« zu lösen, so können wir nur hoffen, daß er sich nicht in passive Abhängigkeit flüchtet. Und sollten wir die beiden Geschlechterrollen miteinander verheiraten, um das zu bekommen, was manchmal als Androgynie (Doppelgeschlechtlichkeit) bezeichnet wird, dann würden wir einfach nur die Macht der Stereotypen verdoppeln, indem wir ihre Komplementarität verinnerlichen.[3]

## Niemandes Trennung

Trotz gelegentlicher Antihelden ist die westliche Auffassung davon, was es heißt, ein »Mann« – also ein vollständiges menschliches Wesen – zu sein, vom Mythos des Kriegerhelden bestimmt. Noch in den sublimsten Zusammenhängen – weit weg von jedem Schlachtfeld – mißhandelten in der Phantasie jedes Schuljungen die homerischen Helden ihre Gegner, während die Soldaten Christi gegeneinander und gegen alle anderen Feinde des Herrn zu Felde zogen. Der archetypische Held formt die menschliche Persönlichkeit nach seinem eigenen Bilde, indem er ein Ich projiziert, das gegen die äußere Welt und gegen die inneren Tiefen gewappnet ist. Philosophischer Sproß dieses Bildes ist das getrennte, in sich selbst verschlossene Subjekt, das während aller seiner Unternehmungen mit sich selbst identisch bleibt. Es bleibt durch die Beziehungen, die es eingeht, in seinem Wesen unberührt. Vielmehr wird sich ein solches Subjekt, um sein Gefühl der Unabhängigkeit zu erhalten, stets von allen Bindungen zu befreien suchen, als handele es sich dabei um Sklavenketten. Durch Intimität, Emotionen und den Einfluß des Anderen werden seine schlimmsten Ängste geweckt, denn es muß ja – wie auch immer – Beziehungen aus seinem eigentlichen Sein, seinem »Selbst«, heraushalten. Es beweist seine Überlegenheit in den Prüfungen der Trennung und schafft sich somit als seine Tugend eine mobile Autonomie (Tugend lat. *virtus*, von dem Wort *vir* »Mann«). Männlichkeit besteht in erster Linie in Undurchlässigkeit, in einer Panzerung gegen Ein*flüsse*.

Ein Zeitgenosse erinnert sich an seine Erziehung: »Ich wurde erzogen, authentisch zu sein, ein eigenständiger Mensch. Man sagte mir, der Weg zum Erfolg sei Selbstbeherrschung, die Vorliebe für Schwierigkeiten und Einsamkeit, Unabhängigkeit und Auf-sich-selbst-gestellt-Sein, als Stärke, weil man niemand anderen braucht. Ich entdeckte die Philosophie der Authentizität, als hätte ich sie schon immer gelebt.«[4] Wikse bringt hier als philosophischer Wirtschaftswissenschaftler die Ökonomie des getrennten Selbst ins Spiel: Es ist sein eigener Besitz, gehört sich selbst. Wir können an dieser Stelle hinzufügen, daß das Andere, sein Gegensatz, ebenfalls ihm gehören muß, denn das unabhängige Ich ist in Wirklichkeit abhängig von einem ganzen Aufgebot ihm dienender und es umsorgender anderer, in erster Linie Frauen. So stand das griechische Wort *ousia* – hergeleitet von dem Verbum *sein*, herkömmlich als »Substanz« übersetzt, – ursprünglich zugleich für »Realität« und für »Besitz«. Odysseus forderte seine eigene Substanz ein, als er nach Ithaka zurückkehrte, wo ihn Ehefrau und Landbesitz erwarteten.

Offensichtlich gehört zum Selbstgefühl des Mannes, daß die Frau sein Besitz ist. So ist der Diebstahl einer Frau ein Kriegsgrund. Helenas Schönheit ließ tausend Schiffe auslaufen – sie sollten das System männlichen Selbstgefühls verteidigen. Wenn Menelaos Helena endgültig verlöre, wäre es mit der heroischen Integrität aller Griechen vorbei. Wikse berichtet, wie sein Gefühl für Authentizität als Kind durch einen amerikanischen Mythos geprägt wurde. Sein Vater erzählte ihm immer wieder das Heldenepos von Cowboy Jack, einem herumziehenden guten Kerl, der eine Stadt rettet, sich jedoch von allen Bindungen fernhält – damit er weiter herumziehen und retten kann. Zweifellos gehören zur Selbstidentität des heldischen Ich eindrucksvolle Leistungen der Selbstverleugnung zugunsten einer erfolgreichen Karriere. (Demgegenüber verblaßt das statische Selbstopfer der wartenden Frau.)

Aber ist nicht die Selbstverleugnung des heldischen Ich zugleich auch die Verleugnung des Anderen: eine Verdrängung seiner eigenen tiefen Wechselbeziehung zu allem anderen und eine Abwehr der legitimen Ansprüche anderer? Wenn sich das Ich so einmalig und autonom fühlt, so handelt es sich hier möglicherweise nicht um Wahrheit, sondern um Verleugnung. Präziser sollte dieses Ich nicht als *ge*trennt, sondern als *trennend* bezeichnet werden, womit eine Aktivität oder eine Absicht angesprochen wird und nicht lediglich irgendein vorgegebener Seinszustand. Das trennende Ich ist historisch – doch weder wesensmäßig noch zwangsläufig – mit den Männern und dem Männlichen identifizierbar. Es gewinnt seine Identität aus dem Bewußtsein seiner selbst als etwas Getrenntem, etwas, das der Welt, dem Anderen, und sogar dem eigenen Körper gegenübersteht. Es ist *dieses*, nicht *jenes*.

Virginia Woolfs Gestalt Louis (ein außergewöhnliches männ-liches Wesen) beklagt die allgemeine Mentalität der Trennung:

».. . diese Versuche, zu sagen: ›Ich bin dies, ich bin das‹, die wir
machen, wenn wir, gleich getrennten Teilen eines einzigen Körpers und einer einzigen Seele, zusammenkommen, sind verkehrt. Irgend etwas ist, aus Furcht, ausgelassen worden. Irgend
etwas ist, aus Eitelkeit, verändert worden. Wir haben versucht,
Unterschiede hervorzuheben. Aus dem Wunsch, jedes für sich
zu sein, haben wir unsere Fehler und das, was das Besondere
an uns ist, betont.«[5]

Sowohl Männer wie Frauen werden in einer Kultur sexisti-
scher Gegensätzlichkeit durch Furcht und Eitelkeit motiviert, doch
auf unterschiedliche Weise. Als eine das Selbst prägende
ursprüngliche Kraft ist diese Betonung der Unterschiedlichkeit
Teil der Kultivierung eines heldischen Ich. Entscheidendes Cha-
raktermerkmal des Helden scheint es zu sein, daß er sich ständig
selbst Gefahren und damit der Furcht aussetzt und eine herausfor-
dernde Eitelkeit zeigt. Seine Frau hingegen fürchtet *ihn*, und ihre
Eitelkeit spiegelt das Bild, das er von ihr hat. So ist ihr Unterschied zu ihm oft nicht viel mehr als eine Reaktion auf ihn, eine
sekundäre Rollenprägung.

Glücklicherweise enthält selbst die *Odyssee* – wenn auch zwischen den Zeilen – gewisse ironische Züge, die das herausfor-
dernde Selbstbewußtsein des männlichen Helden auf seiner Reise
und die reine Passivität der Frau an ihrem unbeweglichen Webstuhl Lügen strafen. Ironie, als Konfrontation von Unvereinbar-
keiten, nämlich dessen, was gesagt wird, mit dem, was wahr ist,
stellt eine der möglichen methodologischen Perspektiven dar, mit
denen wir uns androzentrischen Traditionen und Texten nähern
können. Nach Kierkegaard ist die »Ironie der Ansporn zur Subjektivität«[6]. Eine ironische Perspektive wird angedeutet, möglicherweise beabsichtigt in dem klassischsten Wortspiel der *Odyssee*:
Der fürchterliche Zyklop (Sohn der Erde und gegen die Herrschaft des Zeus rebellierend) fragt Odysseus nach seinem Namen.
Odysseus, der weiß, daß der Zyklop seine einäugigen Freunde zu
Hilfe rufen wird, antwortet ihm: »Mein Name ist Niemand«. Nie-

mand, *oudeis*, ist ein Wortspiel mit *Odysseus*. Nachdem ihm die Flucht gelungen ist, schleudert Odysseus seinen wahren Namen dem Zyklopen entgegen, ausdrücklich, um den Ruhm dieses Namens und seine eigene Unsterblichkeit zu stärken. Schon der reine Text bietet genügend Ironie.

Doch deutet sich hier eine noch tiefere Unvereinbarkeit an. Vielleicht ist der Genarrte am Ende doch unser Held und die Art von Ich, die er so hervorragend verkörpert. Vielleicht sprach Odysseus die Wahrheit, als er glaubte, sich nur zu verstellen. Wenn nämlich eine derartige Subjektivität schließlich an ihrem eigenen Anspruch auf Ruhm, Namen und Unsterblichkeit scheitert, dann kann sie nur noch unversehens ihre verdrängten Ängste artikulieren: »Mein Name ist Niemand.« Ich bin nicht wichtig. Nicht wirklich. Niemand. Nie *Mann*. Keine selbstbewußte Monade. Mit diesem Ausspruch zeigt der Held, was Kierkegaard »Verzweiflung des Trotzes« nennt, die er mit »Verzweiflung der Mannheit« gleichsetzt. »Und dies ist das Selbst, daß er verzweifelt sein will, indem er das Selbst losreißt von jeder Beziehung zu einer Macht, die es gesetzt hat, oder indem er es losreißt von der Vorstellung, daß eine solche Macht da sei.«[7] Ein authentisches Selbst will sein, was es ist. Und wenn Odysseus ausruft, daß er »Niemand« ist, gibt er dann nicht gerade in seiner Herausforderung der Verzweiflung über einen ihm noch nicht bewußten Selbstwiderspruch Ausdruck? Könnte es sein, daß das herrschende Ethos des heldischen Egoismus, das Tausenden von Männern (und neuerdings auch weißen Karrierefrauen der Mittelklasse) aufgezwungen wird, einen Beigeschmack von unerkanntem Selbstzweifel hat? Immerhin hat es ja seine endgültige moderne Rationalisierung als cartesianisches Ego (»Ich denke, also bin ich«) erfahren, ein Konzept, das aus den Tiefen des Selbstzweifels geboren wurde. Descartes teilte die menschliche Realität in zwei unabhängige Substanzen ein, das denkende/erkennende Ich und die leblose Materie, als er in Einsamkeit darüber brütete, ob er überhaupt existiere.

Die Anstiftung zu einer neuen Vorstellung vom Selbst und seiner Subjektivität ist vielleicht die einzige Lösung – doch muß sie mehr sein als lediglich ein weiteres Argument gegen Dualismus oder Substantialismus. Aber das hartnäckig eingewurzelte Vorurteil von der Abgegrenztheit des Selbst arbeitet sogar im Unbewußten gegen jede Alternative. Denn dieses Vorurteil wird, wie wir sehen werden, durch die noch wesentlich massiveren Selbstverteidigungsmechanismen des Patriarchats gestärkt.

## (Auf-)Wartende Frauen*

Und was ist mit Penelopes Selbst? Seit kurzem ist sie dabei, die statische Treue, die sie als historische Figur präsentiert, zu durchbrechen; sie untersucht die scheinbar endlosen psychischen und gesellschaftlichen Wellen, die ihr merkwürdiger Seinszustand in der Geschichte schlägt: das Selbst der Frau als kein eigenes Selbst, daher ein künstliches, ihr nicht gehörendes Selbst, eigentlich gar kein Selbst. Sie scheint zersplittert, diffus, jeder Sprengkraft beraubt, soll ihren Ruhm nur in ihrem Für-ihn-da-Sein finden, wird sogar bei seinem Namen genannt. In ihrer hingebungsvollen Anonymität war sie Mittäterin bei seinem Selbstbetrug, förderte in ihm jene heimliche Abhängigkeit von ihr, mit deren Hilfe er sein Gefühl der Unabhängigkeit aufrechterhält. Wo heute aber die ökonomische Unabhängigkeit für Frauen zur Wahl steht (obgleich die Aussichten für alle bis auf weiße Mittelklasse-Karrierefrauen düster bleiben), wird es um so schwieriger für die Frau, dem Bedürfnis nach dem trennenden Anspruch »ich bin dies«, »ich bin das« zu widerstehen.

Kierkegaard definiert Sünde als Verzweiflung, hervorgerufen durch die Unfähigkeit, zu sein wer wir sind, durch den verzweifelten Versuch des Selbst, sich selbst zu entkommen. Er unterscheidet dann zwischen speziellen »männlichen« und »weiblichen« Formen der Verzweiflung. Ist die männliche Sünde die eines »potenzierten Trotzes« – die Weigerung, die endgültigen Bedingungen des Selbstseins anzunehmen –, ist das feminine Gegenstück die »potenzierte Schwachheit«. Kierkegaard verbindet scharfsichtig das geschwächte Selbstgefühl der Frau mit ihrem im Dienste für andere erlittenen Selbstverlust, also mit ihrer Hingabe. Er sieht in der traditionellen weiblichen Hingabe eine Sünde und keine Tu-

---

* Engl. »Women in Waiting«, in Analogie zu »Lady in Waiting«, was Hofdame bedeutet. Anm. d. Ü.

gend, weil sie eine Form der Verzweiflung und der Selbstverleugnung ist: »In der Hingabe hat sie sich selbst verloren.«[8]

Es scheint, als habe Kierkegaard die heutige Neubewertung des Sündenbegriffs durch die feministische Theologie vorweggenommen. Die Theologinnen Valerie Saiving, Judith Plaskow und Sue Dunfee zeigen, wie die herkömmliche Auffassung von Sünde (Sünde = Stolz und Selbstgerechtigkeit) dazu dient, die Unterordnung von Frauen zu verstärken, deren Versuchungen als *Frauen* in dem Bereich von »Unterentwicklung oder Negation des Selbst«[9] liegen. Doch leider zieht Kierkegaard – der wie die meisten Denker nicht zwischen den Auswirkungen patriarchaler Kultur und dem Wesen der Frau unterscheiden kann – die Schraube nur noch enger an, wie der Kontext des oben zitierten Satzes zeigt:

> »Daß aber Hingebung des Weibes Wesen ist, kehrt dann wieder in der Verzweiflung, ist dann wieder die Spielart der Verzweiflung. In der Hingabe hat sie sich selbst verloren, und allein auf die Art ist sie glücklich, allein auf die Art ist sie sie selbst; ein Weib welches glücklich ist ohne Hingabe, das heißt, ohne ihr Selbst hinzugeben, was denn im übrigen es auch sei daran sie es hingibt, ist ganz und gar unweiblich.«[10]

Während er völlig richtig zeigt, daß sich hinter der Hingabe der Frauen Verzweiflung verbirgt, verurteilt er uns zugleich zum Selbstverlust als der entscheidenden Vorbedingung für unser Glück! Diese typisch männliche Äußerung über die »Natur« der Frauen, die eine von männlicher Arroganz geforderte Feminität für das »Wesen der Frau« hält, führt unweigerlich zur Intoleranz. Mit einem solchen Rückfall in den Essentialismus verdunkelt Kierkegaard seinen eigenen Existentialismus, macht er ihn unglaubwürdig. Außerdem weiß er für die männliche Sünde keine vergleichbare Doppelbindung. Wir lesen nichts davon, daß ein Mann durch die Verzweiflung des Trotzes gehen muß, um männlich zu werden.

Das englische Wort *devotion* bedeutet im Dänischen »hingegeben sein«, während es im Altenglischen die Bedeutung von »Verhängnis« hat. Frauen kennen das Verhängnis der Hingabe nur zu gut: Eine Mutter etwa, die, um der Entwicklung ihrer Kinder

20

willen, unzählige Möglichkeiten zur Selbstverwirklichung geopfert hat, erlebt nun, wie die Kinder sich emotional zurückziehen, wenn sie ihre Unterstützung am nötigsten brauchte, denn sie hassen diese Selbstlosigkeit der Mutter, hinter der sich ein hoher Anspruch verbirgt; oder eine Frau, die sich für ihren Ehemann und seine Karriere aufgeopfert hat und nun beiseite geschoben wird, weil er die Reize einer selbstbewußten Frau entdeckt hat (die nicht von seinen Bedürfnissen ausgesogen ist); oder eine Tochter, die ihren eigenen Erfolg auf subtile Weise durch die Trauer über das nicht verwirklichte Potential ihrer Mutter vergiftet spürt. In diesen stereotypen, doch nach wie vor typischen Situationen fühlen sich Frauen, die in einer sich nur widerwillig verändernden Kultur gefangen sind, manchmal auch vom Feminismus verspottet – als sei ihre Verzweiflung in der Tat eine Sünde. Die Generationen hingebungsvoller und verzweifelter Frauen verfolgen uns wie der Chor der Furien.

Die Psychologin Maggie Scarf schildert den Fall einer Ehefrau und Mutter, die, in einer nach außen hin idealen Familiensituation, als Endvierzigerin kurz vor dem Selbstmord steht. Diese Frau drückt die weibliche Verzweiflung sehr präzise aus: »Ich habe überhaupt keine eigene Identität ... ich bin nicht jemand, verstehen Sie, gar keine richtige Person. Diese Rolle habe ich an Bob abgegeben.«[11] Ihr Selbst gehört dem Mann, er nahm es an, ohne es zurückzugeben. Während Odysseus sich deshalb »Niemand« nennt, weil er eine öffentlich bekannte Persönlichkeit ist, so ist die Frau nur dadurch jemand, daß sie niemand ist, das heißt, indem sie zu ihm gehört. Nur dadurch, daß sie zu jemandem gehört, kann sie ihre eigene öffentliche Identität gewinnen. Sie erlebt sich selbst immer schon als Besitz von jemand anderem. Sogar wenn Odysseus auf den Meeren herumirrt, behält sein Bild seine autonome Festigkeit, wohingegen das Penelopes, selbst in seiner bewegungslosen Fixiertheit, Zerfließen und Auflösung des Ich suggeriert.

Wir wollen versuchen, diese Art von Selbst zu beschreiben, das – weder notwendigerweise noch wesensmäßig, jedoch historisch – von Frauen verkörpert wird, das *fließende* Selbst. In der klassischen Dyade ergänzt es das trennende Selbst, das wie ein Lösungsmittel auf es einwirkt. Die Tendenz von Frauen, sich emotional und hingebend im anderen aufzulösen, ist eine subjektive Struktur, die jeweils von den einzelnen Frauen internalisiert, ihnen jedoch von einer männlich bestimmten Gesellschaft auferlegt wird. Frausein heißt warten: auf ihr Selbst, auf ihre Selbstdefinition, auf die Ankunft des Helden, der ihr Freude bringen wird. Simone de Beauvoir erfaßt den inneren Widerspruch weiblicher Passivität:

> »Was aber nun auf eigenartige Weise die Existenz der Frau begrenzt, ist, daß sie, obwohl wie jedes menschliche Wesen eine autonome Freiheit, sich entdeckt und sich wählt in einer Welt, in der die Männer ihr auferlegen, sich als das Andere zu sehen: man bemüht sich, sie zu einem Ding erstarren zu lassen und sie zur Immanenz zu verurteilen, da ja ihre Transzendenz unaufhörlich von einem anderen essentiellen und souveränen Bewußtsein überstiegen wird.«[12]

Nach Beauvoirs Auffassung bedeutet »Immanenz«, in einer bereits bestehenden Realität zu existieren, innerhalb eines *status quo ante*. Für sie bezeichnet Immanenz das letzte menschliche Verhängnis, nämlich sich stagnierend in vorgegebene Bedingungen zu fügen, was zum Verlust von Freiheit führt; man hat sich den Gegebenheiten ausgeliefert, der Vergangenheit, der »Natur«, dem Weg des geringsten Widerstands. Authentische Subjektivität hingegen entsteht »durch Entwürfe hindurch als eine Transzendenz«.[13]

Für Beauvoir wie für Sartre bedeutet diese säkularisierte Auffassung von Transzendenz keine religiöse Bewegung hinauf zu einem Gott oder einem Himmel, diese Transzendenz steht mit den – sich bewegenden – Beinen auf der Erde. Existentielle Authentizität entsteht, wenn wir uns aus statischen Mustern herausbewegen, um kreativen Entwürfen nachzugehen. Doch Penelope an ihrem Webstuhl, wo sie jeden Tag das gleiche Gewebe webt, auftrennt, wieder neu webt, erschafft nichts. Die Subjektivität der Frau wird in einem solchen vergeblichen Kreislauf, wie er typisch für die uns in der Geschichte zugewiesenen Aktivitäten ist, objektifiziert: »Die häuslichen Tätigkeiten, denen sie sich widmet, da nur diese mit den Lasten der Mutterschaft sich vereinigen lassen, beschränken sich auf Wiederholung und Immanenz: Tag für Tag kehren sie in gleicher Form wieder, die fast unverändert die Jahrhunderte überdauert; es geht nichts Neues aus ihnen hervor.«[14] Durch reine Wiederholung wird diejenige, die wiederholt, lediglich zum Objekt; Subjektivität wird in der Routine des Überlebens, wo nichts Neues stattfindet, zermahlen. An der Geschichte, an der Gestaltung unserer Welt teilnehmen heißt, uns selbst transzendieren und neuartige Möglichkeiten schaffen. Die Stimme der Transzendenz – »denn siehe, ich will ein Neues machen« (Jesaja 43,19) – formuliert die heroische Geschichte der Männer, nicht die weibliche Tradition der Häuslichkeit.

Für Beauvoir wie für die gesamte Hegel-Sartresche Tradition, ist die Ursache aller Klassen-, Rassen- oder Massenunterdrückung die Reduzierung des Anderen auf Immanenz, das heißt, auf den Objektstatus. Die Unterdrückung der Frauen ist das umfassendste Beispiel derartiger Objektifizierung. Zwar werden wir hier eine bestimmte Prämisse, mit der de Beauvoir an ihren Gegensatz von Immanenz und Transzendenz herangeht, in Frage stellen, doch insgesamt ist ihre umfangreiche Analyse und Dokumentation zur Objektifizierung der Frau nach wie vor gültig.

Wir Frauen kennen die Szenarien von Schneewittchen, Dornröschen und dienstbaren Aschenputteln, die den Mythos weiblicher Passivität durch alle Zeiten bewahrt haben, nur zu gut. Die Vorstellung von unserer Zukunft wird in die einschläfernde Hoffnung auf den erlösenden Prinzen kanalisiert. In seiner Umarmung schmilzt die mädchenhafte Passivität zur mütterlichen Hingabe: Dieses Frausein entwickelt sich vom Warten auf das Selbst zum Hingeben dieses Selbst. Seine Ontologie ist – zumindest teilweise – die des Objekts, des Objekts für die Abenteuer des Helden. Ihm die Aktivität, ihr die Geduld.

## Komplizenschaft und Beziehung

Nun, da die weibliche Geduld schwindet, erhebt sich die Frage: Warum haben so viele Frauen diese Selbstverleugnung so lange mitgemacht? Haben wir nicht selbst als die wichtigsten Komplizinnen bei unserer Unterdrückung mitgewirkt? Beauvoir formuliert dieses Problem so: »Warum fechten Frauen die männliche Souveränität nicht an? Kein Subjekt setzt sich spontan und ohne weiteres als das Unwesentliche; nicht das Andere ist es, das dadurch, daß es sich selbst als solches anerkennt, das Eine definiert: es wird als das Andere von dem Einen gesetzt, das sich selbst als das Eine setzt.«[15] Eine Antwort auf diese Frage entlastet Frauen von der Komplizenschaft: Das Arrangement diente nicht nur den wirtschaftlichen Absichten, sondern auch den »ontologischen und moralischen Anmaßungen« der körperlich stärkeren Gruppe. Frauen haben sich mit dieser Selbstverleugnung abgefunden, weil sie keine andere Wahl hatten. Unsägliche Gewalttätigkeiten erwartete die Frauen, die sich aus den Fesseln befreiten, um zu ihrem Selbstsein zu kommen. Diese Ebene der historischen Erklärung ist sicher bis zu einem gewissen Grade zutreffend.

Beauvoirs Antwort fordert uns jedoch heraus, über die reine Tatsache unseres Opferstatus hinauszublicken. Nach ihrer existentialistischen Analyse unterliegt dieses Bewußtsein ständig der Versuchung, in die Immanenz zurückzufallen. Daher bietet die speziell für Frauen vorbereitete Falle – die mit Versprechungen märchenhaften Liebesglücks ausgeschmückt ist – eine verführerische Alternative zur Authentizität. Sie potenziert die Schwäche durch das Versprechen, der Mann werde nicht nur unsere Last an Freiheit und Entscheidung auf seine Schultern nehmen, sondern auch die Reichtümer seines Prestiges mit uns teilen. Zwar sind sowohl Männer wie Frauen versucht, ihre Freiheit zu verraten, doch wird Frauen ein auf sie zugeschnittener und gesellschaftlich sanktionierter Kontext für den Selbstverzicht angeboten. Ironischerweise scheinen Männer manchmal den Frauen ihre Möglichkeit, abhängig zu bleiben, sich vor der Welt und damit vor sich selbst zu verbergen, zu neiden. Beauvoir ruft jedenfalls mit ihrer Antwort Frauen dazu auf, die Verantwortlichkeit für sich selbst und für ihre Stellung in der Gesellschaft selbst zu übernehmen.

Die Frage weiblicher Komplizenschaft an den patriarchalen Mustern wird – privat und öffentlich – immer stärker zu einer Frage nach dem Selbst, nach dem, was wir *werden* wollen. Denn die selbstverleugnende Subjektivität der Frauen ist immer noch in den alten Gewohnheiten lebendig, auch wenn sich die öffentlichen Chancen zu vergrößern scheinen. Was ist das in *uns*, das uns zurückzuhalten droht? Was flüstert uns immer noch die Phrasen von der weiblichen Minderwertigkeit in unser inneres Ohr? Die äußere Situation hat sich gelockert, hier und da sprechen sogar ein paar Männer vom Niedergang des Patriarchats. Das Patriarchat steht jedoch immer noch aufrecht, wenn es auch versagt. Viele Mittelklassefrauen sind in seine Machteliten, in seine Aktivitäten eingetreten. Die Frage nach der alten weiblichen Komplizenschaft mit der männlichen Vorherrschaft muß heute in Verbindung mit der Frage der »Kooptierung« gestellt werden – eine neue Form der Verführung durch die herrschenden Strukturen.

In der Komplizenschaft verinnerlichen Frauen patriarchale Definitionen des weiblichen Selbst; in der Kooptierung verinnerlichen Frauen patriarchale Definitionen des normativen Selbst (das heißt des männlichen Selbst). In beiden Fällen führt das zu »männer-identifizierten« Frauen, dies geschieht im ersten Fall durch ergänzenden Gegensatz, im zweiten jedoch durch Nachahmung. Hier wird die Doppelbindung des selbstvernichtenden Selbst der Frau nochmals verdoppelt; sie fügt ihrer weiblichen emotionalen Grundhaltung noch die Ängste des traditionellen männlich-trennenden Selbst hinzu. Obendrein scheint der Eintritt in einst für Männer reservierte kulturelle und berufliche Rollen eine authentische Rebellion gegen unsere alte Willfährigkeit zu sein, er setzt diese Rebellion in der Tat voraus. Wenn wir also dort, wo scheinbar Befreiung fließt, Tiefen von Kooptierung entdecken, so ist das voll besonders unerfreulicher Ironie. Schauen wir uns also erst einmal genauer die ursprüngliche Form der weiblichen Identifikation mit dem Mann – in der Komplizenschaft – an.

Bei dieser Komplizenschaft der Frauen muß noch mehr mitspielen als lediglich Feigheit, mehr auch als Immanenz. Wie könnte sie sonst in der Geschichte so allgemein verbreitet sein? Da muß es noch einen anderen Köder geben, der sie stets in Versuchung führte, das »freie Wesen«, das sie ist, aufzugeben. Die Frau sitzt in der *Beziehungs*falle. Sie gibt nicht lediglich etwas auf – ihr Selbst, Authentizität, Verantwortlichkeit. Was wünscht und sucht sie eigentlich für sich selbst? Ist es nicht das in Gold gefaßte Versprechen der Liebe? Aber wenn sie schließlich in ihrem Liebesnest, ihrem Schloß, ihrer Eigentumswohnung sitzt, dann erlebt sie, wie diese Liebe den Schlüssel hinter ihr umdreht. Nichtsdestoweniger – auch wenn ihre Entscheidung möglicherweise falsch war und sie unter Beziehungszwängen stand – sollte ihr Engagement für den Wert von Beziehung als solcher weder verdammt noch zu schnell einer sexistischen Sozialisation angelastet werden.

Liebe bleibt trotz allem eine reale Möglichkeit, eine echte Erfahrung, eine Form der Transzendenz, in der die Realität des anderen alle Selbstverkapselung Lügen straft. Daher hat sie sich eben nicht einfach nur getäuscht, Verantwortung für ihre Existenz abgegeben und ihr Selbst geopfert. Das bitter Verwirrende an ihrer Situation ist, daß mit der Liebe, der die Möglichkeit innewohnt, einen unbegrenzten Strom von Anknüpfungen in alle Richtungen freizusetzen und zu kultivieren, statt dessen ihr Beziehungsgewebe und damit ihr Selbst auf ein häusliches Minimum zusammenschrumpft.

Ihre unbewußte Ontologie der Beziehung hat sie, so scheint es, zum Opfer einer grausamen Ironie werden lassen. Ihr Gewebe der Liebe kehrt sich gegen sie, fesselt sie mit seinen starken Fasern. Ihr Bereich der Beziehungen wird eingeengt und sie mit ihm. Die politischen, intellektuellen und spirituellen Möglichkeiten von Beziehung verblassen, ihr bleibt nichts als die hoffnungslos über Gebühr aufgeladene Intensität des Persönlichen und des Häuslichen. So scheint ihre Komplizenschaft zunächst einmal weniger ein Akt der Feigheit, sondern eine Verwirrung am Rande des Bewußtseins zu sein. Dieser Betrug in der und durch die Beziehung, wo Beziehung doch den eigentlichen Kontext ihres Geistes darstellt, ver-wirrt im wahrsten Sinne des Wortes: Sie kann nicht zwischen den geliebten Individuen und der kulturellen Falle und sich selbst nicht von beiden unterscheiden – besonders dann nicht, wenn sie noch nicht die Reife eines kreativen Lebenswerks erreichen konnte. Die Liebe, die versprach, ihre Wahrnehmungsmöglichkeiten zu erweitern, wird typischerweise statt dessen zum Vehikel, um ihre Dimensionen auf die Bedürfnisse ihres Geliebten zurechtzustutzen. Denn wenn er – wie sehr er das auch verabscheuen mag – ihre Abhängigkeit braucht, um an seine eigene Unabhängigkeit zu glauben, und wenn die Kultur, in der sie leben, ihnen beiden signalisiert, daß seine Taten durch ihre treue Ergebenheit unterstützt werden müssen, dann scheint die einzige »liebende« Möglichkeit die zu sein, daß ihre Identität in die seine hineinschmilzt.

Um nicht Beziehung als solche zu verraten, begeht die Frau mit Hilfe der Beziehung Verrat an ihrer Kreativität. Doch damit erlebt sie dann ihr *Selbst* nicht mehr deutlich genug, um jemand anderen zu lieben. Und wenn der Mann ihre selbstlose Hingabe aus ihr herauszieht, dann erlebt er nicht mehr die Gegenseitigkeit, ohne die Liebe nicht leben kann. Liebe ist neben allem anderen eine Wechselbeziehung voll gegenseitigen Widerstands: Wenn sie zu einer Verschmelzung von Individuen führt, dann wird die Aktivität des Liebens, die sich nur zwischen bestimmten Subjektivitäten abspielen kann, in einem passiven Zustand der Sicherheit verlöschen. Doch während sein Ich sich dann befreien kann, bleibt das ihre in seiner selbstlosen Lösung befangen. An diesem Punkt setzt die schuldhafte Komplizenschaft, die Beauvoir diagnostiziert, ein. Die weibliche Fähigkeit des Sich-Auflösens – dieser Schatten, der hinter ihrer Beziehungsfähigkeit lauert – drosselt ihre Fähigkeit zu kreativen Entwürfen. Und wenn sie Kinder hat, dann kann die Institution der Familie all ihre Energie in Meisterstücke des Überlebens zugunsten dieser notwendigerweise abhängigen Wesen entleeren. Für manche Frauen scheint die unhinterfragte Komplizenschaft mit der patriarchalen Dyade, die sie so vollständig in Anspruch nimmt, nun zur für sie stärkstmöglichen Selbstbestätigung zu werden. Und dann umgibt sie der Selbstverlust mit einem Arrangement ressentimentgeladener Feindseligkeiten und verbitterter Manipulationen. Denn Sich-Auflösen ist nicht als süßes Einverständnis zu tarnen.

Kein Wunder also, daß sich Frauen von Begriffen wie Aktivität und Kreativität angezogen fühlen. Doch diese, da sie seit Jahrtausenden von Männern geprägt und beherrscht sind, können nur ganz spezielle Formen der Transzendenz anbieten: das heißt, egozentrische Formen der Weltgestaltung, die ohne abhängige Frauen nicht auskommen. Wenn wir also die Komplizenschaft mit unserer Unterdrückung hinter uns lassen, finden wir uns in der nächsten Klemme, nämlich in der Nachahmung unserer Unterdrücker. An dieser Stelle müssen wir sogar Beauvoir in Frage stellen: Könnte ihre Verunglimpfung der Immanenz und ihre Begeisterung für die Tanszendenz nicht bereits auf eine subtile Form der Kooptierung hindeuten? Klingt nicht eine Transzendenz, die in dieser Form der Immanenz gegenübergestellt wird, nach dem Trotz des herumziehenden Kriegers? Werden mit einer solchen einseitigen Betonung der Transzendenz nicht vielleicht alle Bindungen mit Sklavenketten verwechselt? Werden die legitimen Ansprüche des immanenten Anderen verleugnet, so könnte dies einer Verleugnung all dessen, woraus ich gemacht bin, was ich selbst aus mir mache und was mich mit der Welt verbindet, gleichkommen. Denn zeigt nicht die immanente Welt – die Welt *in* mir, und *in* der ich bin – ein ausgedehntes Netzwerk an Beziehungen? Die Lebensumstände, die Vergangenheit, der Körper, das Andere können mich mit ihren Ansprüchen und Bedingungen durchaus festnageln und damit die Vibrationen der Transzendenz ersticken. Doch das Übel ist gewiß nicht die Immanenz an sich. Immanenz steht für die Art und Weise, wie Beziehungen Teil meiner Person sind. Stagnation entsteht, wenn wir nicht mit und innerhalb des Feldes der Beziehungen »ein Neues machen«. Beide Haltungen – das geschrumpfte Gewebe der Beziehungen hinnehmen (Komplizenschaft) oder den inneren Einfluß von Beziehungen zugunsten reiner Transzendenz verleugnen (Kooptierung) – können Penelope nicht erlösen.

## Fundamentale Feindseligkeit und das andere Geschlecht

Wenn wir den Bereich der Immanenz aus einer freundlicheren Perspektive betrachten, dann ergeben sich einige Fragen an Beauvoirs Darstellung vom Zusammenspiel zwischen dem transzendenten Subjekt und seinem unwesentlichen Objekt. Beauvoir ist nicht in der Lage, die Transzendenz in irgendeiner Form von Interdependenz mit der Immanenz an sich zu sehen, beispielsweise als eine Transformation all dessen, was in mir ist und was ich innerlich bin. Immanenz ist für sie weder ein offenbarendes »Innen«, noch eine innere Anwesenheit des anderen, sondern lediglich das Versagen, über das eigene gewöhnliche Selbst hinauszuwachsen, ein Subjekt zu werden, Transzendenz auszuüben. Dies ist mehr als nur eine semantische Frage der Definition. Wenn ich mich nur als das »Eine« darstellen kann, indem ich das »Andere« als das Unwesentliche setze, dann gibt es keinen Platz für die Immanenz anderer in mir. Denn wenn die anderen ein Teil von mir sind, dann sind sie wesentlich für das, was ich bin, wie ich im vierten Kapitel darlegen werde.

Jedes Problem, das sich in Beauvoirs Denken über Unterdrük-kung stellt, ist ein generelles Problem des Feminismus. Und dies nicht etwa nur wegen ihres weitreichenden Einflusses, sondern auch aufgrund der überzeugenden Kraft der von ihr geäußerten Gedanken: Sie bleiben grundlegend, unersetzbar, stets erhellend. Ich habe hier weniger die Absicht, Beauvoir zu kritisieren, als vielmehr zu fragen, was sie veranlaßt, den Gegensatz zwischen Subjekt und Objekt so darzustellen, wie sie es tut. Ich stelle diese Frage, um herauszubekommen, wie ihre Ideen von einer bestimmten, nicht weiter hinterfragten Prämisse geprägt sind, obgleich eben die Kultur, die sie kritisiert, ihre Gestalt genau dieser Prämisse verdankt. Diese vorausgesetzte Natur des Selbst schwächt, so meine ich, die befreiende Kraft ihrer eigentlichen Analyse. Wenn wir einer solchen Prämisse auf die Schliche kommen, dann können wir daraus lernen, wie sie auch in unserem eigenen Denken immer noch lebendig ist, und mit dieser Erkenntnis sind wir auf eine entscheidende Grundlage für die Kooptierung des Denkens und des Seins von Frauen gestoßen.

Beauvoir stellt sehr klar dar, unter welchem Gesichtspunkt sie Unterdrückung analysiert. Nicht nur Männer machen Frauen zu Objekten; jede Form der Unterdrückung besteht darin, daß eine Gruppe eine andere objektifiziert. Frauen haben, so meint sie, als unterdrückte Grupe einen Sonderstatus, weil sie im großen ganzen nie versucht haben, ihre Objektifizierung umzustürzen, ja ihr noch nicht einmal widerstanden haben. Doch sei eine solche Objektifizierung in der Natur menschlicher Realität begründet, da alle Subjekte, um Subjekt werden zu können, ein fremdes Gegenüber benötigen. »Die Kategorie des ›Anderen‹ ist ebenso alt wie das Bewußtsein selbst.«[16] Beauvoir hat dieses Axiom von Claude Lévi-Strauss übernommen, aus seiner Anwendung Hegelscher Kategorien auf eine Analyse aller menschlicher Kultur. Beauvoir kommt zu der Schlüssel-Verallgemeinerung: »...wenn man mit Hegel im Bewußtsein selbst eine grundlegend feindliche Haltung in bezug auf jedes andere Bewußt-sein entdeckt: das Subjekt setzt sich nur, indem es sich entgegensetzt: es hat das Bedürfnis, sich als das Wesentliche zu bejahen und das Andere als das Unwesentliche, als Objekt zu setzen.«[17]

Das Eine bedarf des Anderen, welches von dem Einen »gesetzt«, das heißt einseitig festgelegt wird. Die Aggression einer solchen Setzung, mit der das Andere vom Selbst abgesetzt und getrennt wird, liegt auf der Hand; es ist ein wahrer Gegen-satz. Auf diese Weise wird Transzendenz zu einer Funktion ontologischer Feindseligkeit. Mit Hilfe der hegelianischen Tradition deckt Beauvoir implizit den Charakter allen Subjekt-Objekt-Dualismus auf: Die statische Dichotomie der Descartesschen Substanzen wird beim hegelianisch-existentialistischen Denken durch eine aktive Konfrontation ersetzt. Der traditionelle Dualismus diente offenbar als Tarnung für den feindseligen Charakter westlicher Subjektivität. Die existentialistische Analyse ersetzt das traditionelle substantielle Selbst, das einfach und für immer *da ist*, durch ein dynamisches Bewußtsein, das *geworden ist*.

Die Philosophie verdankt dem Sartreschen Denken die Entdeckung der »Unwahrhaftigkeit« (mauvaise foi), die in der traditionellen Vorstellung vom selbstidentischen, dauerhaften Subjekt steckt, ein Subjekt, das seine Authentizität auf eine essentielle Einheit stützt, die als Objekt stets bereits vorgegeben ist. (Unwahrhaftigkeit ist nach Sartre das Entwickeln widersprüchlicher Konzepte, das heißt, sich selbst als völlig freies Subjekt und zugleich als ein objektifiziertes Anderes zu sehen – und sich dabei vorzumachen, den Unterschied nicht zu bemerken.) Damit entzieht sich das cartesianische, sich selbst zum Objekt machende Subjekt, das sich bereits für ein Individuum hält, der Verantwortung für das, was es ist und tut, also für seine Existenz.

Das cartesianische und das existentialistische System treffen sich dennoch in ihrem fundamentalen Dualismus, in der Trennung von Subjekt und Objekt, die auch für *Das andere Geschlecht* gilt. Beim Existentialismus gründet sich der Gegensatz auf Aggression, bei Descartes auf grundsätzlich unterschiedliches Wesen. Möglicherweise begreift Beauvoir die »fundamentale Feindseligkeit« als eine Art Wesen, als etwas Vorgegebenes, eine unentrinnbare Struktur des Bewußtseins. Doch was, wenn nun ein solches von Gegensätzen geprägtes Bewußtsein, so umfassend es auch sein mag, eben doch nicht auf alle Beziehungen zutrifft? Wenn Feindseligkeit eben nicht grundsätzlich vorgegeben, sondern durch patriarchale gesellschaftliche Kräfte institutionalisiert worden ist? Würde dann nicht die Prämisse von der Aggression als ständige Dynamik der Transzendenz nicht selbst »Unwahrhaftigkeit« ausstrahlen?

Natürlich verherrlicht Beauvoir nicht etwa ein Freund-Feind-Denken. Sie ist für eine respektvolle »Gegenseitigkeit« authentischer Subjekte. Es fällt jedoch schwer, hier nicht Anklänge an Freuds Auffassung vom Ego herauszuhören, wie er sie in *Das Unbehagen in der Kultur* formuliert: »Aggression ... herrschte fast uneingeschränkt in Urzeiten ... (und) bildet den Bodensatz aller zärtlichen und Liebesbeziehungen unter den Menschen ...«[18] Für Freud beruht die Aggression auf einem Instinkt, der alle Kultur durchdringt und ihr vorausgeht. Für Beauvoir, die eine kraftvolle feministische Kritik am Freudschen Determinismus entwickelt, ist die Feindseligkeit Grundlage allen subjektiven Bewußtseins und folglich aller Kultur. George Steiner schreibt:

»Es ist sicher bemerkenswert, daß die Theorie der Persönlichkeit, wie sie sich von Hegel zu Nietzsche und Freud entwickelt ... im wesentlichen eine Theorie der Aggression ist. Hegel definiert Identität gegenüber der Identität von anderen. Wo es ontologisch verwirklicht wird, verlangt das Bewußtsein des vollen Selbst die Unterwerfung, eventuell die Vernichtung, des anderen.«[19]

Mit anderen Worten ist nach dieser Theorie der Aggression – in deren Tradition Beauvoir *Das andere Geschlecht* stellt – das patriarchale Problem nicht so sehr, daß Männer eine grundsätzliche Feindseligkeit gegen Frauen praktizieren, sondern daß Frauen ihrerseits diese nicht praktizieren. Indem sie sich nicht in Gegensatz zu dem Anderen stellen, können Frauen keine »authentisch subjektive Haltung« einnehmen.

Bei ihrem Bemühen, sich die Rechte der Subjektivität anzueignen, zu einem aktiveren kreativen Selbst zu kommen, ist für Frauen Beauvoirs Forderung nach Transzendenz nicht nur jeder vergangenen und patriarchalen Bindung, sondern Transzendenz auch als das Mittel, sich zu entwickeln, gewiß sehr hilfreich. Spannung, Differenzen, Konflikt – ohne die es keine Schöpfung, keine Revolution, keine Entwicklung gibt – stellen Möglichkeiten der Transzendenz dar, denen Frauen stets gern aus dem Wege gingen. Sogar die Prämisse einer feindseligen Dualität mobilisiert in Frauen notwendige Kräfte wie Selbstverteidigung, Selbstbewußtsein, Mut, Abenteuerlust und Aufrichtigkeit. Wollen Frauen die ihrer Kraft auferlegten Beschränkungen überwinden, dann gehen sie in der Tat das Risiko dieser Feindseligkeiten ein und schlagen sich nicht unterwürfig mit den Unterscheidungen zwischen Aggression und Selbstbewußtsein oder Wut und Konfrontation herum.

Die historisch angesammelten Fähigkeiten des anderen Geschlechts, die sich aus den mit Nähren und Nähe verbundenen Tätigkeiten entwickelten, besitzen möglicherweise mehr Integrität, als Beauvoir ihnen zugesteht. Sie werden uns jedoch nicht, wie Jean Baker Miller es ausdrückt, »auf die Chefsessel von General Motors befördern ... Sie werden uns noch nicht einmal ein selbstbestimmtes, authentisches, nützliches Leben verschaffen.« Als feministischer Therapeutin, der es darum geht, einige jener Züge, die Beauvoir in den Bereich der Immanenz verweist, zu stärken und zu radikalisieren, ist Miller (wie eigentlich jeder Frau) dennoch klar, daß »die bei Frauen am höchsten entwickelten und für die Menschen vielleicht wesentlichsten Fähigkeiten genau *jene* Fähigkeiten sind, mit denen man in der Welt, so wie sie ist, *keinen* Erfolg hat.«[20]

Und die Schaffung neuer Welten setzt gefährlicherweise bei denen, die eine solche Neuschöpfung anstreben, irgendeinen Erfolg in der Welt-wie-sie-jetzt-ist voraus. Und es wäre vermessen zu glauben, ich könnte irgendeinen Erfolg haben ohne die offensichtliche und die subtile Kooptierung der Strategien des dominanten, trennenden Selbst. In diesem Dilemma zwischen pragmatischer und auf unser Ziel gerichteter Strategie bewegen wir uns auf dem schmalen Scheideweg zwischen selbstaufgebender Kooptierung und konstruktiver Unterwanderung des Systems.

Die entscheidendere Frage jedoch bleibt: Wollen wir uns denn überhaupt als das Wesentliche, das subjektive Absolute dar- und vorstellen? Welchen Preis würden wir bezahlen, wenn unser Kriterium der Authentizität sich in einer derartigen Haltung uns selbst gegenüber verwirklichen müßte? Kann dessen dichotome Gegensätzlichkeit, so effektiv sie auch sein mag, Frauen letztendlich die Kraft geben, sie selbst zu sein, oder würde das zu einem neuen Selbstwiderspruch führen?

## Das tötende Geschlecht

Die innere Spannung, die in Beauvoirs Werk liegt, und die Gegensätzlichkeit, die es voraussetzt und fördert, wird in ihrem Bericht über die neolithischen Wurzeln der Kultur deutlich. Mit dieser historischen Analyse beginnt *Das andere Geschlecht*, sie stellt eine entscheidende Grundlage für Beauvoirs Gesamtthese dar: Es geht um die eindrucksvolle historische allgemeine Verbreitung der Frauenunterdrückung und um die Komplizenschaft der Frauen in dieser Unterdrückung. Frauen als Klasse, so argumentiert Beauvoir, unterscheiden sich von anderen unterdrückten Gruppen, weil sie keine eigene historische Religion oder Kultur haben und ihnen daher sogar die Erinnerung an eine »subjektive Existenz« fehlt. So behauptet sie, daß die neolithischen Bilder der Großen Göttin keine Abweichung von der Unterdrückung der Frauen darstellen: »ob sie nun Sklavin ist oder Idol, nie hat sie selbst ihr Los gewählt.«[21] Entschieden geht sie über jede matriarchale Hypothese hinweg und übernimmt kritiklos Lévi-Strauss' Behauptung von der anthropologischen Allgemeingültigkeit der Verbreitung männlicher Dominanz und vom Frauentausch als Beweis für den Objektcharakter der Frau. Die frühen bäuerlichen Gemeinschaften werden bei ihr zur eindrücklichen Metapher für Sub-Subjektivität der Frauen: »Sie ist nicht schöpferisch; auf keinem Gebiet ist sie es; sie unterhält das Leben des Stammes, indem sie ihn mit Kindern und Brot versorgt, aber das ist auch alles: sie bleibt der Immanenz verhaftet; von der Gesellschaft verkörpert sie nur den statischen, den in sich geschlossenen Aspekt.«[22] Jede Aktivität, die Leben produziert oder erhält, zählt bei Beauvoir demnach als Immanenz, als – weil an biologische Notwendigkeiten gebunden – nicht im vollen Sinne menschlich. So rechnet sie

auch die Produktion von Geschirr und Geweben zur gleichen seßhaften Runde der subkreativen erhaltenden Tätigkeiten. Beauvoir
stellt sodann die Aktivitäten der Männer der Arbeit der Frauen
gegenüber:

> »Der Mann (übernimmt) unaufhörlich neue Funktionen, die
> diese Gesellschaft nach der Seite der Natur und in bezug auf
> die Gesamtheit der menschlichen Gemeinschaft hin ausweiten;
> die einzigen seiner würdigen Tätigkeiten sind Krieg, Jagd und
> Fischfang; er bringt fremde Beute heim und bereichert damit
> den Stamm; Krieg, Jagd und Fischfang repräsentieren die Aus-
> dehnung der Existenz, ihr Überschreiten in der Richtung auf
> die Welt; der Mann allein verkörpert die Transzendenz.«[23]

Mit anderen Worten: Tätigkeiten, die Leben geben, sind wert-
los, während sich in Tätigkeiten, die töten, Transzendenz ausdrückt! Wir haben hier ein konkretes Beispiel für die »fundamentale Feindseligkeit« des ex-istentiellen, nach außen gewandten
Subjekts. Odysseus – und das trifft auf jeden Krieger zu – verkörpert dieses perfekt. In Beauvoirs Analyse scheint sich der Speer
als das Symbol der Transzendenz zu erheben, in dem sich die
phallisch-aggressive Energie dieses nach außen gerichteten, ge-
schoßförmigen Subjekts manifestiert. Krieg wird zur conditio sine
qua non für Weltoffenheit. Es ist kaum vermeidbar, in derartigen
Sätzen den Phallus als das wahre Symbol der Transzendenz zu
interpolieren, oder, mit den Worten des Psychoanalytikers Lacan,
als den »privilegierten Signifikanten«[24]. Bei aller Ironie, die es
bedeutet, einen derartigen Phallozentrismus in einem feministischen Klassiker zu finden – der noch dazu eine brillante Widerle-
gung des Penisneides enthält –, liegt Beauvoir selbst jede Ironie
fern. Sie faßt ihre These so zusammen:

> »Der schlimmste Fluch, der auf der Frau lastet, ist, daß sie von
> den kriegerischen Unternehmungen ausgeschlossen ist; *nicht
> indem er sein Leben hergibt, sondern indem er es wagt,* er-
> hebt sich der Mensch über das Tier; deshalb genießt innerhalb
> der Menschheit das höchste Ansehen nicht das Geschlecht, das

gebiert, sondern das Geschlecht, das tötet.«[25] (Hervorhebung C.K.)

Doch lassen wir die Sache mit dem Kriegerethos erst einmal beiseite. (Beauvoir und andere Widerstandsheldinnen, die im Frankreich der Vor-Hiroshima-Zeit, als der Zweite Weltkrieg sich dem Ende zuneigte, schrieben, konnten wohl kaum zum Pazifismus neigen.) Sie betont sicher mit Recht die Bedeutung des Risikos für jede kreative Subjektivität. Ohne freiwillig eingegangenes Risiko gibt es lediglich Wiederholungen. Nichts gewagt, nichts gewonnen. Doch wieso stellt die Tatsache, daß er sein Leben auf der Jagd und beim Töten riskiert, den »Menschen« über jedes fleischfressende Tier? In dieser Voreingenommenheit, die den »Menschen« vom Tier absetzt, wird die alte antiökologische Hierarchie deutlich, die Frauen (zusammen mit Natur und Körper) dem Mann unterwirft.

Nahrungsammeln und Ackerbau dienen dem Leben gewiß genauso wie die Jagd.[26] Als die Frauen in der neolithischen Periode den Ackerbau möglich machen – nachdem die großen Bisonhorden durch die Eiszeit dezimiert waren –, verflechten sich in ihrer Kultur Arbeit und Ritual in einer Jahreszeitenreligion von Tod und Wiedergeburt. Zählt diese fruchtbare Vorstellungswelt als weniger kreativ menschlich, weil die Arbeit weniger gewaltsam war und weniger Leben aufs Spiel setzte? (Beauvoir ignoriert hier das Risiko, das das Gebären für das Leben der Frauen bedeutet, weil sie es, wie wir annehmen können, für »natürlich« und insofern für unfreiwillig hält; im Gegensatz dazu wird die Jagd und das Kriegführen, obgleich der Mensch beide Tätigkeiten fürs Überleben mit dem Tier gemeinsam hat, als der »Natur« überlegen angesehen.) Doch ist der neolithische Ackerbau wohl kaum risikolos, wenn das Leben der ganzen Gemeinschaft von den Mondberechnungen der fruchtbaren Jahreszeiten und einigen Handvoll Saatkörnern abhängt. Die Etymologie von »Risiko« weist auf die ursprüngliche Ernährung im Ackerbau hin: *Risiko* kommt aus lateinischen und germanischen Wortwurzeln, die »Sichel« und »Sense« bedeuten. In Beauvoirs Interpretation des neolithischen Zeitalters zeigen sich die falschen Alternativen, die auch feministisches Denken beeinflussen können: Frauen müssen entweder weiter in der Subjektivität einer lebenserhaltenden Langeweile existieren oder ein lebenzerstörendes Heldentum anstreben. Mir geht es hier nicht um die historische Plausibilität von Beauvoirs Darstellung von Vorgeschichte, sondern darum, wie ihre Beschreibung der neolithischen Polarisierung der Geschlechter ein Schlaglicht auf ihre Prämisse einer feindseligen Struktur jedes wirklichen menschlichen Subjekts wirft.

Eine ganz andere Auffassung von der Jungstein- und der Bronzezeit erlangt immer mehr Gewicht. Die Arbeit der Archäologin Marija Gimbutas, die sie in ihrem Buch *The Goddesses and Gods of Old Europe: Myths and Cult Images*\* dargestellt hat, ist bahnbrechend für eine Neudefinition dieser Jahrtausende. Als Beleg greift Gimbutas auf archäologische Funde zurück, besonders auf Idole, deren Ikonographie sie klassifiziert und deutet. (Da diese Zeit noch keine Schrift hat, wurde ihre Existenz bisher im akademischen Bereich als nicht hoffähig angesehen.) Aufgrund des archäologischen Beweismaterials spricht sie von einer »prä-indoeuropäischen Kultur in Europa, einer matrifokalen und wahrscheinlich matrilinearen, ackerbauenden und seßhaften, unhierarchischen und friedlichen Kultur.«[27] Hier sowie in Anatolien (Türkei) gibt es weder Beweise für männliche Vorherrschaft noch für ein striktes Matriarchat, wenn man darunter ein Spiegelbild des Patriarchats versteht. Die Funde weisen eher auf eine matrilokale, matrilineare und symbolisch matrizentische Gesellschaft hin, die eine Große Göttin verehrte, »das kreative Prinzip als Quelle und Spenderin von Allem«, womit ein hohes Ansehen der Frauen einherging. Doch gab es daneben auch Bilder von Männern in deutlich unterschiedlichen Formen. Überdies wurde in dieser Phase die Göttin noch nicht als Erdmutter oder Sexsymbol dargestellt; biologische Feminität ist in formale Symbole umgesetzt, die die Erschaffung der Welt und nicht lediglich Fruchtbarkeit verherrlichen. Die Göttinnen tragen oft die Merkmale von Vogel und Schlange, überdauernde Bilder von transzendenten Höhen und unterweltlichen Tiefen. Wir erleben eine »symbolische conceptual art, die sich nicht mit physischem Naturalismus abgab«. Die Kultur

---

\* »Die Göttinnen und Götter des Alten Europa: Mythen und Kulturbilder«. Anm. d. Ü.

36

der Jungsteinzeit war weit davon entfernt, Frauen oder Göttinnen im Bereich der reinen Biologie anzusiedeln, ihre Kunst weist vielmehr auf ein kreatives Zusammenspiel des Immanenten und des Transzendenten hin. »Das Hauptziel war, den Körper zu verwandeln und zu spiritualisieren und das Elementare und Körperliche zu überschreiten.«[28] Kurzum, das Ackerbauzeitalter beschwört die spirituelle und die gesellschaftliche Macht der Frauen, ohne daß es irgendwelche Anzeichen dafür gäbe, daß die Männer deshalb degradiert oder unterdrückt waren.

Diese alten Kulturen wurden langsam abgelöst durch die einbrechenden Horden, die jene Art von Subjektivität mit sich brachten, die Beauvoir als männlich und normativ zugleich dargestellt hat. Während Beauvoir zwei Phasen in einer Epoche zusammenwirft, ist Gimbutas der Ansicht, daß das jungsteinzeitliche alte Europa »sich scharf von der nachfolgenden proto-indo-europäischen Kultur unterschied, welche patriarchal, schichtorientiert, nomadischen Ursprungs, mobil und kampforientiert war, und sich auf ganz Europa mit Ausnahme der südlichen und westlichen Ränder erstreckte und zwischen 4500 und 2500 in drei Wellen der Infiltration aus der russischen Steppe hereinbrach. Während und nach dieser Periode waren die weiblichen Gottheiten ... zum größten Teil durch die vorherrschend männlichen Gottheiten der Indo-Europäer ersetzt.«[29]

Wir gehören zur Kultur dieser Eroberer, deren Aktivitäten nicht für Vorrechte oder gar eine ursprüngliche Erwähltheit der männlichen Gattung sprechen, sondern für eine Gruppe von Einwanderern, die den Sieg davontrugen. Daher kann es kaum überraschen, wenn wir im westlichen Ideal der menschlichen Subjektivität, als einer expansiven, aggressiven und dynamischen, starke Ähnlichkeiten mit der frühen Geschichte mobiler, eindringender, kriegsorientierter Prototypen erkennen.

Es zeigt sich, daß unsere eingangs getroffene Personifizierung dieses neu aufgetretenen Ich-Ideals in der Gestalt des Odysseus tiefe geschichtliche Wurzeln hat. Denn das Zeitalter der mythischen Helden (3000 bis 1500 v. u. Z.) ist genau die Epoche des Übergangs von den neolithischen und frühen Bronzekulturen zur Herrschaft der indoeuropäischen Invasoren in Europa und der semitischen Eroberer im Nahen Osten. Das heldische Zeitalter, an das sich Homer bereits voll Nostalgie erinnert, ist die Zeit, in der die wandernden Krieger die matrizentrischen Bilder einer unheldischen und vorpatriarchalen Kultur ausrotteten. Ein Prozeß der »Mythologie-Diffamierung« sollte dann systematisch die Bilder weiblicher Kraft in die vom Ungeheuer, der Feindin und der Amazone ummünzen.[30]

## Das selbst-absolvierende Absolute

Der Kriegerheld lebt eine Transzendenz ohne Immanenz, lebt sie im trennenden Mit-sich-eins-Sein, das auf dem Gegensatz zu dem Anderen beruht. Mit Beauvoir bin ich mir darüber einig, daß die Struktur subjektiver Freiheit *erlangt* werden muß, denn es liegt in der Natur der Sache, daß sie nichts bereits Vorgegebenes sein kann. Doch warum sollten wird den Subjekt-Objekt-Gegensatz als solchen wie eine Vorgegebenheit akzeptieren? Auch wenn ich mit Beauvoir in der dynamischen Genese der Subjektivität einig gehe, muß ich doch bezweifeln, daß es wünschenswert oder überhaupt möglich ist, daß sich das Subjekt von der Natur und von anderen völlig unabhängig macht. Denn mir kommt der Verdacht, daß das Ideal des autonomen Selbstbewußtseins auf einer Art ontologischer Kriegsführung beruht, daß die Feindseligkeit, die im Bild des Kriegers verherrlicht wird, doch erst zu einem bestimmten historischen Zeitpunkt beginnt und daher keine Allgemeingültigkeit beanspruchen kann.

Im Gegensatz zum fließenden Selbst, das in die Beziehung hinein zerfließt, setzt sich das trennende Selbst dadurch absolut, daß es sich von jeder Beziehung entbindet. Es duldet keine anderen Subjekte und weist ihnen daher, wann immer ihm das möglich ist, den Stellenwert des nichtsubjekthaften Anderen zu. Doch ist es nicht in Wahrheit auf diese Objekte angewiesen, als notwendige Ergänzung für eine ihm fehlende Komponente? Und was könnte ihm denn fehlen? Welcher Mangel könnte als Motiv hinter seiner gewalttätigen Eroberungs- und Herrschsucht stehen?

Vielleicht kommen wir den Motiven für die Objektifizierung näher, wenn wir noch einmal die Vorstellung von Immanenz betrachten. Wenn das/der/die andere in meinen Erfahrungsbereich eintritt, dann übt es damit einen Einfluß auf mich aus: Etwas verändert sich und ich bin daher nicht mehr ganz der/dieselbe. Doch präziser gesagt, wird der Einfluß weniger *auf* mich aus- geübt, als *in* mich; Ein-fluß ist das, was hineinfließt. Fließt das Andere in das Selbst hinein, dann ist es dem Selbst, dem inneren Wesen jenes Selbst, immanent. In dieser Weise sind die inneren Beziehungen im Gegensatz zu den äußeren zu denken: Beziehun- gen zwischen Subjekten gehen das Innere dieser Subjekte, das, was sie *sind*, an – sind Teil ihres Wesens, im Guten wie im Schlechten. Doch ein Selbst hat eben keinen Schild, mit dem es sich vor anderen schützt, kein hartes Metall, von dem die Ein- flüsse abprallen wie abgefangene Pfeile. Das ein-fließende An- dere muß einem defensiven Ich wie aggressives Eindringen er- scheinen, eine Gefahr für seine Unabhängigkeit. Also wird es sich um so mehr verschanzen und seine Aggression als Verteidigung rechtfertigen. Es wird sich als Absolutes im wahrsten Sinne des Wortes erklären: sich »ablösen« von dem Anderen. Beziehung zu anderen, so sie erst einmal aus dem Inneren des Selbst hinausge- drängt und als etwas Äußeres empfunden wird, muß in einer Strategie psychischen Isolationismus dann auch *draußen gehal- ten* werden. Auf diese Weise entzieht sich das Ich dem Strom von Einflüssen von außen und versucht, ihre Quellen zu überwachen und damit zu beherrschen. Nur, indem es das Andere unterdrückt und beherrscht, kann es sich wirklich im Besitz seiner selbst füh- len. Indem es Beziehung externalisiert, projiziert es in Wirklich- keit sowohl Gefährdungen als auch Annehmlichkeiten von Bezie- hung auf das Andere. Daher ist die Frau – als das für den Mann am intimsten zugleich gefährliche und angenehme beherrschte An- dere – dazu da, diesen Mangel zu beheben: das Fehlen immanen- ter Beziehungen – im Sinne einer intimen Wechselbeziehung – zur Welt. Doch ist dieser Mangel in gewisser Weise ebenso illusorisch wie die Absolutsetzung – denn das Subjekt existiert nolens volens in Interdependenz zu dieser Welt. Und daher kompensiert das Subjekt, indem es das Andere zum Objekt macht, auf bizarre Weise einen Mangel, den es eigentlich gar nicht hat – denn es ist nur das Gefühl und nicht die Realität der Isolation, die es von dem ein-fließenden Anderen trennt.

Wo beginnt dieser Kreislauf? Spätere Kapitel werden vielleicht etwas Licht auf die mythischen wie die psychischen Ursachen werfen. Hier gehen wir erst einmal davon aus, daß jede fundamentale Gegenüberstellung von Selbst und Anderem einem doppelten Zweck dient: einmal, das Gefühl des Selbst, es sei innerlich von jeglichen Einflüssen unabhängig, aufzubauen, und zum anderen, die lauernde Angst, diese Unabhängigkeit könne nur eine Illusion sein, zu kompensieren. Da das »autonome« Ich die Interdependenz nicht erfassen kann, wird es schließlich ironischerweise – ob in der Realität oder in der Phantasie – abhängig vom abhängigen Anderen. Dieses Andere, besonders in der Gestalt der Frau, wird dann verständlicherweise abwechselnd zum Gegenstand der Anbetung und des Abscheus: *Sie* symbolisiert zugleich was *ihm* fehlt und was *er* fürchtet.

So ist uns allen beispielsweise die abhängige Frau, die das sogenannte männliche Ich unterstützt, nur zu vertraut. Während diese Frauen (und nur wenige von uns gehören nicht dazu) ihr Identitätsgefühl von ihm herleiten, stützen sie bewußt etwas ab, was sie als Illusion erkannt haben: sein Gefühl von Stärke und Unabhängigkeit. Indem sie sich wissend zuzwinkern, leben ergebene Frauen die spezielle Unwahrhaftigkeit, ihr Selbstbewußtsein aus einem männlichen Absoluten zu gewinnen, das erst mit ihrer Hilfe erfunden wurde. Wie lange könnte wohl das sogenannte männliche Ich sein Gefühl der Absolutheit aufrechterhalten, wäre da nicht der endlose Strom an Schmeichelei und mütterlicher Umsorgung? So ergänzt und erhält die weibliche Unwahrhaftigkeit auf perfekte Weise die männliche Unwahrhaftigkeit, den Glauben an ein Ich, das sich zuerst einmal selbst absolut gesetzt hat.

Warum aber geht das männliche Ich so bereitwillig eine dyadische Abhängigkeit ein? Schauen wir uns an, worauf sich diese merkwürdige Zweiheit-in-Einheit gründet, in der das einzige in sich selbst vollständige Absolute das Paar ist, das aus einem scheinbar unabhängigen und einem scheinbar abhängigen Selbst besteht. Diese Zwei-in-einem-Konstellation muß sich nicht nur auf gesellschaftlich anerkannte Paare beziehen, wie zum Beispiel Ehepartner; sie kann auch für die Eltern-Kind-Beziehung gelten oder für eine internalisierte idealisierte Elternbeziehung; sie kann sich auf jede äußere oder innere Dyade beziehen, die durch eine exklusive und hierarchische Symbiose gekennzeichnet ist.

Ich meine, daß bereits die Vorstellung vom Selbst eine paradoxe innere Teilung beinhaltet. Das Wort Selbst steht für einen Akt der Reflexion: Das Selbst als Subjekt ist zugleich sein eigenes Objekt. George Herbert Mead faßt diese Struktur prägnant zusammen: »Das Charakteristikum des Selbst als ein eigenes Objekt ... findet seinen Ausdruck in dem Wort ›selbst‹, das ein rückbezügliches Fürwort ist und für etwas steht, das sowohl Subjekt wie Objekt sein kann.«[31] Doch kann es das wirklich? Oder hat dieses Subjekt sich selbst diese heroische Dichotomie auferlegt? Um sich selbst von seiner eigenen Existenz zu überzeugen, spaltet es sich in zwei Teile, wendet sich auf sich selbst zurück. »Zurückwenden« – so wie Licht von einem Spiegel zurückgestrahlt wird – ist die ursprüngliche Bedeutung von *reflexiv* oder *reflektierend*; in der westlichen Tradition wird damit die Fähigkeit des Selbst, sich und den Rest des Universums zu Gegenständen der Reflexion zu machen, bezeichnet, und ist somit das Kriterium des sich vom Tier unterscheidenden Menschen, der mit Geist begabten Seele.

## Die undurchsichtige Klinge

Es ist bezeichnend, daß die Eigenschaft von Spiegeln, Bilder zurückzuwerfen, auf ihrer Undurchsichtigkeit beruht. Darin unterscheiden sie sich von durchsichtigen oder lichtdurchlässigen Fenstern. Undurchsichtigkeit, das heißt, für Licht nicht durchlässig sein, kennzeichnet auch die Beziehungen, die das vereinzelte Individuum nach außen unterhält. Leibniz' fensterlose Monade beispielsweise spiegelt das im Selbst eingeschlossene Universum. Die Monade vermischt sich nicht mit der tatsächlichen Welt. Ein anderes Bild für Beziehungen nach außen ist die sexuelle Metapher der absoluten Männlichkeit (präzise als »abgeschnitten von«), die auf die Kastrationsangst hinweist, die Freud in der männlichen Psyche entdeckt hat. Aus dem Ödipus-Konflikt entsteht, wie das dritte Kapitel zeigen wird, das trennende Ich. Die *Angst* vor der Kastration »schneidet« bereits den Mann von der

Welt »ab«. So wiederholt die Reflexivität das *Versagen*, in die anderen so einzudringen, sie so zu erreichen, wie sie auch uns erreichen: nicht intim eindringen können ist das Motiv für phallische Eroberung und konserviert einen aggressiven Narzißmus.

In seinem frühen Essay *Die Transzendenz des Ego* beschreibt Sartre den Begriff der Reflexivität in der Terminologie der Undurchsichtigkeit. Er kritisiert die cartesianische Tradition mit dem Argument, das Ego, das im Dualismus der Reflexivität entsteht – das transzendentale Ego des Idealismus –, habe keinen »raison d'être« (keine Daseinsberechtigung). Wenn es existierte, wäre es eine Art »Zentrum von Undurchschaubarkeit... dieses überflüssige Ich (ist) auch noch schädlich... (es) würde das Bewußtsein von sich selbst losreißen, es zerteilen und in jedes Bewußtsein wie eine völlig undurchsichtige Klinge hineingleiten.«[32] Tatsächlich jedoch ist die Form von subjektiver Existenz, die wir als trennend bezeichnet haben, eben durch eine derartige Undurchsichtigkeit gekennzeichnet; es handelt sich nicht lediglich um einen theoretischen Irrtum. Das reflexive Bewußtsein reflektiert sich selbst exakt in cartesianischen Kategorien. Sartre behauptet, daß eine solche undurchsichtige Klinge dem lebendigen Phänomen des Bewußt-Seins nicht gerecht werden kann. Er befürwortet statt dessen ein »unreflektiertes Bewußtsein«, eines, das jeder Aufteilung in ein eigenständiges Ich und ein in der Außenwelt existierendes Objekt vorausgeht und daher selbst nicht Objekt sein kann. Im Gegensatz dazu wird das Bewußtsein nach der Descartesschen Denkweise zu einer substantiellen Monade, in der, wie Sartre meint, das Ich als »Einwohner« lebt. »Es wäre keine Spontaneität mehr. Es trüge dann sogar so etwas wie einen Keim von Undurchschaubarkeit in sich.«[33] Auf dieser Grundlage kann Sartre dann zeigen, wie Spontaneität – als vordualistische Beziehung zum anderen – durch die unveränderliche Selbstidentität des betroffenen Subjekts verlorengeht. Das cartesianische Subjekt als »denkendes Ding«, das sich selbst in einer formalen Selbstidentität einmauert, auf die es jeweils transzendental zurückgreift, stellt wohl das ausgeklügeltste Produkt von Trennung dar. Wir können sagen, daß das trennende Selbst auf sich selbst zurückreflektiert als Schutz vor jeder unreflektierten, unvorhergesehenen Spontaneität.

Wir haben das trennende Selbst mit dem Odysseus-Komplex in Verbindung gebracht. Doch scheint nicht Penelope viel mehr als Odysseus eine »Einwohnerin« zu sein? Vielleicht wird die rigide Stabilität seiner Selbstverkapselung gerade in der Ruhelosigkeit seiner Reisen offenbar. Wenn er schließlich zu der wartenden Frau – dem beständigen Heim – zurückkehrt, wird damit das Zurückbiegen der Reflexivität auf seinen unveränderten Ursprung symbolisiert. Das odysseische Subjekt wird als das stets gleiche erfaßt – als das stets mit sich selbst identische Subjekt. Erinnern wir uns an die fundamentale Feindseligkeit, die ursprünglich die trennende Subjektivität des heroischen Ich charakterisiert. Nur durch diese herrische Aggression und durch nichts sonst gibt sich Odysseus bei seiner Rückkehr zu erkennen, ja erweist er sich als Herr seiner eigenen »Substanz«. Indem er seinen berühmten Bogen hebt und seine Konkurrenten massakriert, wird seine Identität in perfekter Reflexivität wiederhergestellt. Das Bewußtsein des Krieger-Egos schneidet in der Tat »wie eine undurchsichtige Klinge« durch die feinen Membranen, mit denen es sowohl mit den anderen in der Außenwelt als auch mit seiner Vergangenheit (mit der es auf unbehagliche Weise sich selbst zum anderen wird) verbunden ist. Wird es in dieser Weise auf seiner Reise der Transzendenz isoliert, muß es notwendigerweise das Andere als Objekt setzen und sich selbst in eine merkwürdige transzendentale Pose der Selbstobjektifizierung zwängen. Indem es sich selbst und die anderen objektifiziert, stellt es seine formale Einheit mit sich selbst her, seine Identität als etwas unverändert Gleichbleibendes.

In dem Maße, in dem der patriarchale Mann die undurchsichtige Klinge eines trennenden Ich schwingt, dient die dazugehörige Frau als Ursache und zugleich als Belohnung für seine Feindseligkeit. Penelope, deren Treue nicht in irgendeiner Form von Integrität des Selbst, sondern nur im Warten auf die Rückkehr ihres Mannes bestand, die sich selbst einzig und allein im Sinne seiner Identität definieren ließ, ist die Gute Frau, seine Belohnung, und sie wird lediglich durch seine Rückkehr belohnt. Doch sind auch immer Böse Frauen als Sündenböcke vorhanden. Zur Heimkehr dieses Helden gehört ein makabrer Hausputz, bei dem Odysseus alle Mägde, von denen ihm berichtet worden war, sie hätten sich

von den Freiern verführen lassen, dazu zwingt, die blutigen Überreste ihrer Liebhaber wegzuräumen. Dann läßt er herrisch auch
die Frauen hängen, und macht sich noch nicht einmal die Mühe,
ihrer Hinrichtung beizuwohnen.[34] In der Buchführung dieses
heimgekehrten »Einwohners« zählt die Hingabe an die konkurrierenden Männer als grobe Untreue gegenüber dem einzig wahren
Herrn, als eine Gefährdung seiner Selbstachtung.

Offenbar muß der Held das sich unterwerfende Andere – ob als
männlicher Gegner oder weiblicher Besitz – postulieren als Kompensation für den in seinem triumphalen Trotz enthaltenen Mangel, die Verzweiflung, die fundamentale Angst, daß er »niemand«
sein könne. Die Selbstidentität des trennenden Ego ist in Wirklichkeit eine Selbsttäuschung. Sie ist als Denkmuster »überflüssig«, weil sie existentiell ein Windei ist. Die nach innen und nach
außen gerichtete Gewalt, mit der die undurchsichtige Klinge blitzt
und herumwirbelt, drückt Angst vor Nutzlosigkeit, vor Impotenz
aus. Das Schwert kann sich selbst nicht schneiden: Diese Zen-
Weisheit können wir dankbar übernehmen; doch das Schwert hat
bereits bei dem Versuch, dies zu tun, die Welt in Stücke zerhackt.
Lassen wir Kriegerisches beiseite; bereits der abgehobenste Rationalismus übt die subtile Gewalt der Reflexivität aus, die Gewalt
einer von der Welt abgeschnittenen, getrennten und unabhängigen Substanz. Wahre reflexive Selbsterkenntnis würde beinhalten, daß kein Unterschied besteht zwischen dem Ich, das weiß, und
dem Ich, das gewußt wird. Doch wenn das Selbst auch nur jenen
mikrokosmischen Augenblick lang, in dem das Licht von einem
Spiegel zurückgeworfen wird, unverändert überdauert, dann ist
es eine erstarrte Substanz. Gegenüber seinem festgelegten Wesen
erscheinen seine Veränderungen äußerlich und zufällig und auf
diese Weise blockiert es die Wahrnehmung aller einflußnehmen-
den Einwirkungen von anderen, der Welt. Denn wenn das Andere
in einen selbst eindringen kann, dann muß sich das eigene Selbst
verändern. Es bleibt nicht das gleiche *Eine*. Es hat dann vielmehr
die Kontinuität unauflöslicher Bindungen an die eigene Geschichte ebenso wie an die Welt. Kann es jedoch den Anschein
erwecken, daß es das gleiche bleibt, dann erscheint es in seiner
Undurchdringlichkeit transzendent, sogar absolut. Seine Reflex-
handlung bringt eine Kettenreaktion von Selbstidentifikationen

hervor: Ich bin, was ich bin, was... (Hier haben wir exakt die Popeye-Kette der karmischen Sklaverei, die Gautama Buddha als erster diagnostiziert hat.)

Das Paradoxe an der Situation des Odysseus läßt sich noch auf andere Weise darstellen: Wenn sich seine schweifende Transzendenz auf sich selbst zurückbeugt, dann fällt sie in ihre eigene Immanenz zusammen. So gehört für Sartre das transzendentale Ich (nicht zu verwechseln mit der Transzendenz *des* Ich) zur Metaphysik reiner Immanenz – Ergebung in die Gegebenheiten, die Vergangenheit, die Illusion eines sich nicht verändernden Einwohners. Penelope – und mit ihr alle wartenden Ehefrauen – scheint für Odysseus Beweis zu sein, daß diese Illusion Leben hat und lebbar ist. Mit seiner Rückkehr wird er immer sich selbst wiederfinden können. Das glaubt er zumindest. Er kann seine Zweifel an der Absolutheit seines eigenen Ego auf die verfügbare Gruppe entbehrlicher anderer projizieren – zu Hause die Freier und die hingeschlachteten Frauen, in der Fremde die Sirenen, Geliebten, Ungeheuer und Feinde. Seine eigene (in zwanzigjähriger Wanderschaft erworbene) Veränderung gegenüber seinem früheren Selbst, nun auf die scheinbar externen Mitglieder seiner »Substanz« – den Besitz – projiziert, kann demnach buchstäblich von der Existenz abgezogen werden. Auf diese Weise erlangt er die statische Einheit des Selbstgespaltenen.

Daß ich mich mit dieser Analyse auf Sartres Kritik des reflexiven selbstidentischen Ego stütze, mag ein wenig irreführend, ja verwirrend erscheinen. Denn schließlich begann ich diesen Gedankengang ja, indem ich einer Prämisse Beauvoirs widersprach, deren Existentialismus zusammen mit dem von Sartre entstand. Daß sie ein derartiges Schwergewicht auf die kämpferische Transzendenz des Ego legt, durch die dieses zugleich sich selbst transzendiert und das Andere zum Objekt macht, stammt aus ihrem Sartreschen Existentialismus. Daß die Transzendenz gegen und über alles Beziehungsförmige oder Immanente gestellt wird – das ist Sartre. Doch das setzt voraus, daß das Andere als äußeres Objekt auf feindselige Weise postuliert wird, und damit scheint Sartre seine eigene Auffassung, die er in *Die Transzendenz des Ego* darlegt, Lügen zu strafen, denn dort unterstreicht er die Rolle eines spontanen, vorreflektierten und nichtgegensätzlichen Bewußtseins.

Mit Hilfe von ein wenig Geistesgeschichte kann Licht in diese Verwirrung gebracht werden. Erst nachdem er diesen frühen Essay geschrieben hatte, besuchten Sartre und Beauvoir zusammen mehrere Jahre lang die Vorlesungen von Kojève über die Philosophie Hegels.[35] Kojève betonte, welche Rolle Gegensatz, Zweigleisigkeit und Aggression im Hegelschen System spielen, was sich beispielsweise in der Hegelschen Auffassung von der historischen Notwendigkeit der Herr-Sklave-Beziehung zeigt. Obgleich Sartre und Beauvoir ihre Kritik an jeglichem substantiellen oder »transzendenten« Ich weiterentwickelten, wurde für sie die Hegelsche Vorstellung des Gegensatzes zum Modell für authentische Transzendenz. Wenn wir uns mit den Prämissen des Patriarchats an sich auseinandersetzen wollen, dann ist dieser historische Sinneswandel – als eines von vielen Beispielen für das generelle Problem – keineswegs unwichtig. Er zeigt vielmehr, wie machtvoll sich in unserer Kultur die Vorstellung vom Gegensatz in die vom freien Subjekt einschleichen kann. Bereits in *Die Transzendenz des Ego* zeigt sich eine Anfälligkeit für dieses dualistische Denken. Denn offenbar kann sich Sartre von Anfang an das nichtreflektierende Bewußtsein nur als Selbst-Bewußtsein vorstellen. Eine solche Selbstwahrnehmung scheint jedoch bereits die Keime für jenen reflexiven Dualismus zu enthalten, den er ablehnt. Dieser Dualismus liegt sowohl der Descartesschen Reflexivität, die er kritisiert, als auch der Hegelschen Feindseligkeit, für die er sich später stark macht, zugrunde.

Wenn wir von Transzendenz sprechen, dürfen wir keinesfalls den theologischen Unterbau westlicher Subjektivität außer acht lassen. Mag es Beauvoir und Sartre auch gelungen sein, die Transzendenz und das Absolute ohne jeden religiösen Rückstand zu säkularisieren, so war für Hegel das Absolute immerhin noch Gott.

### Unbequem für Gott

Die klassische christliche Theologie, von Augustin bis Luther, sieht die Sünder als Menschen, die auf sich selbst zurückgebogen, zurückgekrümmt sind – *homo incurvatus in se ipsum*. Diese

Tradition existiert lange vor der formalen reflexiven Auffassung der Moderne; Luther findet dies sogar in der Schrift, in der, wie er sinngemäß sagt, der Mensch in einem solchen Ausmaß als auf sich selbst zurückgebogen beschrieben wird, daß er nicht nur materielle, sondern auch spirituelle Güter auf sich selbst zurückbiegt, weil er in allen Dingen sich selbst sucht.[36] Weist diese Verbiegung des Ich, mit der es alle Dinge zu sich hin biegt, nicht eine erstaunliche Ähnlichkeit mit dem reflexiven Narzißmus auf? Wenn wir hier die sexistische Sprache als (unbeabsichtigte) bare Münze nehmen, dann können wir den Lehrsatz als Bekenntnis lesen: Der *Mann* ist auf *sich selbst* zurückgebogen, sucht *sich selbst* in allen Dingen. (Damit haben wir eine friedliche Methodologie, wie wir androzentrische Texte lesen können: Wir können systematisch so an sie herangehen, wie sie sich darstellen, nämlich als Abhandlungen über männliche Erfahrungen.)

Es scheint, als habe Luther, der an der Schwelle vom Mittelalter zur Neuzeit schrieb, unterschwellig die zunehmende Selbstverkapselung gespürt, die Descartes' sich selbst objektivierendes Ich ein Jahrhundert später erfolgreich vernunftgemäß deuten sollte. So greift Luthers Kritik am auf sich selbst bezogenen Selbst auf den einstmaligen Radikalismus von Augustins Kampf gegen den Pelagianismus zurück (die »Ketzerei«, die den menschlichen Willen für fähig erklärte, sich selbst ohne die direkte Intervention göttlicher Gnade zum Guten hin zu verändern). Wir können Luther nur zustimmen, wenn er von einem solchen in sich selbst verkapselten Ich sagt, daß es nur wisse, was gut, ehrenhaft und nützlich für es selbst sei, doch nicht, was gut für Gott und die anderen sei. Das heißt: Weil das trennende Ich nur äußerlich mit dem anderen verbunden ist, kann es das, was gut für es ist, nur in der Getrenntheit von einem Ganzen, in dem Selbst und andere unauflöslich miteinander verbunden sind, definieren. Doch Luther bezieht sich natürlich nicht auf eine bestimmte Form von Individualität, ein patriarchales männlich-identifiziertes Ich, seine Polemik ist ahistorisch an die »menschliche Natur« im allgemeinen gerichtet. Dieses Zurückgebogensein gehöre, so meint er, zum Wesen des Menschen, es sei ein angeborener Defekt, ein naturgegebenes Übel. Daher könne der Mensch auch keine Hilfe aus den Kräften seines Wesens erwarten, er brauche vielmehr wirkungsvollere Hilfe von außen. Und dies sei Liebe.[37] Diese Liebe wiederum sei einzig und allein ein Geschenk der Gnade, zu der die Natur im radikalen Gegensatz stehe. Diese Vorstellung von einer von außen kommenden Liebe könnte in gewisser Weise Unterstützung bei dem Bestreben der Psychoanalyse finden, narzißtische Selbstliebe durch Objektliebe zu ersetzen. Doch wenn Liebe – in Form göttlicher Gnade – zu einer von außen herkommenden übernatürlichen Kraft erklärt wird, wie kann sie dann Liebe sein? Die Dichotomie zwischen dem Innen und dem Außen wird hier durch den Gegensatz zwischen dem Natürlichen und dem Göttlichen verstärkt. So wird mit der Trennung des Selbst von Welt und »Gott« in der Tat ein' feste Burg erbaut. In einer Art von Teufelskreis stützt Luther genau jene Selbstverkapselung, gegen die er angehen will.

Kierkegaard, selbst Lutheraner, unterscheidet (wie wir bereits sahen) bei der Sünde zwei Arten von Verzweiflung oder Furcht – einen arroganten »maskulinen« Trotz und einen hingebungsvollen »weiblichen« Selbstverlust. Da seine Version beide Glieder der Dyade des Trennenden und des Fließenden umfaßt, scheint sie vielversprechend. In *Abschließende unwissenschaftliche Nachschrift zu den philosophischen Brocken* faßt er das gemeinsame Element aller Sünde so zusammen: »Die Sündeninnerlichkeit als Angst in der existierenden Individualität ist die größtmögliche Ferne von der Wahrheit, wenn die Wahrheit die Subjektivität ist.«[38] Sünde ist hier weniger eine Angelegenheit von Eigennutz an sich oder lediglich von zu viel Selbst, sie zeigt sich vielmehr als Selbstentfremdung und auf jeden Fall als zu wenig Selbst. Ein falsches Selbstgefühl läßt die Subjektivität schrumpfen: eine Ansicht, die – wenn Kierkegaards Sexismus draußen gehalten wird – das Bedürfnis der Frau nach mehr statt nach weniger Selbst unterstützen kann. Obgleich Kierkegaard sich des Problems des Selbstseins in außergewöhnlicher Weise bewußt ist, bleibt er doch unverrückbar innerhalb des klassischen theologischen Kontinuums, in dem das Selbst sich nur in der Selbstüberschreitung, das heißt in der Beziehung zu Gott findet. Dennoch stellte die Kierkegaardsche Verbindung zwischen Subjektivität und Existenz – in der »existierenden Individualität« – eine entscheidende Anregung für den von uns untersuchten Existentialismus säkularer Art im

20. Jahrhundert dar. Doch das Reden von »Sünde« setzt die Rechtfertigung menschlichen Lebens vor Gott voraus: »Die Sünde ist
ein entscheidender Ausdruck für die religiöse Existenz.«[39] Wir
dürfen nicht vergessen, daß zumindest für Kierkegaard das Bewußtsein von Sünde sich von dem Bewußtsein von Schuld unterscheidet; das heißt, Sünde in seinem Sinne sollte nicht zu irgendwelchen Schuldgefühlen oder einfach zum Gefühl ethischer Unzu-
länglichkeit führen, sie ist vielmehr eine Angelegenheit von
»schrecklicher Freiheit«.

Die Frage jedoch, wie diese Beziehung zu Gott aussieht, ob sie
überhaupt beziehungsförmige Beziehung ist, bringt uns zu der
Vermutung, daß die Antwort auf die Sündhaftigkeit unserer
fruchtlosen Freiheit nur Liebe sein kann. Kierkegaards Lösung
sieht so aus: »Es ist des endlichen Geistes (in der Sphäre der
Freiheit) letzter begeisterter Zuruf an Gott: ›Ich kann dich nicht
verstehen, aber ich will dich lieben ... ja selbst wenn mir wäre, als
liebtest du mich nicht, so will ich dich doch lieben.‹«[40] Dies ähnelt
Luthers etwas primitiverer Äußerung, daß wir Gott bedingungs-
los lieben sollen, selbst zum Preis einer ewigen Trennung von
Gott:

> »... diejenigen aber, die Gott wahrhaft lieben, mit kindlicher
> Liebe und wie einen Freund – (eine Liebe) die nicht naturgege-
> ben, sondern allein vom Heiligen Geist gewirkt ist –, ... stellen
> sich freiwillig jeglichem Willen Gottes anheim – sogar bis hin
> zur Verdammnis und zum Tode für alle Ewigkeit, wenn Gott es
> wollen sollte.«[41]

Luther weiß, »es ist unmöglich, daß einer, der sich dem Willen
Gottes ganz und gar ergeben hat, in der Gottesferne bleibt.« Der
entscheidende Punkt bei beiden Theologen ist ein äußerst bedin-
gungsloses Vertrauen – Kierkegaards berühmter »Glaubens-
sprung«. Zwar können wir nicht den kühnen Radikalismus dieses
Geistes übersehen, doch welche Art von Liebesbeziehung kann
daraus hervorgehen? Einige satirische Zeilen bei Kierkegaard
sind bezeichnend. Jemandem, der »hinterlistig meint, daß Gott ihn
doch etwas nötig habe, antwortet er: Aber das ist Dummheit; denn
Gott bedarf keines Menschen. Es wäre doch auch höchst unbe-

quem, Schöpfer zu sein, wenn es darauf hinausliefe, daß Gott das Geschöpf nötig hätte.«[42] Doch warum sollte dies so sein? Warum ist es so dumm, so unbequem, sich einen Schöpfer vorzustellen, der in Interdependenz mit seiner Schöpfung existiert? Ganz eindeutig deshalb, weil dieser Gott absolut autark bleiben muß, unabhängig von der Welt. In uneingeschränkter Allmacht hat er die Welt geschaffen und regiert sie auch so. »Gott kann von jedem Menschen alles fordern, alles und für nichts.« Unsere Liebe ist absolute Abhängigkeit, seine Liebe eine unendliche Transzendenz. In unserer Kultur konnte dieser Gott nur das Personalpronomen *er* bekommen. Denn haben wir hier nicht die endgültige Form des getrennten Subjekts, vor dem die ganze Menschheit (männlich und weiblich) entmannt und, in die Rolle der weiblich Abhängigen aufgelöst, zittert? Und so ist die Seele, besonders in der mystischen Tradition, traditionell weiblich. Sie verschmilzt in die Einheit ekstatischer Unterwerfung unter ein männliches Bild. Dies wäre traditionell der Pol religiöser Erfahrung, den Tillich als »Teilhabe«, als die mystische Verschmelzung des Individuums mit Gott bezeichnet, welcher als das unendliche Ganze erfahren wird. Am anderen Pol wird durch »Individualisierung« eine Beziehung des göttlich-menschlichen Dialogs geschaffen, in dem das Göttliche und das Menschliche streng auseinandergehalten werden. Diese letztere typisch orthodoxe oder neo-orthodoxe Dichotomie klingt mehr nach einer patriarchalen Mann-zu-Mann-Beziehung, doch ist das hierarchische Gefälle hier so steil, daß der Menschenmann zur völligen Abhängigkeit vom Großen Heiligen reduziert wird.[43]

Es fällt nicht schwer, an der liebenden Zuwendung dieser Gottheit zu zweifeln. Denn die Doktrin der göttlichen Unabhängigkeit (Aseität oder des Schöpfers Unabhängigkeit von der Kreatur) ist mit einem Machtkonzept verbunden, das der Liebe diametral entgegensteht. Erstens wird Gott traditionell als allmächtig, alles lenkend und so letztlich verantwortlich für alles Übel oder ungerechte Leiden angesehen. Einmal abgesehen von der Theodizee scheint uns die menschliche Freiheit, unfähig des Guten um seiner selbst willen, nur gewährt, damit wir uns schuldig machen. Und so kann sich die »Natur« nur sündhaft selbst in allen Dingen suchen. Im Gegensatz dazu, meint Luther, gäbe sich die Gnade nicht zufrieden, ehe sie nicht Gott in und über allem, was sie sieht, erblickt. Doch Gnade ist natürlich nichts anderes als eine Handlung Gottes. Mit anderen Worten: Wenn wir der Gnade teilhaftig werden, dann liebt Gott sich selbst in uns. Doch der *menschlichen* Natur wird Eigenliebe vorgeworfen.

Weiterhin stützt sich die göttliche Selbstgenügsamkeit auf göttliche Ungerührtheit – das heißt, Gottes Unfähigkeit zu fühlen. Denn wenn Gott durch Gefühle für die Kreatur zu bewegen wäre, dann wäre er nicht mehr der rein aktive Grund aller Dinge, der unbewegte Beweger. In der Geschichte christlichen Denkens triumphiert durchweg die Aristotelische Metaphysik über Metaphern in der Schrift, die einen Gott beschreiben, der manchmal in der Verletzlichkeit der Liebe trauert und wütet. Der Herr und Schöpfer des Universums muß von der Unbequemlichkeit der Einmischung verschont bleiben – zumindest nach Ansicht der Theologen, die selbst unter Blooms »Angst vor Einmischung« leiden. Die Eigenschaft der Ungerührtheit ist selbst eine Folge göttlicher Unwandelbarkeit, denn Fühlen heißt bewegt sein, und bewegt sein heißt, verändert werden. Kein Lehrsatz christlicher Theologie steht so unverrückbar – und findet so wenig Begründung in der Schrift – wie die göttliche Unwandelbarkeit. Seit Plato wird Wandelbarkeit als ein Zeichen für Unvollkommenheit aufgefaßt: Ein vollkommenes Wesen ist auf ewig – seit Anbeginn – alles, was es sein und werden kann. Oder in der Sprache von Thomas von Aquin: Gottes Wesen ist vollkommen identisch mit Gottes Existenz, dies ist der Sinn der göttlichen Unendlichkeit. Hegel stellt die unabhängige Unendlichkeit Gottes in Frage; er stellt die These auf, daß Gott die Welt für seine eigene Selbstverwirklichung braucht und beschwört damit Kierkegaards meisterhafte Satiren über das »System« herauf. Denn Kierkegaard schleudert das Attribut »dumm« speziell gegen Hegels Anmaßung zu glauben, Gott habe uns in irgendeiner Weise nötig. Hingegen hat Kierkegaard Hegel nie wegen dessen Anwendung der Dialektik auf eine Beziehung aggressiver Herrschaft und Unterwerfung kritisiert.

Das westliche Denken ist fest in dem Ideal der unverändlichen Vollkommenheit verwurzelt, in der alle Eigenschaften Gottes zu einer kristallinen »Einfachheit« verschmelzen. Die Theologie konnte es sich jedoch nicht leisten, die Liebe von der Liste der Vollkommenheiten zu streichen. Denn immerhin bezog die christliche Bewegung – jenseits der Machtfixierungen der kirchlichen Hierarchie – ihre Überzeugungs- und menschliche Anziehungskraft und ihre heilende Güte aus der Liebe *(agape)* als ihrem raison d'être. Ein großer Teil der Theologiegeschichte kann als der bewußte und gewundene Versuch gedeutet werden, die erwärmende Intuition, daß Gott Liebe ist, zum harten Diamanten göttlicher Ungerührtheit zu komprimieren. Unempfindlich gegenüber den von der Welt hervorgerufenen Effekten oder Affekten symbolisiert die absolute Getrenntheit der Gottheit die Trennungsbestrebungen einer nach Seinem Bilde geschaffenen Menschheit.

So behauptet beispielsweise Thomas von Aquin, der sich auf Aristoteles stützt, daß »Gott ohne Leidenschaft liebt«.[44] Das bedeutet, daß Gott ohne Mitgefühl liebt: »Über eines anderen Erbärmde zu trauern kommt mithin Gott nicht zu, wohl aber kommt Ihm in höchstem Maße zu, die Erbärmde eines andern zu beheben.«[45] In der göttlichen Agape-Liebe ist demnach kein passives Moment, keine Empfindungsfähigkeit für die Gefühle des anderen. Sie ist ausschließlich eine Angelegenheit des Willens. Diese Art von Liebe wird für alle agapeförmigen Beziehungen verallgemeinert: »Einem jeden Ding, das da ist, will Gott also irgend etwas Gutes.«[46] Hier ist Liebe eine Sache des *Auf*-etwas-*Einwirkens*, die Handlung eines beherrschenden und eingleisigen Willens. Anselm hatte schon vorher mit dem gleichen Dilemma gekämpft: »Wie aber vereinst Du in Dir Barmherzigkeit und Leidensunfähigkeit?« Er braucht eine Gottheit, die barmherzig ist, und löst das Paradox, indem er behauptet: »Du bist es in der Tat gemäß unserem Empfinden und bist es nicht gemäß dem Deinen.«[47] David Griffin interpretiert bei seiner Beschäftigung mit dieser Tradition Anselm so: ». . . mit anderen Worten: Gott *erscheint* uns nur barmherzig, aber er *ist* nicht wirklich barmherzig.«[48] Dies ist mehr als nur die Behauptung, daß wir Gottes Wesen nicht kennen können; hier wird behauptet, daß Gottes Wesen getrennt ist, nicht von seiner eigenen Existenz, doch von seinen Beziehungen zu der Welt. Dies ist der äußerste und höchste Fall äußerlicher Bezogenheit. Hier handelt es sich in der Tat um die Grundform des getrennten Subjekts, auf ewig unabhängig, immun gegenüber den Einflüssen jener anderen, die er geschaffen hat. Durch die transzendente Exklusivität seines Seins ist er abgesondert vom natürlichen Universum. Gnade ist eingleisig und genau festgelegt, alles, was er »erlöst« – auf ewig in sein Leben hineinnimmt – ist daher jener Wille, der *durch* seinen Willen *an* seinen Willen angepaßt wurde. Da gibt es keinen ontologischen Input von anderen. Obgleich die Heilige Schrift und menschliche Frömmigkeit auf eine mehr emotional ausgerichtete Beziehung hindeuten, ist dieser Eine durch Aristoteles' Vorstellung von der Gottheit, die in ewiger Selbstkontemplation versunken ist (dem *nous nouein*), geprägt.

So zeigt der Gott der Väter oder Gott, der Vater, die reine Struktur reflexiven Selbstseins: Selbsterkenntnis, die durch Seine Unveränderlichkeit und Ungerührtheit unendlich und zugleich starr wird. Da nichts Ihn anrühren kann, ist Er sich selbst das perfekte Objekt: Seine Selbstobjektifizierung kreist um die ewige Selbstverkapselung Seiner Selbstidentität. Doch hier begegnen wir einer bizarren Doppelnorm: Der traditionelle Gott ist die absolute Instanz für die traditionelle Sünde. Wer ist mehr auf sich selber zurückgeworfen als dieses getrennte – nicht lediglich trennende – Supersubjekt? Kann diese Gottheit, für die Gefühle unbequem sind, etwas anderes als ein vergrößerter ER sein?

## Der Geist des Mannes, die Natur der Frau

Ich untersuche hier Gottesvorstellungen lediglich unter dem Aspekt, ob sie uns Aufschlüsse über unsere Vorstellungen vom Selbst geben. Und das tun sie. Das, was Gott gewöhnlich an Vollkommenheiten zugeschrieben wird, liest sich wie ein Katalog von Idealen, die das heldische Ich für sich postuliert hat. Auf dieser Ebene wäre eine Feuerbachsche Analyse der Projektionen und Illusionen des »Mannes«* am Platze. Hinzu kommt, daß nach theologischer Vorstellung der Mensch nach dem Bilde seines Gottes geschaffen wurde, die Sünde jedoch angeblich dieses Bild verdun-

---

* Im Englischen »*man's*«, was des Mannes und des Menschen zugleich bedeutet. Anm. d. Ü.

kelt oder sogar zerstört. Die klassische Theologie stempelt Selbstverkapselung als Sünde ab; ich meine jedoch, daß Selbstverkapselung – mit der dazugehörigen Arroganz, Isolation und Dominanz – genau das ist, was das *imago dei* letztendlich vermittelte. Hier sind die Dinge total auf den Kopf gestellt. Mit dieser Auslegung wird nicht die Abschaffung der christlichen Theologie, sondern ihre Wandlung – ihre »Umkehr« gefordert. Denn wenn das Christentum nach wie vor die Liebe betont (auch wenn diese gesondert definiert wird), wenn es erkannt hat, daß die trennende Selbstverkapselung Sünde ist (auch wenn diese fälschlicherweise auch auf »Natur« und Frauen bezogen wird), so hat es damit gewiß eine ergiebige Quelle für patriarchale Selbstkritik hinübergerettet. Doch aus Gründen, denen ich im weiteren Verlauf dieses Buches nachgehen werde, besteht in unserer Epoche eine so enge Verbindung zwischen Trennungsmentalität und Männlichkeit, daß, solange Gott hauptsächlich in männlichen Metaphern gedacht wird, die Chancen für eine Wandlung auf eine von Grund auf beziehungsbezogene Spiritualität hin praktisch gleich Null sind. Umgekehrt gilt ebenfalls: Solange das Bild der Gottheit von den äußeren Merkmalen der herkömmlichen Vollkommenheiten, wie Selbständigkeit, Allmacht, Leidenschaftslosigkeit und Unbeweglichkeit, bestimmt ist, wird »Gott« – selbst wenn er als Begriff und Bild zur Frau, zum androgynen Wesen oder zu einem Neutrum gemacht würde – die Unterdrückung der Frauen weiterhin stützen. Mit anderen Worten: Damit das Reden von Gott gültig sein soll, ist es zwar notwendig, zu einer geschlechtsübergreifenden oder weiblichen Sprache und Vorstellungswelt für die Gottheit zu kommen, doch reicht dies nicht aus.

Solange der Begriff der Getrenntheit selbst vergöttlicht wird, werden sich gläubige Frauen letzten Endes stets in der Rolle doppelter Abhängigkeit – einmal von Gott und zugleich vom Mann, der sich seinerseits Gott unterworfen hat – wiederfinden. Denn die trennende Transzendenz wurde zum Ausdruck patriarchaler Männlichkeit und hält diese aufrecht. Wenn wir »Gott« nicht lediglich als Objekt theologischer Reflexion und religiöser Frömmigkeit verstehen, sondern auch als Symbol eines kulturellen Überbaus, dann wird uns klar, daß die entscheidenden Alternativen nicht Theismus und Atheismus sind. Selbstsein ist in hohem

Grade eine Antwort auf das, was wir vergöttlichen – was Tillich unser unendliches Anliegen nennt –, und daher enthüllen unsere Metaphern für die Gottheit zugleich die Bilder unserer eigenen Genesis. Was für eine Gottheit also, welche Bilderwelt für das Unendliche? Diese Frage hat Vorrang vor jeder Auseinandersetzung zwischen Theismus und Atheismus. Wenn sich für Frauen die meisten Formen des Theismus als unterdrückerische oder regressive Alternativen herausstellen, dann gilt ebenso, daß Atheismus im allgemeinen ein banaler Reduktionismus ist. Das Göttliche von den patriarchalen Bildern und Impulsen zu befreien, die in es hineinprojiziert worden sind, bedeutet nicht notwendigerweise, Gott zu töten. Doch agieren wir nach wie vor aus einer Kultur heraus, deren Religionen alle im Dienste des Patriarchats stehen. Oder, wie Mary Daly es formuliert: »*Die vorherrschende Religion auf dem gesamten Planeten ist das Patriarchat als solches*... Alle sogenannten Religionen, die das Patriarchat legitimieren, sind lediglich Sekten, die unter einem riesigen Schirm/ Baldachin zusammengefaßt sind.«[49] So können wir uns nur auf experimentellem Wege vorstellen, in welcher Form das Heilige – mit welchem Stellenwert (wenn überhaupt einem) – die Rücknahme jener massiven Projektionen überleben wird, mit denen das Patriarchat seine eigene Apotheose aufrechterhält. Sich mit theologischen Prämissen herumschlagen – ob innerhalb oder außerhalb jüdischer und christlicher Institutionen bleibt eine sekundäre Frage – ist bereits eine Form kritischer Phantasie und damit der Selbsterholung. Wie prägt die Beziehung zu dieser göttlichen Autarkie, dieser transzendenten Unabhängigkeit die realen Vorstellungen vom Selbst? Ein kurzer Blick auf einen berühmten Theologen des 20. Jahrhunderts, Reinhold Niebuhr, zeigt uns die Rolle, die die Theologie bei der Entstehung des trennenden Selbst spielt. Seine theologische Anthropologie (Anthropologie bedeutet hier, wie in der Philosophie, das Studium des menschlichen Subjekts) rückt die menschliche Dimension der Transzendenz wieder in den Mittelpunkt. Voller Hochachtung beruft sich Niebuhr auf Kierkegaard, dessen Paradoxe für ihn eine große Anregung waren. Je mehr Bewußtheit, desto mehr Selbst, meint er, denn das Selbst sei die bewußte Synthese des Begrenzten mit dem Unbegrenzten.[50]

Niebuhr erhielt viel Beifall für seine These, Sünde sei die Über-
heblichkeit, mit der das Endliche sich selbst fälschlicherweise für
das Unendliche hält. Seine scharfsichtige Analyse politischer Geschichte als Spielplatz kollektiver Egoismen verschaffte ihm einen
einmaligen Platz als in die Öffentlichkeit hineinwirkender Theo-
loge. Bei feministischen Theologinnen jedoch brachte ihm seine
Lehre von der Sünde den Ruf besonderer Infamie ein. Wie bereits
erwähnt, hat die feministische Theologie aufgezeigt – und wie ich
meine endgültig –, daß die überkommenen Definitionen von Sünde
als Stolz, Arroganz, Eigenliebe und weitere Formen übertriebener
Selbstachtung, an der Situation von Frauen vorbeigehen, die ja in
dieser Kultur unter zu wenig Selbstachtung, also gerade unter zu
wenig Selbst leiden. Wenn den Frauen, die bereits dazu neigen, um
ihrer Beziehung willen sich selbst zu verleugnen, nun auch noch
gepredigt wird, sie sollen ihr Selbst um Gottes willen verleugnen,
dann wird die Botschaft, bei Frauen sei jedes starke Selbstsein
Selbstsucht, von der Theologie nochmals verdoppelt. In ihrer vor-
züglichen Analyse von Niebuhr und Tillich führt Judith Plaskow
die Kritik, die Valerie Saiving bereits an den klassischen Vorstellungen von Sünde übt, fort: »Indem er die religiöse Dimension der
Sünde als Rebellion gegen Gott und ihre moralische Dimension als
Stolz definiert, versäumt Niebuhr es nicht nur, den Charakter der
weiblichen Sünde zu vermitteln, er verkehrt sie sogar zu einer
Tugend.«[51] Denn »die Sünde der Frauen besteht genau darin, daß
sie sich *nicht* ihrem Selbst zuwenden.«[52] Das heißt, wir verfehlen
unsere Subjektivität im existentiellen Sinne, wir erreichen nicht,
was Niebuhr als die spirituelle Natur der höchsten menschlichen
Selbsttranszendenz bezeichnet.

Bei Niebuhr ist dies kein zufälliger Sexismus, wie seine eindeutige Einstellung zur Bestimmung der Frau – in *The Nature and
Destiny of Man* – zeigt. In der Absicht, »männliche Arroganz« zu
kritisieren, stellt er fest, daß »die Beziehung zwischen den Geschlechtern einerseits durch die natürliche Tatsache des Geschlechtsunterschieds und andererseits durch die spirituelle Tatsache menschlicher Freiheit bestimmt ist.«[53] Bis hierher bleibt er
bei seinem Axiom, daß der Mensch »an der Nahtstelle zwischen
Natur und Geist steht«[54], womit er eine besser genießbare Auffassung von Natur darlegt, als Luther das konnte. So kritisiert er auch

Luther wegen dessen Übertreibung des Gegensatzes: »der freie Wille wird so weitgehend verleugnet, daß dies dem Menschen als Entschuldigung für seine Sünden dienen kann.«[55] An anderer Stelle jedoch beschreibt er die Beziehung der *Frau* zur »Natur« so: »Die natürliche Tatsache, daß die Frau die Kinder gebärt, bindet sie an das Kind und begrenzt teilweise ihre Wahlfreiheit bei der Entwicklung möglicher Wesenszüge, die nicht mit der Berufung zur Mutterschaft zusammenhängen.«[56] Diese Feststellung trifft natürlich historisch gesehen durchaus zu. Doch ist hier seine Botschaft durch eine tödliche Verwechslung von Natur und Geschichte gekennzeichnet: »Ein rationalistischer Feminismus neigt zweifellos dazu, unerbittliche, von der Natur gesetzte Grenzen zu überschreiten. Jede verfrühte Festlegung auf gewisse, in bezug auf die Familie festgelegte historische Standards, wird unweigerlich dazu führen, daß die männliche Arroganz sich verstärkt und die berechtigten Bemühungen von Frauen, eine nicht mit *der Urfunktion der Mutterschaft* zu vereinbarende Feiheit zu erreichen, behindert werden.«[57] (Hervorhebung C.K.)

Was Niebuhr mit einer Hand gibt, nimmt er mit der anderen. Er macht aus der Tatsache biologisch-mütterlicher Fähigkeiten eine Berufung zur Mutter. Doch in der christlichen Tradition bedeutete Berufung die Konkretisierung eines spirituellen Rufes. Auf Frauen bezogen jedoch ordnet Niebuhr mit einem Federstrich die freiheitliche Kraft des Geistes den biologischen Notwendigkeiten einer »Urfunktion« unter. Die einmalige menschliche Individualität, die Niebuhr als Erbe des christlichen Glaubens so sehr schätzt, gilt kaum für Frauen, die alle nur eine Berufung haben sollen. Männern jedoch mißt Niebuhr, als Glied einer ungebrochenen Ahnenreihe christlicher Prediger, die der mütterlichen Berufung das Wort redeten, nie irgendwelche vergleichbaren charakteristischen biologischen Grenzen zu. Männer teilen mit Frauen lediglich die allgemeine Tatsache der Endlichkeit, sie müssen jedoch nicht auf die Freiheit individueller Berufung verzichten. Wenn es stimmt, daß *der* normative Mensch »an der Nahtstelle zwischen Natur und Geist steht«, dann hat er (Niebuhr, E.W.) die Frauen von diesem Pfad abgedrängt und in die Natur verwiesen.

Mir geht es weniger um die Enthüllung eines derart deutlichen und typischen Sexismus, die ja bereits in einewr Fülle kritischer

Werke vorgenommen wurde, als um die Beziehung zwischen diesem Sexismus und Niebuhrs Grundkonzept des Selbst. Für Niebuhr deckt sich das Selbst mit dem menschlichen Geist und damit, daß er nach Gottes Bild geschaffen ist und sich vor allem durch seine Fähigkeit zur Selbsttranszendenz auszeichnet. Zum menschlichen Selbstsein gehört »eine besondere Fähigkeit, im Sinne einer unbestimmten Regression ständig außerhalb seiner selbst zu *stehen*.«[58]

Mit dieser Kierkegaardschen Vorstellung, daß der Mensch ständig über dem gegebenen Selbst steht und damit jeden status quo ante überschreitet, bekommt die dynamische historische Energie der biblischen Weltsicht einen psychologischen Aspekt. Der Prozeß-Theologe John Cobb hat die Selbsttranszendenz als die eigentliche »Struktur christlicher Existenz« bezeichnet. Wie Niebuhr definiert Cobb den Geist als »jenen radikal selbst-transzendenten Charakter christlicher Existenz, wie er in der christlichen Gemeinde entstand«.[59] Diese Dynamik des kreativen, das Selbst überschreitenden Geistes ist, wie wir sahen, auch der kritische Punkt bei Beauvoirs Beitrag zur feministischen Theorie. Mit Sicherheit erleben auch Frauen, die sich aus den Fesseln lösen und ein aktives Leben führen, eine solche Selbsttranszendenz.

Doch schauen wir, wie Niebuhrs Konzept der Selbsttranszendenz eigentlich die menschliche Existenz definiert: »Der Mensch ist das einzige Tier, das sich selbst zum Objekt machen kann. Diese Fähigkeit der Selbsttranszendenz ... ist die Grundlage der sich als abgesondert empfindenden Einzelindividualität, denn zu diesem Selbst-Bewußtsein gehört ein Bewußtsein von der Welt als ›das andere‹.«[60] Anders ausgedrückt: Die Selbsttranszendenz wird mit Selbstobjektifizierung gleichgesetzt und Geist mit reflexiver Selbstidentität. Niebuhr bestätigt ausdrücklich die Fähigkeit, sich selbst zum Objekt zu machen und sich von den »anderen« zu unterscheiden. »Zum menschlichen Bewußtsein gehört die scharfe Unterscheidung zwischen dem Selbst und der Totalität der Welt. Selbst-Bewußtsein ist also die Grundlage einer abgesonderten Individualität.«[61]

Transzendieren heißt demnach trennen. Wie merkwürdig, daß der Autor von *The Nature and Destiny of man*, wo er eine so ausführliche und streckenweise geistreiche Kritik der Moderne vorlegt, nie den Splitter im eigenen Auge sieht: Er hat die Selbsttranszendenz auf die cartesianische Reflexivität reduziert. Er wirft dem »autonomen Individuum« moderner Zeiten vor, es habe die in der christlichen Religion gesetzten Grenzen[62] überschritten, doch ist sowohl das cartesianische als auch das kantianische Gebäude der Autonomie eben auf dem sich selbst objektifizierenden und getrennten Ich errichtet. Niebuhr macht hier lediglich eine Tendenz fest, die wir bereits in orthodoxen Formen der Theologie und vor allem – wie das nächste Kapitel zeigen wird – in der Mythologie vom männlichen Helden aufspüren konnten.

Auf dieser Grundlage findet nun Niebuhr eine Erklärung für Sünde als ständige Versuchung für ein sich unendlich selbstranszendierendes Geschöpf: nämlich sich selbst fälschlicherweise für den Schöpfer zu halten. Von seiner selbstobjektifizierenden Fähigkeit beeindruckt, vergißt es, daß es auch Tier ist und hält sich selbst für Gott. Bei dieser Kritik am menschlichen Stolz verkennt Niebuhr jedoch völlig, daß die Abgesondertheit des Ich die Grundlage seiner Egozentrik ist. Also bringt die Theologie selbst wiederum in das gottesebenbildliche Selbst jene trennende »Zurückgebogenheit«, die zugleich die klassische Sünde ist. Die Sünde des Stolzes stammt genau aus jener Selbstverkapselung eines getrennten Selbst, die paradoxerweise als die Tugend des Selbst gesehen wird. In diesem Falle ist es kein Wunder, daß die Theologie Sünde als Ursünde sieht – denn sie beschreibt einen unentrinnbaren sich selbst perpetuierenden Zyklus: Selbstobjektifizierung nach dem Bilde eines getrennten Gottes, die unvermeidbar zu einer »undurchsichtigen« Selbstvoreingenommenheit führt, die als das Böse bezeichnet wird. Denn die strikte Selbstobjektifizierung fängt das Selbst in seinen eigenen Schlingen: Der Wissende wird reflexiv zum Gewußten reduziert.

Wieder treffen wir hier auf eine Transzendenz ohne Immanenz. In seiner Interpretation der biblischen Traditon behauptet Niebuhr, »das wichtigste Merkmal einer Offenbarungsreligion ist, daß sie das Schwergewicht einerseits auf die Transzendenz Gottes und zum anderen auf Seine enge Beziehung zur Welt legt.«[63]

Es wäre hier zu erwarten, daß Gottes Transzendenz mit Gottes Immanenz zusammengesehen wird: Da Niebuhr jedoch beständig von »enger Beziehung zu« statt von »Immanenz in« der Welt spricht, beabsichtigt er in diesem Kontext offensichtlich, Gottes Trennung von der Welt festzumachen. Und an dieser abgesonderten Unabhängigkeit des Schöpfers von der Schöpfung hängt das ganze Schema der Selbsttranszendenz: Es darf keine Wechselbeziehung zwischen den Wesen/Dingen geben, die Grenzen zwischen Gott und der Welt, Selbst und Gott, Gott und dem Anderen dürfen nicht verwischt werden. Gottes Auf-sich-selbst-Zurückgebogen-sein kehrt an den Ausgangspunkt zurück, zur ständigen Schöpfung von abgesonderten, selbstreflektierenden Selbst nach dem Bilde Gottes, den sie ständig selbst erschaffen. Ich bin Niebuhr trotz allem für seine Interpretation der Sünde des Stolzes dankbar, denn sie rückt implizit das vorherrschende Ideal des trennenden Selbst ins Licht. Daß sein Konzept der Sünde auf die Situation der Frau nicht anwendbar ist, ist symptomatisch für den tiefen Sexismus, den er aus der theologischen Tradition ererbt hat.[64] Doch die trennend-dualistische Theologie bliebe auch dann ungastlich für Frauen, wenn die eindeutig sexistischen Kommentare verschwänden, die Sünde des Stolzes in den Bereich männlicher Psychologie verwiesen und ein begleitendes Konzept für die Sünde des Selbstverlusts der Frau entwickelt würde.

Niebuhrs Kritik an menschlichem Stolz und menschlicher Habgier, in der prophetischen Tradition vorgebracht, verlieh ihm die machtvolle politische Stimme, wegen derer er heute mit Recht so bewundert wird. Doch die Anfälligkeit seines berühmten »christlichen Realismus« für den konservativen Gebrauch spricht direkt für meine hier vorgelegte These. Harvey Cox erinnert sich, daß in den fünfziger Jahren die Sorge bestand, Niebuhr, der einst ein politisches Amt auf der Liste der Sozialisten anstrebte, könne sich zum »kalten Krieger« entwickeln: »Er meinte, daß Diktaturen von rechts zwar in jedem Falle ungerecht seien, doch würden sie nicht die Wurzeln einer offenen Gesellschaft zerstören, was der Kommunismus unweigerlich täte.«[65] So gut formuliert Niebuhrs Kritik gegen die kapitalistischen Ausprägungen des kollektiven Egoismus auch ist, so mußte seine Theorie vom abgesonderten Einzelindividuum als dem Ort der Freiheit ganz natürlich zu solchen überraschenden Ausbrüchen von Antikommunismus führen, da alle Formen des Sozialismus, ganz gleich, welche Vorzüge oder Verzerrungen sie enthalten, ihre motivierende Kraft aus der Idee des dem Wesen nach gesellschaftlichen Individuums beziehen, also des Individuums, dessen Individualität sich nur in Solidarität mit dem Ganzen realisieren kann. Obgleich Niebuhr ausgezeichnet die kollektive Institutionalisierung von Arroganz und Habgier begründet, stützt sich selbst seine Lehre von der Sünde auf eine individualistische Anthropologie des Geistes.

## Verlorensein und Finden

Daß die Strategie des Individualismus aus einer Theologie reiner Transzendenz entstand, ist kein Zufall. Beide sind Ausdruck der Machtspiele patriarchaler Männlichkeit, einer Männlichkeit, die wir des chronischen Separatismus zu verdächtigen beginnen. Die praktisch durchgängige Virilität der Gottesmetaphern verbindet sich mit der gleichfalls ungebrochenen Männlichkeit des normativen »menschlichen« Subjekts. Denn eines ist jeweils nach dem Bilde des anderen geschaffen. In der Reflexivität dessen, was er als Sünde bezeichnet, spiegelt der Mensch die unberührbare Transzendenz seines Gottes wider. Und so, wie sich die menschliche Transzendenz in einen unbegrenzten Raum von Möglichkeiten hinein öffnet, bleibt sie zugleich in ihrer Selbstobjektifizierung – welche die Selbstobjektifizierung von Gottvater widerspiegelt – eingesperrt. Das, was wir nun als die weibliche Sünde des Zerfließens und die männliche Sünde der Trennung bezeichnen können, verkauft die patriarchale Religion als Tugenden – trotz aller inneren Widersprüche des diese stützenden Systems.

Zwei Selbstbespiegeler bespiegeln einander: Wie können wir im grellen Licht all dieser Reflexivität überhaupt Frauen – und uns selbst als Frauen – sehen? Der Narzißmus der Frau zeigt sich nicht als Selbstreflexion, sondern als Selbstlosigkeit; sie ist weniger durch ihr denn durch sein Ich objektifiziert. Die Frau, die in den Spiegel starrt, sieht häufig nicht sich selbst, sondern eine andere, die von seinen Wünschen geprägt ist. Ihre Identität, die sich in der seinen auflöst, bläst den Mann zum erfolgreichen Patriarchen auf. »Frauen«, sagt Virginia Woolf, »haben über Jahrhunderte hinweg als Spiegel gedient mit der magischen und köstlichen Kraft, das Bild des Mannes in doppelter Größe wiederzugeben.«[66] Mit anderen Worten: Dadurch, daß Frauen *sein* Ego unterstützen, bestärken sie *seine* Gottähnlichkeit, und das dehnen sie miteinander dann ins Unendliche aus, womit sie eine endlose Wiederkehr des gleichen Zirkels sicherstellen. Denn immerhin muß ja dem Ego des männlichen Gottes genauso geschmeichelt werden (»gepriesen«, »erhoben«), wie dem des patriarchalen Mannes, um, wie wir argwöhnen, die mögliche Interdependenz des Göttlichen und des Weltlichen – und damit aller Wesen voneinander – zu verschleiern. Wenn, wie ich dargestellt habe, das trennende Ich die Welt aus sich vertreibt, indem es die Sphäre der Immanenz auf die ihm untergeordnete fleischliche Frau projiziert, dann projiziert es zugleich seine Transzendenz in einen außerweltlichen Geist über ihm. Wäre da nicht das beunruhigende Versprechen seiner inneren Widersprüche, hätte die Apotheose des Patriarchats vielleicht ihren sicheren Stand beibehalten können. Doch weil »Gott« die höchste Verkörperung von »Sünde« ist, weil vor Ihm der »Mensch« auf die Rolle der Frau reduziert ist, ist der Tod dieses Gottes eingetreten. Doch wenn auch die Spiegel zerbrochen sind und damit der androzentrische Kreislauf in trotzige und verzweifelte Verwirrung gestürzt wurde, ist die lebendige Subjektivität, auch wenn sie tief im Sumpfe ihrer Immanenz steckt, nicht gestorben. Jenseits von Trennung oder Auflösung könnte es ein Selbstsein geben, das den Zyklus von schweifendem Helden und wartender Frau transzendiert. Odysseus war auf seiner Reise lange verschollen. Vielleicht gehört dieses Verschollen-/Verlorensein zu dem reflexiven Bogen. Marguerite Duras unterscheidet weibliche Selbstlosigkeit vom Selbstverlust des Mannes, indem sie jenen mit dem Verlust der Kindheitserinnerungen vergleicht: »Wenn du erwachsen bist, dann vergißt du auch das Kind, das du einmal warst. Du weißt nichts mehr davon. In gleicher Weise haben sich auch die Männer verloren, während Frauen niemals wußten, was sie waren. Also sind sie nicht verloren.[67] Sich selbst finden scheint also für eine Frau kein sehr sinnvolles Ziel darzustellen. Ebensowenig wie die Lösung der klassischen Religionen, die Norman O. Brown in seinem berühmten Ausspruch »verliere dich« zusammenfaßt.[68] Eine Frau scheint nicht verloren, sondern vielmehr in das Königreich von jemand anderem hineinversetzt zu sein. Dessen Regeln leuchten ihr nicht recht ein und so improvisiert sie heimlich. Sie hat seit jeher Männer wie Kinder behandelt – »sie sind wirklich wie Kinder« tönt es ständig durch die Gespräche der Frauen, während sie zugleich den Dünkel des männlichen Ego päppeln. Er findet sich selbst, sein vergessenes Selbst, sein verlorenes Kind, sein erstes Zuhause, indem er zu ihr zurückkehrt. Sie läßt ihn ein, denn sie hat sich nie den einfließenden Energien der Welt verschlossen. Weder findet sie sich in seiner Umarmung, noch verliert sie sich darin, denn sie ist ja noch nicht wirklich jemand geworden, sie wurde ihm ausgehändigt wie Penelope sich Odysseus aushändigt. In ihrem seßhaften Spinnen sehen wir die hemmende Immanenz.

Doch was heißt: Frauen haben nie gewußt, wer sie waren? Ihre fehlende Selbstkenntnis ist ein Zeichen dafür, wie wenig sie zum Selbst geworden sind. Wir können jedoch zugleich feststellen, daß ihre fehlende Selbstkenntnis sie perverserweise auch vor Selbstobjektifizierung schützt. Da die Frau sich weigert, sich selbst zum Objekt zu machen – zumindest nicht für sich selbst – ist es ihr auch nicht möglich, das Andere zum Objekt zu machen. Sie tut also weder sich selbst noch anderen an, was der dominante Andere ihr und sich selbst angetan hat. Um so besser, wenn sie sich der reflexiven Subjektivität entzogen hat. Vielleicht kommt sie heute zu einem neuen Gefühl des Selbst, einer Integrität, die die trennenden Gegensätzlichkeiten beseitigt. Wie in Anspielung auf die Odyssee vereinigt Mary Daly die Tätigkeiten von Penelope und Odysseus und revolutioniert sie damit: »Dieses Spinnen/Reisen ist ein vielförmiger Ausdruck von Integrität.«[69] Jenseits der dyadischen Polarisierungen scheint keine simple Einheit, sondern eine in alle Richtungen weisende Vielfalt zu winken.

Die epische Polarisierung unserer kreativen Spontaneitäten in seßhaftes weibliches Spinnen (Immanenz ohne Transzendenz) einerseits und rastloses männliches Umherschweifen (Transzendenz ohne Immanenz) andererseits hat ihre Glaubwürdigkeit verloren. Doch das neue Verständnis der Frau vom Selbst bekommt erst jetzt allmählich Form und Stimme. Sie verbringt ihre Zeit nicht länger mit Spinnen in der Abgeschiedenheit, mit Warten. Die Schaffung ihres Selbst ist eine öffentliche Angelegenheit geworden. In einer Welt, die in Furcht vor einem von Männern gemachten Untergang lebt, ist es zwingend erforderlich, daß sie nicht den

subjektiven Stil des traditionellen Mannes nachahmt; eine frauen-
identifizierte Frau zu werden hat Implikationen, die sich weit über
die augenblicklichen Persönlichkeiten und Projekte individueller
Frauen hinaus erstrecken. Denn die verschiedenen Masken des
heldischen männlichen Ich werden fadenscheinig, bauen sich in
der wachsenden Krise der Subjektivität ab, einer Krise, die global,
theologisch und psychologisch zugleich ist. Das Zentrum hält nicht
mehr: Das ihm innewohnende Wesen hat sich verflüchtigt, dezen-
tralisiert. Neue Kleider für den Kaiser können seine Situation
nicht länger verbergen. Wir als Frauen wollen gewiß nicht seine
abgelegten Kleider anziehen. Etwas bisher noch nie Dagewesenes
muß her. Die inneren Widersprüche der alten Subjektivität stiften
in der Tat zu einer neuen Subjektivität an.

# Kapitel 2

# Von Männern und Ungeheuern

*Gorgonen, unbändige Gorgonen,*
*Mit glühenden Augen und zischenden Locken –*
*Einst*
*Hörte ich auf die Lügen der Väter*
*Folgte ihrem falschen Rat:*
*Ich sollte Euch nicht ansehen, ich würde zu*
*Stein.*
*Doch jetzt erwidre ich Euren klaren wütenden Blick und*
*Werde zu meinem wirklichen Selbst.*
*Ja, da ich es wage, Eure Wut*
*Die meine zu nennen.*
*Lang hat sie geschlafen,*
*Jetzt windet sie sich wach.*

Barbara Deming, »A Song for Gorgons«

*Alles, was seinen Eltern nicht ähnelt,*
*ist bereits in gewisser Weise ein Ungeheuer,*
*denn in diesem Falle ist die Natur*
*...vom Gattungstyp abgewichen.*
*Eine erste solche Abweichung ist,*
*wenn eine Frau hervorgebracht wird...*

Aristoteles, Über die Zeugung der Geschöpfe

*Ich bin ein Monster*
*Und ich bin stolz.*

Robin Morgan, »Monster«

Nach Meinung des Aristoteles beginnt mit der Frau die Gattung der Monster, der Ungeheuer. Von der Gattung Mensch her betrachtet, ist sie eine Abweichung. (Kein Wunder, daß *man* als sprachlicher Allgemeinbegriff gilt!) Doch in Aristoteles' Logik kommt mehr zum Ausdruck als lediglich simple Misogynie oder antiquierte Biologie. Wie eng die generelle Trennung des Selbst vom Anderen und die spezielle Objektifizierung der Frau aneinandergekettet sind, können wir besser verstehen, wenn wir auf die mythischen Untertöne in Artistoteles' Lehre vom Weiblichen als Ungeheuer hören.[1] Diese Vorstellung ist in einen größeren Zusammenhang eingebettet, nämlich in Aristoteles' Auffassung vom Individuum, das er als unabhängige, dauerhafte Substanz sieht – eine Sicht, die die Grundlage für den größten Teil des westlichen Denkens bis mindestens zum 18. Jahrhundert bilden sollte. Augustin übernahm das Dogma von Gott als drei Personen einer Substanz und entwickelte es weiter; Thomas von Aquin präzisierte Aristoteles' substantielles Individuum; und Descartes trennte die geistige von der körperlichen Substanz. Wir werden in einem der folgenden Kapitel auf diese Entwicklung zurückkommen. Hier gehen wir erst einmal von der Annahme aus, daß die trennende Individualität – die im ersten Kapitel verschiedentlich als vorchristlicher Held und als christlicher Gott gezeigt wurde – genau das ist, was Aristoteles mit seinem »Gattungstyp« gemeint hat.

Nach Aristoteles weicht die Frau deshalb von diesem Gattungstyp ab, weil sie ihren Eltern nicht ähnelt: eine verblüffende Lehre, da Eltern, wie man annehmen könnte, in zwei Geschlechtern existieren. Hier finden wir Anklänge an den Satz des Apoll in Aischylos' *Eumeniden*, daß »derjenige, der aufsitzt« die Elternschaft hat. Dieses apollinische Argument überdauerte nur, weil es von der olympischen Göttin Athene (die, wie wir uns erinnern, Apollos Führerin war) bekräftigt wurde. Mit einem Akt, der den Archetyp aller weiblichen Kooptierung darstellt, weist sie auf ihre eigene Entstehung hin, als Beweis, daß ein Vater ohne Hilfe gebären kann: »Denn keine Mutter hat mich auf die Welt gebracht/ Fürs Männliche bin allwärts ich – nur nicht zur Eh –/ aus vollem Herzen.«[2] Die Zeus-geborene Göttin gibt die entscheidende Stimme gegen eine Verurteilung des Orest wegen Muttermordes ab und votiert damit zugunsten des neuen athenischen Systems paternaler Vorherrschaft. Nach Robert Ranke-Graves schrieb Aischylos »religiöse Propaganda: Die Absolution des Orest beurkundet den endgültigen Triumph des Patriarchats«.[3] Oder, wie die Expertin für Klassisches Altertum, Jane Harrison, schon früher formulierte: »Der empörende Mythos von der Geburt der Athene aus dem Haupt des Zeus ist nichts anderes als religiöser Ausdruck, Betonung und Überbetonung einer patrilinearen Gesellschaftsstruktur.« Und mit zurückhaltender Indignation fährt Harrison fort: »So, wie in den alten matrilinearen Tagen der Vater Kronos ignoriert wurde, so hatte sich nun das Blatt gewendet und die Mutterschaft der Mutter wird verschleiert, sogar verleugnet; doch war dies wesentlich weniger gerechtfertigt, denn die Tatsachen der Mutterschaft waren immer offenkundig.«[4] Athene wird »ein Schaubild der mutterlosen Geburt«.

Und damit ist für die mutterlose Metaphysik der monströsen/ ungeheuerlichen Weiblichkeit des Aristoteles die Bühne bereitet. »Denn Weibchen sind ihrem Wesen nach schwächer und kälter, und man muß ja Weiblichkeit als einen natürlichen Mangelzustand ansehen.«[5] So erlangen Frauen wenigstens den Status von notwendigen und natürlichen statt von zufälligen und unnatürlichen Monstern. Wie rechtfertigt nun Aristoteles seine implizite Behauptung, die Mutter sei kein echter Elternteil, während er doch (anders als Athene) ihre notwendige Funktion im Fortpflanzungsgeschehen anerkennt? Hier schlägt sich seine Lehre von der Substanz nieder. Substanz, *ousia* – das, was wirklich ist –, bezieht sich für Aristoteles auf das konkrete Individuum als das, »was weder von einem Gegebenen ausgesagt wird, *noch einem solchen anhaftet*, z. B. der einzelne Mensch oder das Einzelpferd.«[6] (Hervorhebung C. K.) Das substantielle Individuum ist daher etwas, das nicht *in* etwas anderem (das heißt immanent) sein kann – etwas, das durch seine Integrität unabhängig bleibt, ein ontologischer »Außenseiter«, selbst wenn es wörtlich oder körperlich in einem anderen Subjekt existiert. Dazu kommt, daß die Substanz bei der menschlichen Spezies die Form einer Leib-Seele-Einheit annimmt. Damit will Aristoteles die Leib-Seele-Dichotomie (wegen derer er Plato kritisiert) vermeiden; er argumentiert, daß nur Leib und Seele gemeinsam das Individuum ausmachen. Die Seele zählt als *causa formalis* (formende Ursache), die der Substanz des

Körpers – die sie beseelt – Form und Inhalt gibt. Doch dient ihm diese vielversprechende nicht-dualistische Definition als Grundlage für einen radikalen Geschlechterdualismus.

In der Biologie des Aristoteles hat die Seele besonders mit »Hitze« zu tun; das angeblich kältere weibliche Wesen zählt also als um viele Grade weniger seelenvoll als das männliche. Weiterhin wird die männliche Substanz, besonders als Sperma, als trocken beschrieben, eine Qualität, die Aristoteles mit dem aktiven Prinzip gleichsetzt und dem er die Frau und das Ei als naß und kalt entgegenstellt. So scheint sie bereits in ihrer Fischähnlichkeit nicht ganz geheuer, den Seeungeheuern, ja dem Meer selbst verwandt.

Doch die entscheidende Verbindung zwischen Aristoteles' Lehre von Fortpflanzung und Ungeheuerlichkeit und der Vorstellung vom substantiellen Individuum zeigt sich in dieser Feststellung: »Und nur der Körper stammt vom Weibchen, die Seele vom Männchen. Dieses ist das Wesen eines bestimmten Leibes.«[7]* Der Mann verleiht seinen Nachkommen, indem er ihnen die Seele mitgibt, ihr wahres Sein; die Frau liefert nur den Körper, die passive Materie, die darauf harrt, durch die Definitionsmacht der männlichen Seele, die aktiv und vernunftbegabt ist, beseelt zu werden. Da die Seele die formende Ursache ist, bringt in Wirklichkeit der Mann die Form des menschlichen Wesens hervor: Im Falle von Töchtern (Monstern) ist es der Mutter gelungen, die Spezies zu deformieren. Frauen weichen vom normativen Menschentyp ab, weil sie keine »aktive« intelligente Seele und nur eine niedrige »passive« Intelligenz haben. Da sie selbst unzureichend beseelt sind und ihnen die Kraft fehlt, der Frucht ihres Leibes Form zu verleihen, erreichen Frauen auch nicht die volle Gestalt eines substantiellen Individuums.

Insubstantiell, fließend, nähert sich unsere Menschlichkeit dem Nullpunkt. Da Frauen die wahre ontologische Unabhängigkeit fehlt, bleiben sie Ausnahmen von der Norm. Wenn die wahre und getrennt existierende Substanz nicht »einem Subjekt«, einem an-

---

* Die deutsche Fassung des Aristoteles-Textes ist insofern irreführend, als die Ausdrücke Männchen und Weibchen auf die Tierwelt hinzuweisen scheinen, es geht aber im Original um Menschen. Anm. d. Ü.

deren, »anhaften« kann, dann, so können wir schließen, sind Frauen Wesen, die in anderen *sind*. Frauen sind in anderen, so wie andere in uns sind.[8]

## Ungeheuer

Ein Ungeheuer/Monster wird definiert als »ein Fabelwesen, das sich aus Elementen verschiedener menschlicher oder tierischer Formen zusammensetzt.«[9] In Ungeheuern mischen sich die Möglichkeiten der Natur. Auch können alle Pflanzen, Fötusse oder Objekte, ja alles Gräßliche oder Ungeheuerliche als Monster bezeichnet werden. Monster, die »nach Aussehen oder Struktur von der Norm abweichen« *(American Heritage Dictionary)* gelten als entstellt, als nicht in Übereinstimmung mit der »Natur« einer Spezies. Kein Wunder, daß die Ungeheuer für westliches Denken eine gefährliche Unordnung zu repräsentieren scheinen, da sie in der ihnen eigenen Komplexität die Komponenten jeder festgelegten »Natur« auseinandernehmen und neu zusammensetzen. Gehen wir der ursprünglichen Bedeutung des Wortes Monster nach: Im Lateinischen ist *monstrum* ein »Wahr- oder Wunderzeichen«, und das Verbum *monstrare* bedeutet »zeigen« (wie in de-monstrieren), während das aus der gleichen Wortwurzel stammende *monere* »mahnen« bedeutet. Was wahrsagen uns also die alten Monster für unser heutiges Anliegen?

Sirenen, Seeschlangen und Sphinxe, Drachen, Zwerge und Riesen, Harpyien und Schreckensgestalten in allen nur erdenklichen Zusammensetzungen – eine Welt von Monstern schreit nach unserer Aufmerksamkeit. Laßt uns ein klassisches griechisches Ungeheuer aufsuchen. Ihre Geschichte wird uns über die griechischen Ufer hinaus zu einer ozeanischen Schar von Monstern führen, in deren Geschichten sich alle Frauen der westlichen Welt wiederfinden können. Erinnern wir uns an Medusa: sie, deren Name von dem Wort Herrscher *(medon)* abstammt, die mit zwei Schwestern »jenseits des großen Okeanos wohn(en)t/Hart an der Grenze der Nacht«[10], Enkelin der Göttin Erde. Wir kennen sie als die fürchterliche grauhäutige Alte mit dem Schlangenhaupt. Wer sie ansah, wurde zu Stein.

Ursprünglich jedoch, so erfahren wir, waren sie und ihre Schwester-Gorgonen voll prächtiger Schönheit. Ovid berichtet: »Nichts an ihr jedoch war zu schauen so schön wie ihr Haar –/ ... Diese, so sagt man, mißbrauchte der Herrscher der See (Poseidon, Anm. d. Ü.) in Minervas (Athenes, Anm. d. Ü.)/Tempel. Juppiters Kind (Athene, Anm. d. Ü.), mit der Aegis sich deckend die keuschen/ Augen, wandte sich ab. Und daß straflos solches nicht bleibe,/ wandelte Gorgos Haar sie um in die häßlichen Hydern.«[11] Die jungfräuliche Athene bestrafte nicht den Vergewaltiger Poseidon, sondern die vergewaltigte Frau, was den Dichter nicht empört. Medusas strafende Scheußlichkeit ist eine ihr auferlegte Monstrosität, eine Ent-Stellung. Symptom ihrer gefährlichen Heimsuchung sind die buchstäblich versteinernden Schlangen, die wie Haare auf ihrem Kopf wachsen. Wenn James Hillman sagt »der Mythos ist in unseren Symptomen lebendig«[12], dann könnte man in bezug auf Monster genausogut sagen, daß in unseren Mythen Symptome lebendig sind. An anderer Stelle meint er, daß »wir unseren Symptomen großen Dank schulden«[13]: eine sehr bedenkenswerte These, wenn wir erkennen, zu wem das Symptom und damit die Schuld wirklich gehört.

Im Verlauf des Mythos stellt sich heraus (und das ist in allen klassischen Monstergeschichten so), daß dies gar nicht die Geschichte der Medusa, sondern die des Helden ist. Zu der Zeit, als die Geschichte niedergeschrieben wurde, scheint das Ungeheuer nur um des Ruhms des Helden willen, der es erschlägt, zu existieren. Denn ohne zu tötende Ungeheuer wäre der Held nicht in der Lage, seinen Gattungstyp zu verwirklichen; daß er seine heldische Gestalt erreicht, ist abhängig von der Auslöschung ihrer Mißgestalt. Perseus – sein Name bedeutet Zerstörer –, der gezeugt wurde, als Zeus die Danae in Gestalt eines Goldregens besuchte, ist der glänzende Held, der die Medusa besiegt. Es ist üblich, daß Helden durch Wunder als Gottessöhne geboren werden – der christliche Gottessohn durch Vereinigung des göttlichen Vaters mit einer sterblichen Jungfrau. Unter der Schutzherrschaft keiner geringeren als Athene (Beschützerin vieler Helden), erreicht Perseus die Insel der Gorgo mit einem spiegelblanken Schild und einer Strategie, beides Gaben seiner Göttin. Ovid berichtet, wie Perseus überall auf den Feldern und an den Wegen Statuen von

Männern und Tieren sah, die durch den Anblick der Gorgo in Stein verwandelt worden waren. Perseus nun sieht die Gorgo nicht an, sondern nur ihr Abbild, das sich auf der glänzenden Bronze seines Schildes spiegelt, und erschlägt sie, »während schwerer Schlaf sie selbst und die Schlangen gebannt«. Weiter berichtet er von Pegasus, der in diesem Augenblick geboren wird, »wie er flügelbeschwingt mit dem Bruder entsprungen der Mutter Blut«.[14] Perseus schnappt sich Medusas Kopf, stopft ihn in einen Zaubersack und entflieht. Damit war die Welt von ihrer Krankheit geheilt. Doch das Symptom selbst dauert an: Der abgetrennte Kopf behielt die Kraft zu versteinern, eine schreckliche Waffe in den Händen des Perseus, bis er ihn Athene zum Geschenk macht; und bis auf den heutigen Tag, so fährt der Mythos fort, trägt die Göttin – um ihre Feinde zu schrecken und starr vor Furcht zu machen – als Brustschild die Schlangen, die sie selbst geschaffen hatte.

Athene verbindet die Bilder vom Monster und vom Helden: Sie trägt die *Schlangen* auf ihrer eigenen *Rüstung*. Als Schutzgöttin des Helden Perseus hat sie die Funktion der Seelenführerin auf seiner Zerstörungsreise, nach einem Bericht führte sie sogar seinen Arm, als er Medusa enthauptete. Als Jungfrau, die mit Rüstung und Kriegsgeschrei dem Haupt des Zeus entsprang, ist Athene die Kurzfassung der Möglichkeit einer höheren – das heißt völlig männer-identifizierten – Weiblichkeit unter der Herrschaft des Vatergottes. Sie ist die Kriegerin-Intellektuelle, die ihrer weiblichen Sexualität zweifach entkleidet ist: Sie hat keine Mutter, mit der sie sich und damit sich selbst als Frau identifizieren könnte. Ihr Bild strahlt keine peinlichen Düfte von Mütterlichkeit aus. Sie ist noch gründlicher als die Jungfrau Maria von aller Sexualität gereinigt. Und wie die Geburt der Eva aus der Rippe Adams erfüllt ihre Geburt die Phantasie des Gebärneides, indem sie die männliche Vorherrschaft durch eine Verherrlichung der Vaterschaft legitimiert. Als göttlicher Vaterliebling wird Athene zur Seelenschwester von Helden, geboren vom Archetyp des spirituellen Vaters. Sie ist ein weibliches Prinzip, das in der patriarchalen Psyche und deren Gesellschaft wohnt. Doch warum jagt der Anblick der Gorgo der Athene und ihren Helden so viel Schrecken ein? Was fürchten sie zu erkennen? Und wie können wir uns die besondere Feindseligkeit, die diese Animagestalt gegenüber der Medusa empfindet, erklären? Schließlich war die Ungeheuergestalt der Medusa doch Athenes eigenes Werk. Hier ist ein komplexer Verdrängungsmechanismus am Werk, wenn nach den Berichten Athene die Schlangen, die das Ursymptom des Medusasyndroms sind, zunächst erschafft, dann tötet und schließlich als die ihren trägt.

## Schlangenhafte Schwesterlichkeit

Lange Zeit vor ihrem Abstieg in das Dämonische und Ungeheuerliche glitt die Schlange durch die Symbolwelt des Nahen und Mittleren Ostens, des kretischen und mykenischen Griechenlands, ein integraler Aspekt der Göttinnenverehrung. Manchmal war die Schlange ihre Begleiterin, doch häufiger ihre Erscheinungsform. Die heilige Verbindung der Schlange mit der vorpatriarchalen Vorstellung von der Göttin zeigt sich in den bekannten kretischen Figurinen von Göttinnen oder Priesterinnen, denen sich Schlangen um Arme oder Körper winden, in der ägyptischen Kobragöttin Ua Zit, dem schlangenumwundenen Stab der Ischtar, in der Python, die zu der weissagenden Priesterin, der Pythia von Delphi, gehört. Die heute übliche Interpretation der Schlange als phallisches Symbol, die mit orgiastischen Priesterinnen in einem »Fruchtbarkeitskult« zusammenarbeitete, geht an der Sache vorbei. Nach Merlin Stone scheint die Schlange »vor allem im Nahen und Mittleren Osten als Weibliches verehrt worden und im allgemeinen mit Weisheit und prophetischem Rat verbunden gewesen zu sein und nicht mit Fruchtbarkeit und Wachstum, wie so oft behauptet wird.«[15]

Doch wenn die Bedeutung des Schlangensymbols auch nicht auf biologische Prozesse zu reduzieren ist, so drückt es doch eine tiefe Übereinstimmung mit den Kreisläufen der Natur aus. Mit der eindrucksvollen Fähigkeit, sich durch Abstreifen ihrer Haut zu erneuern, gehört die symbolische Weisheit der Schlange zu den Geheimnissen von Tod und Wiedergeburt.[16]

Die Schlangenkraft wird lange vor den Mythen des Patriarchats abgebildet: In der neolithischen Kunst aus dem 8. Jahrtausend vor unserer Zeitrechnung finden sich Bilder der kosmischen Schlange, verschlungen mit Wellen und weiblichen Körpern, die Energie einer sich ständig erneuernden Schöpfung darstellend.[17] In ihrer Entwertung und Dämonisierung sieht Joseph Campbell ein Bild für den Sturz all der »Dämonen, die früher die Macht der kosmischen Ordnung symbolisierten, das dunkle Mysterium der Zeit, das die Heldentaten wie Staub aufsaugt: die Kraft der niemals sterbenden Schlange, die Leben gleich Häuten abstreift.«[18] Doch lebt ihre Dunkelheit in rhythmischem Gegengewicht zu ihrem Licht, was Campbell bestätigt, wenn er das Schlangenbild als Symbol für die gesamte vorpatriarchale Welt sieht:

> »In den alten Muttermythen und -ritualen wurden die hellen und die dunkleren Aspekte dieser gemischten Sache Leben gleichwertig und zusammen verehrt, während in den späteren männlich-orientierten patriarchalen Mythen alles Gute und Edle neuen heldischen Herren-Göttern zugeschrieben wurde und den ursprünglichen Naturmächten nur der Charakter von Dunkelheit blieb – der nun auch noch mit negativem moralischem Urteil belegt wurde. Denn es standen sich – wie eine Unmenge von Beweismaterial zeigt – die gesellschaftliche sowie die mythische Ordnung beider gegensätzlicher Lebensweisen feindlich gegenüber.«[19]

Wir werden bald sehen, wie die biblische Gestalt der Eva, »Mutter alles Lebendigen«, und ihre Verbindung mit ihrer Schlangenkollegin während der langen christlichen Geschichte ihrer eigenen Degradierung auch das Schicksal der Schlangengöttin repräsentiert.

Bei der Göttin Athene entdecken wir, daß ihre Kraft aus einer Zeit lange vor dem patriarchalen Stadtstaat stammt, der sie zu seinem inspirierenden Wahrzeichen machte. Ursprünglich gehörte sie zu der älteren Kultur der vorhellenistischen Völker, von denen nur noch entstellte Überreste, verkrüppelt und ungeheuerlich, durch die darübergelagerte Symbolschicht der triumphierenden, Zeus-verehrenden achäischen und dorischen Eindringlinge hindurchsickern. Merlin Stone meint, daß die von der ägyptischen und der kretischen Schlangengöttin herzuleitenden Überreste in

Griechenland nirgends deutlicher sind als in der Gestalt der Athene. »Ihre Schlange erschien immer wieder in Legenden, Zeichnungen und Skulpturen. Bei einigen Statuen schaute sie unter ihrem großen Bronzeschild hervor oder stand an ihrer Seite.«[20] Neben ihrem Tempel auf der Akropolis, dem Erechtheion, stand ein besonderes Gebäude, in dem ihre Schlange wohnte. »Doch die Schlange der griechischen Weisheitsgöttin, die auf den majestätischen Höhen der athenischen Akropolis verehrt wurde, war keine Schöpfung der klassischen griechischen Periode. Trotz der indoeuropäischen griechischen Legende, die behauptet, daß Athene aus dem Haupt des Zeus geboren wurde, hatte die Verehrung schon viel früher die Akropolis erreicht – mit der kretischen Göttin der mykenischen Siedlungen.«[21] Unter diesem Blickwinkel erinnern die Schlangen auf ihrer Ägis an die alte Schlangenkraft: Der Mythos, daß sie ihr von Perseus geschenkt worden sei, erweist sich als ein später Versuch, die immer noch nachklingenden Erinnerungen an eine gestürzte Ordnung wegzuerklären. Denn unter den Göttinnen des klassischen Pantheon behielt nur Athene die alte Beziehung bei – und diente paradoxerweise zugleich, vielleicht in einem Verteidigungsmechanismus, der die alte Ordnung im Zaum hielt, als Schutzanima für die athenische Kultur. So scheint die Geschichte ihrer Geburt aus dem Haupt des Zeus gleichfalls, wie es Jane Harrison vor über einem halben Jahrhundert ausdrückte, »ein verzweifelter theologischer Notbehelf (gewesen zu sein), der sie aus ihrem matriarchalen Zustand befreien sollte«.[22]

Campbell, auf den sich Stone und viele feministische Theoretikerinnen stützen, subsumiert die ganze Religions- und Kulturgeschichte unter diese dramatische Dialektik zweier Weltordnungen, die des ursprünglichen Muttermythos und die der erobernden Helden mit ihrem Höchsten Vater. Ihm wird jedoch häufig – und mit gewisser Berechtigung – vorgeworfen, sein von Jung übernommener »Monomythos« sei zu stark vereinfachend und ahistorisch. Die Interpretation, die Gilbert Murray vom vorolympischen Griechenland gibt, trifft besser die gängige Deutung des Schlangensymbols: Wenn er von der ursprünglichen Rolle der »heiligen Untiere« spricht, erwähnt er »die alte übermenschliche Schlange, die in ganz Griechenland allgegenwärtig ist, das Symbol der Mächte der Unterwelt, speziell der Helden oder toten Ahnen«.[23] Zwar ist auch Murray der Ansicht, die Schlange sei »ein Symbol der Wiedergeburt«, doch macht er »ihn«* zu einem bloßen primitiven Gegentyp des männlichen Helden. Die Epoche selbst wird mit Herablassung beschrieben: von ihren Orakeln berichtet uns Murray, daß sie »wie die meisten Manifestationen der frühen Religion auf dem Boden menschlichen Terrors gediehen: je blinder der Terror, desto stärker ihre Gewalt über die Menschen. In einer derartigen Atmosphäre konnten die niedrigsten und tierähnlichsten menschlichen Eigenschaften in den Vordergrund treten und die Stimme der Kritik und Zivilisation, was heißt der Vernunft und der Barmherzigkeit, zudecken.«[24] Das ist die Geschichte aus der Sicht des Siegers: Was in der alten Religion Ehrfurcht erweckte, wird nun als ein aus Unwissenheit entstandenes Mittel manipulativen Terrors betrachtet, den die olympischen und andere »Söhne des Lichts« ausrotten müssen, denen dann schließlich die Unterwelt der Schlange zur Hölle wird.

Die alternative Sicht von Stone und Campbell mit ihrer Herausforderung der immer noch herrschenden Helden bleibt unersetzlich. Wir beginnen die westliche Ummodelung der Schlange zu Satan zu erkennen, ein zentrales Symbol für die Dämonisierung aller nicht-patriarchalen Mächte.

## Die matrimonströse Verdrängung

Das Schlangensymbol, das mit Perseus' Geschenk des Medusenhauptes in Vervielfachung zu Athene zurückkehrt, war ursprünglich das eigentliche Symbol der Athene. Welche Folgerungen könnten wir daraus ziehen? In den ältesten Berichten über Athenes Geburt aus dem Kopf des Zeus gibt Hesiod eine Tatsache von entscheidender Bedeutung preis: Im Gegensatz zu ihrem klassischen Selbstverständnis hat Athene durchaus eine Mutter. Nach der Niederlage der Titanen, der Kinder der Göttin Erde und vormals Bewohner des Himmels, kommt Zeus als Herrscher an die Macht. Wir dürfen annehmen, daß dieser Mythos die

* Bezieht sich auf Murrays Sprachgebrauch. Anm. d. Ü.

Vernichtung der vorindoeuropäischen, Göttin-verehrenden Völker spiegelt. Doch der noch vorhandene matrifokale Geist, den die neue griechische Lebensordnung nie so restlos ausgerottet hat wie der hebräische Monotheismus, mußte assimiliert werden. Aufschlußreich ist daher die erste Handlung des Zeus, nachdem er das Monster Typhon (Abkömmling der griechischen Muttergöttin und letzter Rückhalt angesichts des Sturzes ihres Kosmos) besiegt hat. Er verführt oder (nach Pindar) vergewaltigte Metis, die Titanengöttin der Weisheit. Nach Hesiods Bericht führt seine »Eroberung« zu ihrer Schwangerschaft:

»Als ihr aber bestimmt, die augenleuchtende Pallas/ zu gebären, da täuschte mit List und schmeichelnden Worten/ Zeus die Göttin und barg sie selbst im eigenen Leibe/ ... War ihr doch bestimmt verständiger Kinder Gebärung:/ Erstlich der Tritogeneia, der augenleuchtenden Jungfrau,/ Die an Weisheit und Kraft so stark wie ihr eigener Vater.«[25]

Demnach ist Metis die Mutter der Athene. Offensichtlich gelingt es Zeus, Weisheit zu ursurpieren – sie sich faktisch oral einzuverleiben –, indem er sie verschluckt und sie in seinem Bauch gefangenhält. Hier finden wir den locus classicus des »Weiblichen im Innern« oder des »Bauchgefühls«![26] Auf diese Weise will er die Geburt ihrer mächtigen und weisen Tochter Athene verhindern und damit die alte Kette der Weitergabe weiblicher Weisheit unterbrechen. Als er Athene schließlich unter fürchterlichen Kopfschmerzen gebiert, ist das wahrhaftig eine Wiedergeburt: keine Wiedergeburt aus der toten Haut der zu eng gewordenen Vergangenheit, wie es in der matrifokalen Schlangenkraft ritualisiert wird, sondern Wiedergeburt durch den Vater, mit der das weibliche Erbe der Tochter ausgelöscht wird.[27] (Campbell weist darauf hin, daß dies ein Fall von Freudscher »Aufwärts-Verdrängung« sei, wobei die Kreativität von Penis oder Gebärmutter in den Kopf verlagert wird.) Athene selbst erinnert sich an keine Mutter.

Die Verdrängung, die das Vergessen von Athenes Herkunft stützt, macht sie zur perfekten patriarchalen Jungfrau, gehorsamen Tochter und Sprachrohr des Vaters. Dennoch steht – angster-regend – am Anfang der Abweichung, die zum *Monster* führt, ganz schlicht das Frausein. Daß sie ihre Mutter verleugnet, was philosophisch in der Annahme des Aristoteles, »Eltern« sei nur der Vater, anklingt, kann nicht die Tatsache ihrer Geschlechtszu-gehörigkeit ungeschehen machen. (Dies ist ein Problem, mit dem sich später viele christliche Jungfrauen konfrontiert sahen, wenn sie die spirituelle Männlichkeit, für die Heiligkeit steht, erlangen wollten.) Die Angst, die durch ihre verdrängende Amnesie her-vorgerufen wird, scheint der Grund zu sein, daß Athene nun ihr Schlangensymbol – ihre idiosynkratische Zugehörigkeit zu der alten Schlangenkraft – auf die Schattengestalt Medusas überträgt. So verdrängt sie ihre weibliche Herkunft auf doppelte Weise: einmal positiv von der Mutter auf den Vater und dann negativ von dem Weiblichen als Selbst auf das Weibliche als das Andere. Aus drei Gründen hat Medusa für sie die Funktion eines klassischen Jungschen Schattens: weil Athene Medusas Gräßlichkeit aus irra-tionalem Zorn heraus erschuf, weil Medusas Bestrafung in keiner-lei Verhältnis zur Tat steht und weil Medusa eine Gestalt von gleicher Geschlechtszugehörigkeit und im gleichen Lebenssta-dium wie Athene ist.

Und wer ist diese Medusa? Mit ihren beiden Schwestern bildet sie die alte dreifaltige Form der vorpatriarchalen Göttin, eine Dreifaltigkeit, die Athene selbst einst besessen hatte (verbunden mit den drei Phasen des Mondes und den drei Lebensstadien der Frau als Jungfrau, Mutter und weise Alte). Am aufschlußreichsten jedoch ist ihr Name: Medusa, eine weibliche Form für *Herrscher*, kommt aus der gleichen Sanskrit-Wurzel *medha* (Weisheit), aus der auch das griechische *metis* (kluger Rat) stammt. Die ver-drängte Mutter und die schattenhafte Andere verschmelzen an den Wurzeln. Metis und Medusa sind eines. Daraus folgt, daß die wiedergeborene Athene durch ihren heldischen Komplizen Per-seus einen heimlichen Muttermord begangen hat. Statt die Me-dusa als ihre Mutter zu sehen, statt sich dem Kampf um ihre eigene Frauenkraft zu stellen, schickt sie einfach ihre heldische Animusgestalt aus, um das Monster zu erschlagen. Wenn Athene zu *der* Personifikation *patriarchaler* Weisheit taugen soll, eine Begleiterscheinung des Zeus, in dessen Kultur die Weisheit ein männliches Vorrecht bleibt, dann muß sie jede Weiblichkeit, die nicht von Männern definiert und sanktioniert ist, verleugnen. Doch vermittelt sich eine solche nicht-sanktionierte Weiblichkeit nicht immer noch durch unsere Bindung an Mütter? Wir wissen, wie belastet, überstrapaziert und ambivalent diese Bindungen unvermeidlicherweise innerhalb der Einengungen der patriarchalen Familieneinheit werden. Unsere Mütter sind für uns sogar häufig die gewaltigsten Athenegestalten, die wir kennen. Im nächsten Kapitel werden wir diese Ambivalenz, wie sie Theoretikerinnen wie Dinnerstein und Chodorow analysiert haben, näher untersuchen.

Durch das *monstrum* von Athenes Verleugnung ist das psychologische Verhalten aller Frauen, die in ihren jeweiligen patriarchalen Berufsfeldern erfolgreich funktionieren wollen, vorbestimmt. Viele von uns haben die Mutter – oder vielmehr ihr Imago (ihr Introjekt) in uns – als versteinerndes Ungeheuer erlebt, das uns in unseren weltlichen Abenteuern zu lähmen droht. Dazu kommt, daß »zur Berufsausbildung die Entwicklung von Athene-Qualitäten gehört«, wie die Jungsche Analytikerin Jean Bolen meint, »das gilt für das Geschäftsleben, den akademischen Bereich und die Kirchen«. Westliche Bildung und Ausbildung war in der Tat stets »athenisch«. Bolen weist auf Phyllis Schlaflys brillante und erfolgreiche Opposition gegen das ERA* hin, als extremes Beispiel für Athenes Feindseligkeit gegenüber anderen Frauen: »Schlafly, deren Biograph sie den Schatz der Stillen Mehrheit nannte, ist eine zeitgenössische Athene in der Rolle einer archteypischen Vater-Tochter, die patriarchale Werte verteidigt.«[28] Doch auch wir Feministinnen kennen Athene – erleben sie in unseren plötzlichen Animositäten gegen das Mütterliche, in den enttäuschenden Spaltungen der Frauenbewegung, in unserer gelegentlichen Aggression gegen uns selbst *als Frauen*. Und sollte es ihr nicht gelingen, unser eigentliches Selbst zu formen, so könnte sie doch noch defensiv, zusammen mit der Medusa-Mutter, in unseren Schatten lauern.

---

* ERA: Equal Rights Amendment, Verfassungszusatz zur rechtlichen Gleichstellung der Frau. Anm. d. Ü.

Die Produktivität der Athene stammt aus einem Geist, der von seinem Körper getrennt existiert. Natürlich gibt es keinerlei Anzeichen dafür, daß sich Metis'/Medusas »kluger Rat« mit sexuellen Vorgängen befaßt habe. Doch vielleicht würde er uns nach Adrienne Rich lehren, »durch den Körper zu denken«[29]. Medusas abgetrenntes Haupt bekommt eine neue Bedeutung. Die heldische Kultur, die für ihre Verbreitung von Dichotomien bekannt ist, verlangt ständig Enthauptungen. Sie hat sich auf das Geschäft spezialisiert, Köpfe von Körpern zu trennen, besonders, wenn sie sich starken Frauen gegenübersieht. Doch so ohne weiteres kann kreatives Selbstsein den Akt der »Dichotomie« – wörtlich des »Entzweischneidens« – nicht überleben. Athene wird in einer Rüstung »geboren«. Diese Rüstung schützt die Illusion des getrennten Selbst (und ist verwandt mit dem Managerinnenkostüm und den harten Rüschen der »Damenhaftigkeit«). Sie symbolisiert unseren Status als Objekt. Indem sie gegen alle Durchlässigkeit – die durch die Jungfräulichkeit dieser Göttin doppelt verleugnet wird – schützt, ist die Rüstung ein Symbol für die künstlichen rigiden Grenzen, die der Krieger/ die Kriegerin zwischen sich und das Andere, das Gegensätzliche, den Gegner und die Welt legt. Doch paradoxerweise kämpft die Frau im Schlafly-Stil gerade dafür, die »Weiblichkeit« zu stärken, nämlich jenes fließende Selbstsein der Frauen, das die Männer so notwendig als Unterstützung brauchen. Wie Athene weiß sie, daß die patriarchale Gesellschaft sich eine seltene Ausnahme, wie sie es ist, leisten kann, ja sogar braucht – eine Ausnahme, die sich der weiblichen Rolle entzieht, um rund um die Uhr Propaganda für die Väter zu machen.

Die ungeheuerliche Wut, die sich im Bild des Gorgonenhauptes ausdrückt, jene ursprüngliche Wut einer unterdrückten und verdrängten Kraft, die von unseren Körpern und unserem Geist abgeschnitten ist, kann in der Tat am Schild der gepanzerten Frau festgemacht werden – sie richtet sich häufig gegen andere Frauen, genauso oft gegen Männer und im allgemeinen gegen uns selbst. Eine solche indirekte, kopflose Wut macht diejenigen, die uns am nächsten stehen, zu Sündenböcken, statt sich gegen die umfassenderen Anlässe patriarchaler Ungerechtigkeit zu richten.[30] Doch die Wut, die sich in der Gorgonenmaske zeigt, hat noch tiefere Quellen, die wir mit den altehrwürdigen Furien teilen.

Diese Furien, die den durch nichts zu stillenden Groll der abgesetzten Mütter verkörpern, suchen die patriarchale Herrschaft heim und sind – weil unterdrückt – regressiv und rachsüchtig.

Robert Ranke-Graves meint, die hellenischen Furien seien »maskentragende Stellvertreterinnen der Dreifachen Göttin« gewesen. »Sie sollten Fremde von der unbefugten Teilnahme an den Mysterien abschrecken«.[31] Dabei setzt Ranke-Graves jedoch (wie die meisten Mythographen, besonders Eliade) eine scharfe Trennung zwischen dem Heiligen und dem Profanen voraus. Eine derartige Zweiteilung der Erfahrung scheint nicht so sehr auf die Kultur der archaischen Göttin zuzutreffen, sondern vielmehr auf jene Kultur, die den Geist dem Körper, das Leben dem Tode, das Männliche dem Weiblichen gegenüberstellt. Wurde erst einmal innerhalb der Parameter solcher Dualismen gedacht, dann könnten die Restformen von Göttinnenverehrung durchaus eine solche prophylaktische Funktion angenommen haben. Doch die furchterregende Maske (ebenso wie Wasserspeier und alle Formen von beschützenden Dämonenmasken) deutet noch auf einen anderen Zweck hin: nicht »abzuschrecken«, sondern den Schrecken selbst sichtbar zu machen, in den Vordergrund zu rücken – der Angst »ins Gesicht zu sehen«. Nur so ist die – heilige und profane – Konfrontation mit dem »natürlichen Selbst« der Frauen (Demings) – und sicher aller Menschen – möglich.

Erich Neumann macht die Gestalt der Gorgo zum klassischen archetypischen Fall der »Schrecklichen Mutter«, der ewig dunklen Seite des »Uroboros« oder des »archetypisch Weiblichen«, die (in Männern und Frauen) das Ich-Bewußtsein zu zerstören droht. »Der erstarrenmachende Blick der Medusa gehört zum Furchtbarkeitsbezirk der Großen Göttin, denn Starr-Sein ist das gleiche wie Tot-Sein. Diese Wirkung des Furchtbaren steht in Gegensatz zur Lebendigkeit des Lebensstromes ... und bedeutet psychisch – Versteinerung und Verkalkung. So ist die Gorgo das Gegenbild des Lebensschoßes als Todesschoß ...«[32] Neumann erkennt mit Recht in der Medusa ein transpersonales Muttersymbol und erfaßt sehr gut ihre Rolle in der olympischen Umwelt. Doch ist sein Bericht unhistorisch; er versteinert die Medusa zum Abbild einer zum weiblichen Wesen gehörenden Dunkelheit, für die es kein vergleichbares männliches Gegenstück gibt (den Bildern vom

»schrecklichen« oder »bösen« Vater scheint, verglichen damit, jede furchterregende Dimension zu fehlen).

In *Perseus: Eine Studie über griechische Kunst und Sagen* bietet Jocelyn M. Woodward einen historisch und kulturell aufschlußreicheren Bericht über den Hintergrund der Medusa. Über das Bild der Gorgo in einem Artemistempel aus dem 6. Jahrhundert vor unserer Zeitrechnung schreibt sie:

> »Es mag seltsam erscheinen, daß diese plumpe, grimassierende Gestalt den Ehrenplatz auf dem Tempelgebiet bekam, doch der Gedanke, der dahintersteht, führt uns zurück in eine Zeit lange ehe diese Gorgo-Gestalten mit den Wesen der Perseus-Sage gleichgesetzt wurden. Mit ihren Begleittieren, den Löwen, verkörpert sie den großen Naturgeist des primitiven Glaubens, der in den frühen asiatischen oder ionischen Kunstwerken als Göttin dargestellt wird, die heraldisch von Vögeln, Löwen oder Schlangen umrahmt ist.«[33]

Wenn die Gorgo-Energie ursprünglich Ausdruck eines »Naturgeistes« – der Großen Göttin – ist, so wird Medusa erst durch die Perseus-Athene-Konstellation zur Schrecklichen Mutter. Ihre Kraft ist ursprünglich lebensspendend und fruchtbar – ein »Todesschoß« vielleicht nur, wenn es zur Geburt des patriarchalen Helden kommt? Medusa muß nicht länger den statischen Archetyp der Schrecklichen Mutter darstellen – so als ob die Wut des Weiblichen keine Antwort auf seine Unterdrückung und Verdrängung sei, sondern ewig und zwangsläufig zum »weiblichen Wesen« gehöre.[34] »Die Gorgo«, schreibt Emily Culpepper »besitzt sehr viele lebenswichtige, buchstäblich lebensrettende Informationen über Zorn, Wut, Kraft und das Herauslassen von überlebens-notwendiger Aggressivität, die sie uns Frauen lehren kann.«[35] Gerade in ihrer Dunkelheit inspiriert die Gorgo zur Selbstoffenbarung, wie es May Sartons Gedicht »Die Muse als Medusa« andeutet:

> »Ich drehe mein Gesicht herum! Es ist mein Gesicht.
> Es ist die erstarrte Wut, die ich ergründen muß –
> O geheimer, in-sich-selbst-verschlossener und verwüsteter Ort!
> Dies ist die Gabe, für die ich Medusa danke.«[36]

## Perseus, das Ich

Da Athene aber schließlich teilhat an der uralten Göttinnen-kraft ihrer vergessenen Mutter Metis/Medusa, scheint die Unge-heuer-lichkeit, die sie Medusa verleiht, symptomatisch für Athe-nes eigene Verdrängung. Doch eigentlich ist Athene, die einst eine Erscheinungsform der Großen Göttin war, so zu sehen: In der Verkleidung als Animagestalt des patriarchalen Athen dient sie dessen Helden. Sie lebt dort nicht ihre eigene subjektive Wahrheit (das heißt, die Subjektivität der athenischen Frauen). Athene wirklich lieben – und wie viele von uns haben nicht diese kraft-volle Verkörperung von Intellekt und Unabhängigkeit geschätzt – heißt, sich mit ihrer tiefen Vergangenheit, ihrem wahreren Selbst zu verbinden. Mag Perseus seiner Schutzgöttin noch so huldreich Inspiration, Führung und Schutz zuschreiben, so bleibt doch er es, dem die wahre Tat und der Ruhm bei der Vernichtung der Medusa zufällt. Dürfen wir annehmen, daß die Ungeheuer-lichkeit des Ungeheuers in gewisser Weise von dem Seinszustand herrührt, den Perseus verkörpert? Um sich selbst als Helden bezeichnen zu können, behandelt er die archaische Schlangenkraft als unge-heuer-lich. Er muß ihr Urbild, die Gorgo, ausrotten. Ranke-Graves meint, die Vernichtung der Gorgo bedeute historisch, daß »die Hellenen die Heiligtümer der Göttin überrollten«. In seiner Analy-se der Tat des Perseus und der gleichzeitigen Geburt von Pegasus in Verbindung mit Bellerophons Verwendung des geflügelten Pferdes, um ein anderes Monster, die Chimäre, zu töten, sagt Ranke-Graves: »Beide Taten reflektieren den Übergang der Macht der Mondgöttin an die hellenischen Eindringlinge; sie erscheinen in einem altertümlichen boiotischen Vasenbild, das eine gorgo-köpfige Mähre zeigt. Diese Mähre ist die Mondgöttin, deren Ka-lendersymbol die Chimäre war. Das Gorgonenhaupt ist eine Schutzmaske, die von ihren Priesterinnen getragen wurde, um die Nichteingeweihten zu vertreiben. Von ihnen übernahmen die Hel-lenen diese Maske.«[37] (Unkorrekte Übersetzung, der Originaltext lautet: ›und denen die Hellenen sie [die Masken] entrissen!‹ Anm. d.Ü.) Auf die Eingeweihten – das heißt diejenigen, die sich von der Weisheit der Göttin leiten ließen – hätte die Schlangenmaske, wie ich bereits andeutete, wohl weniger angsterregend als geheimnisvoll gewirkt. Diese und ähnliche Geschichten vermitteln uns ganz konkrete historische Vorgänge und kaum zeitlose Wahrheiten:

»Im frühen 13. Jahrhundert vor unserer Zeitrechnung passierte ein historischer Bruch, eine Art soziologisches Trauma, das sich in diesem Mythos niederschlägt. Dieser Vorgang ähnelt in starkem Maße dem, was Freud den latenten Inhalt einer Neurose nennt, der sich im manifesten Inhalt eines Traumas niederschlägt: festgehalten, jedoch versteckt, festgehalten im Unbewußten, jedoch vom Bewußtsein nicht gewußt oder fehlinterpretiert.«[38]

Dieser Bruch symbolisiert den Wandel von einer Weltordnung zur anderen. Die ältere Ordnung sickert in die Mythen vom »neuen« Helden ein und produziert damit »eine wesentliche Duplizität, deren Folgen nicht unbeachtet und unterdrückt bleiben können«.[39] Die heldische Psyche wird von einer alles durchdringenden Furchtsamkeit, dem Gefühl von Gefahr, motiviert, ähnlich dem, was der Existentialismus unter dem Begriff *Angst* (Übernahme des deutschen Wortes! Anm. d.Ü.) verallgemeinert. Wird nun diese ontologische Furcht in Einzelängste – wie die Angst vor diesem Ungeheuer – umgewandelt, dann wird der Sieg über eine bestimmte Sache vorübergehend Erleichterung verschaffen.

Die Frage, ob der wahre Muttermord nicht eher dem Helden denn Athene anzulasten ist, geht tiefer. Denn der Held konstruiert seine Identität aus seiner gewaltsamen Niederwerfung aller Werte und Rechte der weiblichen Kraft. Jung spricht vom »Vaterprinzip« (des Logos, E.W.) und behauptet, »seine weltschöpferische Tat ist der Muttermord«.[40] Dieser Ansatz ähnelt in gewisser Weise Beauvoirs Gleichsetzung von kreativer Subjektivität mit der Aktivität des Kriegers, wie im nächsten Kapitel eingehend dargestellt wird. Wenn Jungianer auch gemeinhin davon ausgehen, ein solcher Gewaltakt gegenüber »Der Mutter« sei für die Entwicklung des Ich-Bewußtseins notwendig gewesen, so erkennen sich doch im allgemeinen an (ganz unabhängig vom feministischen Anliegen), daß hier ein zu hoher Preis gezahlt wurde.

So bietet Campbell eine sehr klarsichtige Darstellung der Be-

ziehung des Perseus zu Mutter Medusa an: »Mutter Natur, Mutter
Eva, Mutter Herrin-der-Welt, sie ist allgegenwärtig, und je uner-
bitterlicher sie unterdrückt wird, desto angsteinflößender wird ihr
Gorgonenaspekt sein. Auf diese Weise gelingt ihrem muttermörderischen Sohn eine Menge von außerordentlich spektakulärer
Fluchtarbeit; doch, o weh! Welche Hölle wird er in seinem Innern
erleben – und doch nicht erleben – dort, wo eigentlich sein Para-
dies sein sollte.«[41] Indem er sie »tötet«, begründet der Mann die
Monstrosität der Mutter und seine Heldenhaftigkeit. Doch als Ungeheuer wird sie zum Symbol *seiner* Furcht und *seiner* Ungeheuer-lichkeit. Aber zugleich ist sie auch Symbol des verlorenen
Selbstseins, das sich in ihrer einstmaligen Macht nach außen darstellte.

Auch Neumann weist auf die Bedeutung der Flucht des Perseus
hin. »Das entscheidende Motiv ist nicht, wie man denken sollte, die
Tötung der Gorgo, sondern die Flucht vor den verfolgenden
Schwestern.«[42] Neumann zeigt, wie »Flucht und Rettung des Helden noch deutlich den überwältigenden Charakter der Großen
Mutter« bezeugen.[43] Kein Zweifel. Ist nicht alle Trennung Flucht?
Doch wenn Neumann hinzufügt, »ihrer Tötung ist der Held...
kaum gewachsen«, dann scheint hier ein Jungianismus vorzulie-
gen, der von dem Campbells entscheidend abweicht. Denn Neumann wählt die Geschichte des Perseus als gerafftes »Musterbeispiel des Heldenmythos« und damit als Beispiel für die historische und individuelle Entwicklung des Ich-Bewußtseins. »*Durch
die Vermännlichung des Bewußtseins und die Emanzipation
des Ich-Bewußtseins wird das Ich der* ›Held‹.« (Hervorhebung
C.K.) Diese Emanzipation von der Mutter findet in beiden, im
Mann und in der Frau statt, und bei beiden steht der männliche
Held als Symbol für Bewußtsein: »Das Bewußtsein als solches ist
männlich, auch in der Frau, so wie das Unbewußte beim Mann
weiblich ist.«[44]

Wir enthalten uns hier noch jeden psychologischen Kommen-
tars zu dieser Folgerung der analytischen Psychologie, doch können wir feststellen, wie präzise Neumanns Geschlechtsverzerrun-
gen Beauvoirs These illustrieren, daß Männlichkeit stets mit
Menschlichkeit gleichgesetzt wurde. Das Bewußtsein selbst wird
als »männlich« angesehen und zwar – das ist entscheidend für

meine These – als männlich im Sinne von heldisch, muttermörderisch und ichzentriert. Wesentlich mehr als Neumanns Androzentrismus sollte uns zu denken geben, wie präzise dieser der westlichen Auffassung von Selbstsein entspricht. Außerdem werden
hier Aristoteles' biologische Postulate, der Mann sei die aktive
Intelligenz und die Frau das Ungeheuer, ins Gewand der Psycho-
symbolik des 20. Jahrhunderts gekleidet. Neumanns Interpretation – die die Ideologie des Mythos voll erfaßt – stellt den Krieger,
der sich auf Pegasus in die Lüfte schwingt, als die menschliche
Norm dar. »Der Held Perseus steht also auf der Geistseite, er ist
der Beflügelte und mit den Geist-Göttern Athene und Hermes
Verbündete, wenn er den Kampf mit dem Unbewußten auf-
nimmt«.[45] In Perseus begegnet uns wieder der Geist der reinen
Transzendenz, hier enthüllt sich uns klarer denn je die wahre
Feindseligkeit, der Eskapismus und die Egozentrik des androzentrischen Paradigmas.

Bezüglich der strikten Reflexivität des androzentrischen Selbst
fällt uns beim Perseus-Mythos die Bedeutung des Spiegelschildes
auf. Als perfektes Bild des reflektierenden Ich ist der Schild zugleich für Verteidigung und Angriff da, ist zugleich undurchlässig
und widerspiegelnd, zugleich reflektierend und unfähig, hinzu-
schauen. Neumanns Interpretation dieses Bildes ist interessant:
»Er tötet, indem er das erstarren-machende Bild des Uroboros,
dessen direktem Anblick er nicht gewachsen wäre, reflektiert, ihn
ins Bewußtsein hebt und so tötet.«[46] Hier ist auf die vorzüglichste
Weise beschrieben, welchen Gebrauch patriarchales Denken vom
Intellekt macht – nämlich dasjenige, dem man aus Feigheit nicht
ins Gesicht sehen will, »reflektiert« zu töten.

In *The Glory of Hera* gibt Philip Slater – im Rahmen seiner
monumentalen psychoanalytischen Enthüllung des misogynistischen Narzißmus der athenischen griechischen Kultur – eine
interessante Antwort auf Perseus sowie auf Neumann. Er regi-
striert, wie sehr die Geschichte einer Farce ähnelt. Perseus hat
»zwei Götter, die ihm beistehen, einen Überfluß an magischen
Hilfsmitteln, einen Feind, den er noch nicht einmal anschauen
kann, und eine Göttin, die ihm die Hand führt, damit er die Tat
auch wirklich vollbringt. Gab es je einen so hilflosen und abhängigen Helden?«[47] Diese Bemerkung stützt unsere bereits geäußerte

Annahme, daß das trennende Ich die Unmöglichkeit seiner Autonomie vor sich selbst verbirgt. Aus seiner mehr freudianischen
Perspektive unterstützt Slater Neumanns Annahme, daß Medusa
die Mutter symbolisiert; als Beweis zitiert Slater Aischylos, bei
dem der Chor Orest zum Muttermord anstiftet, indem er ihn ermahnt, »bewahr' in deiner Brust ein Herz wie Perseus!«[48] Doch ist
Slater dort skeptisch gegenüber Neumann, wo dieser das »aufstei-
gende Schöpferische« in Perseus entdeckt. Für Slater ist Perseus
»ein außergewöhnlich unattraktiver Held«, mit »keinen besonderen Tugenden oder Begabungen außer der Fähigkeit, das zu tun,
was ihm gesagt wird und die Werkzeuge, die ihm gegeben werden, in angemessener Weise zu benutzen. Er ist das Musterbeispiel eines phallischen Helden für Neunjährige.« Und zu Perseus als Symbol der Bewußtseinsentwicklung meint er: »Zunächst
einmal ist Perseus' Tat, ›das Bild ins Bewußtsein zu heben‹, wirklich zu halbherzig, um als Prototyp für die wahrheitsuchende Konfrontation dienen zu können. Bewußtsein würde sich darstellen,
indem das Gegenüber *direkt* angeschaut wird.«[49] Leider stellt Slater nicht die Verbindung zwischen dem prophylaktischen Spiegel
und dem phallischen Narzißmus her. Wir könnten sagen, daß Pe-
seus in den Spiegel schaut und tatsächlich sein eigenes Ich-Bild
nicht sieht – sein Narzißmus läßt keine wahre Selbsterkenntnis zu.
Der mythische Spiegel jedoch hält ihm jene Medusa-Realität (im
Selbst oder im anderen) vor, der er ins Gesicht sehen sollte. Statt
dessen schlägt er voll phallischer Aggression um sich. Slater be-
dient sich brillant dieses Bildes, um damit den Neumannschen
Jungianismus zu kritisieren:

> »Mir fällt besonders die Tatsache auf, daß genau dieses Sich-
> mit-Spiegelbildern-Zufriedengeben die Nützlichkeit der Jung-
> schen Theorien einschränkt ... jeder Einfluß von tatsächlichen
> familiären oder persönlichen Erfahrungen oder real existie-
> renden gesellschaftlichen Strukturen muß verleugnet werden,
> damit dem Mythos etwas von seinem geheimnisvollen Charak-
> ter erhalten bleibt ... Der ›Archetyp‹ ist der Athene-Schild der
> Jungianischen Analyse.«[50]

Wir werden später noch einmal Anlaß haben, zu diesem Streitpunkt zwischen Jungschem und Freudschem Ansatz zurückzukehren. Slaters Argumentation ist ein Beitrag zum notwendigen Abbau der archetypischen Methode, patriarchale Bilder als Ewigkeitswert festzuschreiben. Archetypen zur Unbeweglichkeit erstarren zu lassen ist nur die psychologische Version des theologischen Ewigkeitsbegriffes, der einen endlosen Kreislauf narzißtischer Selbstverkapselung stützt. Andererseits scheint Slaters Deutung, »das Medusenhaupt *ist* ein Symbol mütterlicher Genitalien«[51], manchmal so prosaisch, daß man sich eilends wieder auf die Suche nach jenem »geheimnisvollen Charakter« begeben möchte. Geheimnis muß nämlich nicht Mystifikation bedeuten. Daß sich die mythische Metapher nicht reduzieren läßt, zeigt sich gerade in ihrer Möglichkeit, den Helden gleichzeitig zu verherrlichen und zu unterminieren; selbst in ihrer patriarchalen Gefangenschaft können die Mythen nicht den größeren Zusammenhang verdecken.

Neumann hat recht, wenn er meint, »in der Gestalt der Athene ist die Überwindung der alten Mutter-Göttin durch die neue weibliche Geist-Göttin am deutlichsten.«[52] Athene als Komplizin beim Muttermord ist genausowenig sie selbst wie alle Frauen, die in ihrer Verkleidung auftreten. Sie ist ein Beispiel für die Kooptierung, die wir im ersten Kapitel ansprachen – die Verführung durch institutionelle Mächte –, und ist damit weit von ihrer Authentizität entfernt. Sie ist – zusammen mit ihrer Schwester-Mutter Medusa – eine patriarchale Objektifizierung, ein Nebenprodukt. Doch anders als Medusa, die nicht kooptiert hat, bietet Athene Unterstützung und Rückhalt, sie ist die Vasallin, auf die die Väter sich verlassen können. Athene hat zwar immer noch »alle Merkmale der kretischen Göttin … aber die urtümliche Gestalt des Weiblichen ist von ihr unterworfen, ihr Gorgohaupt trägt sie als Symbol auf dem Schild.«[53] Neumann jubelt, wo wir trauern; doch geht es uns hier nicht darum, die Urgöttin wieder zu installieren, sondern darum, uns von den Folgen einer Kultur zu emanzipieren, welche aus Emanzipation von ihr, der Urgöttin, entstanden ist.

James Hillman, dessen »archetypische Psychologie« im Unterschied zur »analytischen« bemerkenswert frei von Jungianischem

Dogmatismus ist, »...geht es um das Symptom, jene Sache, die dem Ich so fremd ist, jene Sache, die der Herrschaft des Helden ein Ende bereitet – der, wie Emerson sagte, derjenige ist, der so unbeweglich sich selbst zum Mittelpunkt hat.«[54] »Unbeweglich sich selbst zum Mittelpunkt hat« weil, so könnten wir hinzufügen, er Abbild einer mitleidslosen Transzendenz ist – die Perseus in Beziehung zu seinem Vater Zeus gerade erst zu verkörpern beginnt. Hillman stellt systematisch eine Verbindung zwischen der Mythologie des Helden – auch in ihrer polytheistischen Umgebung – und »monotheistischer Psychologie« her, für die nicht nur die jüdisch-christlichen Traditionen, sondern ebenso Campbells Monomythos Beispiele sind. Was auf die eigene unbewegliche Mitte fixiert ist, kann in sich selbst keine Pluralität der Bilder dulden. Wenn diese versuchen, ihre Botschaften auszusenden, kann das heldische Ich weder sehen noch hören. So werden sie (oder waren sie es bereits?) zu seinen Symptomen, hinabgedrängt ins Unbewußte, das von Hillman lieber als Unterwelt bezeichnet wird.[55] Da der Held von dem Bereich der Träume, des Todes, der Unmenge von Bildern, die er nicht in den Griff bekommen kann, abgeschnitten ist, kann er die Botinnen der Unterwelt, die Medusen, nicht dulden, und arbeitet um so heftiger daran, sie zu verdrängen. Doch obgleich es Teil »seiner« Persönlichkeit ist, mag sich das »Symptom« seiner Herrschaft nicht fügen.

Anders als für Neumann und andere Vertreter der Jungschen Richtung ist für Hillman die Erscheinungsform des Helden keine notwendige Voraussetzung für die »Entwicklung des Bewußtseins«. Er hält das westliche Ich-Bewußtsein für den Hauptfeind des »Seele-Erwerbens«, das er befürwortet. »Seele«, so sagt er, »bezieht sich auf das *Vertiefen* von Ereignissen zu Erfahrungen«[56]; »der Sinn, den die Seele möglich macht, ob in der Liebe oder im religiösen Bereich, kommt aus ihrer besonderen *Beziehung zum Tod*.«[57] (Wir werden sehen, wie die Aversion, die das heldische Ich gegenüber der Unterwelt, ja überhaupt gegenüber jeglicher Tiefe hat, unmittelbar mit seinen Ungeheuer-tötenden Impulsen zusammenhängt.) »Für welche Art von Denken, das sich mit welcher Art von Fragen beschäftigt, ist die Ideologie der Gegensätzlichkeit so nützlich?« fragt Hillman weiter (im Kontext seiner späteren Kritik am Jungschen Dogma der Gegensätze). »Die Antwort liegt auf der

Hand: es ist *das heldische Ich, das teilt, damit es herrschen kann*: antithetisches Denken, das Alfred Adler für eine neurotische Verfassung des Geistes hielt, gehört zum Willen zur Macht.«[58] (Hervorhebungen C.K.) Wir können daraus schließen, daß die heldische Neurose der patriarchalen Kultur, die ständig auf ihre eigenen symptomatischen Monstrositäten einschlägt, eben in dieser unbeweglichen Egozentrik selbstgespalten ist – ständig zwei in ihrer Einheit, und daher, kaum überraschend, selbstreflektiert. Hillman fügt dem Spiegel-Bild noch einen lässigen Schlenker bei: »Wenn unsere Zivilisation unter *Hybris* leidet, unter Ich-Aufblähung und *Größenwahn*, dann hat die Psychologie das ihre dazu beigetragen. Sie hat die Seele im Spiegel des Ich gesehen, sah niemals Psyche, sah immer den Menschen.«[59] Diese Kritik am Humanismus – und vielleicht am Schild des Perseus – trifft sowohl die Freudschen als auch die Jungschen Richtungen der Tiefenpsychologie. Wie männlich ist dieser »Mensch«? Hillman ist vielleicht kein Feminist, doch hat er sich schon sehr früh für eine Definition der Anima* als der verlorenen Seele der Kultur – und nicht lediglich als Ergänzung zum Männlichen – ausgesprochen. In einem Vorgriff auf *Revisioning Psychology*, seiner Kritik des heldischen Bewußtseins, belegt Hillmans Essay »On Psychological Femininity« in *The Myth of Analysis* umfangreich die Geschichte des biologischen, medizinischen und psychologischen Frauenhasses. Er schließt: »Es ist schwierig, sich ein Bewußtsein vorzustellen, zu erfassen, zu erleben, das nicht die alten Erkennungsmerkmale, das strukturelle Grundgestein der Misogynie, aufweist, so daß wir kaum eine Ahnung davon bekommen können, was dieser bisexuelle Gott für Überraschungen in bezug auf die Regeneration des psychischen Lebens bereithalten könnte.«[60] Ob wir nun einen bisexuellen Gott erahnen möchten oder nicht (Hillman selbst verfolgt diesen Gedanken nur kurz), so trägt sein Werk doch dazu bei, dieses misogynistische Urgestein, auf dem die westliche Grundvorstellung des Selbst-Bewußtseins ruht, freizulegen.

---

* Die »Anima« ist ein wichtiger Begriff in der analytischen Psychologie C.G. Jungs, auf den im 3. Kapitel eingegangen wird. Anm. d.Ü.

## Erinnerungen und Monolithen

Das Wort *monster* kommt aus jener Quelle – *mons* –, aus der alle (englischen, E.W.) Erinnerungsworte stammen: to remember (erinnern), to remind (jemanden erinnern), anamnesis, to commemorate (gedenken). Die ungeheuren, wunderbaren Bilder der mythischen Monster enthüllen so unwiderstehlich wie Träume die verdrängten und verleugneten Möglichkeiten eines nicht-patriarchalen und nicht-dualistischen Selbst. Und wie wir in Edward Caseys *Remembering: A Phenomenological Study* lesen, ist »gedenken... unweigerlich eine Sache der Partizipation, und in dieser Eigenschaft spricht es uns nicht als Einzelwesen an, sondern immer als bereits Verflochtene.«[61] Der Mythos ist mit seinen rituellen Gesetzen immer eine Angelegenheit des Gedenkens und damit der Partizipation. Doch wenn wir nicht länger am heroischen Mythos, den fast jede Institution in unserer Zivilisation täglich rituell neu inszeniert, partizipieren wollen, dann können wir uns nur dem anschließen, woran uns das Monster erinnert, indem wir des Monsters gedenken. Auf diese Weise können wir den Heldenmythos untergraben, ohne dabei je zu vergessen, wie jähzornig er unter uns fortdauert.

Partizipieren, aneinander teilhaben, erinnert an die vergessene Realität eines einfließenden Selbst: ein Selbst, das in die anderen hineinfließt und spürt, wie die anderen in es selbst hineinfließen. Denn in unserem wechselseitigen Einfließen gedenken wir einander. So wie sich die Schlangen um den Caduceus des Hermes winden, der eine Erinnerung an den viel älteren Stab der Ischtar ist, hat das Bild des beziehungsvollen Sich-Verflechtens eine Heilwirkung für die Neurose des trennenden Ich. Im Gegensatz zur Substanz des Aristoteles ist ein solches Wesen immer in anderen immanent. Da es kein unbewegliches Zentrum hat, ist es mit vielen angefüllt. Zwar straft die Partizipation die reine Trennung Lügen, doch muß sie deshalb nicht den Unterschied zwischen Selbst und dem Anderen verleugnen. Wie ich noch ausführen werde, ist Unterscheidung nicht gleich Trennung. Echte Individuen können sich am besten verflechten. Schlangenhaftes Fließen, schlangenhafte Veränderbarkeit ist nicht wässrige Auflösung, sondern ein gut abgestimmter Rhythmus innerer und äußerer Interaktionen.

Die kopulativen Schlangen des Caduceus traten schließlich in den Dienst des Gottes der Heilkunst, Äskulap. Es heißt, er habe mit Athenes Hilfe das Blut aus Medusas Adern bekommen, »aus ihrer linken wie aus ihrer rechten Seite. Mit dem ersteren tötet er, doch mit dem zweiten heilt er und bringt zum Leben zurück«.[62] So zeigt sich Medusa: Im Blut der Göttin, sogar wenn es ihrem Körper entnommen und »abstrahiert« ist, sind die Kräfte von Geburt und Tod »immer bereits verflochten«, sie schwingen im Rhythmus von Werden und Vergehen, von Nähe und Zurückgezogenheit, ein Rhythmus, dessen der Körper der Frau mit der mondbestimmten Ebbe und Flut der menstruellen Gezeiten rituell gedenkt. Ein alternativer Mythos gewinnt Leben: So wird die vergessene und wieder erinnerte Göttin zu nicht mehr und nicht weniger als einer gegenwärtigen Metapher für eine postpatriarchale, partizipative Persönlichkeit.

Durch diese Rhythmen – ob erinnert oder nicht – nehmen Individuen aneinander teil. Doch nach Aristoteles heißt Individuum-Sein eben genau nicht an anderen Individuen teilhaben; die Schlangenkräfte der Regeneration können dem Helden, der unbeweglich nur sich selbst zum Mittelpunkt hat, nur ungeheuer-lich vorkommen. Das Ich des Perseus imitiert – und erschafft – den Unbewegten Beweger des Aristoteles. Doch wenn das heldische Ich bereits – und gerade in seiner abenteuerlustigen Mobilität – auf Immobilität aus ist, weshalb ist dann der Medusenblick für ihn tödlich? Die versteinernde Wirkung, die das Antlitz der Göttin auf den Helden hat, würde ihn bei seinen innersten Wünschen erwischen: Sie würde ihm nur die Wahrheit seiner eigenen unbeweglichen Unsterblichkeit zurückgeben. Ihr Blick stellt lediglich ein Selbstbild vor ihn hin, »ein Superman-Bild eines Gott-Mannes«, wie Hillman es deutet, »der unsere Ich-Phantasien beherrscht, als ein Held aus Marmor ohne Fehl und Tadel, aus einem festen Stück gehauen, für immer auf seinem Schwerpunkt ruhend.«[63] Offenbar benötigt die zweideutige Situation des Helden, der in seinen odysseeischen Abenteuern eine statische Unsterblichkeit sucht, das weibliche Ungeheuer als Sündenbock für seine Widersprüchlichkeiten. Denn Ungeheuer, erinnern wir uns, sind Wesen, die sich aus anderen zusammensetzen; sie sind in sich vielfältige Individuen; der Held hingegen sieht sich selbst als »aus einem Guß«, *monolithos* (Stein aus einem Stück) und letztlich als *a-tomos* (unteilbar). Darauf beruht die metaphysische Lehre von der Ungeteiltheit der Substanz, womit später dann der christliche Gott definiert werden sollte.

Die Tat des Perseus scheint ihn von jeder Selbsterkenntnis, die die Gorgo ihm hätte anbieten können, zu befreien; in seinen Händen wird jedoch das Schlangenhaupt zur tödlichsten aller Waffen, es verwandelt Feinde und Zuschauer in Massen zu Stein. Diese Tat steht für die heldische Objektifizierung der Welt, der anderen. In der Sage fehlt jede tiefere Bedeutung der steinhaften, versteinerten Existenz – als lebendiger Stein, biblisch oder alchemistisch.[64] Wir hören nichts davon, daß Athene das Gorgonenhaupt jemals destruktiv benutzt hätte, doch mit Perseus wird nun das Schlangensymbol – von der Göttin abgetrennt – als das ganz und gar Böse festgeschrieben. Auch heute droht der Krieger seine unterdrückte Wut an allem, was lebt, auszulassen, und heute hält er die Massen versteinert mit der Vorstellung des nuklearen Holocaust – der Vorstellung, daß ein ganzer Planet, unser lebendiger Stein, zu totem Geröll wird.

## Das Ungeheuer und die Jungfrau

Begleiten wir Perseus noch ein bißchen weiter auf seiner Reise. In ihrer klassischen Form enthält die Geschichte keine Moral, zumindest keine, die das heldische Ich, das sie verherrlicht, demoralisiert. Doch uns wird gleich ein ganzes Nest voller Ungeheuer ins Netz gehen, die unter der westlichen heldischen Kultur einherschwimmen. Und zugleich enthüllt die Geschichte des Perseus noch eine weitere Animagestalt, eine, die die Haupterscheinungsform des nicht-mütterlichen »Weiblichen« innerhalb der patriarchalen Welt und Seele symbolisiert.

Nach Ovids Version trifft Perseus bei seiner Heimreise auf eine wunderschöne Frau, die nackt und juwelengeschmückt an eine Meeresklippe gekettet ist. Vom Horizont her nähert sich ein Ungeheuer. Da die äthiopische Königin mit ihrer Schönheit und der ihrer Tochter geprahlt hatte, hatten sich der Sage nach fünfzig Seejungfrauen, die Nereiden, bei ihrem Beschützer Poseidon be klagt, der seinerseits ein weibliches Seeungeheuer plus Sturmflut auf das Königreich losließ. Ein Orakel bestimmte, daß Andromeda, die Tochter des Königspaares, auf dem Felsen ausgesetzt werden sollte, um als Opfer die zornigen Mächte des Meeres zu besänftigen.[65] Durch seinen Sieg über Medusa ermutigt, ergreift Perseus die Gelegenheit und nutzt den Augenblick. Er macht einen schnellen Handel mit den verzweifelten Eltern:

> »Zu weinen wird euch noch lange/ Zeit verbleiben, doch kurz ist die Stunde, die Rettung kann bringen./ Würb' ich um sie als Perseus, des Juppiter Sohn und der Jungfrau,/ die er mit fruchtendem Gold erfüllt in ihrem Gefängnis,/ als der schlangengehaarten Medusa Bezwinger, als Perseus,/ der es gewagt, im Flug durch des Äthers Lüfte zu dringen,/ zög man gewiß einem jeden mich vor. Zu allen den Gaben/ such ich – gewähren die Götter nur Gunst – das Verdienst noch zu fügen:/ Daß sie die Meine, beding ich, von meinem Arme gerettet.«[66]

Natürlich wird Andromeda nicht gefragt, ob sie es nicht vielleicht eher mit dem Ungeheuer aufnehmen wolle, statt ihr weiteres Leben mit einem muskelbepackten Angeber zu teilen. Ovid beschreibt weiter, wie ihre Eltern auf den Handel eingehen – denn wer würde zögern, hier zuzustimmen? – und ihm dazu ein Königreich als Mitgift versprechen. Perseus vollbringt die mörderische Tat mit blutigem Aplomb, und als »Preis und die Ursache aller Mühen, schreitet die Jungfrau einher, ihrer Fesseln entledigt.«[67]

Andromeda ist eine der ersten in der langen mythologischen Reihe derartig passiver Prinzessinnen – eine Jungfrau, die auf den Helden wartet, der sie vor dem Drachen retten wird, hoffnungslos verführerisch in ihrer Hilflosigkeit. Schon sie symbolisiert die Phantasie der Rettung durch den »göttlichen« Prinzen in Form von Heirat. Mit den Augen der Psychologie gesehen befreit er sie von den Ketten ihrer Kindheitsbeziehung zu ihren Eltern (das ödipale Dreieck) und, indem er das Ungeheuer tötet, überwindet er Andromedas regressive Identifikation mit der Mutter. Daß es zunächst einmal die Tat der Mutter war, die das Erscheinen des Monsters heraufbeschwor, spricht für eine Verlagerung der

Gebärmutter-wäßrigen Monstrosität der Mutter auf das Seeunge-heuer. Zur männlichen Psychologie gehört – zur Verwirklichung des eigenen Geschlechtsstereotyps – stets die Rettung der in Not geratenen Jungfrau; eine Tat fast ebenso wichtig wie das Erschla-gen von Ungeheuern. Wären da keine Ungeheuer zu töten und keine Jungfrauen zu retten, wäre der Held kein Held. Neumann beschreibt die Beziehung zwischen dem Ungeheuer, der Gefange-nen und dem Helden als eine Konstellation, die für die Entwick-lung des Ich-Bewußtseins – sowohl in seiner individuellen als auch seiner historischen Dimension – notwendig ist.

»Die Veränderung des Männlichen, die im Drachenkampf vor sich geht, schließt auch eine Veränderung seiner Beziehung zum Weiblichen ein, die sich in der Befreiung der Gefangenen aus der Gewalt des Drachens symbolisiert, d. h. in der Herauslö-sung des Bildes der Weiblichkeit aus dem der furchtbaren Mut-ter. In der Sprache der analytischen Psychologie handelt es sich um die Herauslösung der Anima aus dem Mutter-Archetyp.«[68]

Diese Theorie gehört zu Neumanns grundlegender Maskulini-sierung jedes Bewußtseins als solchem, ist eine Variante seiner generellen Befürwortung des Mordes an der Großen Mutter. Außer seinen Rezepten bietet er wertvolle Beschreibungen der Kette von Bildern, aus denen das maskuline heldische Ich hervor-geht – doch erfordern Elemente dieses Mythologems eine ganz andere Interpretation. So bedeutet zum Beispiel *andro-meda* »Beherrscherin der Männer« – ein wenig passender Name für eine so passive Prinzessin. Der Name weist sogar insgeheim darauf hin, daß wir es hier mit einer äthiopischen Analogie zur libyschen *Med*usa, »weise Frau« und »Herrscherin«, zu tun haben.

»Die Geschichte der Andromeda wurde von einem palästinensi-schen oder syrischen Bilde des Sonnengottes Marduk oder sei-nes Vorgängers Bel abgeleitet. Es stellt ihn auf einem weißen Pferd dar, wie er das Seeungeheuer Tiamat tötet ... Auf diesem Bild stellt die juwelentragende, aber sonst nackte Andromeda entweder Aphrodite oder Ischtar oder Astarte, die lüsterne

Meergöttin, ›Beherrscherin der Männer‹ dar. Aber sie wartet nicht darauf, gerettet zu werden: Marduk selbst band sie hier an, um weiteres Unheil zu verhindern, nachdem er ihre Emanation, die Seeschlange Tiamat, getötet hatte.«[69]

Wird die Geschichte in dieser Form neu gelesen, dann stützt dies die Hypothese, daß Ungeheuer und Jungfrau beide aus dem Mutterarchetyp geschnitzt sind, doch die herkömmliche Erzählweise des Mythos und Neumanns Interpretation verkehrt sie ins genaue Gegenteil.

Werden diese Figuren vielleicht einfach deshalb entstellt, weil sie mächtig sind und ihre Macht die vielen Bereiche männlicher Herrschaft bedroht? Ist es nur die einfache Tatsache ihrer seit Alters her bestehenden Herrschergewalt, die sie zum Ungeheuer stempelt? Hat die weise Herrschaft, die ihr Name bezeugt, ihre Wurzeln eher in einer historischen Königin-Herrschaft – matrilinear oder matriarchal, amazonisch oder einfach vorindoeuropäisch – oder eher in der psychophysisch-sozialen Urhaftigkeit mütterlicher Macht, die am Anfang jedes Menschenlebens steht?

Hier kommt wieder die Schlangenkraft aus alten Zeiten ins Spiel. Seeungeheuer werden häufig als Seeschlangen geschildert, und damit scheinen sie einfach nur eine aufgeblähte Vision jener Schlange zu sein, die seit dem Neolithikum eher mit dem Wasser als mit der Erde verbunden war (vgl. Gimbutas). Seeungeheuer lassen sich leicht mit dem Mütterlichen verbinden, zumindest aus der Sicht eines unsicheren Ich, das immer noch versucht, sich von ihrem anschwellenden, verschlingenden, wieder verschwindenden salzwässrigen Schoß loszureißen. (Wir werden noch sehen, daß viele Seeschlangen und andere Monster männlichen Geschlechts sind; das widerspricht jedoch nicht der grundsätzlichen Bedeutung der Monstrosität. Selbst für Aristoteles gehören nicht ausschließlich Frauen in die Kategorie der Monster.) Daß die Opfer-Jungfrau mit dem Seeungeheuer, dem sie geopfert wird, identisch ist, hat Bezug zu einer Angst, die Beauvoir analysiert hat: die männliche Furcht, seine passive Prinzessin, seine Mädchen-Frau könne sich wieder in die überwältigende Mutter verwandeln, der er gerade erst entkommen ist. »Seine normale Sexualität neigt dazu, Mutter und Ehefrau zu trennen. Er fühlt sich von der geheimnisvollen Alchemie des Lebens abgestoßen, während doch sein eigenes Leben von den schmackhaften Früchten der Erde genährt und erfreut wird; er möchte, daß sie seine eigene Leistung seien; er begehrt Venus, wenn sie gerade neugeboren dem Schaum des Meeres entstiegen ist.«[70] Die Mutter beschwört für ihn wieder die Unkontrollierbarkeit der Natur herauf, ihre überwältigende, beunruhigende Drohung, allen menschlichen Hervorbringungen ein Ende zu machen. Im Gegensatz dazu hat der Mann, wenn er die Jungfrau erringt, die Natur gebändigt, die sie für ihn in poetischer Weise verkörpert, wenn sie ihn in ihrer sanften Wildheit aufs zahmste reizt. »Mit dem Besitz einer Frau verbindet der Mann mehr als die Befriedigung instinktiver Triebe; sie ist das entscheidende Objekt, durch das er die Natur unterdrückt.«[71] Wenn das so ist, dann scheint der Symbolgehalt seiner blutigen Unterwerfung des Monsters und seiner – nicht unblutigen – »Eroberung« der Jungfrau zunehmend ununterscheidbar. Beide, Mutter und Jungfrau (die wir später aufs unmöglichste in der Jungfrau Maria verknüpft finden) erscheinen ihm als das Andere, als Verkörperung der nicht-subjektbezogenen Energien der körperlichen Welt. Doch sobald die Jungfrau sich in die Mutter verwandelt, wie das als ihre wahre »Berufung« von ihr erwartet wird, dann macht sie ihm Angst und wird für ihn abstoßend. Kein Wunder, daß Frauen Magersucht bekommen in der Befürchtung, sie könnten zu dem verhaßten Seeungeheuer anschwellen.[72]

Aus einer anderen Perspektive jedoch weist die Verschmelzung derer, die geopfert werden, mit denen, von denen sie geopfert werden, auf einen typischen göttlichen Kreislauf hin. (Wie Gott, der Vater, das Opfer von Gott, dem Sohn, enthält.) Um diesen Kreislauf bis zu seinem Ursprung zurückverfolgen zu können, wollen wir uns auf den Moment konzentrieren, in dem die Göttin zum Ungeheuer wird, denn da könnte ihre ursprüngliche Göttlichkeit noch durch den patriarchalen Mythos hindurchscheinen.

## Möge er weiterhin Tiamat besiegen

Erinnern wir uns an die zerstückelte Tiamat, die Erste Mutter im babylonischen Schöpfungsepos, dem *Enuma Elish*, das aus der Zeit des Aufstiegs Babylons zur politischen Vorherrschaft (2057–1758 v.u.Z.) stammt. Der göttliche Held Marduk aus der aufsteigenden Kriegerklasse vernichtet Tiamat in einem mächtigen Kampf, er zerstückelt ihren Leichnam und erschafft aus den Einzelteilen seinen Kosmos. *Tiamat* bedeutet »die Urwässer, das Chaos vor der Schöpfung, die Salzwasser, der Ozean«, sie verkörpert jene Raum-Zeit »als es noch keinen Himmel, keine Erde, keine Höhe, keine Tiefe, keinen Namen und keine Götter gab«.[73] Sie ist nichts (engl. no-thing, wörtlich: kein Ding, Anm. d. Ü.), und alle Dinge existieren potentiell in ihr. Sie symbolisiert so etwas wie einen Zustand der Immanenz, doch nicht im Sinne einer Stagnation, sondern einer alles umfassenden Innerlichkeit. In ihrer ungestörten und höchst beziehungsreichen Integrität vereinigt sie sich mit der Urnässe in Gestalt ihres Geliebten Apsu (die frischen Wasser). Ihre Vereinigung schafft die Anfänge aller Unterschiedenheit: »In den Wässern wurden Götter geboren, in den Wässern bildete sich Schlamm.« Aus ihrem uroborischen Vermischen entsteht die erste Generation von Formen, von Bewußtsein. Es ist nicht statisch fixiert, doch kreativ. Als nächstes erfahren wir, daß »zwischen den Göttern, obgleich sie Brüder waren, Unfrieden ausbrach. Sie kämpften und stritten im Bauche Tiamats, der Himmel erzitterte, er wankte in der Woge des Tanzes; Apsu konnte den Lärm nicht dämpfen, sie benahmen sich schlecht, anmaßend und stolz.«[74] Rivalität unter Brüdern, göttliche Unruhe, neue Möglichkeiten, die wild entfesselt werden und zur Verwirklichung drängen, dann die ersten dissonanten Töne des patriarchalen Kriegstanzes, der die Welt etwa zu der Zeit ergreift, als dieses Epos enstand: Welches die entscheidenden Ursachen für die Störung auch gewesen sein mögen, Endresultat ist, daß Tiamat hingeschlachtet wird. Als Marduk, der Held der babylonischen Kultur, seine (Ururgroß-)Mutter erschlägt, tritt sie als riesiges Schlangenungeheuer auf, das Monster aller Arten gebiert. Wenn wir uns anschauen, wie die Degradierung dieser kosmischen Schöpferin zur »alten Vettel, der ersten Mutter«[75] vor sich geht, kann uns das den nötigen »tiefen Hintergrund«[76] des heldischen Musters von Ungeheuer-Erfinden/Ungeheuer-Erschlagen liefern.

Obgleich Tiamat sich als das größte Hindernis auf dem Wege des Kriegers zur Vorherrschaft herausstellte – weit bedrohlicher als ihr Gefährte Apsu –, zeigt die Erzählung die offene ödipale Spannung zwischen Generationen von Männern. Er (Apsu) verkündigt: »Ihr Benehmen stößt mich ab, wir leiden Tag und Nacht ohne Unterlaß. Mein Wille ist es, sie zu vernichten ... dann hätten wir endlich Frieden und könnten wieder schlafen.«[77] Apsu, hiermit bereits den gereizten, von der Arbeit heimkehrenden Vater des 20. Jahrhunderts vorwegnehmend, symbolisiert einen althergebrachten Paternalismus, der sich jeder Veränderung widersetzt, um die einschläfernde Harmonie der alten Ordnung aufrechtzuerhalten. Er hat die Funktion des »Riesen Haltfest«, gegen den sich – nach dem frühen Werk Campbells[78] – der Held als das anarchische Prinzip der Veränderung erhebt. Whitehead verallgemeinert diesen Impuls ins Kosmologische: »Jede neue Epoche tritt ihren Weg mit erbarmungslosem Krieg gegen die ästhetischen Götter ihrer unmittelbaren Vorgängerin an.«[79]

Tiamat reagiert ganz anders auf die Störung des »ozeanischen Gefühls«:

> »Als Tiamat das hörte, war sie von Schmerz erfüllt, sie wand sich in einsamer Verzweiflung, das Herz voll heimlicher Leidenschaft; sie sagte: ›Warum müssen wir die Kinder vernichten, die wir gemacht haben? Wenn sie sich jetzt schlecht benehmen, laßt uns noch ein wenig warten‹.«[80]

Nicht der mütterliche, sondern der väterliche Uroboros[81] erweist sich als unfähig, Veränderung und Unstimmigkeiten zu ertragen. Wie Whitehead die göttliche Bezogenheit beschreibt, nämlich als eine geduldige Tätigkeit, die in »einer zärtlichen Fürsorge dafür, daß nichts verlorengeht« besteht[82], paßt gut zu dieser Muttergöttin, die bereit ist, den rebellischen Aufruhr halbwüchsigen Durcheinanders zu ertragen als das Neue, das sein konstruktives Gleichgewicht noch nicht gefunden hat. Doch die göttliche Dimension sanfter Geduld verschwindet bald auf tragische Weise und verwandelt sich in Wut, als nämlich die jungen Männer aus Angst

Tiamats urzeitlichen Gefährten (Apsu) umbringen. Nun begibt sich der Text mit vollen Segeln in die mythische Diffamierung der alten Muttergöttin, womit, nach Campbell, die Götter der einen Ordnung zu den Dämonen und Ungeheuern werden, die von der nachfolgenden Ordnung bekämpft werden. Die jungen Götter fühlen sich nun berechtigt, die überlebenden Mitglieder der älteren Generation mit entfesselten Stürmen zu plagen, und diese können Tiamat überreden, zur Verteidigung und aus Rache zurückzuschlagen. Jetzt erfahren wir, daß »Mutter Hubur*, die alles bildete, ... Riesenschlangen gebar. Mit spitzen Zähnen, ... mit Gift füllten sie statt mit Blut ihren Leib. Wütende (Drachen) ... vor Schreckensglanz ließ sie sie strotzen... wer sie erschaut, sollte vor Schauder vergehen.«[83] Diese Geburt von Monstern ist eine genaue Parallele zur Reaktion der Mutter Erde in Hesiods *Theogonie*, die, nachdem ihre göttlichen Kinder, die Titanen, von der aufsteigenden neuen Ordnung des Zeus besiegt worden waren, das größte Ungeheuer, das je die Welt erblickte, den schuppigen Typhon, sowie weitere Monster gebiert.

Verständlicherweise bekommen die Rebellen angesichts all dieser gebärmäßigen Vorbereitungen für ihren Sturz Angst: Schauen wir, wie genau der Text die Matriphobie, die Angst vor der Mutter, begründet. Der Weiseste unter ihnen, als er hört, »wie sich der Tiamat-Orkan zusammenbraut«, schlägt eine gewaltlose Strategie vor: »Ich will Tiamat treffen und ihren Geist besänftigen, wenn ihr Herz überquillt, wird sie meine Worte hören, und wenn nicht meine, dann können vielleicht eure (Worte) die Wasser stillen«. Doch diese Methode – die angesichts der vorangegangenen Friedfertigkeit der Tiamat durchaus realistisch ist – schlägt fehl, weil sie noch nicht einmal versucht wird. Dies ist ein entscheidender Augenblick. Die Helden wollen dem Frieden keine Chance geben: »Als er ihre ganze Strategie sah, konnte er nicht vor ihr Angesicht treten, sondern kroch wieder zurück.«[84]

Noch eine weitere Gottheit, »der wahre Held, ein unwiderstehlicher Kämpfer, ein starker Gott«, wird gedrängt, die gleiche Tak-

---

\* Hubur ist das babylonische Wort für den die Welt umfassenden Salzwasserstrom, Wasser ist nach babylonischer Auffassung das Prinzip des Lebens. Anm. d. Ü.

tik zu versuchen, und versagt aus dem gleichen Grund. Diese *wahren Helden* haben so viel Angst vor der mütterlichen Macht, daß sie sich weigern, ihr *ins Gesicht zu sehen*. Während im griechischen Mythos die Weigerung des Perseus, dem versteinernden Ungeheuer ins Gesicht zu sehen, als strategischer Mut gewertet wird, entlarvt dieses ältere Epos das Versagen, sich ihr zu stellen, als reine Feigheit. Das ist der Augenblick, in dem Jung-Marduk hereinmarschiert und schlau und geschickt seine Mitgötter durch seine schneidige Haltung beeindruckt. Mit seiner trotzigen Männlichkeit führt er eine bisher nicht dagewesene Frauenfeindlichkeit ein: »Ich will durchführen, was Ihr Euch am meisten ersehnt... *es ist ja nur ein weibliches Ding*, nur Tiamat, die Euch mit all ihren Künsten entgegentritt. Ihr werdet bald euren Fuß auf Tiamats Nacken setzen.«[85] (Hervorhebung C.K.) Ein klassischer Augenblick: Hier wird die kollektive Matriphobie zur frauenmörderischen Aggressivität. Daß Marduk Tiamats Weiblichkeit als Schwäche lächerlich macht, ermutigt seine knilchigen[86] Genossen ungemein; es ist keine Rede mehr davon, sie zum Einlenken zu bewegen; den weibischen Methoden wie Friedensgespräche und Verhandlungen wird der saubere Mord vorgezogen. Nach vielen politischen Ränken, mit denen er seine Vorherrschaft absichert – was strukturell Ähnlichkeit mit dem Sturz der alten mutteridentifizierten Mächte durch Zeus hat –, beweist Marduk sein Können. Er geht vollbewaffnet in den Kampf mit einer Tiamat, die nun gänzlich die Gestalt eines Seeungeheuers angenommen hat, und besiegt sie, indem er die wilden Winde in ihren Körper jagt. Am Ende einer höchst zufriedenstellenden Metzelei heißt es: »Da ruhte der Herr aus, ihren Leichnam betrachtend,/ Teilte dann den Koloß, Kluges planend;/ Er zerschlug sie wie einen platten Fisch in zwei Teile/ Eine Hälfte von ihr stellte er hin und deckte (damit) den Himmel, er ließ die Schranke herunter und setzte eine Wache über die Wasser, so daß sie niemals entkommen konnten.«[87]

Mit diesen brutalen Bauarbeiten wird der Kosmos geschaffen; nachdem er sie in zwei Hälften zerteilt hat, macht sich Marduk daran, aus den Leichenteilen die einzelnen Bestandteile des Universums herzustellen. »So ist die Schöpfertat«, schreibt Paul Ricoeur, »die sondert, trennt, bemißt und Ordnung schafft, ununterscheidbar von der Verbrechertat, die dem Leben der ältesten Götter ein Ende macht, untrennbar von einem der Gottheit inhärenten Gottesmord.«[88] Mit Ricoeurs Vorstellung eines inhärenten Gottesmordes bekommt diese Gleichsetzung von Schöpfung und Zerstörung eine universale Unvermeidlichkeit. Als erster »›Typus‹ eines Mythos vom Ursprung und Ende des Bösen«[89] stellt das Epos nicht nur beispielhaft den Sieg über das Chaos dar (das im Mythos und bei Ricoeur mit dem Bösen gleichgesetzt wird), sondern ist auch eine Rechtfertigung der massiven politischen Gewalt, die mit den sumero-akkadischen Königreichen begann.

> »Die Schöpfung ist ein Sieg über einen Feind, der älter ist als der Schöpfer; dieser der Gottheit immanente Feind wird seine historische Gestalt in allen Feinden bekommen, die der König, der Diener Gottes, seinerseits zu vernichten beauftragt ist; so ist die Gewalttat in den Ursprung der Dinge eingezeichnet, in das Prinzip, das aufbaut, indem es zerstört.«[90]

So sieht Ricoeur das bleibende historische Ergebnis dieser Art von Mythos in »einer Theologie des Krieges, gegründet auf die Identifikation des Feindes mit den Mächten, die der Gott besiegt hat und im Schöpfungsdrama unaufhörlich besiegt.«[91] Wie Ricoeur gekonnt argumentiert, blutet jede Mythologie in die darauffolgende hinein. Wir können davon ausgehen, daß dieser archaische Kampfesmythos noch immer tief im Geist einer Zivilisation pulsiert, die nach wie vor von der »Theologie des Krieges« zu der größten Verausgabung an menschlichen und natürlichen Ressourcen auf unserem Planeten inspiriert wird. Doch Ricoeur ignoriert die Tatsache – die in der Geschichte und im Ritual durch die vergleichsweise unbedeutende Episode des Mordes an Apsu hervorgehoben wird –, daß der Urfeind eine Frau und der durch ihre Vernichtung geschaffene Kosmos nicht zufällig ein Patriarchat ist. Verbinden wir diese Tatsache mit seiner Interpretation, dann stützt das Mary Dalys beißende Aussage: »Das universale Ziel des Angriffs in allen phallokratischen Kriegen, sein Ur-Objekt, ist die Selbst in jeder Frau.«[92] In gewissem Sinne verkörpert jeder Feind des Helden (selbst andere Helden) das erste Andere, seinen Ur-Gegensatz, nämlich das weibliche Selbst.

Der springende Punkt hier, nämlich Tiamats Geschlecht, kann auch erklären, warum die Schöpfung als Sieg über »einen Feind, der älter ist als der Schöpfer« gedeutet wird. Wer könnte eine solche, vor allem Geschaffenen existierende Bedrohung darstellen außer einer Mutter, ja, in der Tat »der Ersten Mutter«? Denn die Mutter existiert buchstäblich vor dem Ich, so wie historisch die Muttergöttin der Herrschaft der männlichen Gottheit vorausgeht. Rückwirkend, aus dem Gesichtswinkel eines Ich gesehen, das auf Trennung und Überlegenheit eingeschworen ist, kann die Macht ihrer a-priori-Gegenwart nur monströs, ungeheuer-lich erscheinen. So wird das patriarchale Selbst im Kampf geboren.

Da der kosmogonische Konflikt als rituelles Drama und als das zentrale Jahresfest der babylonischen Kultur immer wieder auf-geführt wurde, bezeichnet Ricoeur ihn als »die rituelle Wiederholung der Schöpfung«: »Infolgedessen muß jedes Drama, jeder Kampf in der Geschichte durch eine *Wiederholung* ›kultisch-ri-tueller‹ Art an das Schöpfungsdrama zurückgebunden werden.«[93] Diese Rückbindung in Wiederholung ist das Bindeglied zwischen Mythos und Geschichte.

Die Religionsgeschichte stellt die kosmologische Zerstücke-lung in den Kontext des universellen Opfermotivs, nach dem das Universum periodisch zum Chaos zurückkehrt und, nach Mircea Eliade, sich durch die »Annullierung der Zeit« in einer »ewigen Wiederkehr« regeneriert. Doch während in Ackerbaukulturen das freiwillige Opfer in Nachempfindung des zeitweiligen Verfalls der Natur ein Symbol für deren ewige Wiederkehr ist, ist das unfrei-willige Opfer der Tiamat von der Opferauffassung, die mit dem natürlichen Prozeß der Verwesung zusammenhängt, zu unter-scheiden.[94] Doch wirft Eliades Beschreibung der rituellen Wieder-holung des kosmogonischen Opfers – auch wenn er diese Unter-scheidung nicht trifft – noch mehr Licht auf die psycho-kulturelle Bedeutung jenes Blutbades, das, während es einerseits als eine Ein-für-allemal-Tat angesehen wurde, dennoch zu jedem babylo-nischen Neujahrsfest wieder inszeniert werden mußte: »(der Kampf zwischen zwei Gruppen von Spielern) *wiederholte den Übergang vom Chaos zum Kosmos*; aktualisierte die Kosmogo-nie. Das mythische Ereignis wurde wieder *gegenwärtig*. ›Möge er weiterhin Tiamat besiegen und ihre Tage abkürzen‹! rief der Priester aus. Kampf, Sieg und Schöpfung *fanden in diesem Augenblick* statt (hic et nunc).«[95] Mit anderen Worten: Das Blutbad ist ein alltäglicher Vorgang. Da die mit der Frau identifizierten Mächte des »Chaos« immer wieder aufflackern, müssen sie auch immer wieder zerstört werden. Der Muttermord, so wird uns jetzt klar, stellt die zentrale Tat des heroischen Lebensstils dar, die rituelle Haltung, an der das patriarchale Ich in jedem Augenblick teilhaben muß – in *diesem* Augenblick. »Kampf, Sieg und Schöpfung« bilden die theologische Psychologie des Westens. Der heimliche Muttermord ist in seiner ständigen Neuinszenierung das Verbindende in dieser Kultur.

## Das entstellte Andere

Mary Daly hat das Patriarchat als »die Religion der Umkehrungen«[96] bezeichnet. So erleben wir im *Enuma Elish* die Umwandlung der Ersten Mutter in die endgültige Zerstörerin, der Schöpfergöttin in das Ungeheuer des Chaos, einer Generation von Feiglingen in himmlische Helden und die Umwandlung von Mord in Kreativität. Wenn wir die Umkehrungen wieder umkehren, liest es sich so: Als er sich weigert, ihr ins Gesicht zu sehen, unterdrückt der Kriegerheld die mit der Frau identifizierten Energien (in sich selbst, in anderen, in der Natur) und verwandelt sie damit in tobende Ungeheuer-lichkeit. Wenn das Verdrängte wiederkehrt, ist es stets rachsüchtig, und so stellt die Wiederkehr des Unterdrückten (wie im Feminismus) eine Gefahr von revolutionärer Größenordnung dar. Das trennende Ich empfindet das kreative Chaos als regressive Unordnung, empfindet Tiefe als Todesatmosphäre. Jedenfalls rechtfertigt der Held so jenes Blutbad, mit dem er seine Herrschaft auf ewig errichten will. Nun muß er – wie er hofft – sich nicht mehr den Urtiefen aussetzen. Als Tote hat Tiamat nun die Funktion des gesichtslosen Unmenschlichen, der *prima materia*, des Stoffes, aus dem sein transzendenter Andromorphismus erst seine neue Schöpfung erschafft. Währenddessen ist die unterdrückte Wut der Frauen ständig dabei, das Seeungeheuer in ihrem eigenen Meer aufzulösen, indem sie andere durch emotionale Manipulation und sich selbst in Depression verschlingt.

Auf der Ebene des Mythos wird die Frau durch den Helden zur Inaktivität verdammt, er schafft *aus* ihr *seine* Welt (und flieht die Immanenz um jeden Preis, von einer Mitschöpferschaft der Frau gar nicht zu reden). Dann reicht er die Frau weiter auf die Ebene der klassischen Ontologie, wo der Philosoph sie bereits als inaktiv empfängt und Phantasien zur überlegenen Wertigkeit des aktiven männlichen Samens entwickeln kann. Wie die Schöpfung des göttlichen Helden, so ist auch die Nachschöpfung des menschlichen Mannes ein Akt, für den sie die inaktive Materie liefert: »Ist also das Männliche das Bewegende und Tätige, das Weibliche als solches das Leidende, so kann das Weibchen zur Samenflüssigkeit des Männchens nicht Samenflüssigkeit beisteuern, sondern nur Stoff.«[97]

»Auf diese Weise bleibt der Mythologie«, so Hillman in einer Abhandlung über diese Tradition der biologischen Misogynie, »gar nichts anderes übrig, als zur Metapsychologie zu werden, unverzichtbar für jede ontologische Beschreibung der Psychologie.«[98] Die Mythologie des heldischen Kriegers wird zur subtileren Metapsychologie des aktiven und wirkenden männlichen Handlungsträgers. Eine intellektuelle Erbfolge, die über Thomas von Aquin und Freud führt, gibt diesen alten Mythos der unabhängig potenten männlichen Substanz weiter. Die Frau liefert das Material, mit dem das transzendente Subjekt arbeitet.

Die heroische Täterschaft des männlichen Prinzips klingt – von allen Zeugungsmetaphern befreit – immer noch in dem modernen Ideal des autonomen Subjekts nach. Verständlicherweise übernehmen Frauen dieses Ideal, um ihrer »Unwirklichkeit«, ihrer »Monstrosität« zu entgehen. Monster, so könnten wir sagen, stellen für das westliche Denken die reine Immanenz dar – die Kraft der Natur, der Vergangenheit und des Andersseins werden zu »Fremden«, sie widerstehen den Heldentaten des transzendent kriegerischen Ich. Jedes Selbst setzt – nach dem Modell, das wir in Kapitel 1 untersucht haben – das Andere als Objekt, als Gegner, um wirklich es selbst zu werden; die Umwandlung von Frauen und anderen Fremden in Monster illustriert nur zu gut diesen Prozeß der von Gegensätzen bestimmten Transzendenz. Indem ein Ungeheuer geschaffen wird, wird dem Anderen sein Anspruch auf authentische Subjektivität sowie intime Partizipation verwehrt, es wird zu weniger Menschlichkeit verdammt.

Doch vergessen wir auch nicht die theologischen Wurzeln dieser Transzendenz. Die christliche Tradition – in ihrer Verschmelzung mit aristotelischer Philosophie – überbrückt die lange Strecke von den alten Kosmogonien bis zu einem atheologischen Existentialismus und beansprucht für die menschliche Subjektivität eine weltschöpferische Transzendenz. Wir werden sehen, wie das mythische Muster des Helden in Form der biblischen Bilder vom Schöpfer die spätere westliche Kultur durchdringt.

## Das Gesicht der Tiefe

Im ersten der beiden Schöpfungsberichte im Buche *Genesis*, »Am Anfang schuf Gott Himmel und Erde«, herrscht ein ganz anderer, sehr unbabylonischer Geist. Kein Ur-Geschlechtsverkehr, keine ödipalen Reibereien, keine Ungeheuer, kein Krieg und kein zerschmetterter weiblicher Leichnam verunzieren die kosmische Szenerie. Per definitionem muß ein monotheistischer Mythos oder Ursprung ohne jede diesen Ursprung bestimmenden Beziehungen auskommen. Denn gegenüber dem göttlichen Einen kann es keine Anderen geben: Weder Gefährte noch Kämpfer teilen die Bühne. Der priesterliche Bericht beschreibt in friedlicher Manier das Bild eines ungehinderten Willens, eines einseitigen Aktes.

Doch diese auf den ersten Blick deutlichen Unterschiede sind nur ein Teil der Geschichte. Wir erfahren, daß die biblischen Autoren sich bei beiden Schöpfungsberichten an das mesopotamische Muster und da besonders an das *Enuma Elish* halten. E. W. Speiser schreibt über die Parallelen zwischen *Genesis 1* und *Enuma Elish*: »Es besteht nicht nur eine verblüffende Übereinstimmung in verschiedenen Einzelheiten, sondern – was noch wichtiger ist – die Reihenfolge der Ereignisse ist die gleiche, womit jede Möglichkeit eines Zufalls ausgeschlossen ist. Diese Beziehung wird von allen kenntnisreichen Forschern anerkannt, ganz gleich, wie orthodox ihr persönlicher Glaube sein mag.«[99]

Die Möglichkeiten mesopotamischen Einflusses erstrecken sich

von der Zeit der (offiziellen) Patriarchen bis hin zum babylonischen Exil; also ist es aus historischer Sicht nicht überraschend,
hier einen erheblichen Einfluß vorzufinden. Heidels klassische
Aufstellung der strukturellen Beziehung sieht so aus:

| Enuma Elish | Genesis |
|---|---|
| 1. göttlicher Geist und kosmische Materie sind koexistent und beide ewig | 1. göttlicher Geist schafft kosmische Materie und existiert unabhängig davon |
| 2. Ur-Chaos; Tiamat in Dunkelheit eingehüllt | 2. die Erde ist wüst und leer, Dunkelheit bedeckt die Tiefe *(tehom)* |
| 3. von den Göttern strömt Licht aus | 3. das Licht wird erschaffen |
| 4. Erschaffung des Firmaments | 4. Erschaffung des Firmaments |
| 5. Erschaffung der trockenen Erde | 5. Erschaffung der trockenen Erde |
| 6. Erschaffung von Himmelskörpern | 6. Erschaffung von Himmelskörpern |
| 7. Erschaffung des Menschen | 7. Erschaffung des Menschen |
| 8. die Götter ruhen sich aus und feiern | 8. Gott ruht sich aus und heiligt den siebenten Tag[100] |

Diese Ähnlichkeiten, die unter den Unterschieden zum Vorschein kommen, werden häufig als hebräische Strategie zur
Unterwanderung des babylonischen Mythos gedeutet. *Genesis 1*
kann als eine monotheistische Polemik gegen eine Schöpfung
durch Zeugung oder Kampf interpretiert werden. Dann dienen die
Ähnlichkeiten nur als Folie für den Unterschied, der sich als Sprache des Einen Gottes äußert. Statt Kriegerwaffen und Mutterschoß nun das Wort. Weit über der Souveränität eines Marduk –
der die höchste, doch nie die einzige Gottheit ist – zeigt sich der
Gott der *Genesis* als transzendent in eben jenem Sinne, wie es im
vorigen Kapitel beschrieben wurde, nämlich als der, der das Andere als Anderes setzt – buchstäblich erschafft – und ihm *unabhängig* gegenübersteht. Gottes Andere sind das natürliche Universum, die Menschheit im allgemeinen und einige exklusiv er-

wählte Leute im besonderen, Israel oder die Kirche, die ihm seine Exklusivität zurückspiegeln. Zwar kann Gott in seine Welt kommen und gehen, wie er will, doch ist er ontologisch nicht *darin*, er ist nicht Teil von ihr, ist nicht immanent. Er existiert vor ihr und kennt keine vorschöpferischen Gleichen. Sie ist in ihrer Entstehung und in ihrer Erlösung völlig von ihm abhängig. Fishbane beschreibt vorzüglich, wie fern dieses der früheren, polytheistischen Ontologie steht:

> »In dieser Weltsicht sind die Götter immanent und nahe, und es besteht eine tiefe Harmonie, die den Menschen und Gott und die Welt verbindet. Diese Harmonie ist wahrhaft ontologisch ... wird im *Enuma Elish* die Menschheit nicht aus den Körpern von Tiamats Kriegern geschaffen, genau wie die Welt selbst aus ihrem zerstückelten Körper? Die gleichen Energien fließen durch alles Sein ... alles ist verbunden, und jede Ebene des Seins ›spiegelt‹ ontologisch alle anderen.«[101]

Die Weltsicht Israels hingegen betont Trennung und Willen:

> »Elohim ist nicht gezeugt; es gibt weder Theogonie noch Kampf ... keinen panerotischen oder pangöttlichen Aspekt bei der ordentlichen Schöpfung durch Elohim. Spätere Psalmisten sollten diese Sicht unterstreichen, indem sie betonten, daß die Schöpfung stets Gott preist und daß sein lebendiger Geist alles Leben belebt und nährt ... doch ist ein solcher Gott der Natur fern, weder ist er in ihr enthalten noch erschöpft sie seine Kraft. Ein solcher Gott ist durch ›Willen‹ charakterisiert. Ein solcher, sagt Gerardus Van der Leeuw, ist ein Vater – vielleicht ein wohlwollender – doch keine Mutter.«[102]

Mit seiner Gegenüberstellung einer polytheistischen Weltsicht und einer monotheistischen Transzendenz wird Fishbane sowohl Israels Selbstverständnis als auch dem heidnischen Empfinden gerecht. Daß er die Sache jedoch um eines, wie er sagt, »mythischen Monismus« und seiner Harmonie willen überzeichnet, wird hier sofort deutlich. Denn das *Enuma Elish* ist nicht nur prall gefüllt mit den unterschiedlichsten Gestalten – was hier unpassenderweise als »Monismus« bezeichnet wird –, sondern ist auch voller Entzweiung und Zerstückelung. Jede »Harmonie« wird nur mit Gewalt hergestellt, und was hier als Verbindendes die Ebenen des Seins »spiegelt«, entspricht Kriegsgeschehen. Dazu kommt: Wenn Fishbane das *Enuma Elish* mit »Den Müttern« assoziiert, so ist das ein Fall von »Umkehrung«. Es wird ignoriert, daß der Mythos Matriphobie und Muttermord sanktioniert, und damit werden die Unterschiede innerhalb von Polytheismen verwischt – nämlich zwischen vorpartriarchalen Spuren »Der Mütter« und ihrer patriarchalen Diffamierung. Fishbane ist so beeindruckt vom Vorhandensein weiblicher Gottheit, daß er unkritisch die misogynistische Form der Göttin mit der wahren matrizentrischen gleichsetzt. Doch ist das für uns insofern nützlich, als wir zwischen den polytheistischen und den monotheistischen Formen des Patriarchats unterscheiden lernen. Außerdem behält seine Antithese auf der Ebene der Ontologie durchaus ihre Gültigkeit.

Doch gehen wir die Sache von der anderen Seite an, befassen wir uns mit den tieferen Ähnlichkeiten. Denn wie könnten wir uns sonst die patriarchale Kontinuität unter den Kulturen und ihren Mythen erklären? Kehren wir zum Text zurück: »Am Anfang schuf Gott Himmel und Erde. Und die Erde war wüst und leer, und es war finster auf der Tiefe; und der Geist Gottes schwebte auf dem Wasser« (Gen. 1,1 und 2, Lutherbibel). »*Tohu*«, so erfahren wir, »ist dem hebräischen Lehnwort *tehom* verwandt, das ›tiefe‹ oder himmlische Ozean-Chaos, das zurückgehalten wird ... damit es nicht die ganze Schöpfung zerstören kann.«[103] *Tehom*, »tief«, ist wiederum die hebräische Form von *Tiamat*. Natürlich duldet die Schrift keine bewußte Erinnerung an irgendeine andere Gottheit; doch die Tatsache, daß dem grammatikalisch weiblichen Wort *Tehom* nirgendwo in der Bibel – so wie bei normalen hebräischen Substantiven üblich – ein Artikel vorangestellt wird, scheint heimlich an seinen Status als Eigenname zu erinnern: den Namen der Ersten Mutter.

Die westliche Zivilisation ist vom liturgischen Ernst dieser Eröffnungsverse – dieser Tiefen – erfüllt. Sie – Tehom/Tiamat – ist es, die diesem Kapitel seine poetische Wirkung verleiht. Würde das spätere Sprechen-und-Trennen ohne ihre dunklen, vibrierenden Möglichkeiten irgendein emotionales Interesse erwecken?

Die metaphorische Kraft des Textes fällt in dem Moment ab, in dem Licht angemacht, das ent-geistete natürliche Universum installiert und der geheimnisvolle Schatten des Abgrunds scheinbar besiegt wird. Das Interesse steigt lediglich am sechsten Tag wieder an, als die Menschheit im männlichen und weiblichen Bild von Elohim (eine Pluralform für den Einen Gott) geschaffen wird, einem Gott, der von »Wir« spricht und so ganz entfernt an die babylonischen Ureltern erinnert. Doch auf der Bühne steht (zwar sexuell inaktiv und ontologisch allein) ein männlicher Gott, eine zur völligen Abstraktion gewordene »Tiefe«, und der Wind (spiritus)* Gottes erinnert in diesem Zusammenhang an die Winde, mit denen Marduk Tiamat besiegte. Die älteren mythischen Bilder sind hier nicht nur oberflächlich gegenwärtig:

> »Irgendwo im Hinterkopf der Verfasser der Genesis ist Tiamats Welt der Dunkelheit und des Sturms lebendig sowie die Geschichte des männlichen Krieger-Gottes, der den Kosmos aus dem Chaos erschafft, indem er als ersten Schöpfungsakt die Leiche der Drachen-Mutter spaltet. So legt sich das durchsichtige Bild Marduks über Jahwe.«[104]

Wie tief in ihrem Hinterkopf wissen wir nicht. Und ob die Ausschaltung der Göttin im Judaismus und im Christentum letztlich dem zyklischen polytheistischen Epos ihrer blutigen Niederlage und Demütigung vorzuziehen ist, können wir im Augenblick nicht entscheiden.

Der jahwistische Mythos, den die Verfasser an zweiter Stelle bringen und in dem Eva fast athenegleich aus dem Körper eines Mannes geboren wird, ist eine offene Diffamierung. Genau wie Zeus, als er aus seinem Kopf gebar, usurpiert auch Adam das weibliche Vorrecht der Geburt. Doch Jahwe selbst braucht nichts zu usurpieren. Denn die priesterliche Erzählung stellt klar, daß eine monotheistische Gottheit sich nicht körperlich fortpflanzt (nicht einmal durch den Kopf!). Im Gegensatz zu Athene haftet Eva vordergründig keinerlei Göttlichkeit mehr an. Zwar ist die

---

* In der englischen Bibelfassung (R.S.V.) heißt es »und der Wind (oder Geist) Gottes bewegte sich über den Wassern«. Anm. d. Ü.

Etymologie ihres Namens umstritten, doch für diejenigen, die Ohren haben zu hören, erinnert er an eine Göttin: Der Jahwist selbst verbindet ihren Namen, *hawwah*, mit dem hebräischen *hay* (lebendig), er nennt sie »Mutter alles Lebendigen«. Ein Forscher schlägt eine Interpretation vor, die uns sogar an die Gorgo erinnert: »Nicht im Hebräischen, das uns die Bibel überliefert, doch in den verwandten arabischen und aramäischen Sprachen bedeutet ein *hawwah* verwandtes Wort ›Schlange‹.«[105] Die alte Verwandtschaft der weiblichen Gottheit mit ihrer Schlangen-Vertrauten und die fließende Grenze zwischen Gott und Welt, weiblich und männlich, Selbst und dem Anderen, die mit diesem Bündnis angedeutet wird, stellt sich im Text metaphysisch dar und wird zugleich theologisch verraten. Der Fluch, der zwischen sie und die Schlange Feindschaft setzt, gibt eine unterdrückte Wahrheit preis: die Gebrochenheit der All-Mutter. Er läßt uns Frauen in Furcht vor unserer eigenen Stärke und mit uns selbst entzweit zurück. Doch ist die Geschichte von Eden bereits durch feministische Verteidigerinnen der Eva, sowohl aus biblischer als aus posttraditioneller Sicht, sehr gut aufgearbeitet worden.[106]

In den Versen der Genesis werden die kriegerischen Attribute Jahwes zu einem vornehmeren Vaterbild sublimiert. Doch kommen in der poetischen und prophetischen Tradition Textstellen vor, die unmißverständlich eine Affinität zwischen dem biblischen Gott und dem babylonischen Marduk aufweisen.

»...Herr Gott Zebaoth\*, wer ist wie du ein mächtiger Gott? Du herrschest über das ungestüme Meer... Du schlägst Rahab zu Tod.« (Psalm 89,9–11, Lutherbibel).

In der liturgischen Dichtung kehren die Ungeheuer wieder – Leviathan und Rahab (die meistens männlich sind) und die Tiefe selbst. In den Psalmen gewinnt offenbar dichterische Freiheit die Oberhand über die priesterlichen Hemmungen gegenüber einem rudimentären Polytheismus, der sich in solchen Urgeschöpfen und dem kosmischen Kampf, in dem sie zermalmt werden, angesammelt hat.

---

\* In der englischen Bibelübersetzung *Jahwe*. Anm. d. Ü.

»Erwache, erwache, gewinne deine Stärke, o Arm Jahwes!
Erwache, so wie vor langer Zeit in vergangenen Tagen
Warst du es nicht
Der Rahab in Stücke zerhackte und den Drachen erschlug?
Warst du es nicht
Der das Meer trockenlegte,
              die Wasser des großen Abgrunds Tehom
Und den Grund des Meeres zu einem Weg
              für die Erlösten machte.« (Jesaja 51,9-10)*

Durch eine subtile Parallele in den Metaphern verschmilzt hier
die Exodus-Durchquerung des Roten Meeres und ihre Botschaft
der historischen Befreiung mit der prähistorischen Seeschlacht.
Äußerst interessant jedoch, daß für den Propheten der göttliche
Krieger schläft und vielleicht nicht aufzuwecken ist. Das klingt,
als sei Jahwe in den Armen von Tehom zu einer Art Urschlaf
zurückgekehrt. Dennoch findet Jesaja in seinem mythischen Gedenken an urzeitliches und historisches Heldentum die Grundlage
für eine apokalyptische Hoffnung:

»Zu der Zeit wird der Herr (engl. Jahwe, Anm. d. Ü.) heimsu-
chen mit seinem harten, großen und starken Schwert beide, den
Leviathan, der eine flüchtige Schlange, und den Leviathan, der
eine gewundene Schlange ist, und er wird den Drachen im
Meer erwürgen.« (Jesaja, 27,1)

Entsprechend der mythischen Vorstellung von der Wiederkehr
stellt die Erinnerung an die erste Zerstückelung des Ungeheuers
lediglich die Basis für weitere Zerstückelung dar – dieser Mord
geschah keineswegs ein für allemal, sondern findet in einem prä-
und postzeitlichen Raum statt, in dem der göttliche Krieger seine
himmlische Vorherrschaft errichtet. Dennoch ist das eschatologi-
sche Bewußtsein linear und dem zyklischen Gemetzel des *Enuma
Elish* völlig entgegengesetzt. Die Herstellung des westlichen hi-

* Hier wurde die englische Bibelfassung ins Deutsche übertragen, da die
  Luther-Übersetzung jene Worte, auf die es der Autorin ankommt, nicht
  enthält. Anm. d. Ü.

storischen Bewußtseins bewegt sich zwischen den mythischen Endpunkten von Alpha und Omega und befindet sich damit in totalem Gegensatz zur gezeitenförmigen Zeitlichkeit der Tiefe. Das Ende der Geschichte, das von der Prophetie eines Endkampfes mit der Tiefe angedroht/verheißen wird, scheint die endgültige Niederlage all dessen zu bedeuten, wogegen der Krieger steht: Das »Böse« des Anderen, des Unbewußten, aller objektifizierten Feinde, der mutteridentifizierten Kräfte, der Göttin selbst. Wenn wir uns heute in einem Zeitalter befinden, das sich mit dem Seichten so zufrieden gibt, daß es noch nicht einmal die Gefahren – geschweige denn die Segnungen – der Tiefe besingen kann, dann herrscht, in entmythologisierter Form, die Botschaft von Trennung und Vorherrschaft. Heute hat sich das »große und starke Schwert«, in seiner Apotheose als nuklearer Gefechtskopf, sogar von dem göttlichen Krieger losgerissen. Damit ist der Feind ein völlig unsichtbares Anderes geworden, dem man sich nicht einmal mehr im Kampf Mann gegen Mann auf dem Schlachtfeld stellen muß.[107] Die heutigen Kriegsherren sehen der Tiefe überhaupt nicht mehr ins Gesicht, weil sie fürchten, das Gesicht zu verlieren.

## Theologische Vor-haltungen

In der alten Dichtung vom Urkampf spüren wir den mythischen Impuls, der auch noch den nüchternen Bildern von *Genesis 1* Kraft verleiht. Analog zum ersten Kapitel dieses Buches könnten wir auch an dieser Stelle behaupten, daß dem scheinbar statischen Dualismus der philosophischen Tradition als Motivation eine dynamische Feindseligkeit zugrunde liegt; wir entdecken, wie hinter der in sich ruhenden Transzendenz des priesterlichen Szenarios eine subtile Kriegführung am Werk ist. Nach biblischer Tradition gehört die Transzendenz einzig dem Herrn und nur indirekt jenen, die nach seinem Bilde geschaffen sind. Doch allmählich (durch die gesunde hebräische Einstellung zur Gemeinschaftsnatur menschlichen Lebens behindert) geht das heldische Bild des Exklusiven Einen mit der Metaphysik der unabhängigen Substanz eine Verbindung ein, um das moderne, gegen das Selbst und die Welt gestellte Individuum hervorzubringen. Der Monotheismus versucht zwar, Zerstückelung und Spaltung zu überwinden; da er sich jedoch bis auf den heutigen Tag als eine alles andere ausschließende und bekämpfende Ausnahme darstellt, blieb ihm nur der Rückbezug auf sich selbst und die Frontstellung gegen jede ihm vorausgegangene Mutter.

Dicke Geschichtsbrocken lassen sich nun unterbringen: Gemeinsamer Nenner für die Misogynie Griechenlands und des Nahen und Mittleren Orients ist der heldisch-muttermörderische Trieb. Das allgegenwärtige Bild des patriarchalen Kriegers – sowohl in polytheistischer als auch hebräischer Ausprägung – straft die Tradition einer absolut einmaligen Offenbarung in Form des biblischen Monotheismus Lügen. Der männliche und frauenfeindliche göttliche Krieger hat nichts Einmaliges an sich. Natürlich darf die Misogynie als solche nicht als einziges Bestimmungsmerkmal des Helden verstanden werden. Der Held vernichtet außer der Ungeheuer-Mutter noch viele andere Feinde. Tatsache bleibt jedoch: Misogynie und heldische Männlichkeit sind ununterscheidbar. Sie werden – im Bündnis mit den Mythen oder den Theologien des absolut unabhängigen Einen – das trennende Ich und sein fließendes Gegenstück hervorbringen. Denn hier geht es wiederum um eine Schöpfung nach Gottes Bild. Die uralten Bilder des göttlichen Kriegers sind der mythische Lehm, aus dem die Geschichte dann die Bausteine für die hebräische Thora, die christliche Lehre und die griechische Metaphysik formen konnte. Diese Vorstellungen bilden den gemeinsamen Grund, auf dem die spätere Synthese von klassischem und biblischem Denken errichtet wird. In diesem Sinne vereint die Ungeheuer-erschlagende misogynistische Gottheit die sonst äußerst unterschiedlichen Kulturen von Athen und Jerusalem. Könnte dieses tiefsitzende Bild vom Krieger die verwirrende Tatsache erklären, daß sich – so unterschiedlich diese und andere Kulturen auch zu sein scheinen – eine theologische und soziale Struktur männlicher Vorherrschaft als das große kulturelle Gemeinsame unseres Planeten herausgebildet hat? Wenn das so ist, so ergeben sich daraus interessante theoretische Implikationen. Nehmen wir zum Beispiel die Dichotomie Gott-Welt, die der biblische Glaube nicht lösen kann (und womit er eine Spannung schafft, die einem apokalyptischen Ende zustrebt). Man kann eine Parallele dazu im Geist-Materie-

Dualismus sehen, der den griechischen Substantialismus durchzieht – wenn man beide aus der Kritik an der fundamentalen Subjekt-Objekt-Trennung heraus betrachtet. Eine tiefe Gynophobie speist die Antriebskraft aller dualistischen Hierarchien.

Sexismus und Trennungs-, bzw. Abgrenzungsmentalität gehören zusammen und können nicht unabhängig voneinander verstanden werden. So wandelt sich in Griechenland die offene Feindseligkeit des archaischen Kriegers – Zeus oder Perseus – zum geschlossenen Zirkel des einen Gottes, den Aristoteles mit dem extrem separatistischen Terminus des Unbewegten Bewegers definiert. So hat die Apotheose der Vernunft den geistlosen Größenwahn des Kriegers transzendiert. Im Osten, im levantinischen Becken, hat der brutale Marduk seine Patrimonie dem hebräischen Schöpfergott vermacht. Jahwe Elohim stellt das vornehmere Bild des väterlichen Herrschers und Richters dar, der zur wahren Hoffnung auf eine Gemeinschaft der Gerechtigkeit inspiriert. Es gibt keinen Grund – auch nicht für Feministinnen – den legitimen Durchbruch von Vernunft oder Offenbarung, den diese beiden Traditionen ermöglicht haben, abzutun. Doch ganz gleich, ob es nun mehr um die griechische Vernunft oder den hebräischen Willen geht: Es herrscht eine Ordnung, die durch unaufhörliche Rituale, die den heldischen Muttermord zum Inhalt haben, aufrechterhalten wird. Kein Wunder, daß griechische Gottheiten sowie der hebräische Gott ein Bild absoluter Unabhängigkeit von ihren jeweiligen Welten erlangen. Sie erfüllen damit den unmöglichen Wunsch des Ich nach einem abgeschotteten Reich – und nach dem endgültigen Sieg über das zu leicht sich öffnende, durchlässige Kraftfeld der Weiblichkeit.

Es ist auch keineswegs überraschend, daß diese zwei ganz entgegengesetzten Bilder reiner Unabhängigkeit – das eine von der sich ruhenden, ja ewigen Selbstobjektifizierung, das andere der dynamischen historischen Kraft – dann in der christlichen Theologie verschmelzen. Die frühe christliche Vorstellung der Inkarnation – der fleischgewordene Geist, der göttliche Mensch – hätte ein Gegengewicht zum Dualismus beider Traditionen sein können. Die kühne Betonung der Liebe, die aus hebräischen und judaischen Quellen stammt, hätte zu einem anderen Ergebnis führen, hätte eine transformierende Gemeinschaft Gleicher schaffen können. Doch diese verstreuten Samenkörner fielen auf wahrhaft steinigen Boden: Der misogyne Komplex von Trennung und Herrschaft wurde kaum erschüttert. In seiner Furcht vor dem Blick der Medusa wird der Held immer noch ganz und gar zu Stein – und so hat der steinige gemeinsame Boden der westlichen Tradition – sei es nun Rationalismus, Biblizismus, Militarismus, Technologismus oder eine Kombination davon – den heutigen alarmierenden Stand der Sterilität erreicht. Wir fürchten ganz buchstäblich die Versteinerung unseres Planeten, seine letzte Objektifizierung, während Perseus, der Sohn Gottes, sorg- und rücksichtslos den abgetrennten Kopf herumschwenkt. Wir sehen uns einer absoluten Transzendenz des Lebens gegenüber: die Welt, wie sie mit einem Wimpernschlag in ewige Härte verwandelt wird. Denn Möchtegernhelden mit verhärteten Herzen haben sich sogar die apokalyptischen Vorrechte des jüdisch-christlichen Gottes angemaßt.

Der Blick der Medusa, dem er sich nicht stellt, bleibt das Symptom des Kriegers und zugleich unsere beste Hoffnung – wenn er sie anschauen könnte. In seinen Tiefen, seiner Tiamat, seinem Tehom schwimmt immer noch die Erste Mutter. Vielleicht kann ihre Bewegung erlösend wirken, vielleicht kann die Frauenbewegung sie noch rechtzeitig erlösen.

## Voraus erinnern

Wir begannen dieses Kapitel mit der Frage, welche Verheißung das Ungeheuer – ein wahrlich ungeheuerlich/wunderbares Wesen – für uns birgt. Das Monster – wir erinnern uns – steht für ein fabel-haftes Kompositum, eine legendäre ontologische Mischung. In Gegensatz dazu setzt die Ontologie des mythischen Helden einen prosaischen ungemischten Zustand. Seine Abenteuer befördern ihn in jene monozentrische Identität, die per definitionem »außerhalb« des Anderen bleibt, in dessen Wesen also keine fremden Substanzen lebendig sind. Hier handelt es sich um die monolithische (wörtlich »ein-steinige«) Einheit der aristotelischen Substanz oder der zu inneren Beziehungen und innerer Vielfältigkeit unfähigen thomistischen Seele. Ihrer inneren Ungetrenntheit –

ihre Version von In-dividualität – entspricht ihre Undurchdring-lichkeit. Ein solcher Einheit entsprechendes Selbst existiert frei von jeglicher Immanenz der Welt im eigenen Sein, ja, ohne jede Möglichkeit zum Werden, denn nur, indem er sich von jedem Gefühl für die wechselnde Welt trennt, kann der klassische aristotelisch-christliche Gott der Veränderung entgehen.

Fabelhaft komplex, schlangenhaft, stürmisch und durch und durch fließend, eine gefährliche und dämonische Abweichlerin: Deutet die gynomorphe Drachin auf eine Alternative zum monolithischen Ich hin? Sie vereint in sich die kosmogonischen Elemente, die Spuren all dessen, was jemals war, den unendlichen Einfluß des Anderen, der anderen, die einfließende Welt, in die sie selbst frei, stürmisch und de-formierend hineinfließt. Das heißt: deformierend für jenes formative Prinzip, nach dem die Grenze zwischen Innen und Außen, zwischen Selbst und Anderem absolut ist, und die Frau eine Deformation.

Wenn wir Tiamat wieder Mutter nennen, wenn wir die Göttin in unserer eigenen Tiefe verehren, wenn wir die »Alte Häxe« und ihre Gorgonen-Schwestern als weise revoltierende/abstoßende »Alte«[108] wieder einfordern, dann bedeutet das, daß wir die Geschichte neu schreiben und die Formen des Selbst neu definieren. Wenn die Athene in uns sich der Mutter erinnern soll, deren abgeschlagenes Haupt sie trägt, wenn wir den mütterlichen Drachinnen in und außer uns selbst ins Gesicht sehen sollen, statt unseren Müttern die Schuld an unserer Angst zu geben, dann müssen wir uns den Geistern all dieser Götter und Göttinnen stellen. Geister stehen für eine ermordete Vergangenheit, die die Gegenwart heimsucht. Wie Alice Walker sagt »laß uns vertraut sein mit/ Geistern der Ahnen/ und Musik/ der Untoten«[109]. Diese geheimnisvolle Musik erinnert an und harmonisiert vielleicht sogar die ozeanische Gewalt der Tiamat, die rhythmischen Gezeiten, die in die Tiefen unter dem Tod, unter dem Bewußtsein hinabreichen. Dort – so wir uns nicht in einen Morast von Undifferenziertheit auflösen wollen – entdecken wir, daß Freiheit im allgemeinen und die Freiheit von Frauen im besonderen eine tiefe und nach vorn schauende Erinnerung erfordert, verwandt mit Dalys die Umkehrungen umkehrender »Meta-Erinnerung«. Wenn sich das getrennte Ich der patriarchalen Psyche durch den ständig wiederholten Akt der Zerstückelung des mütterlichen Ungeheuers definiert, dann sollten wir an Dalys Anrufung der »gezeitenhaften Kräfte« in Frauen denken, die nur freigesetzt werden, wenn wir unser Selbst neu definieren: »Die Rhythmen des Be-Zeichnens tiefer Erinnerung gleichen in nichts dem ordentlichen ermüdenden tick-tack patriarchaler Uhren. Die Rhythmen des Er-innerns sind gezeitenhaft.«[110] Er-innern bringt uns (wie im letzten Kapitel entwickelt wird) nicht nur in eine andere Zeit, sondern auch zu einem anderen Zeitgefühl.

Tiamat/Tehom ist die Apotheose des Gezeitenhaften und wurde immer wieder wegen ihrer ungeheuer unordentlichen Kreativität diffamiert. Die wartenden häuslichen Frauen wie Penelope, die in ihrer ordentlichen Zeitlosigkeit das heldische Ich ergänzen und somit keine Alternative zu ihm darstellen, fangen gerade erst an, mit Seeungeheuern und Gorgonen zu kollaborieren. Doch der kosmische Rhythmus des Webens und Ent-Webens (von den prä-penelopeischen Musen in Gang gehalten) spinnt mit seinem komplexen Netz eine vielschichtige Integrität, die nicht weniger fabelhaft ist, als die des mythischen Monsters. Die von ihrer trivialen Ordentlichkeit befreite Penelope und die von ihrer flutenden Zerstörungskraft befreite Drachin vereinigen sich in einer Metaphernmischung, die die vielfältigen Vermittlungsmöglichkeiten der postheldischen Persönlichkeit voraussagt.

Die Leser/innen werden sich erinnern, daß das Wort *Monster* aus der gleichen Wurzel wie *remember, remind, mind, Mnemosyne* stammt. Die Ungeheuer erinnern uns in der Tat an die vorheldische, vorpatriarchale Macht der Weisheitsgöttin und ihre Schlangensymbolik. Doch ist es wichtig, sich darüber klar zu werden, welche Art des Erinnerns uns am dienlichsten ist. Die Beweise für eine vor den indoeuropäischen Invasionen existierende Gesellschaft von wirklich Gleichen – ganz zu schweigen von einer matriarchalen Gesellschaft – sind bruchstückhaft, vieldeutig und im allgemeinen nicht schriftlich fixiert. Die matrizentrischen Vorstellungen liegen vor der Zeit niedergeschriebener Beweise, und aus der gynophobischen Thematik überlieferter Mythen können wir – häufig nur durch Umkehrungen – doch keine sicheren Schlüsse auf die tatsächliche Vergangenheit ziehen. Doch ob nun die Art von Implikationen, wie wir sie in diesem Kapitel verfolgten, tatsächlich auf die Vergangenheit zutreffen oder nicht, in jedem Fall können sie der Vergangenheit insoweit gerecht werden, als diese zu unserer Erinnerung gehört. Casey beschreibt, wie »Freiheit, wir selbst zu sein« mit dem Phänomen des Erinnerns gleichzusetzen ist, denn »*wir sind, was wir uns zu sein erinnern*«. Zur Erinnerung gehört also die Freiheit, nicht nur lediglich »wiederherzustellen«, sondern »neu zu erfinden«.[111]

Die Bedeutung von Mythen, die, wenn in Umkehrung gedeutet, den Dauereffekt des Mythos von der weiblichen Impotenz umkehren, liegt in ihrer Gegenwärtigkeit – einer Gegenwart, aus der eine Zukunft hervorgeht. Ihre Bilder sind – als Metaphern, deren Verkörperung immer noch aussteht – Vorahnungen von Möglichkeit. Das Ungeheuer aus Urzeiten wird also zugleich erinnern und voraussagen, es stellt uns ein zeitfremdes Bild zur Verfügung, aus dem wir das Gesicht der Zukunft lesen können. Nelle Morton hat, als sie darüber schrieb, wie wichtig die Göttin als Metapher für den Feminismus ist, auf das revolutionäre Potential der Metapher als zugleich bilderstürmerisch und visionär hingewiesen. Die unterdrückte Göttin scheint sich in der Tat als die Metapher der Metaphern zu erheben.[112] Es scheint, als ob das Ausdrucksmittel der Metapher stets aus der immanenten Vergangenheit entsteht, wie eine Art gezeitenhafter Impuls, der in die Zukunft hineinflutet. Um Bilder zu finden, die die Kraft eines Selbstseins jenseits von trennendem Ich und seinem selbstlosen Gegenstück tragen, reisen wir notgedrungen durch die tiefe Vergangenheit, durch eine mythische Erinnerung, schwer von Träumen und erfüllt von Verlangen.

Er-innern heißt nichts anderes als wieder-verbinden. Und wieder-verbinden erfordert, wie sich allmählich herausstellen wird, eine komplexe Bindekraft von Beziehung und Selbst. Erinnerung dieser Art bezieht sich nicht nur auf den Akt mythischen Erinnerns, sondern ebenso auf die erinnerte Botschaft. Seine aus vielen Komponenten zusammengesetzte Komplexität – verbunden mit den Assoziationen zum Weiblichen, die es hervorruft – scheint das Monster, gemessen am normativen Standard (die *norma normans non normata* des männlichen Ego) zur Abnormität zu stempeln. Eine ganze Lebensform, die sich auf Beziehungsfähigkeit stützte, scheint mit den Göttinnen zerstückelt worden zu sein. Doch wenn wir uns heute daran erinnern, dann folgt daraus nicht, daß wir zu einem hypothetischen Goldenen Zeitalter der Göttinnenverehrung oder der kopulierenden kosmischen Paare zurückkehren, daß wir regredieren. Keine verflossene Partizipationsmystik kann uns heute überzeugen – wir er-innern unser *Selbst*.

Ein Selbst, das sich als ein er-innerndes – statt als fließendes oder trennendes – begreift, entsteht als Selbst-Entwurf. Wir beginnen zu vermuten, daß diese seine Bindekraft nicht aus seiner einfachen Einheit, sondern aus seiner vielfach zusammengesetzten Komplexität stammt. Deshalb muß es nicht in Teile zerfallen; der Held mit seinem Schwert der Vereinigung durch Ausschließen ist weit mehr verantwortlich für Zerstückelung – erinnern wir uns nur an seinen trennenden Monotheismus und ebenso an die Selbstspaltung durch seine reflexive Einheit. Ein beziehungsfähiges Selbst entwirft sich selbst in einem Akt der Transzendenz, denn es gibt der fundamentalen Freiheit Ausdruck, sich aus den Komponenten dieser Welt zu erschaffen – und nicht lediglich die Teile neu zu arrangieren. Doch eine derartige Transzendenz versammelt in sich die »intimen Geister«, die rhythmischen Gezeiten, die schwelende Asche der immanenten Vergangenheit. Sie begrüßt das Andere, nimmt es hinein – nicht nur *ein* Anderes, sondern das Universum der vielen; und doch identifziert sie sich nicht mit irgendeinem bestimmten Anderen, selbst nicht mit der Summe alles Anderen. Beziehung bedeutet nicht Identifikation, auch nicht Übereinstimmung. Dieses Hinein-Nehmen könnte genauso eine zornige und verurteilende Internalisierung des Anderen sein wie eine zarte Einladung. In diesem Fall jedoch zeigt sich der Zorn nicht als blinde Wut, sondern als eine gewisse Vertrautheit, eine Bewegung von Entfremdung zu Klugheit, eine Bereitschaft, das Anderssein des Anderen anzunehmen. Dieses aus vielen Komponenten zusammengesetzte Selbst versteinert nicht angesichts seiner Ungeheuer, denn es erkennt in ihrem Chaos seine eigene Komplexität. Durch ihre Pein wird diese vertieft. Es verweigert sich dem simplen Zentrismus, der die ungeheure Vielfalt tötet. In sich mischt es auf ungewohnte Weise Fleisch und Feuer, Geist und Stein, und geht in einer subtilen Metamorphose von wässrigen Tiefen und atemholender Weite daraus hervor.

Wenn der Krieger bestimmt, was Transzendenz und was menschliche Subjektivität ist, dann ist das normative Selbst männlich. Und wenn das Männliche zum Kriterium von Geschlechtsidentität wird, dann wird das Weibliche zur Abweichung. Doch heute können sich weder Mann noch Frau noch Welt das Kriegermodell leisten. Nachdem sich das Ungeheuer in seiner dämonischen Bedeutung als böse Deformation herausgestellt hat, muß es sein weltzerstörerisches Waffenarsenal nicht mehr unter Beweis stellen. Oder besser gesagt, das Ungeheuer, dessen Andenken wir ehren, muß seine ungeheure Weisheit zu der unseren machen, ja, *sie* muß *wir* werden. Schließlich ist ihre Weisheit, wie Medusa, wunderschön. Um ihrem Werden, ihrer Wiederkunft, weiter den Weg zu bereiten, wenden wir uns nun der psychologischen Fragestellung zu: Wie konnte sich das trennende Selbst gegenüber der Möglichkeit eines strömenden und verknüpfenden Selbst durchsetzen?

# Kapitel 3

# Ozeanische Gefühle und die auferstehende Tochter

*Für die religiösen Bedürfnisse scheint mir die Ableitung von der infantilen Hilflosigkeit und der durch sie geweckten Vatersehnsucht unabweisbar ... Ein ähnlich starkes Bedürfnis aus der Kindheit wie das nach dem Vaterschutz wüßte ich nicht anzugeben. Damit ist die Rolle des ozeanischen Gefühls, das etwa die Wiederherstellung des uneingeschränkten Narzißmus anstreben könnte, vom Vordergrund abgedrängt.*

Sigmund Freud, Das Unbehagen in der Kultur

*Mutter und Tochter den ganzen Tag in Eintracht zusammen, sie beglückten sich darum zutiefst in Leib und Seele, hielten sich in Liebe umfangen, bis ihre Hochstimmung ihre Schmerzen linderte.*

Homerische Hymne an Demeter

Freud hat nach reiflicher Überlegung seine Aufzählung der Ursprünge der Religion vom »ozeanischen Gefühl« bereinigt – wiederholt er damit im Gewande moderner psychologischer Erkenntnisse die kosmogonische Unterwerfung von Tehom? In den Freudschen wie in den biblischen Mythologemen steigt der Vater zur häuslichen und göttlichen Vorherrschaft auf, während sich die Mutter nicht nur in das dunkle Chaos uranfänglichen Fließens zurückzieht, sondern überhaupt jede Bedeutung verliert. Im Buch *Genesis* ist sie – durch das Diktat des Monotheismus jeglicher Restform an aktiver Fruchtbarkeit und Persönlichkeit beraubt – nur noch in der grammatikalischen Weiblichkeit des vorschöpferischen Ozeans, der die Tiefe genannt wird, zu spüren; analog dazu verweist Freud in *Das Unbehagen in der Kultur* die ursprüngliche Erfahrung des Kindes mit der Mutter in einen impotenten, anonymen Hintergrund. Weder faktisch noch in der Theorie überlebt eine erste Frau, eine Gottmutter, die patriarchale Schöpfung – nicht theologisch und nicht psychoanalytisch. Freuds Analyse vom Stadium des ozeanischen Gefühls entbehrt jeglichen klaren Hinweises auf eine Mutter, während der Vater als starker Beschützer und wahrer Elternteil hervortritt. Es scheint als existiere sie nicht. Ein offener Sieg über die Mutter, wie wir ihn im vorigen Kapitel in den nur schlecht verhüllten Muttermorden beobachten konnten, kommt hier wegen Unwichtigkeit gar nicht erst vor. In Kapitel 1 von *Unbehagen* ebenso wie in *Genesis 1* ist »Sie« nicht einmal mächtig genug, um als Feindin oder Ungeheuer zu erscheinen.

Im Namen eines patriarchalen Atheismus intoniert Freud das Postulat des patriarchalen Theismus neu: daß der Mann der wahre Hervorbringer des Lebens ist und daß gegenüber menschlicher Verletzlichkeit einzig seine schützenden Kräfte Hilfe bieten. Das ursprüngliche Band zwischen Kind und Mutter, das doch jeder Ich-Trennung vorausgeht, wird als »uneingeschränkter Narißmus« bezeichnet, was große Ähnlichkeit mit der Auffassung vom vorschöpferischen Tehom aufweist, das als »wüst und leer« beschrieben wird. Wir haben hier auf der einen Seite das Chaos eines ungezähmten Es, einer ungeformten Persönlichkeit, für die – da die Libido nur das Ich mit libidinöser Energie versorgt[1] – keine Objektbeziehung zu einer Mutter möglich ist; auf der anderen Seite das Chaos eines Ursprungs, das eine Muttergöttin oder irgendeine Form göttlicher Liebesbeziehungen ausschließt, da dieser Monotheismus eine Natur braucht, in der keinerlei immanenter Geist mehr lebt. In beiden Fällen scheint die von der Bildfläche verschwundene Mutter eine Urbedrohung für die Integrität von Ich oder Schöpfer darzustellen: die Gefahr der Regression in einen »Ur-Narißmus«, entsprechend einer Regression von Polytheismus oder Göttinnenverehrung, was für eine ungesunde oder unheilige Zersetzung sprechen würde. Beim Textvergleich zwischen den biblischen und den Freudschen Schriften drängt sich der Verdacht auf einen Verleugnungsmechanismus auf, bei dem die Mutter latent vorhanden ist, auch wenn sie manifest weggelassen wird.

Damit sind bereits verschiedene miteinander verkettete Fragen für dieses Kapitel ins Blickfeld gerückt. Was hat das Verschwinden der Mutter mit der Kultivierung eines trennenden Selbst zu tun? Was sagt es über die Natur des Selbst aus, wenn sie in der späteren psychoanalytischen Theorie und in der Jungschen Psychologie wieder auftaucht? Wie *kann* ein bindungsfähiges Selbst ein Individuum sein, das heißt frei von dem ursprünglichen Narzißmus der Subjekt-Objekt(Kind-Mutter)-Symbiose?

Feministinnen haben schon lange gegen den Patriarchalismus von Freud und – nicht ganz so einstimmig – Jung Alarm geschlagen. Wir wollen hier nicht einfach in eine Tradition der Kritik einstimmen, die mittlerweile wissenschaftlich anerkannt ist, sondern unsere Methode soll zweischneidig bleiben: Wir schneiden sowohl mit den als gegen die Theorien. Dann nämlich werden durch die Vielfalt der Tiefenpsychologie, trotz oder gerade wegen ihres Sexismus, jene sexistischen psycho-kulturellen Muster erhellt, die den Zyklus des trennenden und des fließenden Selbst bilden. Juliet Mitchell – vielleicht die freudianischste Feministin formuliert die Grundlage ihrer Strategie so: »Die Psychoanalyse ist keine Verklärung der patriarchalischen Gesellschaft, sondern deren Analyse.«[2] Unabhängig davon, ob eine derartige zuversichtliche Unterscheidung zwischen Be- und Verschreibung am Ende standhält, setzt sie sich mit Überredungsgabe dafür ein, daß der Feminismus es sich nicht leisten könne, die Freudsche Analyse der Dynamik des Unbewußten (besonders des Ödipuskomplexes) – mit deren Hilfe die patriarchale Gesellschaft so durchgängig das menschliche Selbst beherrscht – über Bord zu werfen.[3] Wir werden sehen, wie das Gleiche in Abwandlungen für den Fall Jung gilt – ein Fall, der dadurch zugleich erschwert und vereinfacht wird, daß Jung hier und da die Einsicht hatte, die Vorherrschaft des »Männlichen« im Bereich der Kultur und der Archetypen müsse einer neuen Synthese weichen. In den ausgezeichneten Essays in *Feminist Archetypal Theory* wird eine solche revisionistische Jungsche Strategie verfolgt.[4]

Für unsere Aufgabe hier reicht es nicht aus, sich nur historisch oder philosophisch oder mythologisch zu erinnern: Jeder Versuch, die Prämisse des trennenden Selbst in Frage zu stellen, muß von einer Art psychologischer Anamnese gestützt sein, die in gewisser Weise der psychoanalytischen Aufarbeitung früher Kindheitserinnerungen ähnelt. Denn wenn Männer nicht von Natur aus trennend sind und Frauen nicht wesensmäßig fließend, dann sind wir auf irgendeine Weise so *geworden*, und wenn wir nicht von Anbeginn Glieder dieser spaltenden Dyade sind, dann können wir im Prinzip auch etwas anderes werden. Doch um uns aus dieser alten Gegensätzlichkeit zu befreien, müssen wir uns psychosozial ihrer Ursachen bewußt werden und wahrnehmen, wie sie tief in unserem Inneren wirksam sind, wo wir umfangreiche, unpersönliche gesellschaftliche Muster internalisiert haben.

## *Eingeschrumpfte Reste*

Um auf *Das Unbehagen in der Kultur* zurückzukommen: Zwar wurde der Ausdruck »ozeanisches Gefühl« von Romain Rolland in seinem Brief an Freud geprägt, in dem er sich mit der These von der *Zukunft einer Illusion* auseinandersetzt, doch hat er inzwischen das Gewicht eines originär Freudschen Gedankens erlangt.

Freud stellt die Existenz eines solchen Gefühls bei vielen Menschen nicht in Frage, sieht es jedoch nur zusammen mit dem, was er das »enger und schärfer umgrenzte Ichgefühl der Reifezeit« nennt, »wie eine Art Gegenstück« dazu.[5] Für Freud ist natürlich dieses reife Ich-Gefühl Ausdruck der Mindestanforderung an menschliche Entwicklung, es steht in scharfem Gegensatz zu »einem Gefühl der unauflösbaren Verbundenheit, der Zusammengehörigkeit mit dem Ganzen der Außenwelt«. Diese unauflösbare Verbundenheit würde demnach zu den Überresten der frühesten Kindheit gehören, würde nur als ein abnormer und regressiver Infantilismus nachklingen. »Normalerweise ist uns nichts gesicherter als das Gefühl unseres Selbst, unseres eigenen Ichs. Dies Ich erscheint uns selbständig, einheitlich, gegen alles andere gut abgesetzt.«[6] Hier haben wir eine freimütige Darstellung der Erfahrung jener Art von Ich-Selbst, das wir verschiedentlich als heldisch, unabhängig, reflexiv, substantiell und als kontinuierlich selbstidentisch beschrieben haben.

Freud hat das Ideal des trennenden Ich nicht erfunden: Er stellt es lediglich in einen neuen Kontext der Darstellung und zeigt – für unsere Fragestellung entscheidend –, daß es, um überhaupt zu existieren, sich tatsächlich *entwickeln* muß, wozu es der Unterstützung durch kulturellen Anreiz bedarf. An anderer Stelle sagt er, es sei unmöglich anzunehmen, daß eine Einheit wie das Ich von Anfang an existiere; das Ich müsse sich entwickeln.[7] Freuds These unterminiert zweifellos jeden statischen, cartesianischen Dualismus, der das Ich, wie unreif auch immer, von Anfang an als das substantielle menschliche Subjekt metaphysisch voraussetzt. Zwar ist für Freud das Ich im Keim von Anfang an im Es angelegt, welches die Funktion eines dauerhaften Substrats der Persönlichkeit hat, doch konzentriert sich die Aufmerksamkeit auf die Dynamik seiner Entwicklung. Denn ohne geeignete Voraussetzungen könnte sich das Ich möglicherweise nicht ganz aus der mutterschoßhaften Phase des ozeanischen Gefühls, das heißt, der narzißtischen Symbiose mit der nährenden Mutter lösen.

Daß das Ich sich seiner klaren Grenzen bewußt ist, wird von Freud selbst mit seiner Theorie des Es Lügen gestraft. Dieses Es bezeichnet eine unpersönliche und unbewußte psychische Tiefe, die weder im Ich noch völlig vom Ich getrennt ist; seine unbeherrschten Ausbrüche von Lust, Habgier und Aggression infizieren die ganze Persönlichkeit. Nach innen, gegenüber seiner Unterseite, kann sich die Autonomie des Ich nicht behaupten. Doch Freud unterscheidet zwischen einem solchen inneren Leck und der Beziehung zur Außenwelt, gegenüber der »das Ich klare und scharfe Grenzlinien zu behaupten (scheint).« Jene Fälle, wo sich bei Erwachsenen die Grenzen zwischen Subjekt und Objekt verwischen, seien krankhaft, so meint er – mit einer Ausnahme: dem Zustand der Verliebtheit. »Auf der Höhe der Verliebtheit droht die Grenze zwischen Ich und Objekt zu verschwimmen. Allen Zeugnissen der Sinne entgegen behauptet der Verliebte [sic], daß Ich und Du Eines seien, und ist bereit, sich, als ob es so wäre, zu benehmen.«[8] Mit anderen Worten: Die Leidenschaft eines Mannes für eine Frau wiederholt, so dürfen wir annehmen, die frühere Verschmelzung des Ich mit der Mutter.

Diese Schlußfolgerung stimmt mit Freuds früheren Beschreibungen von »normaler« männlicher Heterosexualität überein; sie sei eine erfolgreiche Übertragung der frühen Liebe zur Mutter auf eine geeignete Partnerin. Der Ödipuskomplex bezieht sich nicht auf den Narzißmus des Kindes, sondern auf die Objektbeziehung zur Mutter, die nur allmählich möglich wird (erst wenn der junge Knabe den Komplex zerschmettert, kann er sich mit dem Vater identifizieren). Doch haben wir es hier mit einer libidinösen Kontinuität zu tun, in der sich die früheren autoerotischen und oralen Phasen mit der ödipal-phallischen Beziehung zur Mutter verbinden. Wenn Freud in der Behandlung dieser Kontinuität verschwommen bleibt, dann spricht daraus nur jene Abwesenheit der Mutter, auf die ich anfänglich hingewiesen habe. In Freuds Werk scheinen die oralen Themen im allgemeinen und die Rolle der Mutter im speziellen systematisch heruntergespielt zu sein. Sogar ein loyaler Freudianer sagt: »Freud hat die Bedeutung der oralen Phase nie voll zu würdigen gewußt.« In der Tat »erschienen in der analytischen Literatur vorm Zweiten Weltkrieg nur vereinzelt Hinweise auf die Mutter und die orale Phase.«[9] (Melanie Klein sollte die erste Psychoanalytikerin sein, die die Ursachen für Neurose und Psychose bis in die ersten Lebenstage zurückverfolgte und damit das Mutterproblem wieder offenlegte.) Wir werden auf diese Fragen zurückkommen. Hier wollten wir nur festhalten, daß es kein Wunder ist, wenn Verliebtheit – wie Freud richtig bemerkt – als die einzige gesellschaftlich sanktionierte Ausnahme von dem normalen (männlichen) Zustand der Ich-Autonomie gilt. Denn Ziel der ödipalen Entscheidung ist, heterosexuelle Bindungen an jemand anderen als die Mutter zu ermöglichen, und zwar in einer Form, die männliche Vorherrschaft sichert. Ich gehe im Augenblick davon aus, daß der Ödipuskomplex äußerst genau nicht die Natur, sondern eine Infrastruktur des gesellschaftlichen Apparats beschreibt.

Also ist, so können wir vermuten, die kurze Regression ins ozeanische Gefühl kulturell erlaubt, um einerseits die Paarung zu sichern und zum anderen die Gefahr der Grenzenlosigkeit auf eine kurze romantische Phase zu beschränken; danach wird es durch »business as usual« noch mehr eingeschränkt, sogar bis zum Augenblick des männlichen Orgasmus. Frauen, die von dem verliebten Mann in seiner vorübergehenden Hinwendung zur ozeanischen Offenheit gefesselt sind, können sich bald tatsächlich als Gefangene wiederfinden, ohne die Macht, sich den trockenen Grenzen und den sich verschärfenden Ungleichheiten der Beziehung zu widersetzen, wenn diese sich zur patriarchalen Ehe verfestigt. Verliebtsein bedeutet für Frauen, für die das keine so heftige Ausnahme vom »normalen« Zustand darstellt, etwas ganz anderes. Weiterhin können wir annehmen, daß Verliebtsein die Funktion einer Art gesellschaftlichen Sicherheitsventils für den Überdruck des ozeanischen Gefühls hat, womit dieses Gefühl – zusammen mit den Frauen – in die Institution der heterosexuellen Ehen und Affären gelenkt wird. Ohne solche Gefühlskontrollen könnten die Männer möglicherweise subversive, veränderte Zustände von »Normalität« ausprobieren, für die die Liebe der Schlüssel und nicht die Ausnahme wäre.

Freud will hier *jegliches* vorgebliche Gefühl der inneren Bezogenheit zur Welt beschreiben, da es bei Erwachsenen außer bei heterosexuellen Romanzen auch, wie Rolland beschreibt, in der religiösen Erfahrung vorkommt. Freud steht für den typischen westlichen Mann, wenn er zugibt, daß ihm ein solches Gefühl unverständlich ist: »Die Idee, daß der Mensch durch ein unmittelbares, von Anfang an hierauf gerichtetes Gefühl Kunde von seinem Zusammenhang mit der Welt erhalten sollte, klingt so fremdartig, fügt sich so übel in das Gewebe unserer Psychologie, daß eine psychoanalytische ... Ableitung eines solchen Gefühls versucht werden darf.«[10] Daß er hier ehrlich den Mangel jeglichen Gefühls für Verbindendes, für Zusammenhang zugibt, ist enthüllend. Es mag in der Tat ein Problem und ein Vorrecht der »Männer«* sein, Andeutungen über verbindende Zusammenhänge, über Vernetzungen so unverständlich, so unpassend zu finden. Ein solches Gefühl widerspricht, wie wir annehmen können, Freuds Psychologie, da es nicht zu den Idealen der androzentrischen Zivilisation gehört, auf die seine Analyse begrenzt ist. Zusammen mit den Frauen bleiben die Mystiker, die Dichter und andere sensible oder »religiöse« Persönlichkeiten, auf die sich Rolland bezieht, Randfiguren.

Wenn Freud das wünschenswerte, normale Ich-Gefühl beschreibt, stellt er eine scharfe Trennung zwischen dem Inneren und dem Äußeren her, die das Kind bereits an der Mutterbrust vollziehen muß. Dieser Prozeß der Differenzierung wird von An-

---

* Engl. *men's*, bezieht sich auf die englische Übersetzung des Freudschen »Mensch« in Text (10). Anm. d. Ü.

fang an von den Verteidigungsmotiven gesteuert, die es ermöglichen, »sich der verspürten und der drohenden Unlustempfindungen zu erwehren«. Die Herstellung des getrennten Selbst beginnt damit, Unlustgefühle in Übereinstimmung mit dem sich entwickelnden »Realitätsprinzip« abzuwehren – statt Lust zu suchen. Freud macht dies deutlich: »Man lernt ein Verfahren kennen, wie man durch absichtliche Lenkung der Sinnestätigkeit und geeignete Muskelaktion Innerliches – dem Ich Angehöriges – und Äußerliches – einer Außenwelt Entstammendes – unterscheiden kann.«[11] Von seinem kindlichen Anfangsstadium an wird das Ich nach dem kraftstrotzenden Machobild des Muskelmanns geformt. So hat Hillman diesen Zug der Freudschen Entwicklungstheorie folgendermaßen kommentiert: »Ein Bewußtsein, das in dieser Weise vorgeht, definiert Realität als etwas, das auf Muskelkraft reagiert.«[12] Er meint – aus seiner nach-Jungschen Perspektive –, daß hier der Archteyp des heldischen Kriegers – in seiner Herkules-Manifestation – von Freud Besitz ergriffen hat. Wir sehen das entstehende Individuum als das Kind Herakles, das in seiner Wiege die Schlangen der Unlustgefühle erwürgt. (Die, wie wir hinzufügen könnten, von der Schrecklichen Mutter Hera – nach der Herakles ironischerweise genannt ist – gesandt sind, was nahelegt, daß das heldische Ich seine Urgegnerschaft zu einer bösen Mutter braucht.) Mit »geeigneter Muskelaktion« (die sich besonders im analen Ausstoß darstellt) scheint das Projekt der Trennung bereits kraftvoll auf den richtigen Weg gebracht, noch ehe sich der Ödipuskomplex einstellt. Auf diese Weise erhaschen wir einen Blick hinter die etablierten Kulissen des Subjekt-Objekt-Dualismus in die Ontogenese der Trennung. Wenn nach aristotelischer Sprachregelung das substantielle Individuum dadurch gekennzeichnet ist, daß es sich nicht »in« etwas anderem befindet, bietet Freud eine Anal-Ausstoß-Theorie zur Erreichung dieser Unabhängigkeit: Das Ich lernt, »alles, was ihm als unangenehm vom Inneren her aufsteigt, nach außen zu projizieren, das heißt zu transferieren.«[13] Freud, ein Fan der Trennung, bekräftigt nicht nur, daß das abgegrenzte Selbstsein nicht von Anfang an da ist, er meint auch, daß es durch einen aktiven Prozeß des *Ausschlusses* errungen werden muß.

Was genau wird nun als Unlustempfindung nach außen übertragen? Die ganze immanente Welt, so scheint es: »Ursprünglich enthält das Ich alles, *später scheidet es eine Außenwelt von sich ab.*«[14] (Hervorhebung C.K.) Dieser Zustand eines alles-enthaltenden Ausdehnungsvermögens oder Ur-Narzißmus wird dann in den Ekstasen des Mystizismus wiedererlangt. Nach Freuds psychoanalytischer Erklärung können religiöse oder andere Zustände von Grenzenlosigkeit nur als Nostalgie nach einem kindlichen Unbewußten zählen. Doch selbst unter diesem reduktionistischen Blickwinkel leistet sich Freud einen interessanten Skeptizismus – als ob er den unentrinnbaren Lauf zivilisierter Normalität irgendwie bedauert. »Unser heutiges Ichgefühl ist also nur ein eingeschrumpfter Rest eines weltumfassenderen, ja – eines allumfassenden Gefühls, welches einer innigeren Verbundenheit des Ichs mit der Umwelt entsprach.«[15]

Mit anderen Worten: Freud bestätigt hier den enormen Verlust – wahrlich ein Verlust des Selbst – den diese Normalität fordert; wir verwirken das innigere Gefühl des Verbundenseins mit der Welt sowie eine Fülle lebendigen Empfindens, nur um einen ichbezogenen Dualismus zwischen Selbst und anderen zu erringen. Freuds Bemerkung beschreibt die Armut des psychischen Separatismus wirklich ausgezeichnet. Dennoch glaubt er an keine Alternative zu der ausgedörrten Selbstreduzierung. Reife bedeutet in diesem Zusammenhang: das ozeanische Gefühl trockenzulegen.

Doch verlangt die Reife wirklich von uns, die »innigere Verbundenheit« aufzugeben? Und wenn sie überlebt, muß sie dann eine pathologische Anomalie sein, die neben dem »normalen« Ich-Gefühl existiert? Ist sie wirklich narzißtisch und ein Hindernis für Differenzierung? Müssen wir uns damit zufriedengeben, als »eingeschrumpfte Reste« zu leben?

## *Das vatermörderische Ich-Ideal*

Da die Reife mit Kategorien der Trennung definiert wird, beschwört jede Nähe, jede Intimität Vorstellungen von Mütterlichkeit und Abhängigkeit herauf. Mit Freuds Augen sehen wir, wie die »Zivilisierten« vom Gedanken des Verbundenseins verschreckt werden, da sie darin eine Rückkehr zu Verschmelzung

und Selbstverlust sehen, wie sie dem kindlichen Narzißmus unterstellt werden. Vergegenwärtigen wir uns einen Moment die Rolle
der präpersonalen Mutter, die das Fließende an sich symbolisiert:
Das ozeanische Gefühl, mit dem wir vielleicht unser ursprüngli-
ches Selbst erinnern und wieder verknüpfen können, steigt aus
einer Mutter-Kind-Einheit auf, von der es immer heißt, sie müßte
individuell überwunden werden, und die kulturell in Mißkredit
geraten ist. Das erwachsene Ich steht *über* der und *gegen* die Welt
und sagt sich damit von dem Gefühl der Verbundenheit *mit* der
Welt los. Im Raster dieses andromorphen Selbst schmecken Andeutungen einer umfassenden Intimität nach der schrecklichen
und salzigen Meeresmutter. Jeder Frau – ob sie Mutter sein will
oder nicht – haftet die ungeheuer-liche (nicht ganz geheure) Atmosphäre des ozeanischen Gefühls an; man kann sich in ihr verlieren; sie hatte eine Mutter, genau wie der Mann, doch im Gegensatz zu ihm kann sie sich mit ihr identifizieren, sie kann immer zu
ihrer Mutter werden. Und so empfindet sie sich auf verschwom-
mene Weise vielleicht selbst als nicht ganz geheuer.

Mit der doktrinären psychoanalytischen Vorliebe für den Vater,
nach Freud »unumkehrbar« mächtiger als jede Sehnsucht nach
der Mutter, ist eine weitere Phase der Vernichtung von Tiamat
eingeleitet. Diese Vaterzentriertheit spielt für ihn die entscheidende Rolle beim Projekt des getrennten Selbstseins. Die Urerfahrung der Frau – wie sie sich selbst und wie der Mann sie erlebt
– ruft innerhalb einer Kultur der Trennung einen endlosen Strom
von Ängsten hervor, denn sie symbolisiert das Fehlen oder den
Verlust aller Getrenntheit. Ihr gezeitenhaftes Empfinden bedroht
die gezogenen Grenzen.[16] Doch ist der Ozean grenzenlos? Die
Grenzen des Ozeans sind seine Ufer, die sich dauernd und un-
merklich verändern, manchmal sanft, manchmal stürmisch, teilweise vorhersagbar, niemals kontrollierbar. Die Metapher weist
auf eine andere Vorstellung von Ich-Grenze hin.

Freud rechnet die unmittelbare Verbundenheit dem Narzißmus
zu. Daß demgegenüber das reflexive Selbst die Fähigkeit hat, sich
selbst zum Gegenstand zu machen – was im ersten Kapitel als eine
Art metaphysischer Narzißmus entlarvt wurde –, ist das Kennzei-
chen des normativen Freudschen Ich. Der Fall ist komplex: Daß
ein solches Ich seinen feindlichen Oppositionalismus gegen die

Welt und zugleich gegen sich selbst richtet, wird bereits klar, wenn Freud den Kampf des Ich gegen die einströmenden Einbrüche des Es dramatisiert. Zwar entthront er die Illusion des Ich, es sei eine einfache, rationale Einheit, doch muß sich sein Subjekt gegen sich selbst, gegen seine eigenen Tiefen kehren. Und obgleich für Freud das Ich nicht klar von seinem eigenen Unbewußten abgegrenzt ist, scheint dieses Unbewußte jedoch klar begrenzt zu sein, indem es nur die persönliche Vergangenheit und die instinktiven Triebe des Individuums enthält. Wir stehen hier einer Psyche gegenüber, die (unter anderem) ein Ich enthält, das grundsätzlich von seiner Umwelt getrennt ist, doch dem Es gegenüber, aus dem es entstand, durchlässig. Ist dann das Unbewußte selbst ontologisch selbstverkapselt, und hat es damit die Funktion einer Art von erster, allem zugrundeliegender Substanz? Das würde nur bedeuten, daß die grundlegende Einheit der Getrenntheit mehr als das Ich enthält.

Zumindest in seinen mehr spekulativen Schriften zur Kultur hat Freud die Notwendigkeit einer weniger trennenden Psyche erkannt – paradoxerweise um seine Theorie des Vaterkomplexes zu stützen. In *Totem und Tabu* stellt er seinen Mythos des Urvaters dar: Ein brutaler Patriarch kastriert seine Söhne, die Frauen gehören ihm allein. Nachdem sich die Söhne gegen ihn erhoben und den Vater getötet haben, wird des Ermordeten in Form des Tiertotems gedacht, wird er in dieser Form und schließlich in der des monotheistischen Vatergottes verehrt. Aus dem Wunsch, den Vater zu haben und zugleich der Vater zu sein, entsteht dann eine ambivalente Mischung aus Schuldgefühlen und Lobhudelei. Das findet seinen Ausdruck darin, daß er gegessen wird, die orale Form der Identifikation. Identifikation durch Inkorporation ist Ausdruck der Ambivalenz, die an der Wurzel des Ödipuskomplexes sitzt: Der Sohn, der wie der Vater sein will, möchte seinen Platz einnehmen, und deshalb internalisiert, das heißt, verspeist er ihn. Mit anderen Worten: Das Charakteristikum des Komplexes, nämlich der feindselige Wettkampf, den Vater und Sohn um die Gunst der Mutter austragen, wird auf die Ursprünge der Zivilisation zurückprojiziert: »Die Anfänge von Religion, Sittlichkeit, Gesellschaft und Kunst treffen im Ödipuskomplex zusammen.« Doch als Erklärung, warum diese Ambivalenz durch unzählige Generationen hin fortdauerte, postuliert Freud die Möglichkeit einer »Massenpsyche«. Auf diese Weise kann der Vaterkomplex durch die Variationen individueller Erfahrung zurückverfolgt werden: »Wir lassen vor allem das Schuldbewußtsein wegen einer Tat über viele Jahrtausende fortleben und in Generationen wirksam bleiben, welche von dieser Tat nichts wissen konnten.«[17]

Ungeachtet ihrer historischen Relevanz ist die Hypothese einer »Massenpsyche«, einer »Kontinuität im Gefühlsleben der Menschen« revolutionär in ihren Möglichkeiten, die Struktur der Seele zu verstehen. Sie deutet auf eine grundlegende und unausweichliche Verbundenheit zwischen allen Menschen hin; sie durchlöchert die Selbstverkapselung des Ich. Allerdings greift Freud nur sehr sporadisch auf das Konzept der Massenpsyche zurück. Es gehört zu seiner gelegentlichen Erwähnung von »Urphantasien« und besonders zu seiner Auffassung von der Interdependenz von Individual- und Sozialpsychologie, wie er sie in *Massenpsychologie und Ich-Analyse* (1921) entwickelt.[18] In der Tat ist das Es – zumindest im Spätwerk Freuds – nicht der einfache biologische Mechanismus, der – wie gängig karikiert – animalische Wünsche aufwühlt, sondern vielmehr ein kumulatives Erbe kollektiver menschlicher Erfahrung:

> »Die Erlebnisse des Ichs scheinen zunächst für die Erbschaft verloren zu gehen, wenn sie sich aber häufig und stark genug bei vielen generationsweise aufeinanderfolgenden Individuen wiederholen, setzen sie sich sozusagen in Erlebnisse des Es um, deren Eindrücke durch Vererbung festgehalten werden. Somit beherbergt das erbliche Es in sich die Reste ungezählt vieler Ich-Existenzen...«[19]

Zwar steuert das Ich sein spezifisches Erleben zum Kontinuum seelischer Erfahrung bei, doch zeigt sich, daß das Ich als solches aus einem Prozeß der Internalisierung jener Person hervorgeht, die sein Ich-Ideal darstellen. Mitchell faßt die Theorie dieses Prozesses so zusammen: »Das Ich bildet sich also durch dieses Hereinnehmen von Objekten in sich selbst. Das ist nun auch eine wesentliche Methode der Identifizierung, und so kann man sagen, daß das Ich durch Identifizierungen geschaffen wird.«[20]

Diese Anhaltspunkte weisen – sowohl individuell wie historisch – auf eine Dynamik des Verbundenseins durch kumulative Inkorporation hin. Das steht in Spannung zu Freuds Annahme eines getrennten Ich-Gefühls, doch ganz besonders zu den Ich-Idealen einer Kultur, deren Unbewußtes er zu beschreiben sucht. Vielleicht ist das der Grund, warum Freuds seltene Hinweise auf eine Massenpsyche oder Gruppenseele so mager bleiben, besonders, wenn man sie mit Jungs systematischem Konzept eines »kollektiven« oder »transpersonalen« Unbewußten vergleicht. (Jungs Konzept ist nicht Freudscher Inspiration zuzuschreiben; wenn überhaupt, dann ist eher das Gegenteil wahrscheinlich, denn das kollektive Unbewußte erscheint bereits herausragend in *Symbole der Wandlung* [1912], die Jungs endgültigen Bruch mit Freud signalisieren.[21]) Wir werden in Kürze auf Jung und seine Version zurückkommen. Angesichts unserer Auseinandersetzung mit dem Werk von Simone de Beauvoir ist es interessant festzustellen, daß sie (genau wie Sartre) jegliche Hypothese von einem Unbewußten zurückweist. Mitchell weist darauf hin, daß Beauvoir den Ausdruck *kollektives Unbewußtes* Freud zuschreibt,[22] sie ist bemüht, Freud von jedem Verdacht des Jungianismus reinzuwaschen. Doch entspricht Beauvoirs Vermischung der Theorien nicht ihrer Verteidigung einer trennenden Transzendenz? »Gerade diesen Begriff der Wahl«, so sagt sie, »weist der Psychoanalytiker im Namen des Determinismus und des ›kollektiven Unbewußten‹ zurück.«[23] Dieser Vorwurf, dem die gesamte Tiefenpsychologie widersprechen würde, träfe nur dann zu, wenn die Wahlmöglichkeiten der individuellen Freiheit total abtrennbar von der gemeinsamen Geschichte wären. Doch handelt es sich hier nicht um Freiheit des Individualismus? Ihre Befürchtungen sind gewiß nicht ganz unbegründet angesichts von Freuds biokulturell geschlossenem System mit seiner obsessiven Hinwendung zum Vaterkomplex – auch wenn es sich dabei nur um eine spezielle Ausprägung der Theorie vom Unbewußten handelt.

Dies bringt uns zur Frage des Inhalts zurück: Triebfeder der gesamten Geschichte der Zivilisation soll der Ödipuskomplex sein, der seinerseits durch den Mord am Urvater hervorgerufen wurde. Freud stützte sich auf die Theorien von Darwin, Atkinson und in Fragen des Totemismus speziell auf Robertson Smith (an die er sich in *Der Mann Moses* peinlich genau hielt, obgleich er wußte, daß sie bereits ethnologisch widerlegt waren) und verstand seine mythische Darstellung durchaus wörtlich. Auf der einen Seite können wir das Eingeständnis, daß der uns bekannten Zivilisation ein ungelöster und daher neurotischer Vaterkomplex zugrunde liegt, nur unterstützen: Dies entspricht feministischer Geschichtsinterpretation. Andererseits geht diese Enthüllung mit der Annahme einher, Zivilisation als solche sei patriarchal, was heißt, die Ödipus-Theorie soll als universales Prinzip dienen, das auf alle Formen von Kultur anwendbar ist. Ist das nicht ein hervorragender Mechanismus, der für alle Ewigkeit verhindert, daß Frauen in der Kultur vorkommen? Was könnte ihn übertreffen? Zwar vertritt Freud (besonders in *Die Zukunft einer Illusion*) das Ideal von Wissenschaft als rationalem Atheismus, beispielsweise indem er sich auf *logos* und *ananke* beruft, in dem die Abhängigkeit vom Vater mit ihrer neurotischen Ambivalenz schließlich überwunden wird – dennoch glorifiziert er die theologische und familiale Väterlichkeit als das sine qua non aller zivilisierter Zukunft. Selbst einmal abgesehen von vorpatriarchalen Kulturen scheint dieser Ausgangspunkt für einen Eintritt in die Zukunft sowohl aus feministischen wie aus religiösen Gründen unannehmbar.

Mitchell folgt mehr oder weniger der Freudschen Geschichtsauffassung, denn sie kann Zivilisation ohne schriftliche Zeugnisse nicht sehen – und die Autoren der uns bekannten Zivilsation waren nun eben Männer. (Es sieht so aus, als zählten nicht-patriarchale Kulturen wie etwa die minoische deshalb nicht voll als Zivilisation, weil sie für wichtige Angelegenheiten die mündliche Überlieferung vorzogen, die Auswendiglernen [auswendig, engl. »by heart« – wörtl. im Herzen, Anm. d. Ü.] voraussetzte. Doch dies ist eine andere Frage.) Mitchell sieht die Hoffnung auf den Untergang des Patriarchats in einem inneren Widerspruch, den es (im Kapitalismus) selbst heraufbeschworen hat: »Außerdem sollte man meinen, daß die spezifisch kapitalistische Ideologie der angeblich natürlichen Kleinfamilie in scharfem Widerspruch zur Verwandtschaftsstruktur steht, die im Ödipuskomplex ihren Niederschlag findet, der sich in diesem Fall im Rahmen eben der Kleinfamilie äußert.«[24] Sie analysiert mit Hilfe von Levi-Strauss die Verwandtschaftsstruktur als den exogamen Bruderklan, der bei Freud die Nachfolge der Vaterhorde antritt. Ihr Versuch, für die Freudsche Geschichtsauffassung (deren mythischen Charakter sie durchaus sieht) einzutreten, ist zwar wenig überzeugend, doch hat sie damit auf eine wichtige Spannung hingewiesen, nämlich die Diskrepanz zwischen Bruderklan und vaterbestimmter Kleinfamilie. Innere Widersprüche eröffnen die Möglichkeit eines späteren Untergangs.

Doch ist der Fall nicht durch die Terminologie, in der Freud die ödipale Neurose diagnostiziert, von vornherein beeinträchtigt? Das von Generation zu Generation weitergegebene Ich-Ideal leitet sich vom Vater her: Eine Emanzipation, die auf einer endgültigen Internalisierung dieses Ideals beruht und einen damit von Illusionen befreit, setzt Vaterzentriertheit voraus, die Mutter bleibt im Dunkel. Und obgleich es kulturell zutrifft, daß sie auf diese Weise unsichtbar, amorph, zum reinen Objekt der Begierde des männlichen Subjektes gemacht wurde, zwingt uns – trotz Lacan – niemand anzunehmen, das Unbewußte sei *tatsächlich* das Gesetz des Vaters.[25] In der Individual- wie in der Massenpsychologie spielt die Mutter eine mindestens ebenso wichtige Rolle in den abgeleiteten Inhalten des Unbewußten – was zweifellos eben gerade auf die Leugnung ihrer Macht zurückzuführen ist. Gerade wegen ihrer Fähigkeit, dem Ich zu widerstehen und es mit dem unerwünschten Inhalt seiner Verdrängung zu konfrontieren, könnte die soziale Psyche doch genauso gut auf einer bestimmten Ebene eine gewaltige Energie matrimorpher Erfahrungen angesammelt haben! Ist das von Freud geleugnete ozeanische Gefühl nicht vielleicht letztendlich eine Art Destillat dieser nicht-patriarchalen Antriebskraft, die gelegentlich ins Bewußtsein brandet?

Die hier geschilderten Einsichten Freuds offenbaren das Paradox einer kollektiven Psyche, die das paternale Prinzip der Trennung fortschreibt: das heißt, ein Unbewußtes, das implizit alle Individuen mit ihren urältesten Vorfahren verbindet und ihnen damit zugleich ein vateridentifiziertes, monolithisches Ich aufzwingt, ein Ich, das vor Verbindungen zur Tiefe zurückscheut. Hier treffen wir wahrlich wieder in aller Deutlichkeit auf das Bild des heldischen Mannes. In *Massenpsychologie* behauptet Freud (mit Anleihen an Ranks Werk über den Heroenmythos), daß der

Heros bleibt und den Platz des Vaters einnimmt: »Heros war, wer allein den Vater erschlagen hatte, der im Mythos noch als totemistisches Ungeheuer erschien. Wie der Vater das erste Ideal des Knaben gewesen war, so schuf jetzt der Dichter im Heros, der den Vater ersetzen will, das erste Ichideal.« Mit dem Mythos, der den aggressiven Individualismus der Helden betont, »(tritt) der Einzelne aus der Massenpsychologie (aus).« Das bedeutet also: Das durch die Massenpsychologie übermittelte Ich-Ideal ist – wie wir bereits vermuteten – der vereinzelte, patriarchale Held. Und dann – hier haben wir eine Meinung, die kurioserweise der im vorigen Kapitel geäußerten ähnelt – »(gipfelt) die Lüge des heroischen Mythos ... in der Vergottung des Heros«, genau gesagt im »Vatergott«.[26]

Aus der historischen Sicht von Freud ist Vatermord die Urtat, und Vatermord läuft schließlich auf den Tod Gottes hinaus. Denn nach Freud tritt Christus als der Held auf den Plan, der den Mord an dem Urvater sühnt, doch zugleich den Mord an seinem vergöttlichten Ersatz darstellt: Auf diese Weise wird Gott der Vater durch Gott den Sohn ersetzt, dessen Sakrament – in Form der Eucharistie – ein totemistischer Ritus der Inkorporation ist. Freud scheint lediglich das bereits in Gang befindliche Unternehmen des Gottesmordes ausgeführt zu haben. Mit seinem Werk stellt er nicht das Patriarchat per se in Frage, sondern nur alle Illusionen von göttlichem Schutz. Das mag ein gesunder Ruf nach Reife und ein willkommener Beitrag zum Sturz von Gott dem Vater sein. Doch kann es nicht unser Wunsch sein, zusammen mit dem patriarchalen Idol alle möglichen Bilder der Gottheit zu zerschmettern. Der »eingeschrumpfte Rest«, mit dem Freud sich zufriedengeben mußte, stammt vom Trockenlegen aller ozeanischen Gefühle. Vielleicht wird sich herausstellen, daß die Göttinnen, Gorgonen und andere Bilder nicht-patriarchaler Macht im Kosmos untrennbar mit einer ozeanisch erweiterten Erfahrung des Selbst verbunden sind. Eines ist klar: Das Verschwinden der Mutter findet sein Pendant im Verschwinden der Muttergöttin sowohl aus der Kultur wie aus Freuds Analyse. Und könnte nicht gerade Freuds Betonung des Vatermordes eine Form des latenten Muttermordes sein? Denn der Freudsche Vatermord selbst setzt einen vorangegangenen, noch viel tiefer verdrängten Muttermord voraus – ein

Muttermord, der auf der Ebene der Theorie wiederholt wird, wenn Freud den Vater bevorzugt. Ist nicht diese repressive Vorliebe ein Beispiel für die wirkliche »Lüge des heroischen Mythus«?

## Marduk in der Midlife-crisis

Mit C.G. Jungs analytischer Psychologie kommen wir nun nach der vaterzentrierten Prosa Freuds zu einem inhaltlich mutterzentrierten und von der Vermittlung her mythischen System. Jung hat die Bedeutung der Mutter-Imago in die analytische Literatur eingeführt (Klein sollte später Pionierin auf dem Feld der Kindheitsbeziehungen mit der tatsächlichen Mutter werden). Jungs Denken war von Vorstellungen der »Individuation« und »Ganzheit« bestimmt, und so begann mit ihm auch die psychologische Anwendung des Konzepts vom Selbst. Obgleich die Individuation ein Ich voraussetzt, das durch die Trennung von der Mutter definiert ist, verlangt das ganze Selbst, auf das die Individuation hinzielt, die definitive Versöhnung mit – in Jungschen Bildern ausgedrückt – der hingemetzelten Mutter. Daß Jung für das Selbst – statt lediglich für das Ich – eintritt, hat sicher mit seinem Matrizentrismus zu tun. Wird der Muttermord als solcher im Freudschen Schema verdrängt, so nimmt er im Jungschen Denken einen entscheidenden Platz ein. Hier finden wir sogar Tiamat, die immer noch ihre zyklische Opferung durch Marduk erduldet; sowohl zu Beginn wie auf dem Gipfel der Jungschen Karriere wird sie erwähnt. Doch in welchem Ausmaß benutzt die Jungsche Theorie selbst die Waffen des Marduk, baut sie sich aus dem Leichnam der Ersten Mutter auf? Besonders angesichts der speziellen Jungschen Doppelbotschaft an Frauen wird diese Frage nicht leicht zu beantworten sein.

Mit *Symbole der Wandlung*[27], 1912 zum ersten Mal veröffentlicht, vollzog Jung den endgültigen Bruch mit Freud und stellte seine eigene Auffassung vor; das Werk bietet eine mythologisch opulente Interpretation der veröffentlichten Phantasien eines Fräulein Miller. Im reichen Symbolismus ihrer Visionen entdeckt

Jung die archetypische Reise des Helden: seinen Kampf mit dem Drachen, die Opferung des Drachens und schließlich die Opferung des Helden an die Mutter, mit der der Held zum Mutterschoß zurückkehrt und wiedergeboren wird. Von Anfang an steht bei Jung der Drache für die Mutter. Er interpretiert die psychoanalytische Inzestgeschichte neu: Für ihn zeigt sich im Wunsch nach Wiedervereinigung mit der Mutter mehr als sexueller Instinkt. In ihrer Eigenschaft als Hervorbringerin und Vernichterin aller lediglich subjektiven Erfahrungen wird sie vielmehr generell zum Symbol für die Rückkehr zum Unbewußten. Hier begegnen wir der Mutter nicht in erster Linie als Introjekt der tatsächlichen Mutter, sondern als archetypischem Muster für alles, was schöpferisch, fruchtbar und gebärend ist, ja, sogar für den Kreislauf von Geburt, Tod und Wiedergeburt, durch den das Leben sich auf jeder Ebene erneuert.

Wie kann die mütterliche Gestalt zu einer derartigen Magna Mater werden? »...die wichtigste Beziehung der Kindheit, nämlich die Beziehung zur Mutter, (wird) durch den Archetypus der Mutter kompensiert, wenn die Ablösung von der Kindheit angezeigt ist.«[28] Hier wird die Erfahrung mit der Mutter nicht durch den ödipalen Vater abgelöst, sie wird vielmehr in eine psychische Realität transformiert – nicht lediglich sublimiert –, eine psychische Realität, in der sie sich sowohl als Ungeheuer wie als *mater spiritualis* manifestiert. In der Geschichte trat sie als Gute Fee, als Mutter Kirche, Mutter Maria oder Mutter Natur in Erscheinung, archaisch als die Vielheit von Göttinnen. Doch bleibt die archetypische Mutter ein Gegenstand der Ambivalenz, denn der symbolische Inzest, der eine Flucht vor dem Reifwerden ermöglicht, bleibt für das eben flügge gewordene Ich eine große Versuchung. »Wer sich von der Mutter trennt, sehnt sich nach ihr zurück. Diese Sehnsucht kann zur verzehrenden Leidenschaft werden, welche alles Gewonnene bedroht. In diesem Fall erscheint dann die ›Mutter‹ einerseits als höchstes Ziel, andererseits als gefährliche Bedrohung, als ›furchtbare‹ Mutter.«[29] Und dann begegnen wir all jenen dämonisierten Manifestationen, für die unsere Monster aus dem zweiten Kapitel klassische Beispiele sind. Jung zählt die Verkörperungen der Großen Mutter auf: »Die Hexe, der Drache (jedes verschlingende und umschlingende Tier wie großer Fisch und Schlange); das Grab, der Sarkophag, die Wassertiefe, der Tod, der Nachtmahr und der Kinderschreck (Typus Empusa, Lilith usw.).«[30] Dem (weiblichen) Seeungeheuer gelingt es, die besten Seiten all dieser Bestien in ihren fabelhaften Synkretismus zu inkorporieren. Bei Jung lernen wir ein für allemal, daß der mythische Muttermord ein Akt der Selbstverteidigung seitens des heldischen Ich-Bewußtseins ist, und daß sich dieser Muttermord in einer Kultur, die ein solches Ich-Bewußtsein zum Mittelpunkt hat, endlos wiederholt. So findet Jung am Anfang seiner Laufbahn in der Erzählung von Marduks Triumph über Tiamat die »volle Bestätigung« seiner Vermutung, »der Kampf mit der Nachtschlange bedeutet demnach die Überwältigung der Mutter«.[31]

In diesem Sinne erwächst Jungs Theorie der Ich-Entwicklung aus dem Muttermord des Altertums. Seine Theorie bestätigt unsere Vermutung, daß mit dem Symbolismus des Muttermordes die westliche Entwicklung eines getrennten und andromorphen Ich nicht lediglich ausgedrückt, sondern vielmehr hervorgerufen wurde. Symbole sind niemals passiv; sie haben an dem, auf das sie hinweisen, teil (vgl. Paul Tillich). Wir stellen ebenfalls fest, daß die Heldengestalt in »Fräulein Millers« Phantasien ausnahmslos ein Mann ist, eine Tatsache, die ihre dogmatische Interpretation bei Neumann findet, der jegliche Ich-Entwicklung als metaphorisch männlich bezeichnet. Jung verweist auf Parallelen zu den Drachenkämpfen im Alten Testament und verallgemeinert damit die Funktion dieser Unterwerfung: »Die Welt wird aus der Mutter geschaffen, das heißt mit der von der Mutter (durch die Opferung) weggenommenen Libido und durch Verhinderung der Regression, welch letztere den Helden mit Überwältigung bedroht.«[32] Anders ausgedrückt: Das Ich-Selbst schafft sich seine Realität, seine Lebenswelt, aus der Energie, die es von der archetypischen Mutter bezieht. Der Held opfert sie in ihrer Erscheinungsform als Seeungeheuer und wird damit zum Erben ihrer Lebenskraft, die er für seine trockenere, bei Tageslicht vollzogene Arbeit der Weltgestaltung verwenden kann. Die erste ruhmreiche Aufgabe des Helden ist es, die Mutter zu ermorden und ihre Macht zu stehlen.

»Es ist leicht ersichtlich, was die Bekämpfung des Meer- oder Fischmonstrums bedeutet: es ist das Ringen um die Befreiung des Ich-Bewußtseins aus der tödlichen Umschlingung des Unbewußten.«[33] »Tödlich« vermutlich deshalb, weil es die Entstehung einer bewußten Individualität verhindert. Unbewußtheit weist für Jung auf eine von frühen Beziehungen abstrahierte Analogie zu Freuds »uneingeschränktem Narzißmus« hin – ein in mutterschoßhafter Unendlichkeit sich selbst genügendes Selbst. Er fährt fort: »Aber die Wirkung solcher heroischer Tat pflegt leider nicht von Dauer zu sein. Immer und immer wieder müssen sich die Mühen des Helden erneuern, und dies immer unter dem Symbol der Befreiung von der Mutter.«[34]

Wir könnten jedoch geltend machen, daß das tiefere Unheil wohl in jenem Bedürfnis gründet, die Mutter zum Sündenbock zu machen für die die Entwicklung des heldischen Ich konstituierende Feindseligkeit, Gegensätzlichkeit und Trennung. Denn dieses mythische Drama wird unerbittlich im Bereich der tatsächlichen Beziehungen ausagiert. Mehr als von irgendwoher sonst bezieht das Handeln in der realen Welt seine Motivation aus dem Symbolismus; die psychokulturelle Reichweite des Mythos umfaßt die sozioökonomischen Interaktionen ebenso wie die zwischenmenschlichen und die innerpsychischen. Obgleich Jung diese Konsequenzen häufig umgeht, hat doch kein Theoretiker in unserem Jahrhundert deutlicher auf die elementare Kraft lebendiger Bilder hingewiesen. »Die psychologische Maschine, welche Energie verwandelt, ist das *Symbol*.«[35] Mit anderen Worten: Der symbolische, psychische Muttermord steckt mit der zwischenmenschlichen und gesellschaftlichen Frauenfeindlichkeit unter einer Decke.

Zwar sind die Heldengestalten in der Geschichte wie in Jungs Darstellung fast ausnahmslos Männer, doch treten sie dann als Ich-Anstifter nicht nur für männliche, sondern auch für weibliche Psychen in Erscheinung; daher ist Jung auch nicht im geringsten durch die Tatsache beunruhigt, daß Fräulein Miller die Entwicklung ihres Ich-Bewußtseins in männlichen Termini phantasiert. Wir müssen uns fragen, welchen Einfluß eine derartige Identifikation mit dem heldischen Muttermord, wie sie Fräulein Miller präsentiert, auf ein weibliches Selbstgefühl hat. Ist eine solche männliche Identifizierung die Voraussetzung für jedes klar erkennbare Selbstsein innerhalb eines kollektiven Patriarchats? Gleichzeitig stellen wir wiederum die Frage: Kann sich weibliche oder männliche Identität nur in einer feindlichen Haltung zur Mutter formieren?

Wir bekommen zwar von Jung keine zufriedenstellenden Antworten auf solche Fragen, doch seine Beschreibungen der psychologischen Rolle der ursprünglichen Mutter bleiben von unschätzbarem Wert. Zwar operiert er unerschütterlich *innerhalb* des patriarchalen Mythos, doch er entlarvt ihn auch zugleich. In dieser Hinsicht können wir ihn wie Freud interpretieren. Doch mit Hilfe von Jung können wir eine tiefreichende Struktur matriphobischer Fehde aufdecken, die Grundlage aller Zivilisationen der Welt ist. Seiner Ansicht nach bietet die Unterwerfung der Mutter nur eine kurzfristige Befriedigung für die Psyche. Die Teleologie der Psyche drängt über das muttermörderische Stadium hinaus. Denn der Held, der so seine Welt auf Kosten der Mutter errichtet, ja, sie (in Mary Dalys Sinn) aus gestohlener Göttinnenkraft erschafft, muß schließlich für die Schuld bezahlen. Die in jugendlichem Eifer vollzogene Opferung der Mutter läuft auf das Selbst-Opfer des Helden *an* die Mutter hinaus. Das Ich, das sich in der Illusion seiner Autonomie gegenüber dem Tiefen – den Tiefen seines eigenen Unbewußten – konstituierte, muß sich nun damit auseinandersetzen, wie tief seine Illusion war.

Hier treffen wir auf die Grundlage für Jungs Theorie vom Übergang der Lebensmitte. Er hat faktisch den Begriff der Midlife-crisis vorweggenommen, er sah dies als den Punkt, an dem die Bedürfnisse der umfassenderen Psyche – des Selbst – die bislang durch die einseitigen Ansprüche der gesellschaftlichen Existenz verdrängt wurden, endlich befriedigt werden müssen. Die »erste Hälfte« des Lebens ist im allgemeinen mit den Fragen der Ich-Entwicklung und der Etablierung einer gesellschaftlich nützlichen Persona in Anspruch genommen, was – wie vorauszusehen war – für den Mann Karriere und Familie bedeutet und für die Frau die »biologische Aufgabe« der Mutterschaft. Jung hat diese konventionelle Situation nicht erfunden; er beobachtet jedoch, wie diese gesellschaftlichen Rollen in der Lebensmitte zusammenbrechen. Die Psyche, die sich daran klammert, erlebt Zusammenbrüche, Neurosen oder eine tödliche Trägheit. Die Konfrontationen mit dem inneren Anderen – dem »Schatten« (dem eigenen verdrängten, unterentwickelten und daher widerspensti-

gen *alter ego*) – und mit Animus und Anima (den gegenge-
schlechtlichen Aspekten der eigenen Persönlichkeit) werden zum
Tor für jegliche weitere psychische Lebendigkeit. Jungs Definitionen von der Anima als der weiblichen Seele im Manne und dem
Animus als dem männlichen Geist in der Frau sind von Sexismus
durchtränkt – eine inzwischen allseits bekannte/berüchtigte Tatsache. Wir begegnen hier gesellschaftlichen Stereotypen in der
Maske ewiger Archetypen (die Anima als verführerisch, sinnlich,
intuitiv, anregend; der Animus als rational, dogmatisch, zielgerich-
tet, geistig). Selbst angesichts dieser unrühmlichen Hypothek
können wir doch den historischen Wert einer Psychologie erkennen, die wenig Hoffnung für ein gesundes Wohlbefinden für Männer oder Frauen jenseits der Lebensmitte sah, es sei denn, beide
würden Wesenszüge und Aufgaben, die herkömmlicherweise für
das jeweils andere Geschlecht reserviert waren, aktivieren und
annehmen. Die Theorie deutete anfänglich auf ein Selbstsein jenseits jener gegensätzlichen Dyade, die wir im trennenden und
fließenden Selbst sahen, hin. Jener komplementäre Dualismus
hätte nach Jung seine Wurzeln in der »Projektion« der Anima und
des Animus: Damit wird der real existierende andere zum Bild
einer Möglichkeit, die wir uns selbst und *für* uns selbst nicht zu
eigen gemacht haben. Die Projektion der Anima des Mannes auf
die Frau bringt sie dazu, die Last jener Wesenszüge zu tragen, die
er in und für sich selbst hätte entwickeln sollen, doch die er
unterdrückt hat, weil sie so »feminin« sind. Wenn er beispielsweise – obgleich er ganz genauso abhängig, verletzlich oder sinnlich wie eine Frau ist – derartige Andromeda-Züge bei sich nicht
»rettet«, dann wird er versuchen, die reale Frau in einem Status
der Abhängigkeit von ihm zu halten und über ihre Weiblichkeit zu
verfügen. Durch Projektion schließt er unerwünschte, frauenähn-
liche Wesenszüge aus seinem Ich aus. Es ist klar, daß Projektion
mit dem ausschließenden Mechanismus des trennenden Ich zusammenarbeitet: Projizieren heißt etwas außerhalb seiner selbst
stellen. (Angeblich soll das gleiche für Frauen gelten, doch der
Vergleich bricht in allen Fällen zusammen, wie jungianische Analytikerinnen wie Bolen und de Perera gezeigt haben. Vielleicht
liegt dies mit daran, daß bereits der Maßstab für die Geschlechter-
komplementarität von Männern gesetzt wurde.)

Am metaphorischen Punkt der Lebensmitte winkt ein Selbst, das unendlich größer ist als das frühere Ich-Bewußtsein. Mit seiner klassischen Unterscheidung von Ich und Selbst steigt Jungs Theorie aus der fest geschlossenen Reihe des Kriegermythos aus. Der Held muß seinen Dünkel den Ansprüchen des größeren Selbst opfern. Das Selbst wirkt auf das Ich-Bewußtsein mit dem heroischen Bild der Reise ein, eine Reise, die über das Kriegerbewußtsein hinausführt. Doch sie lockt uns auch durch eine unbegrenzte Vielzahl nicht-anthropomorpher Symbole (wie Tiere, Steine und Quaternios in Träumen). Sie steht für das unbegrenzte Energiefeld des psychischen Potentials, das jedes selbstgefällige Gleichgewicht zum Wanken bringt, und das mehr Arbeit, mehr Öffnung, mehr Anerkennung all dessen, was anders, ungleich und unterdrückt ist, verlangt: die verlorenen Groschen, die verlorenen Kinder. Verwirrenderweise ist das Selbst ein Archetyp und steht daher ständig als Potential für Verwirklichung bereit, es ist nicht etwas, das bereits als Ich selbst und durch mich verwirklicht ist: Es mit dem Ich gleichzusetzen wäre vermessen. (Jung hält auch das uroborische kindliche Einssein mit Mutter und Universum für vermessen. Er bietet damit eine weitere Parallele zu Freuds Ur-Narzißmus.) Das Selbst enthält das Ich, ist aber nicht dasselbe wie »Ich«. Ich gehe aus den Tiefen des Selbst hervor und tue dies um so bereicherter, wenn ich seine Traumparabeln hören und seine schwer faßbaren Impulse beachten kann. Die komplexe Ausdehnung des Jungschen Selbst scheint das genaue Gegenteil von jenem eingeschrumpften Rest, den wir uns als ein sein Selbst verleugnendes Ich beschreiben könnten.

Sollen Jungs umfassende Einsichten jedoch für statt gegen Frauen arbeiten, dann müssen wir uns über gewisse Gefahren und Fußangeln klar werden. Jungs Anliegen ist es, die Lebensentwicklung von Männern und Frauen in symmetrischen wenn auch gegensätzlichen Schemata zu entfalten – jedes Schema ist seinem Wesen nach so angelegt, daß es die von der Gesellschaft auferlegten einseitigen Geschlechterrollen überwinden kann. Doch die Vorstellung vom Muttermord, der am Anfang der Entwicklung, und von der Opferung des kriegerischen Ich, die an ihrem Ende steht, soll für beide Geschlechter Gültigkeit haben, und damit wird das Ich unwiderbringlich in männlichen Begriffen definiert. Außerdem passen Frauen überhaupt nicht in das Gesamtschema der beiden Lebenshälften: Zwar wird uns häufig tatsächlich in der Lebensmitte klar, was uns im Leben fehlte, doch haben wir eben genau kein ausreichend gefestigtes Ich oder zentrales Selbst entwickeln können, und daher erscheint die Opferung des Ich zu diesem Zeitpunkt nicht nur irrelevant, sondern im wahrsten Sinne des Wortes selbstmörderisch – das Selbst tötend. Diesem Androzentrismus liegt – unter dem Deckmantel der verführerischen Rederei von der sich ergänzenden Symmetrie – die abstoßende Ungleichheit der Anima- und Animusfunktion zugrunde, die manchmal in Jungs Denken auftaucht: »Wie der Mann sein Werk als ein ganzes Geschöpf aus seinem inneren Weiblichen hervorgehen läßt, so bringt das innere Männliche der Frau schöpferische Keime hervor, welche das Weibliche des Mannes zu befruchten vermögen.«[36] Mit anderen Worten: Wenn der Mann mit seiner Anima in Berührung kommt, dann blüht seine Kreativität; kommt eine Frau in Berührung mit ihrem Animus, dann wird die Anima ihres Mannes inspiriert, und *seine* Kreativität blüht! Die »Ganzheit« der Frau bleibt ein Mittel für die Zwecke des Mannes.

Die ausbeuterischen Ungleichheiten in der kollektiven patriarchalen Kultur gewinnen mit derartigen Rechtfertigungen neues Leben. Genau wie Freud macht Jung hier wie anderswo der Wahrheit entsprechende *Beschreibungen* zu normativen *Wahrheiten*. Dieses Schema ist zwar auf der mythischen Ebene matrifokal, doch psychologisch bleibt es androzentrisch: Das heldische männliche Subjekt entsteigt der Mutter, opfert sie und erschafft »in der ersten Lebenshälfte« seinen Kosmos aus ihrem Kadaver; in der Lebensmitte kehrt er dann wohl oder übel in ihren zerstörerischen/regenerierenden Schoß zurück, aus dem er dann möglicherweise wiedergeboren wird oder nicht. Doch scheint diese mythopsychische Reise ein männliches Vorrecht zu sein, und am besten können sich häufig genau jene Männer dieser Wandlung (auch im einfachen ökonomischen Sinne einer guten Therapie) unterziehen, die in der ersten Lebenshälfte den muttermörderischen Sexismus am stärksten ausagiert haben. Weder in Jungs Schema noch in der Kultur, deren Spiegelbild es ist, finden wir anerkannte und vergleichsweise etablierte Möglichkeiten für Frauen in ihrer »zweiten Lebenshälfte«. Im Gegenteil: Die Frau in und nach den Wechseljahren findet so wenig kulturelle Unterstützung für die Veränderungen in ihrem Leben, daß ihre Einsamkeit im allgemeinen viel zu entpersönlichend und persönlich ist, als daß sie transformativ sein könnte. Und wenn ihre Rolle als junge Frau und Mutter dahinschwindet, findet sie keine Anerkennung als Weise Alte – wenn Weisheit überhaupt gefragt ist, dann ist es die der alten Männer, nicht der alten Frauen.

Ich habe hier jedoch weniger die Absicht, Jung wegen seines Sündenfalls des Sexismus, auch nicht wegen seines offenen Antifeminismus abzulehnen[37], sondern ich möchte herausfinden, warum diese Vorurteile so problemlos ihren Platz in einem System finden, das auf mannigfache Weise – und im Gegensatz zu Freud – das »Weibliche« feiert und wieder in seinen symbolischen Ort einzusetzen sucht. Ich glaube, daß – abgesehen vom Einfluß kultureller Stereotypen – diese Diskrepanz in erster Linie auf das Mythologem des Muttermordes zurückzuführen ist, besonders wenn dieses als Furcht vor dem Unbewußten interpretiert wird. Doch wie wird Bewußtsein definiert? Ein Absatz aus Jungs Spätwerk verbindet bei der Entstehung des Bewußtseins das Muttermörderische mit dem Männlichen:

Es gibt keine Bewußtheit ohne Unterscheidung von Gegensätzen. Das ist das Vaterprinzip des Logos, der sich in unendlichem Kampfe der Urwärme und der Urfinsternis des mütterlichen Schoßes, eben der Unbewußtheit, entwindet... Unbewußtheit ist die Ursünde, das Böse schlechthin für den Logos. Seine weltschöpferische Befreiungstat aber ist Muttermord.[38]

Diese Feststellung wäre durchaus korrekt, wenn wir hinzufügen, daß sie ein Bewußtsein beschreibt, wie es in den letzten 3500 Jahren unter dem Zeichen des väterlichen Logos entstanden ist. Dieses historisch festgelegte Bewußtsein erlebt das Unbewußte und die Erste Mutter als »böse«. Logos-Bewußtsein ist eindeutig direkt aus der Kette theologischer Patriarchate entstanden – vom *Enuma Elish* über die *Genesis* bis zum *Johannes-Evangelium*. Es handelt sich hier um ein Bewußtsein, das als Gegensatz, als Widerspruch aufgefaßt wird – ein Bewußtsein nach Art des siegreichen Helden, das Licht, das die Finsternis besiegt. Das

Bewußtsein befindet sich *im Gegensatz* zu seinem Objekt. Es ist ein ständiger Prozeß des Von-etwas-abgestoßen-Seins, nicht unähnlich dem Ausstoß, der nach Freud das Ich motiviert. Mit anderen Worten: Es ist ausschließlich negativ definiert, als Befreiung von der Mutter – eine lange matriphobische Trennungsarbeit.

Zumindest im Kontext der männlichen ersten Lebenshälfte zeigt sich bei Jung keinerlei Ambivalenz gegenüber seinem patriarchalen Denken in Gegensätzen. Im Gegenteil: Er bezieht eine derart tiefgehende Inspiration aus der Tradition der dialektischen Polarität, die sich in der deutschen Mystik und bei Hegel findet, daß für ihn Gegensätzlichkeit zur inneren Dynamik jeden Wachstums und jeder Individuation wird. Nehmen wir als Beispiel die polaren Paare wie Ich und Selbst, Persona und Schatten, extrovertiert und introvertiert, männlich und weiblich. Zwar feiert er mit der Opferung des durch den Muttermord geschaffenen Ich die Wiedereinsetzung der Mutter, dennoch kann bei ihm ohne Muttermord kein Bewußtsein entstehen. Doch wie wenige jener männlichen Ichs, die eine frühe *superbia* der Trennung erreichen, gehen später wirklich durch die Opfer-Initiation der Lebensmitte und kommen so zu einem veränderten Bewußtsein! Und viele derjenigen, denen das gelingt, haben mit ihrer Arbeit und den nach außen gerichteten Energien ihrer »ersten Lebenshälfte« dazu beigetragen, daß Marduks Kosmos weiterhin und ständig neu erschaffen wird – eine Zivilisation, die darauf aufgebaut ist, daß weibliche Kraft auf sexuelle Unterwerfung und domestizierte Mütterlichkeit reduziert wird. Heute können auch Frauen an dem normativen muttermörderischen Bewußtsein der ersten Lebenshälfte teilhaben – sie setzen sich damit dem Vorwurf der »Animus-Besessenheit« aus. Setzen die Rituale von Ich-Werdung/Ich-Opferung nicht für Männer und Frauen den gleichen alten Kreislauf fort?

Wäre nicht vielleicht von Anfang an eine Alternative zum trennenden Modell der Ich-Befreiung mit seiner impliziten Frauenfeindlichkeit denkbar? Reibung, Auseinandersetzung, sogar Gegensätzlichkeit gehören zweifellos zur Entstehung jeder differenzierten Bewußtheit: Bei jedem Erkenntnisschritt muß *dies* von *jenem*, a von b, Ich vom Du unterschieden werden. Doch kommen nicht alle Möglichkeiten des Kontrastes auf der grandiosen Bühne von Gegensätzlichkeit und Vereinigung ins Spiel. Obgleich, wie Hillman argumentiert, Jungs Gegensatzpaare »nicht als Entweder/oder-Denken klassifiziert werden können, ... denn seine Paare sind zugleich antagonistisch und komplementär, doch niemals widersprüchlich«[39], macht Hillman doch darauf aufmerksam, daß Jungs »Denken in Gegensätzen« die Jungianer in den tief eingefressenen Teile-und-Herrsche-Motivationen des heldischen Ich gefangenhält. Mit all diesen Einschränkungen vor Augen wenden wir uns nun doch der Jungschen Theorie vom kollektiven Unbewußten zu, denn sie scheint eine revolutionäre, empirisch abgesicherte und psychologisch ausgearbeitete Basis für das nicht-trennende Ich zu bieten.

## Offen für die ganze Welt?

Nach Aufgabe seiner illusorischen Ansprüche auf Autonomie, muß sich das Ich daran machen, wieder die Verbindung zur Weite des Lebens zu suchen, von dem es sich so früh abgeschnitten hat. Denn der Mutter-Archetyp symbolisiert die Verbindung des Ich zu seiner tieferen Psyche, dem transpersonalen oder kollektiven Unbewußten. Durch seine bloße Existenz straft es das getrennte Ich des Kriegerhelden Lügen. Dies gilt auch für das Freudsche Es, ein Bereich, der die Herrschaft und die Ansprüche des bewußten Ich unterminiert und sich nach Freuds Denken in eine von allen Menschen geteilte Sozialgeschichte zu öffnen scheint. Doch ist die Entdeckung und Darstellung eines kollektiven Unbewußten Jungs größte Leistung. Damit wird nicht nur auf eine Durchlässigkeit nach innen, zu den eigenen Erinnerungen, Trieben und ihrer Verdrängung hingewiesen; es wird auch eine Ebene sichtbar, auf der die Dichotomien (doch nicht die Unterschiede) zwischen dem Persönlichen und dem Kollektiven, dem Selbst und dem anderen, dem Ich und der Welt, meiner und deiner Vergangenheit, dem Menschlichen und dem Göttlichen sich verwischen.

Die Reintegration der Psyche aufgrund ihrer transpersonalen Reichweite erfordert einen Prozeß, den Jung Individuation nennt. Authentische Individualität kann nur erlangt werden, wenn ich mich selbst als von Grund auf mit der Gesamtheit des Lebens verbunden erlebe: Hierin besteht die Weisheit der Jungschen Sicht. Ein das Ich transzendierendes Selbstsein ist in höchstem Maße auf Beziehung ausgerichtet, die Individualität des getrennten Ich wird als Vortäuschung von Individualismus und Fälschung von Persona entlarvt. »Das kollektive Unbewußte ist alles weniger als ein abgekapseltes, persönliches System, es ist weltweite und weltoffene Objektivität.«[40] Diese Vision einer radikalen Weltoffenheit weist auf das Wesen eines verbindungsfähigen Selbst hin. Das Subjekt erlebt die Welt der anderen nicht nur äußerlich, sondern auch in sich, als Teil seines eigenen Lebens. Real existierende Eltern, Freunde, Feinde und Bäume behalten natürlich ihren Status als Objekte der Außenwelt; in dem Maße, wie wir unsere Projektionen zurückziehen, werden sie dazu befreit, für uns mehr das zu sein, was sie wirklich sind. Gleichzeitig weckt dieser Gedanke der »transpersonalen Psyche« ein Gefühl für die feinen Strömungen, die aus jener Tiefe aufsteigen, in der alles an allem teilhat. Im Guten wie im Bösen ist die menschliche – vielleicht sogar die planetarische – Geschichte in einer Kollektiverinnerung aufbewahrt, kristallisiert in Form von archetypischen Mustern unendlich wiederholter Erfahrung. Diese sind für Jung ebenso wie für Freud die vorgeformten Symbole, die Beauvoir zu Recht beunruhigen; sie werden erst zu Bildern, wenn sie mit unserem konkreten Erleben in Interaktion treten. Der Einfluß von Leben auf Leben ist kumulativ: Wir fangen nie ganz aus dem Nichts an, sondern mit tiefen und komplizierten Anhäufungen vergangener Geschichte. Dies ist mit eine Erklärung dafür, warum weitverbreitete Mythen (wie der vom Muttermord) so zählebig sind und die Wirkung von Zwängen ausüben. Zugleich scheint die Möglichkeit einer Hoffnung auf. Wenn es zutrifft, daß unser Unbewußtes in der Tiefe ohne Boden ist und in die Welt hinausfließt, so, wie es in uns hineinfließt, dann ist der Einfluß nicht einseitig: Unser bewußtes, individuelles und gemeinsames Erleben und Handeln kann Gewicht bekommen, bekommt Gewicht; es beeinflußt – wenn auch noch so allmählich – das kollektive Unbewußte.

Wenn beispielsweise die Gestalt der Tiamat in einigen Köpfen und Seelen zu neuem, heilsamen Leben erwacht, dann wird sie auch im kollektiven Unbewußten wieder hochkommen. Und nach einer Weile wird eine gewisse Bereitschaft zur Veränderung spürbar, wo es vorher nur Fehde und Widerstand gab. Natürlich können alle weiträumigen Veränderungen genau genommen nach mehr äußerlichen, soziologischen oder ökonomischen Mustern erklärt werden, Muster, die von Jungianern zugunsten der Betonung der Innenwelt zu leicht vernachlässigt werden. Ist jedoch nicht genau die Dichotomie zwischen innerer und äußerer Welt oder innerem und äußerem Muster Ausdruck des trennenden Paradigmas? Wir sollten sehr wohl dieser Theorie der transpersonalen Psyche einigen Glauben schenken, gerade weil sie über die Innen-Außen-, privat-öffentlichen Dualismen hinausweist. In ihr steckt ein gesellschaftlich evolutionäres Potential, das von Jung selbst, mit seiner Vorliebe fürs Ewige, kaum ausgelotet wurde.

Jede archetypisch fundierte Hoffnung hat spirituelle Untertöne. Die MUTTER ist ein Urinhalt des Unbewußten und steht zugleich für dessen Produktivität. Würde beispielsweise das gegenwärtige Wiederhervorbrechen von Tiamat nicht als Gefahr, sondern als Verheißung gesehen, dann würde das ozeanische Gefühl in die zweite Potenz erhoben! Während Freuds Atheismus mit seiner Betonung des Vatermords übereinzustimmen schien, eröffnet Jung mit seiner These vom Muttermord und dem darauf folgenden Versuch, diesen umzupolen, die Realität des unendlichen Anliegens. Das Bild bekommt wieder die Transparenz einer Ikone. Die archetypischen Perforationen im Leben des Individuums, durch die das kollektive Leben hinein- und der individuelle Input hinausfließt, sind zugleich Fenster zum Heiligen. Zwar kann Jungs religiöser Realismus dazu dienen, privilegierte alte Muster zu glorifizieren, die kumulative Vergangenheit zu vergöttlichen und ihr konservatives Beharrungsvermögen zu rechtfertigen, doch die Alternativen von dogmatischem Theismus oder dogmatischem Atheismus verschließen lediglich den Zugang zum Möglichen. Wenn Jung das Selbst als *imago dei* sieht, so kann damit die Psychologie über Gebühr mystifiziert werden. Doch kann damit auch die Wurzel des Menschlichen in einer heiligen Tiefe unter dem Bewußtsein angesiedelt werden, was dazu beitragen kann, die patriarchale Dichotomie von Gott und Welt zu heilen.

Ich erwähnte zu Beginn dieser Auseinandersetzung mit Jung, daß Tiamat sowohl am Ende wie am Anfang von Jungs Karriere steht. In einem späten Text sagt er sinngemäß, die ungeformte, chaotische Welt der Tiamat herauszufordern, sei tatsächlich die Urerfahrung. Wenn der Mensch sich an diese Arbeit begibt, dann wiederhole er, was die Alchemisten das schöpferische Werk Gottes nennen.[41] In gewisser Weise geht es hier immer noch um das muttermörderische Opus, doch hat die Vorstellung, ihre Urtiefe *herauszufordern*, ohne Frage einen anderen Begriffsinhalt als die, sie zu *töten*: Hier deutet sich der Wunsch an, unsere Tiefen hervorzuholen, sich ihnen auszusetzen, sich mit ihnen auseinanderzusetzen. Wir können sogar aus *Genesis 1* den Hinweis auf einen ehrerbietigeren, weniger mörderischen Zugang zu der Tiefe des Weiblichen herauslesen: Das gilt jedoch nur, wenn das Tehom als nicht weniger göttlich denn der Geist angesehen wird und wenn auch die Frau sich an diese Arbeit begibt. Dann könnten die unbewußten Rituale des kollektiven Muttermordes vielleicht mit der Zeit überholt sein. Doch das Zusammenwirken von Sexismus und Separatismus, wie es sich selbst in über den Tellerrand des Paternalismus hinausblinzelnden Systemen tummelt, wird sich so lange fortsetzen, bis sich ein anderes Muster für die Ausdifferenzierung des Selbst herausbildet. Der muttermörderische Stil männlicher Ich-Differenzierung in der ersten Lebenshälfte kostet die Welt und die Frauen der Welt viel zu viel, als daß er noch länger tragbar wäre. Es kostet sogar die männliche Psyche der Männer mehr, als diese zugeben mögen, und deshalb müssen für sie Frauen und Welt als Sündenböcke herhalten.

Ich denke, wir finden die Merkmale der sogenannten zweiten Lebenshälfte in gewisser Weise bereits in der ersten Lebenshälfte von Frauen. Bei Frauen (wie wir sogleich bei Nancy Chodorow sehen werden) besteht wesentlich weniger die Gefahr, das Gefühl für Verbindung zu anderen, zur Natur und zum Selbst auszumerzen, jenes Gefühl, das Männer in der zweiten Lebenshälfte zurückzugewinnen suchen. Doch wäre es lächerlich, daraus zu schließen – wie die komplementäre Logik des Schemas implizieren mag –, Frauen sollten deshalb nun als Ziel der Individuationsplackerei in der zweiten Lebenshälfte ein maskulines, muttermörderisches Ich entwickeln. Natürlich mag eine derartige Logik angemessen erscheinen angesichts der Tatsache, daß Frauen, wenn sie in ihren jungen Jahren ihre Familienaufgaben oder andere reine Beziehungsarbeit erledigt haben, nun berufliche Fähigkeiten entwickeln oder neuentdeckte Stärken geltend machen – doch warum sollten wir diesen Prozeß, der nur durch die patriarchale Gesellschaftsordnung verzögert wurde, nun bei den Metaphern männlicher Matriphobie einordnen? Würde dies nicht lediglich Frauen – nach dem Vorbild von Athene – gegen unser tiefes Selbst ausspielen?

Wenn Frauen von Anfang an eine klarere Beziehung zum Unbewußten haben, sind wir deshalb nicht weniger bewußt, sondern vielmehr bewußter. Denn was heißt es denn, bewußt zu werden, wenn nicht, gezielt Verbindung mit dem aufzunehmen, was bisher unbewußt geblieben ist? Wir müssen, wenn wir reifen, nicht »männlich« werden, sondern einfach als Frauen konzentrierter, kreativer, klarsichtiger.

Ich gebe zu, daß ich Jung in hohem Maße und zugleich ambivalent verpflichtet bin wegen seiner Entdeckung der kollektiven Psyche und der Vorherrschaft der Matriphobie im Unbewußten dieser Kultur: Er tritt den deutlichen Beweis an, daß die alten Mythen der muttermörderischen Helden nicht in eine entlegene Vergangenheit verwiesen werden können, sondern bis heute die Persönlichkeit formen. Daß er die zerstückelte Tiamat wieder hervorholt, provoziert eine kollektive Anamnese. Diese beginnt, trotz seiner Ambivalenz, damit, die matriphobische Amnesie, die beispielsweise in dem Werk von Freud offensichtlich ist, in bewußte Anerkennung weiblicher Kraft umzuwandeln. Wie wir sahen, beschränkt sich Jung jedoch nicht auf eine phänomenologische Beschreibung des Muttermordes, sondern überhöht ihn zu einer symbolischen Notwendigkeit. Außerdem bildet sich der Held als Muster für das Ich wie auch das Selbst heraus, was den Verdacht bestätigt, daß Jungs Perspektive zutiefst androzentrisch bleibt. Seine Sicht bleibt – trotz ihrer das Ich transzendierenden Impulse und ihrer Bedeutung für so viele Frauen, und obgleich sie vom Weiblichen fasziniert ist – im Mythos des männlichen Kriegers stecken. Damit wirkt sie Jungs besten Absichten entgegen, und zwar so lange, bis sie durch Muster eines nicht-antagonistischen Bewußtseins umgestaltet werden kann.

Versuche, den Streit der Gegensätze zu entdramatisieren, können vielleicht nur dann von Erfolg gekrönt sein, wenn sie Jungs fast restloser Übertragung der Mutterschaft auf die Magna Mater den Kampf ansagen. Den tatsächlichen Müttern muß Gerechtigkeit widerfahren. Natürlich wird in Jungs System die individuelle Mutter nicht für die Erwachsenenpersönlichkeit ihrer Kinder verantwortlich gemacht, in dieser Hinsicht ist es eine erfreuliche Ausnahme nach all der die Mutter beschuldigenden Frauenfeindlichkeit. »Was soll man Allzuvieles ... sagen«, plädiert Jung, »von jenem Menschen, der Mutter hieß und – man möchte sagen – zufälligerweise Trägerin jenes Erlebnisses war, das sie und mich und die ganze Menschheit, ja alle lebende Kreatur, die wird und vergeht, in sich schließt, das Erlebnis des Lebens, dessen Kind wir sind?«[42] Das Problem einer derartig radikalen Ausblendung ist, daß damit die Mütter von der anderen Seite her herabgesetzt werden; ihnen wird nicht Schuld zugewiesen, aber sie werden einfach ignoriert. Wenn ihre Rolle, verglichen mit dem – wie wir annehmen können – wesentlichen Archetyp »zufällig« ist, dann wird nicht nur die endlose psychische und körperliche Arbeit der Mutter auf den Rang des lediglich Äußerlichen herabgewürdigt; hier kommt auch der alte aristotelische Dualismus zwischen Substanz und Akzidenz (das Zufällige) mit dem ihm innewohnenden Separatismus wieder ins Spiel. Aus dieser Sicht sind Beziehungen, genau wie Körper, nur akzidentiell, rein zufällig.

Für unsere Zwecke hier werden wir jedoch die Diskussion über das mütterliche Monster wieder mit der über die tatsächlichen Mütter zusammenbringen müssen. Schließlich bestehen die Archetypen aus der sich endlos kumulativ zusammensetzenden Wiederholung einer derart grundlegend menschlichen Erfahrung wie Mutterschaft und bemuttert werden. Weil jede tatsächliche Mutter die kollektive Erfahrung mit ihrem Kind ausagiert, ist diese deshalb noch lange nicht trivial oder zufällig! Mit einer derartigen Reduktion menschlicher Erfahrung auf den Archetyp erfährt die Bedeutung menschlicher Beziehungen eine schlimme Verkleinerung, sie steht in seltsamem Widerspruch zur »weltoffenen Objektivität« der gemeinsamen Psyche.

Wollen wir der Erfahrung von Frauen, wollen wir Tiamat und dem lebendigsten Ausdruck des kollektiven Unbewußten gerecht werden, brauchen wir eine umfassende Untersuchung der Rolle der Beziehungen. Dies beginnt in der frühen Kindheit mit der allerersten Beziehung – in unserer Kultur ist das eine Beziehung zur Mutter oder einer anderen Bezugsperson. Wir können weder die tragischen noch die erfreulichen Tatsachen dieser real existierenden Beziehung wegsymbolisieren, besonders nicht in einer Kultur, die die Mutterschaft zu einer heiligen Pflicht und zugleich zu einer niederen Unterwerfung unter den Vater macht. Wir müssen an diesem Punkt versuchen herauszufinden, welchen Einfluß die tatsächlichen frühen Beziehungen auf die Geschlechtsentwicklung und auf das Anfangsgefühl vom Selbst als etwas Getrenntem – oder wie immer – haben. Wir sahen, wie sowohl Freud als auch Jung die menschliche Entwicklung mit der Trennung vom Mütterlichen gleichsetzen. Eine Übereinstimmung, die vor dem Hintergrund ihrer radikalen Divergenzen um so aussagekräftiger ist. Wir wenden uns nun einem Gespräch mit einigen zeitgenössischen, hauptsächlich feministischen Perspektiven zu, die aus einer reformierten psychoanalytischen Grundeinstellung kommen. Da sie die männliche Vorherrschaft zugleich als gesellschaftliche Struktur der Unterdrückung und als psychologischen Komplex ansehen, können sie uns einige kritische Teilchen in dem Puzzle menschlicher Entwicklung liefern und zusammengenommen möglicherweise eine Antwort auf unsere Grundfrage ermöglichen: Wie arbeiten Trennung und Sexismus in der Entstehung und Formung unseres Selbst zusammen? Wir werden jetzt konkreter auf die Frage eingehen, warum sich die männliche Dominanz so zäh unter den Grundwerten unserer Kultur eingenistet hat.

## Mammi, die Meerjungfrau

Dorothy Dinnerstein analysiert Ursachen und Wirkungen der Urambivalenz gegenüber dem Weiblichen. Stichwort für ihr außerordentlich vielschichtiges Werk *Das Arrangement der Geschlechter** ist Melanie Kleins klassischer Essay »Vom Neid«. Nach Dinnersteins scharfsichtiger Analyse[43] erscheint die Frau

---

* Hat im Englischen den wesentlich poetischeren Titel *The Mermaid and the Minotaur* (Die Meerjungfrau und der Minotaurus). Anm. d. Ü.

konstant als eine alles umschließende halbmenschliche Gestalt, die in uns allen für alle Zeiten die Wünsche, Bedürfnisse, Frustrationen und Demütigungen der Kindheit heraufbeschwört. Im Gegensatz dazu bietet der Vater Schutz vor dieser diffusen Macht, der niemand entgehen kann; er erscheint erst später auf der Bühne, unbelastet und in seiner Sachlichkeit idealisiert: Er hat nichts mit den lästigen Aufgaben der Kinderpflege zu tun und bietet dem Kind die rettenden Möglichkeiten von Objektivität und Autonomie. Infolgedessen wird der Mann von Männern und Frauen höher geschätzt, mit der Folge, daß Männer Frauen und Frauen sich selbst verachten. Unter diesen Umständen scheint die weibliche Komplizenschaft mit dem Patriarchat unvermeidlich! Gleichzeitig jedoch bietet die Mutter in dieser Kultur einen besonderen Nährboden für Individualität, »einen magischen Reichtum«. Da Frauen sich mit Müttern identifizieren, behalten sie den inneren Zugang zu dem »magischen Nicht-Selbst«, das die Mutter für das Kind einst darstellte.[44] Im Gegensatz dazu finden Männer diese Magie nur selten in sich und brauchen daher die Frauen zur Wiederbemutterung.

Die eigentliche und entscheidende Ursache dieser Situationen sieht Dinnerstein in den Gepflogenheiten der Kinderaufzucht, die die menschliche Rasse seit alters her bewahrt hat. Solange in den ersten Lebensjahren des Kindes Frauen die primären Pflegepersonen sind, werden sich die sexistischen Zustände stets aufs neue reproduzieren. Nur wenn Männer in gleicher Weise von Anfang an an der Kinderpflege partizipieren, kann sich die Situation ändern. Dinnersteins These ist nicht so simplifizierend, wie es auf den ersten Blick scheint. Denn sie glaubt, genau wie Klein, daß die ersten elterlichen Erscheinungsformen immer wohl die Autonomie der entstehenden Ich-Individualität zugleich bedrohen und unterstützen. (Dahinter steht Kleins Theorie der »bösen Brust«.) In der typischen Situation primärer weiblicher Betreuung ist die Mutter »diese globale, anfängliche, allumfassende Gegenwart, bevor sie Person ist, d.h. ein abgelöstes, umgrenztes menschliches Individuum mit eigener Subjektivität.«[45] Die Verachtung, die Männer gegenüber Frauen und Frauen gegenüber sich selbst haben, braut sich in der Kinderzimmeratmosphäre von Ununterschiedenheit und mütterlicher Allgegenwärtigkeit zusammen. »Die frühesten Wurzeln der Feindseligkeit gegenüber Frauen liegen in jener Phase, in der der Säugling noch keine klaren Vorstellungen darüber besitzt, wo sein Selbst endet und die Außenwelt beginnt; er weiß auch noch nicht, daß die Mutter ein getrenntes, fühlendes Wesen ist.«[46] Es ist unvermeidlich, daß die erste Elterngestalt zum verheißungsvollen und drohenden Hintergrund für das wahre Selbstsein wird. Für uns war die Mutter das, woraus, wie Dinnerstein sagt, das Selbst herausgeschnitzt werden muß.

In Dinnersteins Vorstellung von der globalen, mütterlichen, nur halb empfindungsfähigen Einfassung können wir uns wieder den jungen Marduk vorstellen, der seine Welt aus dem ungeheuerlichen Kadaver der Ersten Mutter herausschneidet. Der Titel *The Mermaid and the Minotaur* stammt aus dem Bereich des Halbmenschlichen, des Ungeheuer-lichen, der kindlichen Phantasie. Obgleich die Autorin diese Bilder kaum erläutert, beschwört die Seejungfrau zweifellos die verführerische Gefahr herauf, die die nicht ganz geheure Unterseite weiblichen Zerfließens für das odysseische Ich darstellt.

Prinzipiell können auch Väter, so glaubt Dinnerstein, diese Atmosphäre des Präsubjektiven ausströmen (wie der Minotaurus, so dürfen wir annehmen). Dafür sei lediglich die volle Beteiligung des Mannes an der Kinderpflege vom ersten Tage an erforderlich. Doch da Frauen in der Kindheit dominieren, kann »uneingeschränktes menschliches Personsein von der vergiftenden Atmosphäre kindlicher Phantasien losgelöst und als männlich qualifiziert werden.«[47] Die Ungerechtigkeit besteht darin, daß die Mutter die Hauptlast der späteren emotionalen Rebellion zu tragen hat (die Rebellion gegen den Vater scheint klarer gezielt und flüchtiger zu sein, weniger blutig und schmerzhaft – wie wir an den Bildern des *Enuma Elish* sahen). Sollen also in Zukunft beide Eltern etwa den gleichen Anteil an der Ambivalenz und Entfremdung, die ihnen von den heranwachsenden Kindern entgegengebracht wird, tragen, dann ist nach Dinnerstein die volle männliche Mitarbeit notwendig. Männer würden dann auch Zugang zu dem magischen Nährboden in sich selbst finden und sich zur Auffrischung des Gefühlslebens nicht mehr so sehr an Frauen hängen müssen. Die psychosoziale Situation wäre faktisch ganz anders, wenn für Männer wie für Frauen von Anfang an die Elternteile beiderlei Geschlechts als gleich aufbauend und gleich gefährlich empfunden würden.

Ich bin zwar nicht grundsätzlich gegen Dinnersteins Unterfangen, doch stören mich zwei grundlegende Voraussetzungen. Erstens geht sie davon aus, daß es möglich sei, Versorgung und Pflege eines Kindes von Anfang an gleichmäßig zu verteilen (ohne dabei auf Retortenbabies etc. zurückzugreifen). Gewiß ist ein gleiches Maß an affektiver und praktischer Zuwendung durch beide Elternteile, Mann und Frau, vorstellbar und wünschenswert. Doch ist denn schon bewiesen, daß Männer – selbst unter den fortschrittlichsten Bedingungen – überhaupt den gleichen Eindruck auf Kinder machen *können*? Durch die vorgeburtliche enge Beziehung und das Stillen könnte ein gewisses unvermeidliches Ungleichgewicht zugunsten des mütterlichen Einflusses entstehen. Wäre die tatsächliche Gleichheit der frühen Einflußnahme der einzige Schlüssel zur Befreiung, dann könnte es sein, daß sich die Tür nicht öffnen läßt.

Zweitens stellt Dinnerstein das Ideal der Ich-Trennung nicht in Frage. Hier steht sie ganz bewußt an der Seite von Freud und Beauvoir. Für sie bleibt das voll autonome und abgegrenzte Subjekt, für das die Trennungslinie zwischen Selbst und Welt eindeutig ist, die unbezweifelbare Bedingung und sogar das Ziel von Reife und Freiheit. Zwar liefert sie uns nicht dem Zustand eines eingetrockneten Bodensatzes aus. Nein, bei ihr wird vielmehr die magische Verheißung und Gefahr des ursprünglich Anderen internalisiert, und damit werden wunderbare Abenteuer der Selbstauffrischung freigesetzt und die projektive Abhängigkeit vom jeweils anderen Geschlecht wird überwunden. Doch ist ihre Sicht durch die psychoanalytischen und existentialistischen Ideale des getrennt empfindenden Individuums schwer beeinträchtigt. Diese Kritik hängt durchaus mit dem ersten Kritikpunkt zusammen. Denn wenn nicht gesehen wird, daß Bindungsfähigkeit einen Wert an sich hat, der mindestens dem Wert der Unabhängigkeit entspricht, dann wird das biologische Mehr an Versorgung und Pflege, das Frauen in den ersten Monaten des Lebens leisten, stets das feministische Anliegen unterminieren. Das heißt, die Mutterarbeit der Frauen würde – selbst unter strikt gleichen Konditionen – für Frauen im allgemeinen weiterhin eine radikale psychosoziale Erblast darstellen. Sie würde weiterhin zu einer hoffnungslosen Stimmlosigkeit der nicht erreichten Autonomie bei Töchtern und später zu einer Matriphobie und damit Misogynie bei Söhnen und Töchtern führen. Und zweifellos wären dann auch alleinerziehende und lesbische Mütter dazu verdammt, frauenfeindliche Kinder heranzuziehen.

Würde jedoch Individualität nicht länger im Gegensatz zu Beziehung gesehen, dann müßte sich das Mehr an mütterlicher Zuwendung in der ersten Lebenszeit nicht zum Nachteil von Frauen auswirken. Unsere historisch ungebrochene Bindung an Beziehungsarbeit könnte dann willkommene Weisheit anbieten (und nicht etwa einschränkende Forderungen). Diese Ressource, deren Wurzeln so weit zurückreichen, wird zwar ihren Reichtum nie ohne genau die Art von Veränderung, zu der Dinnerstein rät, sprudeln lassen; dazu gehören so handfeste wirtschaftliche und gesellschaftliche Veränderungen wie Arbeitsbedingungen, die es Männern sowie Frauen erlauben, sich die Kinderpflege zu teilen. Doch bis dahin werden unsere Erinnerungen an Mütter, die keinen weiteren Horizont und keinen größeren Lebenszweck als Mutterschaft hatten, Erinnerungen, denen die frühe Mit-Anwesenheit eines zärtlichen männlichen Elternteils fehlt, weiterhin alles Weibliche mit einer Aura des Nicht-ganz-Subjekt-Seins, des Ungeheuer-lichen umgeben.

Vielleicht ist angesichts aller Ambivalenz diese Frauenweisheit bereits an den Wurzeln einfühlender Beziehungen zu suchen. Ja, diese Weisheit könnte aus einem Ort in der Psyche stammen, wohin die »globale, anfängliche, allumfassende Gegenwart« all dessen, das *nicht* mein Ich ist, gehört. Dinnerstein legt die emotionalen Hindernisse offen, die jeder tiefen, neu aufgenommenen Beziehung zur Mutter – und damit zu allen Frauen – im Wege stehen. Da sie jedoch der weniger streng abgegrenzten Interaktion, an die diese Beziehung erinnert, keinen Wert beimißt, kann sie den Frauen natürlich nur die Entwicklung eines abgegrenzten Ich empfehlen. Sie will uns immer noch lehren, der traditionellen männlichen Autonomie nachzueifern.

Carol Gilligan und besonders Nancy Chodorow bieten ähnliche Darstellungen der Geschlechtsrollenentwicklung ab der frühen Kindheit, doch sie sehen in der besonderen Situation der *Töchter* ein positives Potential. Der soziologischen Studie Gilligans, der wir uns nur kurz zuwenden, folgt Chodorows wesentlich gewichtigere psychoanalytische Studie der psychosozialen Geschlechterrollenstrukturen. Mit diesen beiden Arbeiten, die sich zur gemeinsamen Betrachtung anbieten, bekommt die feministische Theorie einen total neuen Einblick in die weibliche Vorliebe für Beziehung.

## Abgrenzung versus Zuwendung

Carol Gilligans Buch *Die andere Stimme* schlug mit Donnerhall in der Frauenstudienszene ein: Empirisch abgesichert setzt es auf klar feministischer Grundlage die Diskussion über die heikle Frage des Geschlechtsunterschieds wieder in Gang.[48] Da ihre Arbeit bereits weitverbreitete Aufmerksamkeit gefunden hat, können wir uns hier darauf beschränken, die Bedeutung ihrer Hauptthese für unsere generelle Fragestellung bezüglich Sexismus und Trennung herauszuarbeiten. Gilligan vertritt die These, daß die Theoretiker der Psychologie im allgemeinen stets den Prozeß der Trennung mit dem des Reifwerdens gleichsetzen. Für diese bedeutet Entwicklung als solche zugleich Trennung/Abgrenzung, und Bindungen/Zuwendungen erscheinen als Hindernisse auf diesem Weg.[49] Gilligan weist nach, wie diese Gleichung der normalen männlichen Erfahrung entnommen ist: »Implizit das Leben des Mannes zur Norm erhebend, haben sie versucht, Frauen aus männlichem Stoff zu schneidern. Es geht natürlich alles auf Adam und Eva zurück – eine Geschichte, die unter anderem zeigt, daß man zwangsläufig in Schwierigkeiten gerät, wenn man versucht, eine Frau aus Teilen eines Mannes herzustellen.«[50] Sie wendet sich in erster Linie gegen Kohlbergs Theorie von der moralischen Entwicklung, zeigt aber zugleich auf, daß es auch anderswo die gleichen »Unannehmlichkeiten« gibt, beispielsweise in den Theorien von Freud und Erikson. Parallel zu Kohlbergs Arbeitsweise stützt sie ihre Forschung auf Langzeitstudien, mit denen sie die Argumentation des vorliegenden Projekts bestätigt.

Gilligan zeigt, wie das so hochgelobte, autonome, getrennte Selbst, das als ein von Beziehungen losgelöster und weit über diesen stehender Wert aufgefaßt wird, nur der männlichen Erfahrung entspricht. Demgegenüber erscheint die weibliche Erfahrung, bei der Fragen der Differenzierung unlösbar mit Fragen der Beziehung verbunden sind, abweichend und damit implizit geringwertiger. Wie wir bei Aristoteles sahen, ist der Mann die Norm für die Gattung, und Frauen weichen davon ab, womit sie auf der Stufe der Monster stehen. In Freuds Theorie der weiblichen Kastration und des Penisneids, auf die wir noch zurückkommen werden, wiederholt sich exakt die gleiche Struktur: Frauen werden durch einen sie verunstaltenden Mangel definiert. Gilligan hat alle Beweise dafür gesammelt, daß Frauen herkömmlicherweise (das heißt in der patriarchalen Kultur und Psychologie) genau deshalb als minderwertig bezeichnet wurden, weil sie Beziehung als entscheidenden Kontext ihrer Identität zu werten pflegen. Wie wir bereits vermuteten, wird die angebliche Ungeheuer-lichkeit von Frauen, ihre Abweichung von der Norm, von ihrer Beziehungsfähigkeit hergeleitet.

Gilligan formuliert ihre Hypothese zum Geschlechtsunterschied so: »Da Männlichkeit durch Ablösung definiert wird, Weiblichkeit hingegen durch Bindung, wird die männliche Geschlechtsidentität durch Intimität bedroht, die weibliche Geschlechtsidentität hingegen durch Trennung. Männer haben deshalb Schwierigkeiten mit Beziehungen, während Frauen Probleme mit ihrer Individuation haben«.[51] Als Beschreibung der gängigen Dyade trifft ihre Darstellung genau den Punkt. Nur weiß man bei ihr nicht genau, wer eigentlich Männlichkeit und Weiblichkeit in dieser Form »definiert« hat: Androzentrische Theoretiker, ihre eigene Theorie, Kultur oder Natur? Gilligans ausgewogener Ansatz, der sie das Problem in Begriffe eines diametralen Gegenübers von Stärken und Verletzlichkeiten kleiden läßt, könnte sogar auf eine irreführende Geschlechtersymmetrie hindeuten. Doch tatsächlich stützt sich ihre These auf die tiefgehende Asymmetrie in den Anschauungen männlicher Psychologen, in denen sich das Denken einer von Männern dominierten Kultur spiegelt.

Gilligan behauptet nicht, daß Frauen sich mit einer nur auf Beziehung ausgerichteten Persönlichkeit zufriedengeben sollten – oder daß sie das bereits tun –, einer Persönlichkeit, die sich auf Kosten ihrer eigenen Entwicklung in selbstaufopfernder Fürsorge für andere erschöpft. Sie zeigt vielmehr, daß Frauen im Verlauf ihres Reifeprozesses eine Verantwortlichkeit gegenüber sich selbst übernehmen, die ihrer Verantwortlichkeit gegenüber anderen entspricht, und somit dann allmählich die Abhängigkeit, die sich in der Furcht vor Trennung ausdrückt, verringern. Doch mögen Frauen auch aufhören, von ganz bestimmten Beziehungen abhängig zu sein, so scheint doch – nach Gilligans Untersuchung – ihre grundsätzliche Verpflichtung gegenüber Beziehung als solcher nur selten von den Verpflichtungen gegenüber sich selbst und ihrer Arbeit ausgehebelt zu werden. Vielmehr entwickeln Frauen allmählich eine liebevolle Beziehung gerade zu sich selbst und ihrer Arbeit. Männer durchlaufen Gilligans Meinung nach einen entgegengesetzten, doch komplementären Prozeß. Anfänglich zeigen sie die Tendenz, Intimität mit Gewalt zu assoziieren. Doch können sie zu der Erkenntnis gelangen, daß zur ganzen Persönlichkeit auch echte Intimität und Zuwendung gehören kann, ohne daß damit der Verlust des Selbst (und der Karriere) droht. Die Grundlage für Gilligans Optimismus bezüglich der männlichen Entwicklung ist wenig überzeugend. Das liegt teilweise daran, daß sie nicht analysiert, mit Hilfe welcher Prozesse Männer denn nun ihre Gefühle von grundlegendem Getrenntsein überwinden könnten. In ihrem Bericht bleiben die Gründe, warum Männer sich einer solchen Selbstveränderung unterziehen sollten, wesentlich stärker im Dunkeln, als die parallel verlaufenden, doch gegensätzlichen Motive von Frauen.

Bei aller bewundernswerten Ironie derartiger Ergänzungsvorstellungen – die historische Spannung wird dadurch doch stark entschärft. Das Problem dieses Wunsches nach Ausgewogenheit wird besonders in Gilligans zu stark vereinfachender Schlußfolgerung deutlich. Sie schlägt dort eine dialektische Synthese vor, die sich auf »die Integrität zweier unterschiedlicher Erlebensweisen . . ., die schließlich miteinander verbunden sind« stützt.[52] Nicht daß diese Hoffnung unbegründet sei – Beziehung hat Durchhaltekraft! Doch wie können wir getrennte, aber gleiche Integritäten dazu bringen, sich auf eine Synthese zuzubewegen, in der Mann und Frau in den Genuß der guten Seiten beider Welten kommen, wenn eben genau die Bedingungen dieses Gegensatzes von Anfang an durch das Patriarchat gesetzt wurden? Und könnte eine derartige Synthese nicht die Möglichkeiten des besonderen Beitrags der Frau verwässern und zu einem Kompromiß führen, der niemandem nützt? Auch wird der Folgerung, daß Männer mit der Veränderung *anfangen* müssen, auf diese Weise wohl kaum Nachdruck verliehen.

Natürlich geht Gilligans Arbeit (wie jede Studie über Geschlechtsunterschiede) das Risiko ein, ungewollt die alte Tradition der sexuellen Komplementarität zu stützen. Da ihr Buch allgemein zugänglich ist, könnte das die Gefahr erhöhen, daß ihre Definition: hie autonome Männer, da zugewandte Frauen, mißverstanden wird, so als wolle sie hier zwei von ihrem Wesen her unterschiedliche Menschentypen darstellen. Dann kann ihre Theorie – wenn auch ungerechtfertigterweise – dem stereotypen Gegensatz weiblichen und männlichen Wesens, wie wir ihn in der Jungschen Schule ablehnen, gleichgeschaltet werden. Dieses bekannte Risiko an sich ist noch kein Grund, die Frage des Unterschieds zu umgehen. Doch die Alternative, nämlich alle Unterschiede auf die Biologie und/oder die Sozialisation zurückzuführen, verhindert von vornherein die wichtige Frage: Wo liegen unsere Ressourcen für ein postpatriarchales Selbst und eine postpatriarchale Welt? Gilligan hat den Mut, die Frage nach dem Unterschied so unverblümt zu stellen und weist uns damit meiner Meinung nach einen Weg in die richtige Richtung.

Das Risiko, Gilligans Analyse zu mißdeuten, wird dann gemildert, wenn ihr Werk konsequent vor seinem Hintergrund gesehen wird, nämlich der post-Freudschen entwicklungspsychologischen Analyse von Nancy Chodorow, der wir uns nun zuwenden werden.

## *Die präödipale Überraschung*

Nancy Chodorows Buch *Das Erbe der Mütter: Psychoanalyse und Soziologie der Geschlechter* kann als Angelpunkt jeglicher feministischer Analyse der weiblichen beziehungsgerichteten und der männlichen auf Abgrenzung ausgerichteten Strukturen des Selbst dienen.[53] In ihrer Neubearbeitung der Psychoanalyse wendet sie sich noch einmal der präödipalen Phase zu, über die die Freudsche Theorie so hurtig hinweggeht. Diese frühe Zeit der engen Beziehung zur Mutter hat auf männliche und weibliche Kinder völlig unterschiedliche Auswirkungen, und aus dieser Tatsache heraus entwickelt Chodorow eine wichtige neue Theorie über die Ursachen des Sexismus und die psychosozialen Mechanismen, mit denen er sich bei Männern und Frauen immer wieder neu erzeugt. Chodorows Ausgangspunkt ist einfach genial: »Frauen muttern.«[54] Und sie fragt warum. Warum übernehmen Frauen über die Rolle des Kinderaustragens und -säugens hinaus normalerweise die Rolle der ersten Bezugsperson, während die Männer in der Familie distanziert bleiben und dennoch dominieren?

Ihr ist, wie Dinnerstein und Gilligan, klar, daß zur Beantwortung dieser Frage biologische und verhaltenspsychologische Erklärungen nicht ausreichen: Hier geht es um mehr als lediglich um Instinkt und Sozialisation. Sie stützt ihre Theorie auf Freuds spätes Eingeständnis, daß der Ödipuskomplex Buben und Mädchen nicht in gleicher Weise betrifft. Wie wir noch sehen werden, kam er zu der Erkenntnis, daß die präödipale Phase im Leben von Frauen eine so wesentlich längere und wichtigere Rolle spielt, daß damit die Lehre von einem universalen Ödipuskomplex eigentlich in Frage gestellt ist. Chodorow bezieht ebenfalls Anregungen aus der psychoanalytischen Richtung, die sich in den dreißiger/vierziger Jahren vor allem in England durchsetzte und mit den Namen Fairbairn, Guntrip, Balint und dem heute immer wichtiger werdenden Winnicott verbunden ist. Freud verfocht emphatisch den Unterschied zwischen Trieben und Biologie und richtete seine Aufmerksamkeit in erster Linie auf die Sexualität; die »Objektwahl« (interpersonelle Beziehungen) blieb bis zu seinem Essay »Zur Einführung des Narzißmus« im Hintergrund. Die englische Richtung jedoch wies der Psychoanalyse einen festen Platz im Bereich des Zwischenmenschlichen an. Jetzt wurde die Furcht vor Trennung und nicht mehr die Kastrationsangst als die Urform der Angst angesehen. Die störungsanfällige Dynamik der Eltern-(meistens Mutter-)Kind-Beziehung, die von Anfang an als eine gegenseitige gesehen wurde, trat nun in den Mittelpunkt der Überlegungen. Das Kind ist von Geburt an ein beziehungsfähiges

Individuum und daher nicht nur lediglich durch Bedürfnisse und Triebe motiviert.

In Chodorows Überlegungen, warum diese interpersonelle Dynamik dann zu patriarchalen Geschlechterrollen führt, wird die Kleinfamilie als der Übeltäter ausgemacht. Die moderne Familie, die seit dem 18. Jahrhundert in einer von Kapitalismus und Technologie diktierten Selbstverkapselung gefangen ist, ist die gesellschaftliche Institution, die den ideologischen Überbau der Gesellschaft in die intimsten Infrastrukturen der Persönlichkeit hinein vermittelt. Innerhalb des patriarchalen Familienverbandes (der, obgleich in der Realität zunehmend seltener anzutreffen, gesellschaftlich doch immer noch normativ ist) hat die Psychodynamik sichergestellt, daß Frauen im allgemeinen »muttern«, Männer die Dominierenden sind und daß die Menschen, die ein heterosexuelles Paar bilden, voneinander – asymmetrisch – abhängig sind um einer Intimität willen, die zur Enttäuschung verurteilt ist. Warum? »Da Frauen selbst von Frauen gemuttert werden, werden sie mit auf Beziehungen ausgerichteten Fähigkeiten und Bedürfnissen und mit einer psychologischen Definition des in-Beziehungen-existierenden Selbst groß, und das verpflichtet sie dem Muttern. Bei Männern, da sie von Frauen gemuttert werden, ist das anders.«[55] Das Argument klingt wie ein Zirkelschluß: Frauen muttern, weil ihre Mütter Frauen waren. Doch Chodorow zeigt, wie dieser Teufelskreis im Familiensystem als solchem begründet ist, so daß er sich unabhängig von den Absichten individueller Eltern durchsetzt. Bereits durch die Struktur einer Familie, in der Frauen in erster Linie Versorgungs- und Betreuungsarbeit leisten, werden die Töchter zu einer Identifikation mit ihren Müttern, auf die sie auch noch eng bezogen sind, vorprogrammiert; folglich erleben sie Selbstidentität als ihrem Wesen nach beziehungsgerichtet und entwickeln dann, wenn es um Selbstdifferenzierung geht, emotionale Widerstände. Im Gegensatz dazu erleben sich Söhne als nicht-weiblich, als Gegensatz zur Mutter, mit der sie sich zuerst identifiziert hatten, und daher als abgetrennt. Ihre affektiven und beziehungsgerichteten Fähigkeiten werden im Keim erstickt. Die Mutter selbst empfindet den Knaben als anderes Geschlecht, das Mädchen als gleichgeschlechtlich, und vermittelt dieses Gefühl durch ihr Verhalten.

Da es keine nahen männlichen Betreuer gibt, internalisiert der Knabe, der von dem ihm nächststehenden Elternteil als gegensätzlich behandelt wird, dieses negative Anderssein als Grunderlebnis seines Selbst: Er ist Nicht-Mutter. Der Vater ist im allgemeinen zu abwesend, um eine alternative Intimität herzustellen. Hier erleben wir wieder den gegensätzlichen, trennenden Impuls, jedoch in neuem Licht: Das männliche Kind hat in dieser Angelegenheit nicht mehr, in Wahrheit viel weniger Alternativen als die Mutter. Beide sind in der Psychodynamik einer institutionell vorgeprägten Situation gefangen. Widerspricht nun die Vorstellung vom Mann als dem Anderen der Analyse Beauvoirs, die den Mann als das Subjekt sieht, das die Frau zum Anderen macht? *Au contraire.* Wir könnten uns vorstellen, daß der Mann, der in die Falle dieser ungewollten Gegensätzlichkeit gerät, später die Frauen zum Anderen macht, weil er seit jeher sich selbst als ihr Anderes erlebte: Vielleicht ist er in seinem eigenen Teufelskreis gefangen, in einer Entfremdung, die dann den Charakter von Abwehr und Rache gegenüber allen Frauen annimmt. Demgegenüber setzt das weibliche Kind, das sich von Anfang an als mit seiner Mutter *gleich* erlebte, vielleicht deshalb seiner späteren Objektifizierung als sexuelles Anderes des Mannes so wenig Widerstand entgegen, weil ihr relativ ununterdrücktes Gefühlsleben die Tatsache ihres untergeordneten Status versüßt. Doch genau mit dieser affektiven Ausdrucksfähigkeit wird sie, angesichts der Überidentifikation mit der Mutter, an der Entfaltung eines klar definierten Selbst gehindert.

Lassen wir derartige Spekulationen erst einmal beiseite und wenden wir uns noch einmal diesen unterschiedlichen Persönlichkeitsstrukturen zu. Wodurch werden sie hervorgerufen? Freud hat, wie wir bereits sahen, erst spät zugegeben, daß Mädchen offenbar viel länger als Knaben in jener intimen Identifikation mit ihrer Mutter verbleiben, die kennzeichnend für die präödipale Phase ist (die Phase, die mit ozeanischen Gefühlen eingeleitet wurde). »Die präödipale Phase des Weibes rückt hiemit zu einer Bedeutung auf, die wir ihr bisher nicht zugeschrieben haben«, räumt er betreten ein. »Mädchen bleiben darin für unbestimmte Zeit verhaftet; sie befreien sich erst spät und dann nur unvollständig daraus.«[56] Freud bezeichnet diese Phase selber bei Mädchen als phallisch, denn nach seiner Auffassung von Heterosexualität kann die intime Zuwendung zur Mutter als erstem Liebesobjekt ihrer Natur nach nur männlich sein. Daher kommt es auch, daß er die Klitoris als kleinen »kastrierten« Penis bezeichnet. (In der freudianischen Theorie wird die phallische Phase – als der Schlußpunkt der präödipalen Phase – zu den prägenitalen oralen und analen Phasen hinzugefügt, allerdings ohne strikte Reihenfolge.) Hier treffen wir auf Freuds Theorie von der weiblichen Kastration, der Punkt, an dem Mädchen ihre »männliche Zuwendung« zu ihren Müttern aufgeben. »Das Weib anerkennt die Tatsache seiner Kastration und damit auch die Überlegenheit des Mannes und seine eigene Minderwertigkeit, aber es sträubt sich auch gegen diesen unliebsamen Sachverhalt.«[57]

Man ist kaum bereit, derartige klassische misogynistische Sätze lediglich als Illustration von Folgen der Kultur zu verstehen. Bestimmt finden sie metaphorischen Widerhall im weiblichen Gefühl der Machtlosigkeit. Wer von uns hat nicht begabte Frauen bedauern hören, daß sie keine Männer seien – nicht wegen der körperlichen, sondern wegen der kulturellen Vorzüge, die der Besitz eines männlichen Gliedes mit sich bringt. Doch Freud hat nie daran gezweifelt, daß Kastration die richtige Bezeichnung für die weibliche Körperlosigkeit ist. Ganz gleich, ob Freud das demütigende Bekenntnis weiblicher »Minderwertigkeit« nun befürwortet oder lediglich analysiert, er bringt in jedem Fall eine lange Tradition phallischen Triumphalismus in die Debatte des 20. Jahrhunderts ein. Wir sahen die Wurzeln bei Aristoteles; Thomas von Aquin, der den aristotelischen Substantialismus weiterentwickelt, ist mit seiner Formulierung, »das Weib (ist) etwas Mangelhaftes und eine Zufallserscheinung«[58] ein Vorläufer Freuds. Freud bereitet den klassischen Standpunkt für eine nicht-metaphysische Moderne auf. Nach seiner Version – die, anders als die seiner klassischen Vorgänger, von feministischen Alternativen weiß – ist die einzig akzeptable Lösung die heterosexuelle Ehe und die Mutterschaft. Die Frau erreicht diese Ziele durch die »umwegige Entwicklung«, daß sie »den Vater als Objekt nimmt« und ihre Mutter als minderwertig zurückweist, da diese selbst keinen Penis hat und ihn auch ihrer Tochter vorenthielt. Eine beachtliche Reihe von Frauen, Analytikerinnen wie Deutsch, Horney und Lampl-de

Groot, Feministinnen von Beauvoir über Betty Friedan und Kate Millet bis in jüngster Zeit zu der feministischen Psychoanalytikerin Luce Irigaray, haben diese Theorie eindrucksvoll widerlegt (als Fortsetzung der »Rebellion« der Tochter). Zwar sind ihre Ausgangspunkte sonst sehr unterschiedlich, doch scheinen sie sich einig in der Meinung, daß – grob zusammengefaßt gesagt – Penisneid und Kastrationsvorstellungen möglicherweise in den Phantasien und Träumen einiger Frauen vorkommen mögen, daß sie jedoch einen Sekundär-Symbolismus darstellen. Der Neid auf Männlichkeit zeigt einfach nur, in welchem Ausmaß Frauen schon in einem sehr frühen Alter die familiale und kulturelle Entmächtigung der Frauen, mit denen sie sich identifizieren, wahrnehmen und verabscheuen.

Für Chodorow besteht der Wert der Kastrationstheorie nicht darin, daß sie etwa die Wünsche junger Mädchen tatsächlich ausdrückt. Er liegt vielmehr in der Asymmetrie der zwischenmenschlichen Situation an jenem Krisenpunkt, den die Kastration symbolisiert. Für Frauen ist dies der Punkt des Übergangs, wo die Tochter von ihrer ursprünglichen Liebe zur Mutter zur Liebe zum Vater übergeht – vorausgesetzt, sie begibt sich auf den Weg »normaler« heterosexueller Entwicklung. Doch, wie Mitchell es zusammenfaßt, »wo der Kastrationskomplex den Ödipuskomplex des Knaben vernichtet, bringt er denjenigen des Mädchens hervor, das sich, wütend und verzweifelt, von der Mutter ab und dem Vater zuwendet.«[59] Die längere präödipale Phase bei Frauen, die zu einer späten und ergebnislosen Zuwendung zum Liebesobjekt Vater führt, spielt bei Chodorow eine sehr wichtige Rolle. Denn hier sollen nicht nur die Wurzeln des – wie Freud es ausdrückt – »Minderwertigkeitsgefühls«[60] des Mädchens, sondern auch die Grundlage für ihre empathischen Fähigkeiten liegen. Das späte Gegenstück zum Ödipuskomplex beim Mädchen soll, so heißt es, in ihr nicht nur ein Begehren nach dem Vater als Liebesobjekt wecken, sondern ihr auch die Flucht vor einer zu engen Symbiose mit der Mutter ermöglichen. Hier liegt der Haken: Zwar kann sie der Zorn auf die Impotenz der Mutter in ein Bündnis mit dem Vater treiben, den sie in seiner Distanz und seiner sozialen Macht idealisiert. Doch genau diese Idealisierung des herkömmlichen Vaterbildes – deren Folgen zunächst eine passive Feminität und später der Wunsch, von einer Vaterfigur ein Baby zu bekommen, sind – führt dann zu der »Reproduktion des Mutterns«. Hier nimmt das Mädchen eilfertig den Faden ihrer frühen Identifikation mit der Mutter wieder auf, doch nun als eine in erster Linie auf den Mann ausgerichtete Person.

Nach Freud und Chodorow ist für das männliche Kind genau wie für das weibliche die Mutter das erste Liebesobjekt; doch dann gehen die Dinge psychisch sehr unterschiedlich weiter. Der Sohn, der den Vater als Rivalen um ihre Zuwendung zugleich haßt und bewundert, entwickelt vatermörderische Wünsche. Doch wenn er erkennt, daß Frauen keinen Penis haben, wächst in ihm die Angst vor seiner eigenen Verwundbarkeit: Wenn sie ihn verloren hat, dann könnte es ihm genauso ergehen. »Beim Manne erübrigt vom Einfluß des Kastrationskomplexes auch ein Maß von Geringschätzung für das als kastriert erkannte Weib.«[61] Auch Dinnerstein stellt fest, daß beide Geschlechter aus dieser Phase mit einer Geringschätzung der Frauen hervorgehen. Doch während der Prozeß der Ablösung von (in Freuds Terminologie der Ablehnung) der Mutter bei der Frau allmählich und verdeckt verläuft, ist beim männlichen Kind der Übergang abrupt. Der Vater scheint den Knaben mit dem gefürchteten Akt der Kastration zu bedrohen. »Beim Knaben ... wird der Komplex nicht einfach verdrängt, er zerschellt förmlich unter dem Schock der Kastrationsdrohung.«[62] Zwar ist der Sohn von einer abwehrenden Furcht, einem Gefühl des tiefen Verlustes und einer großen Drohung angetrieben, dennoch gewinnt er damit das in höchstem Maße kompensatorische väterliche Erbe: Identifikation mit dem Vater und mit seiner würdevollen und dominanten Rolle. Damit ist sichergestellt, daß die Frauenfeindlichkeit von Generation zu Generation weitergegeben wird.

In seiner Analyse der ausgedehnteren präödipalen Phase bei Frauen ist Freud ein prophetischer Kommentar herausgerutscht: »Die Einsicht in die präödipale Vorzeit des Mädchens wirkt als Überraschung, ähnlich wie auf anderem Gebiet die Aufdeckung der minoisch-mykenischen Kultur hinter der griechischen.«[63] Wie spannend, daß er hier in seiner Verblüffung über die Asymmetrie zugibt, daß es überhaupt eine nicht-patriarchale »Kultur« gab! In unserem Ausflug in die Mythologie haben wir den Pulsschlag dieser prähellenischen Kraft da gespürt, wo ihre Bilder durch die Schichten patriarchaler Erzählung und Theorie hindurchscheinen. Und weist nicht das »Zerschellen des Komplexes«, das heißt des Verbundenseins mit der Mutter, beim Knaben genau auf jene muttermörderische Gewalt hin, die uns beim Töten der Ungeheuer begegnet ist? Doch wie weit sind die Bilder des mit freiem Willen begabten Helden von dem verwirrten kleinen Jungen entfernt!

## Differenzierung und Komplexität

Wie nutzt Chodorow nun die präödipale Hypothese als Grundlage für eine feministische Untersuchung? Wir sahen mit ihr, daß der kleine Junge keine andere Wahl hat, als sich negativ zu definieren, nämlich als *keine* Frau. Zu dieser Tendenz zur Opposition, die dadurch verstärkt wird, daß der Vater abwesend und die Mutter seine häusliche Spielgesellin ist, kommt der jähe Bruch mit seinem ersten Liebesobjekt, der Mutter. Er bleibt mit dem Gefühl zurück, etwas Abgetrenntes zu sein. »Sie wurden mit größerer Wahrscheinlichkeit von der Mutter aus der präödipalen Beziehung herausgedrängt und waren gezwungen, ihre primäre Liebe und das Gefühl empathischer Verbindung mit der Mutter stärker zu beschneiden. Ein Knabe wurde ... mehr mit einer eher einfühlsamen Loslösung und Individuation und einer stärker abwehrenden Errichtung erkennbarer Ich-Grenzen beschäftigt.«[64] Mit anderen Worten: Die einfache Tatsache der allmächtigen Gegenwart der Mutter in den Frühphasen und der Ausschluß des Knaben aus seiner Intimität mit ihr genau zu dem Zeitpunkt, als er die Einmischung des distanzierten Vaters erlebt, soll bewirken, daß immer wieder die trennende Männlichkeit entsteht. Der Knabe wird wohl oder übel – selbst von der Mutter – dazu ermutigt, an dem heldischen Mythos des Muttermords teilzuhaben.

Und wie ist es mit den kleinen Mädchen? Chodorow übernimmt Freuds Entdeckung einer längeren präödipalen Phase, doch im Gegensatz zu Freud diagnostiziert sie keine bedauerliche Identitätsverwirrung, die zu einem größeren Narzißmus und einem geringeren Gefühl für Objektivität und Gerechtigkeit führen wird, sondern sie erspäht eine deutlich zweischneidige Situation. Da

»Mütter (dazu) neigen..., ihre Töchter als sich selbst ähnlicher und als kontinuierlicher zu erleben«, sind Mädchen mehr mit Fragen der Trennung und Differenzierung beschäftigt, eben gerade weil sie zu tief in der Klemme der Beziehung stecken. Doch hat diese Situation auch ihre potentiell guten Seiten: »Mädchen schließen diese Periode mit einer in ihre primäre Definition des Selbst eingebaute Grundlage für ›Empathie‹ ab, die bei Knaben nicht in der gleichen Weise entsteht. Mädchen haben eine stärkere Grundlage dafür, die Bedürfnisse oder Gefühle anderer als ihre eigenen zu erleben.«[65] Durch die ursprüngliche Empathie mit der Muttergestalt kann der Tochter die Gabe eines aktiven empathischen Gefühls zuteil werden. Gleichzeitig ist sie jedoch darauf präpariert, die Wünsche anderer mit ihren eigenen zu verwechseln – und dadurch dann wirklich dem Selbstverlust und dem Status des »zweiten Geschlechts« anheimzufallen. Das angebliche Bedürfnis, gebraucht zu werden und damit die Bereitwilligkeit, Begabung, Zeit, Energie und schließlich das Selbst für andere, besonders für die Familie, aufzuopfern – jenes Bedürfnis, das Lebensgrundlage für die patriarchale Kleinfamilie ist –, wird in diesem Prozeß der Geschlechtsrollenbildung geschaffen. Identifiziert sie sich mit ihrer Mutter, dann ist sie positiv definiert; doch sie wird nicht ermutigt, anders als ihre Mutter zu sein – Anderssein ist das Privileg der Knaben. Hier haben wir eine der Wurzeln der selbstverleugnenden Stabilität der Penelopeischen Ehefrau, eine Wurzel auch des Verdikts der Hingabe unter dem Diktat männlicher Definitionen. Doch obgleich die Frau für den Mann zum Anderen wird, ist sie doch nicht von Anfang als etwas Gegensätzliches definiert:

»Mädchen definieren sich selbst auch nicht im gleichen Maß wie Knaben durch die Verleugnung der präödipalen Beziehungsformen. Deshalb empfinden sie Regression auf diese Formen weniger als grundlegende Bedrohung des Ich. Mädchen erleben sich also ganz von Anfang an als weniger differenziert als Knaben, als kontinuierlicher und verbundener mit der äußeren Objektwelt.«[66]

Während sich die Knaben im Gegensatz zum ersten Anderen, der Mutter, definieren müssen, befinden sich Mädchen in einem psychischen Kontinuum von Zuwendung und Identifikation. Doch wenn die Betreuungsarbeit der Mutter nur selten von anderen – einschließlich männlichen – Bezugspersonen geteilt wird, dann kann die enge Mutter-Tochter-Beziehung zu einer Erstickung des Selbstgefühls der Tochter führen. Die Mutter, die eine vergleichbare Bindung zu ihrer eigenen Mutter hatte, hatte wenig Chancen, ihr eigenes Potential in der Welt außerhalb der Familie zu aktualisieren, und sucht deshalb möglicherweise in der Identifikation mit ihrer Tochter ihr eigenes Leben. Sie erwartet vielleicht ganz unschuldig von ihrer Tochter (stärker als von dem Sohn, dessen Anderssein ihm Respekt verschafft) eine ununterbrochene Nähe gleicher Interessen und Ziele, eine ständige Verfügbarkeit für emotionale Empathie und Freundschaft und eine bestimmte, für Schuldgefühle anfällige Verfassung, die nur zu leicht mit der Gesellschaft generell zusammenwirken kann, um der Tochter alle kreativen Energien zu entziehen.

Chodorow legt die Betonung nicht so sehr auf die Auswirkung gesellschaftlicher und ideologischer Strukturen jenseits der Familie, die jenen Sexismus, zu dem die Familienstrukturen bereits neigen, fördern, für ihre Zwecke benutzen und institutionalisieren. Dennoch ist sie hier wesentlich weniger auf die private Sphäre bezogen als Jung, dessen Verdunkelung jeglicher realer Beziehungen und gesellschaftlicher Muster, die er als »zufällig« bezeichnet, zum kulturellen Konservatismus neigt. Und anders als Freud, der sich mit einem »Unbehagen in der Kultur« zufriedengibt, nutzt Chodorow das revolutionäre Potential der psychoanalytischen Theorie für eine Gesellschaftskritik. Das heißt, sie durchschaut nicht nur Freuds spezielle Frauenfeindlichkeit, sondern unterminiert folgerichtig den patriarchalen Familienverband, indem sie entlarvt, wie beliebig diese Form ist. Sie hat, Chodorows Analyse zufolge, zwar mächtige Ursachen, ist jedoch keineswegs natürlich oder notwendig gegeben.

Umgekehrt gilt jedoch, daß, wenn die objektbezogenen Mächte real und durch die Soziologie des Familienverbands – unabhängig vom Zutun der jeweiligen individuellen Eltern – eingepflanzt sind, es sich der Feminismus kaum erlauben kann, diese zu übersehen.

Selbst als Feministinnen müssen wir manchmal jenseits eines deprimierenden Abgrunds von Wut gegen unsere Mütter arbeiten. Wenn uns auch bewußt ist, daß unsere Mütter selbst Opfer und daher nicht für die unterdrückerischen Mechanismen der Kleinfamilie verantwortlich zu machen sind, müssen wir dennoch genau auf den Beziehungszusammenhang der Unterdrückung schauen. Wenn wir nämlich die Familienkonstellation zu leichtfüßig überspringen, um unsere Aufmerksamkeit dem größeren Gesellschaftszusammenhang zuzuwenden, dann sind wir anfälliger für ein männeridentifiziertes, muttermörderisches Athene-Verhaltensmuster oder für Regression in die undifferenzierten Einflüsse jenes Bündnisses: Enthauptung oder Kapitulation (und häufig von beidem etwas). Die regressive Tendenz wird im allgemeinen in der sexuellen Intimität mit einem Mann ausgelebt, der dann bereitwillig das nicht Festgelegte im weiblichen Gegenüber definiert. Freud erkannte, daß, obgleich die Frau zwar einen Vater geheiratet zu haben scheint, es dennoch der ungelöste Konflikt mit der Mutter sein könnte, der ihre Beziehung zum heterosexuellen Partner bestimmt.[67]

Das Bild der Frau kann sich, anders ausgedrückt, innerhalb der Psyche der Frau in die patriarchale Mutter-Tochter-Dyade der Drachen-Mutter und der hilflosen Jungfrau aufspalten. Dann kommen töchterliche Ungeformtheit und ungeheuer-liche Mütterlichkeit aus der gleichen präödipalen Quelle, zwei Niederschläge aus einem einzigen Fließenden. Diese verhängnisvolle Operation, die das ozeanische Gefühl bei Töchtern (das heißt, bei allen Frauen) vornimmt, droht das Selbstsein zugunsten unangebrachter Verschmelzung abzutreiben. Diese Gefährdung muß kaum etwas mit den tatsächlichen Eigenschaften der Mutter zu tun haben, doch es weckt in Frauen eine Ambivalenz gegenüber der Mutter und durch unbewußte Übertragung gegenüber allen Frauen. Wie Dinnerstein zeigt, kehrt diese weibliche Misogynie unvermeidlicherweise – in einer Feedback-Schleife, die weibliche Komplizenschaft garantiert – in der Form weiblichen Selbsthasses wieder. Wir mögen zwar unsere nach mütterlichem Muster verlaufende Auflösung in den Bedürfnissen und Angelegenheiten anderer fürchten und verzweifelt dagegen ankämpfen, doch stehen wir dabei nicht nur dem Bild unserer Mutter, sondern auch uns selbst feindlich gegenüber. In dem Bestreben, aus dem endlosen Zirkel von Beziehungsforderungen, die uns unsere für Kreativität, Arbeit, Entscheidungen und Bestätigung notwendige Libido stehlen, auszubrechen, laufen wir Gefahr, die maskulinen ödipalen Gesten zu wiederholen. In dem Vakuum alternativer Modelle für Reifwerden übt die Klarheit männlicher Trennung zweifellos ihre Anziehungskraft aus. Denn eine Frau tritt – wie Chodorow meint – im allgemeinen erst später, allmählicher, bewußter in den damit auch schmerzhafteren Kampf ein, zum Individuum statt zum geklonten Abbild ihrer Mutter zu werden. In eben diesem Kampf kann die notwendige und befreiende Differenzierung mit der radikalen Trennung des psychischen Muttermords verwechselt werden. Für eine Frau ist jedoch Muttermord stets ein Stück Selbstmord. Doch gilt das gleiche für eine narzißtische, das Selbst auflösende Empathie.

Auf welcher psychologischen Grundlage also ist es uns möglich, weibliche Beziehungsfähigkeit zu begrüßen oder gar positiv zu bewerten? In Chodorows Optik führen die weniger strengen Ich-Grenzen von Frauen zu einer weniger individuierten Persönlichkeitsstruktur. Durchlässigere Grenzen verleiten das Selbst natürlicherweise zu Diffusität, Passivität, murrender Abhängigkeit selbst von Abhängigen und führen dazu, daß für zielgerichtete kulturelle Arbeit wesentlich weniger Energie verfügbar ist. Fest steht jedoch, daß diese Durchlässigkeit lediglich innerhalb der patriarchalen Institution als status quo für Frauen gilt. Müssen denn durchlässige Ich-Grenzen automatisch die Möglichkeiten von Differenzierung verringern? Ist rigide Abgrenzung gleichbedeutend mit Individualität? Wenn wir behaupten, sie sei es nicht, dann stellt sich uns zunächst einmal die historische Frage: Wenn die psychische Grundlage der Beziehungsfähigkeit von Frauen durch die patriarchale Situation aufrechterhalten wird, wie können wir dann einen solchen Geschlechtsunterschied von der Institution, die ihn geschaffen hat, abstrahieren? Gibt es überhaupt einen Grund, dieser Form von Feminität wieder zum Ansehen zu verhelfen, ja, sie vielleicht sogar zu romantisieren?

Ich glaube dennoch, daß es gerade angesichts dieser Geschichte eine Möglichkeit gibt zu behaupten, daß eine solche empathische Struktur des Selbst zum Starksein führen kann statt zum Unterliegen. Sehen wir uns noch einmal die Persönlichkeits-unterschiede an, die laut Chodorow aus den Asymmetrien der ödipalen Phase erwachsen. Sie gibt hier keine Werturteile ab, doch verläßt sie mit ihrer beschreibenden Darstellung der Ge-schlechtsunterschiede unter den Bedingungen der patriarchalen Familie in entscheidenden Punkten die androzentrische Voreinge-nommenheit des klassischen Freudschen Modells:

»Weil sie die präödipale Liebe zur Mutter weiterführen, definie-ren und erleben sich Mädchen im Verlauf ihres Heranwachsens als kontinuierlich mit anderen verbunden; ihre Selbsterfahrung ist durch flexiblere und durchlässigere Ich-Grenzen bestimmt. Knaben hingegen definieren sich mehr als separate und ver-schiedene Wesen und entwickeln ausgeprägtere Ich-Grenzen und stärkere Differenzierungen. Das grundlegende weibliche Selbstgefühl ist Weltverbundenheit, das grundlegende männ-liche Selbstgefühl ist Separatheit.«[68]

Damit sind die patriarchalen Dyaden beschrieben: Frauen wer-den auf diese Weise auf ihre Rolle als Mutter und Betreuungsper-son vorbereitet, und Männer auf die Rolle des Kriegers oder Ar-beiters in entfremdeten und beziehungsfreien Zusammenhängen. Chodorow beschreibt zutreffend die typisch weibliche Persönlich-keitsstruktur als zu wenig differenziert, das heißt, ihr fehlt sowohl ein angemessenes Gefühl dafür, daß sie ein einmaliges Selbst ist, als auch die Fähigkeit, die eigenen Gefühle, Bedürfnisse und Wünsche von denen der anderen zu unterscheiden. Zu diesem historischen Zeitpunkt stimmt dies im großen und ganzen empi-risch für die zahllosen Generationen, bei denen keine Chancen-gleichheit für Selbstverwirklichung bestand. Doch selbst voraus-gesetzt, daß sich heute die Möglichkeiten an Bildung, sinnvoller Arbeit und Zu-Wort-Kommen für Frauen erweitern, so bleibt doch die Frage: Was machen wir daraus? Werden die trennenden Werte von Herrschaft und Abgrenzung überwunden oder ledig-lich besser verteilt? Um eine postpatriarchale Kultur zu schaffen, genügt es nicht, die Aktionsfelder (für weiße Mittelklassefrauen in der Ersten Welt) zu erweitern.

Nichts spricht dafür, daß das weibliche Gefühl der Weltverbundenheit überwunden werden muß zugunsten jener rigiden Grenzen, auf denen bis heute jegliche weltliche Macht basiert. Zugegebenermaßen war in der Realität Beziehungsfähigkeit mit Undifferenziertheit und Selbstunterwerfung gekoppelt. *Doch bedeutet Differenzierung notgedrungen zugleich Abgegrenztheit? Ist Beziehung unausweichlich zugleich Verschmelzung?* Oder kann sich auf der Basis von Beziehung nicht doch ein reich differenziertes Selbst entwickeln, ohne dabei seine durchlässigen Ich-Grenzen zu verlieren?

Für mich liegt in der Art, wie Chodorow weibliche Beziehungsfähigkeit und individuelle Differenzierung einander gegenüberstellt, ein Problem. Dieses besteht in dem Zusammenhang von *Differenzierung* und *Komplexität*, die, so meine ich, sich ergänzende Konzepte sein sollten: je mehr Komplexität, desto mehr Differenzierung und vice versa. Laut Chodorow beginnt das Mädchen – im Gegensatz zu der einfacheren ödipalen Situation des Knaben und seiner direkteren affektiven Beziehungen – ihr »Erwachsenen-Dasein mit komplexen, vielschichtigen, affektiven Bindungen und einer reichen, lebendigen, inneren Objektwelt.«[69] Zwar ist die Komplexität der inneren und äußeren Beziehungen nicht gleichbedeutend mit Selbstdifferenzierung, doch stellt das eine zweifellos die Basis für das andere dar. Wie kann *Differenzierung* vor sich gehen, wenn nicht in dem komplizierten Prozeß innerpsychischer und zwischenmenschlicher Interaktion? Auf welche Weise sonst sollte sich ein Selbst vom anderen unterscheiden? Je einfacher, je weniger kompliziert ein Selbst ist, desto eher bleibt es wie jedes andere. Gleichheit und Einfachheit arbeiten zusammen. (Einfachheit hat auch die Bedeutung von klarer und gelassener Integration von Komplexität: Dies ist eine ganz andere Frage.) Ein einfacheres Selbst ist zwar numerisch ein Einzelselbst, ist jedoch nicht im einzelnen zu unterscheiden. Die Scherblätter der Abgrenzung können eine klarere Kontur aus einem weniger komplexen Selbst herausschneiden, und so ist Chodorows implizite Verbindung von Einfachheit und Männlichkeit angemessen. Doch wenn, wie sie sehr richtig feststellt, Frauen mit einer wesentlich größeren Komplexität der Gefühle und Beziehungen aus der patriarchalen Kindheit hervorgehen als Männer, dann könnten Frauen bereits wesentlich differenzierter sein als sie vermutet. Vielleicht könnten trotz allem Frauen selbstbewußt dort anfangen, wo sie bereits stehen. Beziehungsfähigkeit könnte die Keime zu einem *anderen* Konzept der Differenzierung in sich tragen, jenseits einer Kultur, in der der Vater als der Differenzierende und die Mutter als das, von dem man sich wegdifferenziert, erscheint.

Wie kommen Frauen zu der von Chodorow konstatierten »komplexen Vielschichtigkeit«, zu ihrer »reichen, lebendigen, inneren Objektwelt«? Wieder liegt der entscheidende Umstand in der Tatsache, daß Frauen muttern. Wie wir hörten, ist für Frauen wie für Männer die Mutter das erste Liebesobjekt, doch von daher entwickeln sich sehr unterschiedliche innerpsychische Konstellationen: Männer »zerschmettern« ihre Bindung zur Mutter, und wenn diese sich später in anderer Form als Grundlage für Heterosexualität wieder einstellt, dann ist ihre sexuelle Identität mit einer tiefen Verleugnung der präödipalen Realität verbunden.[70] Frauen verdrängen diese Bindung nur allmählich, und es gelingt ihnen, den Vater als mehr oder weniger gleichwertiges Liebesobjekt in die ödipale Situation einzubeziehen. Auf diese Weise bekommt die männliche Psyche eine dyadische Struktur (hier das Selbst, dort das weibliche Andere), während die der Frau triadisch wird (Selbst – Mutter – männliches Andere). Die ursprüngliche ausschließliche Beziehung zur Mutter läßt jede spätere Intimität von Mann zu Mann als bedrohlich erscheinen, da Männer ihren Vater zuerst als Konkurrenten erlebten. Im Gegensatz dazu sind Frauen in bemerkenswertem Ausmaß fähiger, emotionale Nähe sowohl zu Männern wie zu Frauen herzustellen, sei es als Lesben oder als Heterosexuelle.[71] (Das kreative Beispiel lesbischer Beziehungen in der Frauenbewegung trägt dazu bei, in allen Frauen dieses tiefsitzende Mutter-Tochter-Kontinuum freizusetzen.) Und vielleicht kann die männliche Homosexualität dazu beitragen, die gewöhnlich fest verschlossene Tür zur emotionalen Intimität mit Männern wieder aufzustoßen.

Emotional frustriert durch das begrenzte Maß an Beziehungen, das ihr die herkömmlichen äußeren Umstände und der auf Gefühlsverleugnung hin erzogene Partner gestatten, erzeugt die Frau in der patriarchalen Familie wieder die ursprüngliche dreiförmige Intimität, die ihr in erster Linie zur Verfügung steht: sie muttert. So »reproduziert« laut Chodorow das Muttern ständig sich selbst. Und da dieser Drang zum Muttern so häufig durch Verzweiflung oder einen Mangel motiviert ist, kann die natürliche empathische Bindung zwischen Mutter und Kind durch die Ambivalenz und die Bedürfnisse der Mutter überfrachtet werden. Aus ihrer emotionalen Unterernährung entsteht eine doppelte Abhängigkeit: Die Mutter nährt sich von ihrem Kind, das keine andere Wahl hat, als sich von ihr zu ernähren. In diesem Fall ist die mütterliche Empathie eine »Pseudoempathie«.

Es ist wichtig, zwischen wirklicher und falscher Empathie zu unterscheiden. Die letztere stützt sich, laut Chodorow, auf Projektionen der Mutter und nicht auf wirkliches Erkennen oder Verstehen der Bedürfnisse ihres Säuglings.[72] Im Fall von Pseudoempathie werden »die Töchter am Aufbau einer eigenen Identität gehindert.«[73] Wirkliche Empathie kann die Individuation der Tochter nur befördern – und sie wird auch häufig in Mutter-Tochter-Beziehungen gelebt. Doch wird es einer Frau – angesichts der psychischen gesellschaftlichen Kräfte, die ihr verweigern, was sie für ihr eigenes Selbstgefühl braucht, zweifellos schwer gemacht, wirkliche Empathie als eine nicht auf Selbstverleugnung und Frustration gestützte Beziehung zu leben. Natürlich bekommt so das Muttern oft die Funktion, diese Leere narzißtisch aufzufüllen.

Die triadische – oder multiple, denn wenn sie über eins und zwei hinausgehen, vervielfachen sich die Beziehungen – Struktur der weiblichen Psyche kann in der Tat dazu genutzt werden, den status quo immer wieder herzustellen. Doch wollen wir hier festhalten, daß die multiple Natur des weiblichen Selbstseins zwar dazu dienen kann und gedient hat, uns in unserem Beziehungsnetz gefangenzuhalten, daß jedoch nicht nachzuweisen ist, daß eine derartige Selbst-Struktur nur innerhalb einer patriarchalen Situation entsteht. Das männliche Gefühl der Abgegrenztheit wird wohl häufig durch die patriarchal-ödipale Situation besiegelt. Doch daß Frauen sich diesen Bedingungen nicht anschließen, daß sie die frühe Bindung und damit jedes Gefühl der engen Verbindung zur Welt nicht auflösen, ist vergleichbar kein Produkt des Patriarchats. Nicht das Verbundensein selbst, sondern die abgeleiteten Probleme (a) einer unzureichenden Abgrenzung von der Mutter, (b) des damit zusammenhängenden mangelnden weiblichen Selbstwertgefühls und (c) der daraus entstehenden affektiven und kulturellen Entbehrung, die den gleichen Kreislauf wieder einleitet, sind präzise auf den Zustand männlicher Vorherrschaft zurückzuführen.

Das durchgängige Erlebnis des Bezogenseins kann nicht auf patriarchale Strukturen zurückgeführt werden. Männliche sowie weibliche Kinder stellen zu Beginn ihres Lebens eine tiefe Beziehung zum ihnen zur Verfügung stehenden Elternteil/Elternpaar her. Bezogensein ist von Anfang an da. Nicht Beziehung, sondern Disempathie und Trennung sind die einer Erklärung bedürftigen Dinge. Es sind die speziellen Verformungen, Unterbrechungen und Verzerrungen des Beziehungskontinuums – gleich, ob es sich öffnet, um ein sich ständig erweiterndes Netzwerk von Beziehungen aufzunehmen oder ob es streng begrenzt bleibt –, die uns aus unserer ursprünglich vorhandenen Beziehungsfähigkeit herausnehmen. Hier üben uns die Gesellschaft und – wie Chodorow glänzend darstellt – häufig unabsichtlich als ihre Handlanger die Familie in alle jene Wechselspiele zwischen Selbst und Anderem, zwischen männlich und weiblich ein, die uns später nur allzu natürlich vorkommen.

## Der labyrinthische Weg

Ich möchte die These aufstellen, daß die weibliche Verbindung zur Mutter und zur Welt das ozeanische Gefühl eines empathischen Kontinuums bewahrt, das anfangs beide Geschlechter teilten. Dieses fließende Verbundensein als solches ist – in seiner Bewegung von der ursprünglichen Bindung an die Mutter zum Einbeziehen anderer Personen – nicht von vornherein als sexistisch zu bewerten, auch wenn die Beziehungen und Objekte, die es umfaßt, tatsächlich männlich definiert sind. In diesem empathischen Kontinuum könnte sehr wohl ein eigenes selbstverwandelndes Prinzip der Differenzierung leben. Die ozeanischen Strömungen der tiefen Assimilation, der Identifikation und Internalisierung, des Widerstands und der Intimität, könnten sich alle als natürliche Formen einer allmählichen Individuation erweisen. Im

Gegensatz zu dem Diktat des geschrumpften Restes *wird der Mensch mehr und differenzierter, je mehr Differentes sie/er in sich hineinnimmt.*

Dies führt uns zu einem Problem zurück, das für die feministische Analyse von entscheidender Bedeutung ist: Auf welcher Grundlage werden die Aussagen über geschlechtsspezifische Persönlichkeitstypen getroffen? Wenn Chodorow behauptet, »das grundlegende weibliche Selbstgefühl ist Weltverbundenheit, das grundlegende männliche Selbstgefühl ist Separatheit«, dann gerät sie in gefährliche Nähe zu einer Rechtfertigung jenes Systems, das sie doch gerade kritisiert. Denn wenn derartige Unterschiede als »natürlich« angesehen werden – was die Formulierung »grundlegend« zweifellos, wenn auch unbeabsichtigt impliziert –, dann haben die Männer trotz allem eine Ausrede für ihr Dominanzbedürfnis, und den Frauen bleibt nur der Rückgriff aufs Muttern. Doch ich möchte – auf der Grundlage der Beschäftigung mit Chodorow – behaupten, daß ein derartiger natürlicher Unterschied nicht existiert. Das Gefühl der Separatheit wird den kleinen Jungen eindeutig aufgezwungen: durch die Distanziertheit ihrer Väter, dadurch, daß ihre Mütter sie als Andere behandeln, und durch die in der Gesellschaft üblichen männlichen Verhaltensweisen. Hierzu gehört ein traumatischer Bruch und eine intensive Verdrängung der frühen Intimität mit der Mutter. Die Formung des Selbst als separates, abgegrenztes ist ein patriarchales Kunstprodukt. Frauen hingegen wird – wenn unsere Eingangsthese zutrifft – die Beziehungsfähigkeit nicht in gleichem Maße aufgezwungen, sie wird vielmehr einfach ihrem eigenen Kreislauf innerhalb des engen Beziehungsgefüges, das Frauen herkömmlicherweise offenstand, überlassen. Das Netz ist nicht von vornherein ein Fangnetz, eine Falle.

Wenn Abgrenzung eine Form von aufgezwungenem Selbstsein ist, dann können wir davon ausgehen, daß das männliche Kind ursprünglich ebenfalls ein beziehungsorientiertes Wesen ist, das sich zunächst mit der Welt genauso eng verbunden fühlt wie jedes kleine Mädchen. An einem bestimmten Punkt seiner Entwicklung wird der Knabe durch das Fehlen einer intimen väterlichen Anwesenheit in die Anfänge seiner frauenablehnenden Selbstdefinition geworfen (wo »ein Mann sein« bedeutet: »nicht wie ein Mädchen sein«). Dies ist der gleiche Punkt, an dem auch für das Mädchen die zu enge Identifikation mit der Mutter problematisch wird. Daher ist das Weibliche seinem Wesen nach ebensowenig durch Beziehung zu anderen – mit aller diese begleitenden Komplexität innerer Beziehungen – definiert, wie Männlichkeit von vornherein durch Abgegrenztheit definiert ist. Innerhalb der soziohistorischen Bedingungen, in denen wir uns vorfinden, ist Chodorows Unterscheidung jedoch nützlich. *Seine* Geschichte* hat den heldischen Krieger als denjenigen glorifiziert, der das komplexe Untier vielgestaltiger Beziehungen von Frauen besiegt. Wenige Männer leben dieses heldische Ideal konsequent, doch die meisten identifizieren sich in irgendeiner Form damit. Nur wenige stellen sich aus philosophischen, mystischen, dichterischen oder politischen Erwägungen dagegen. Doch auch diese mehr beziehungsorientierten Männer werden nicht erfolgreich gegen die treibende Kraft, die in ihrem jeweiligen Abgrenzungsverhalten steckt, angehen können, wenn sie sich nicht mit dem Sexismus auseinandersetzen, der im abwehrend abgegrenzten Ich am Werk ist.

Lust an der Macht über andere, den Feind, die Frau und die Welt ist in der patriarchalen männlichen (und abgeleitet in der weiblichen) Psyche tief verwurzelt. Dahinter verbirgt sich eine unbewußte Angst vor der Mutter mit ihrer ungeheuer-lichen Fähigkeit, das kindliche Ich zu überwältigen. Macht *über* andere soll dann das verlorengegangene Gefühl der Beziehung *zu* anderen ersetzen. Dominanz – ob gewaltsam oder subtil – soll irgendwie die fundamentale Kastration der Beziehung zu diesen anderen kompensieren. Ist die Ursache dafür, daß Kastration das Symbol für eine männliche Urangst ist, darin zu suchen, daß sich Männer *bereits* als abgeschnitten empfinden? (*Castrum* bezieht sich ursprünglich auf eine mit Mauern umgebene Festung, ein abgegrenzter Ort, zwecks Selbstverteidigung von der Welt abgeschnitten.)

---

* Unübersetzbares, unter Feministinnen übliches Wortspiel: *history* = Geschichte, geschrieben als *his-story* = seine Geschichte (Frauengeschichte wird im Gegensatz dazu als *herstory* = ihre Geschichte bezeichnet). Anm. d. Ü.

Ob das Zutrauen zu einem nicht per Zwang ausgeübten Einfluß wieder an die Stelle von Vorherrschaft treten kann und an die Stelle der männlichen Abwehr ein Gefühl der Tiefe und des Engagements? Wenn das Spiel der miteinander verknüpften Möglichkeiten allen, die daran teilnehmen, mehr Kraft gibt, könnten damit die patriarchalen »Maschen« des Über-andere-Macht-Gewinnens überflüssig werden? Wenn doch nur ein Gespür für die Freude und den Schmerz dieses Spiels vorhanden wäre! George Eliot verleiht der Gestalt des Ladislaw in ihrem Buch *Middlemarch* eben eine solche Sensitivität, wenn sie schreibt, »er war ein Mensch, der das Herz eines jeden gewann und alle vom Druck ihrer Gedanken befreien konnte, statt seine eigenen mit eiserner Starrköpfigkeit durchzuetzen.«[74] Lassen wir einmal beiseite, daß dieser Mann eine Romanfigur ist und daß die wahre Beziehungsfähigkeit in der Phantasie einer großen Schriftstellerin existiert – die Möglichkeit, die Eliot sich hier vorstellt, ist real.

Wo jedoch besteht angesichts der massiven Geschichte jener unpersönlichen persönlichkeitsbildenden Kräfte Hoffnung für eine solche Veränderung? Chodorow stellt die absurde soziologische Tatsache heraus, daß in diesem Jahrhundert, in dem endlich die Rechte der Frau Gesetzeskraft erreicht haben, die Schere zwischen der häuslichen und der außerhäuslichen Sphäre immer weiter auseinanderklafft und die Isolation der Kleinfamilie sich verstärkt hat. Dies könnte bedeuten, daß mit der modernen Verschlechterung der Situation, die Sexismus hervorruft, auf subtile Weise die Errungenschaften des Feminismus wieder zunichte gemacht werden. Auf der anderen Seite wird die Kleinfamilie durch die zunehmende Teilhabe von Frauen an Wirtschafts- und Berufswelt unterminiert. Wenn allerdings dann die Mutter in die Zwangslage gerät, einzige Betreuerin und zugleich unter Arbeiterklassebedingungen Geldverdienerin für die Familie zu sein, dann bleibt wirklich zu fragen, ob die alte mütterliche Omnipotenz überwunden ist.

Wie Dinnerstein stützt Chodorow ihren Optimismus auf die bereits stattfindenden Veränderungen im Familiengefüge, doch (anders als Dinnerstein) würdigt sie das Gefühl einer größeren Beziehungsorientiertheit in den dort herangebildeten Persönlichkeiten:

»Kinder können von Anfang an von Menschen beiderlei Geschlechts abhängig sein und ein individuelles Gefühl des Selbst in Beziehung zu beiden aufbauen. Auf diese Weise würde Männlichkeit nicht an die Verleugnung der Abhängigkeit und an die Abwertung der Frauen geknüpft werden. Die weibliche Persönlichkeit wäre weniger mit Problemen der Individuation beschäftigt, und Kinder würden keine Angst vor *mütterlicher* Allmacht und keine Erwartungen einzigartiger Fähigkeiten zur Selbstaufgabe an *Frauen* richten. Männer müßten dann weniger um ihre Männlichkeit und um die Kontrolle der sozialen und kulturellen Sphäre besorgt sein, durch die Frauen als sekundär und machtlos definiert und behandelt werden. Frauen könnten eher zu ihrer Autonomie finden, die ihnen durch die übertriebene Einbettung in Beziehungen oft verunmöglicht wird.«[75]

Im Gegensatz zu Dinnerstein scheint in Chodorows Sicht – da sie die beziehungorientierte Geschichte der Frauen zur Kenntnis nimmt – diese Gleichheit nicht von einer absoluten Gleichheit der Formen früher elterlicher Zuwendung abzuhängen: Es geht um eine volle Beteiligung der weiblichen und männlichen Elternpersonen am »Muttern«, wie es herkömmlich bezeichnet wird. Unter dieser Voraussetzung gäbe es, so versichert Chodorow, Grund zur Hoffnung, daß die Geschlechteridentität einfach zusammenbrechen würde. Sie stellt sich – keineswegs aus Zweckoptimismus – mehr Selbstdifferenzierung für Frauen und mehr affektive Beziehungsfähigkeit bei Männern vor. Das vom Geschlecht hergeleitete Selbstgefühl würde sich zwar in der Tat verändern, doch in Richtung auf mehr und vielfältigere Möglichkeiten und nicht auf noch wenigere (wie es die »Unisex«-Version der Androgynie beispielsweise impliziert).

Dinnerstein und Chodorow zeigen uns, wie die Psychoanalyse die Geschlechterpolitik der Familie, die in den verborgensten Ebenen unseres Selbst und unserer Ambivalenz gegenüber Müttern am Werke ist, aufdecken kann. Chodorow gab uns, was Dinnerstein genauso wenig bieten konnte wie Freud: die Einschätzung weiblicher Beziehungsfähigkeit als einen Unterschied mit Verpflichtungen und Stärken und nicht als Abweichung oder Mißgeschick. Chodorow sieht hier, genau wie Gilligan, sowohl ein Hindernis auf dem Wege zur Selbstentwicklung als auch eine legitime Alternative zur männlichen Norm. Doch aus Chodorows und Gilligans Arbeiten geht noch nicht hervor, wie wir einer weiblichen psychischen Struktur Anerkennung verschaffen können, die doch dazu gedient hat, die männliche Dominanz aufzuwerten. Chodorows Darstellung gesellschaftlicher Verhältnisse behält zwar ihre Überzeugungskraft, doch waren wir nicht damit einverstanden, daß sie Differenziertheit und Durchlässigkeit als gegensätzlich auffaßt. Ein solcher Gegensatz lebt zwar in der patriarchalen Dyade des trennenden und fließenden Selbst, doch prinzipiell genommen kann damit in der »weiblichen« Durchlässigkeit kein Keim für ein alternatives Modell der Selbstdifferenzierung entdeckt werden – ein wie immer geartetes Modell, das nicht implizit gegen die Mütter gerichtet und daher nicht archetypisch muttermörderisch ist. Mein Argument in diesem Zusammenhang war, daß ein solcher Keim tatsächlich in der präödipalen Phase da ist – bei Frauen nicht so tief begraben wie bei Männern –, und dies nicht, weil die patriarchalen Kulturen ihn dort eingepflanzt hätten, sondern weil es ihnen nicht gelungen ist, ihn auszureißen.

Das patriarchale Arrangement hängt in der Tat davon ab, daß es die Beziehungsfähigkeit zum Status der abhängigen Betreuerin verkümmern läßt, das heißt Mutterschaft unter dem Druck der Verhältnisse und nicht aus freiem Entschluß. Nicht länger andere versorgende oder – in welcher Form auch immer – beziehungsgerichtete Wesen zu sein, könnte sich für Frauen als verlockender Ausweg anbieten. Doch selbst wenn das abgetrennte Selbstbewußtsein ein wirklich wünschenswerter Zustand wäre, käme eine solche den Männern nacheifernde Egozentrizität zu spät und zu ressentimentbefrachtet daher, als daß sie Frauen zu politischer Effektivität verhelfen könnte, von Kreativität ganz zu schweigen. So schlage ich aus pragmatischen wie normativen Gründen vor, daß wir statt dessen das empathische Kontinuum, aus dem wir (Frauen kontinuierlich, Männer ursprünglich auch) kommen, bejahen.

Die Beziehungsorientiertheit der präödipalen Phase sollte und kann, trotz der Gefahr eines undifferenzierten Narzißmus, in die

Reife hinein kultiviert werden, sie muß nicht unterdrückt und durch anderes ersetzt werden. Nur so wird die Komplexität unserer inneren und äußeren Interaktion nicht mehr zum Labyrinth des Selbstverlustes werden, in dem das heldische Ich, wie Theseus, eine für ihn tödliche Brutstätte von Ungeheuern sieht. Selbst Theseus mußte erleben, daß Ariadne den Faden in der Hand hält. In dieser Epoche der Väter muß die Veränderung der Frauen bahnbrechend sein – und sie führt sie nicht aus der Komplexität *heraus*, sondern findet *innerhalb* des labyrinthischen Pfades eines beziehungsfähigen Ichs statt. (Labyrinthe waren ursprünglich rituelle Bodenbemalungen, auf denen die Priesterin die Mythen der Muttergöttin tanzte.[76]) Ein reifes, in sich ruhendes und selbstbestätigendes Gefühl für Beziehung gefährdet aufs ernstlichste die Riten von Trennung und Herrschaft. Doch wie können wir, wenn weibliche Komplexität das sine qua non menschlicher Beziehungsfähigkeit ist, dahin gelangen, ohne dem Narzißmus und der Inauthentizität anheimzufallen, welche die frühe Beziehung zur Mutter derartig verseuchen?

Der Weg durch den psychoanalytischen Irrgarten von Geschlecht und Ich hat viele Windungen, die wir hier nicht untersuchen können. Doch können wir kurz auf drei Psychoanalytiker/innen hinweisen, deren Ansatzpunkt nicht feministisch und deren Thema nicht die Geschlechterrollenverteilung ist, deren Gedanken über Selbst und Narzißmus unserem Vorhaben jedoch hilfreiche Anstöße geben können.

### Narzißmus und das wahre Selbst

Heinz Kohut ist der Begründer einer Richtung der Psychoanalyse, die sich Psychologie des Selbst nennt. Er und seine Anhänger sehen diese Richtung als werktreue Weiterentwicklung der klassischen Psychoanalyse, das wird jedoch von orthodoxen Freudianern abgelehnt. Kohuts Ansatz legt die Betonung auf das Selbst anstelle des Ich, worin er Jung ähnelt, und er verläßt auch den Schwerpunkt der Theorie der Objektbeziehungen, der sich in der Nachkriegszeit entwickelte. Er greift die Frage des Narzißmus auf, die Freud, wenn auch unklar, zu stellen begann, und er entdeckt zwei getrennte und weitgehend voneinander unabhängige Entwicklungslinien: eine, die von der Autoerotik über den Narzißmus zur Objektliebe, und eine andere, die von der Autoerotik über den Narzißmus zu höheren Formen und Transformationen des Narzißmus führt.[77] Zwar ist Kohuts Versuch, die zwischenmenschliche Entwicklung von der Entwicklung des Selbst abzukoppeln, nicht sehr vielversprechend, doch finden wir bei ihm einen anderen, sehr interessanten Gesichtspunkt. Wir begannen dieses Kapitel ja mit einer Betrachtung von Freud, der das ozeanische Gefühl als »grenzenlos narzißtisch« abtat. Da mit jener frühkindlichen Befindlichkeit zugleich auch die anonyme Mutter über Bord geht, spitzen wir die Ohren, wenn wir hören, wie das ursprüngliche Kontinuum von Selbst und Mutter/Umwelt auf andere Weise behandelt wird.

Wenn, wie Kohut darlegt, der ursprüngliche Narzißmus ein Zustand ist, der noch nicht vollständig in »Objektliebe« übergegangen ist, dann ist vielleicht die klare Trennung von Subjekt und Objekt doch nicht das einzige Ziel der gesunden Entwicklung. Daß der Narzißmus verwandelt statt einfach nur durch etwas anderes ersetzt werden soll, unterstützt unsere These, daß auch während der Reifezeit Präödipales beibehalten werden sollte. Kohut stellt als Wandlungen des Narzißmus fünf menschliche Fähigkeiten heraus: Kreativität, Empathie, Wissen um Vergänglichkeit, Humor und Weisheit. Dinge zu schaffen, Gefühle für andere zu entwickeln, dem Tod ins Gesicht zu sehen, zu lachen und unsere vielfältigen Erfahrungen zu integrieren – das sind Möglichkeiten der Beziehung zu unseren jeweiligen Welten, die nicht aus Abhängigkeit oder Zwängen erwachsen, sondern aus einem starken, in sich gefestigten Selbst. Kohut unterstreicht zwar die Wichtigkeit eines angemessenen Selbstgefühls, doch sieht er die vorher genannten Fähigkeiten isoliert von Beziehungen, womit letztendlich jeder Versuch, das Selbst als beziehungsorientiert neu zu definieren, vereitelt werden könnte. Dennoch bietet er ein interessantes Korrektiv zu den Theorien der Objektbeziehungen an, da er ein von Geburt an vorhandenes Ich voraussetzt[78] und der Mutter nicht die alleinige Verantwortlichkeit für die Persönlichkeit des Kindes aufbürdet.

Um aber die Gefahren und Chancen der narzißtischen Phase

gerade in bezug auf Interaktion zu verstehen, ist, so scheint mir, eine mehr objektbezogene Theorie notwendig. Denn daß der schleichende Narzißmus (ob verwandelt oder nicht) mit der Mutter und damit mit allen Frauen assoziiert wird, wurde ja nicht nur durch die frühen Beziehungen hervorgerufen, sondern bleibt auch bestimmend für alle zukünftigen Beziehungen.

In jüngster Zeit hat die Schweizer Psychoanalytikerin Alice Miller in allgemeinverständlicher Sprache die persönlichen und die gesellschaftlichen Aspekte der narzißtischen Selbstentwicklung einem größeren Publikum zugänglich gemacht. Sie vertraut wie Chodorow der Objektbeziehungstheorie und stützt sich zugleich auf Kohuts Analyse des Narzißmus. Sie lehrt, daß in unserer Kultur eine narzißtische Störung bei Erwachsenen vorherrscht. Die Symptome sind unzureichendes Selbstbewußtsein, das die Menschen in ständiger Angst oder Schuldgefühlen leben läßt, und häufig ein Gefühl, versagt zu haben, nämlich Idealvorstellungen oder Maßstäben, denen sie meinten entsprechen zu müssen, nicht gerecht geworden zu sein. Obgleich die narzißtisch Gestörten mit ihren Unternehmungen oft Erfolg haben, »lauert hinter all dem die Depression, das Gefühl von Leere und Selbstentfremdung und die Empfindung, daß ihr Leben keinen Sinn hat.«[79] Die Ursache derartigen Leidens liegt in der Kindheit, in der die legitimen und gesunden »narzißtischen Bedürfnisse des Kindes nach Achtung, Echo, Verständnis, Teilnahme, Spiegelung« von den Eltern nicht erfüllt wurden. Doch konnten die Eltern diesen Bedürfnissen des Kindes deshalb nicht gerecht werden, weil auch ihnen in ihrer Kindheit ihre narzißtischen Bedürfnisse nicht erfüllt wurden. Nach Miller bringt eine derartige Kindheit Eltern hervor, deren narzißtisches Gleichgewicht wiederum davon abhängt, daß sich ihre Kinder in ganz bestimmter Weise verhalten und benehmen. Das Kind lernt bald, Gefühle, die den Eltern unannehmbar erscheinen, wie »Eifersucht, Neid, Zorn, Verlassenheit, Ohnmacht, Angst« gar nicht erst zuzulassen.[80] Die empathischen Fähigkeiten des Kindes stellen sich daher voll darauf ein, zu erspüren und dann zu werden, was die Eltern brauchen. Der Elternteil – und das bedeutete bis vor kurzem fast immer eine Mutterfigur – verlangt Empathie, aber gibt selbst keine. »Jede Mutter kann nur da empathisch sein, wo sie von ihrer Kindheit freigeworden ist, und *muß* unempathisch reagieren, sofern sie durch Verleugnungen ihres Schicksals unsichtbare Ketten trägt.«[81]

Diese »unsichtbaren Ketten«, die das Kind im Muster emotionaler Irrealität festhalten, werfen ein neues Licht auf alte Lehren, wie die des Gesetzes des Karma oder die von Generation zu Generation weitergegebene »Erbsünde«. Als Folge des Hungers nach Mutterliebe, der bei den Eltern nicht gestillt wurde, wird das »wahre Selbst« des Kindes, was heißt, die Fähigkeit, alle authentischen Gefühle als die eigenen zu erleben, bald durch eine falsche Fassade ersetzt. Wenn es dann die Teile seines Selbst, die weniger erwünscht waren, verleugnet hat, wächst das Kind immer noch voll Hunger nach narzißtischer Anerkennung auf, nach bedingungsloser Liebe von einer mythischen Mutter, die nirgendwo zu finden ist – und damit wird er oder sie dann die eigenen Kinder, in bizarrer Umkehrung, in diese so ersehnte Mutter verwandeln. Mit anderen Worten: Solche Eltern verlangen unbewußt von ihren Kindern jene urteilsfreie Zuwendung, die sie von ihren eigenen Eltern nie bekamen. So überträgt sich das »falsche«, willfährige Selbst unerbittlich auf die nächste Generation.

Die Ausdrücke »wahres« und »falsches« Selbst stammen aus der Arbeit von D. W. Winnicott, für den die Entwicklung des wahren Selbst von der, wie er sie nennt, »genügend guten Mutter«[82] abhängt, ein Konzept, das uns – hochwillkommen – befreit von der mit dem Ideal der »guten Mutter« (wie wir es bei Melanie Klein finden) begründeten mythischen Forderung an alle Frauen oder speziell von dem kulturellen Stereotyp der »perfekten Mutter«. Die genügend gute Mutter spiegelt das Kind sich selbst zurück mit der wirklichen Empathie, die ihm gestattet, daß es es selbst sein kann, daß es sich selbst sehen und fühlen kann. Aus dem so geschaffenen Vertrauen entsteht ein »potentieller Raum«, der aus Beziehung und Differenzierung zugleich erwächst und die Quelle von Kreativität ist. Der Raum kann weder auf eine intrapsychische Realität noch auf eine äußere Objektwelt reduziert werden. Interessanterweise setzt Winnicott ihn mit der Fähigkeit, Erfahrungen zu machen, gleich: »Ich nehme diesen wichtigen *Erfahrungs*-Bereich im Spannungsbereich zwischen den einzelnen und der Umwelt an, der ursprünglich das Kind mit der Mutter verbindet und es gleichzeitig von ihr trennt, wenn die mütterliche Liebe, stellvertretend für menschliche Verläßlichkeit, dem Kind ein Gefühl von echter Zuversicht und Vertrauen gegenüber der Umwelt gibt.«[83]

Winnicott beschäftigt sich intensiv mit der Dynamik der Trennung vor dem Hintergrund der Zählebigkeit des ursprünglichen Eltern-Kind-Musters. Er spricht von »Übergangsobjekten« (wie Teddybären oder Schmusedecken), die für die allmähliche Ablösung des Kindes von der Abhängigkeit von der Mutter stehen. »Die ›genügend gute‹ Mutter wird demnach mit einer fast völligen Anpassung an die Bedürfnisse des Neugeborenen beginnen und sich im Lauf der Zeit immer weniger anpassen, je mehr das Kind in der Lage ist, mit dieser Entsagung fertigzuwerden.«[84] Mit dieser »Entsagung« gewährt die Mutter allmählich dem Kind (und, wie wir hinzufügen möchten, sich selbst) ein Gefühl der Freiheit, aber gerade weil sie das Kind in seiner Abhängigkeit frustriert. Wir können davon ausgehen, daß eine narzißtisch gestörte Mutter genauso wenig in der Lage ist, im richtigen Augenblick loszulassen, wie sie in der Lage war, die ursprüngliche empathische Situation des Vertrauens herzustellen. Von Winnicott hören wir, daß jede Kreativität, die sich auf alles kreative Leben in einem nicht durch die Subjekt-Objekt-Dichotomie bestimmbaren »Raum« bezieht, von einem ausgewogenen Zusammenspiel von »Beziehung« und »Trennung« in den frühen Lebensphasen abhängt. Doch meint Winnicott mit Trennung etwas anderes als die Art von Selbstverkapselung, die ich mit patriarchaler Männlichkeit in Zusammenhang gebracht habe. Denn Kreativität und Kultur bedeuten Zugang (des »wahren Selbst«) zur »Zwischenzone«. Zwar geht es bei seinem Entwurf – wie bei allen Objektbeziehungs-Analytikern – zunächst einmal darum, die angemessene »Trennung« des Ich von der Mutter zu erforschen und zu ermöglichen, doch bietet er eine Spekulation an, die für unsere Zwecke sehr verführerisch ist:

»Wahrscheinlich gibt es zwischen Menschen *niemals eine Trennung; eine Trennung kann wohl stets nur drohen.* Nach dem ersten Trennungserlebnis droht sie mehr oder minder stark. Wie, so könnte man fragen, soll sich dann aber die Trennung von Subjekt und Objekt, von Kleinkind und Mutter zum Nutzen für alle Beteiligten und in der großen Mehrheit der

Fälle vollziehen? Wie soll sich Trennung vollziehen, *wenn Trennung unmöglich ist*? (Dieser Widerspruch muß einfach hingenommen werden.)«[85]. (Hervorhebung C. K.)

Ich bin jedoch überzeugt, daß wir hier keinen Widerspruch sehen müssen, denn wenn wir statt von Trennung von Differenzierung oder Unterscheidung sprechen, dann bleibt hier kein begrifflicher Konflikt. Winnicott weist uns auf die Möglichkeit hin, daß nur im Spiel zwischen Subjekt und Objekt, bei dem es weder Trennung noch Verschmelzung gibt, »Erfahrung« stattfinden kann. Ein derartiges Spiel ist die Voraussetzung, daß ein Selbst seine Gefühle wirklich erleben kann, und so können viele (sehr viele?) Menschen in gewisser Weise gar nicht »erleben«. Dem entspricht Millers Interpretation der durch die Beziehung zu den Eltern hervorgerufenen narzißtischen Störung: »Es fehlt ... vor allem der Raum, in dem das Kind *seine* Gefühle, *seine* Empfindungen erleben könnte.«[86]

Weder bei Miller noch bei Winnicott wird die Frage der narzißtischen Störung und des falschen Selbst in bezug auf die gesellschaftlich vorgegebenen Geschlechterrollen analysiert. Rita Nakashima Brock hat einen ausgezeichneten Vorschlag gemacht, wie Millers Analyse mit der Chodorows integriert werden könnte. Chodorow hat uns gezeigt, wie das weibliche Selbst nicht ausreichend differenziert und daher anfällig für Manipulation und Abhängigkeit ist, und wie das männliche Ich durch ausgeprägtere Ich-Grenzen und einen Hang zu misogyner Machtentfaltung bestimmt ist. Brock meint, daß diese patriarchalen Optionen zwei Pole des falschen Selbst darstellen.[87] Der eine ist mangelndes Selbstgefühl, der andere mangelnde Beziehungsfähigkeit; unter beiden Voraussetzungen kann das eigene Erleben nicht erlebt, können die eigenen Gefühle nicht gefühlt werden.

Dazu kommt, daß die Mutter im Mittelpunkt der Objektbeziehungsanalysen dasteht als diejenige, die die Elternarbeit leistet. Das ist ihr Vorteil gegenüber einem Großteil der psychoanalytischen Literatur, die die Mutter unsichtbar macht; sie anerkennen ihre Bedeutung und vermeiden irreführende Symmetrien im ödipalen Erleben (wie Freud das in seinem Frühwerk tut oder der junge Jung, wenn er einen »Elektrakomplex« zu formulieren versucht). Miller weist sogar ausdrücklich darauf hin, daß sich in ihrer Arbeit das Wort »Mutter« auf »die Person bezieht, die dem Kind während der ersten Lebensjahre am nächsten steht. Dies muß nicht die biologische Mutter, muß nicht einmal eine Frau sein.«[88]

Dinnerstein und Chodorow haben jedoch dargestellt, welche schwerwiegenden kulturellen Folgen die Tatsache hat, daß diese Person im allgemeinen eine Frau war. Doch muß das denn heißen, daß – wenn wir Millers und Winnicotts Thesen anwenden – es dem patriarchalen Vater nicht nur gelingt, der intensiven auf die erste Bezugsperson, die Mutter, gerichteten Ambivalenz zu entgehen, sondern er sich auch völlig aus der psychoanalytischen Betrachtung davonstehlen kann? Ist er, weil er nicht als die erste Bezugsperson fungiert, tatsächlich in keiner Weise für das Entstehen narzißtischer Störungen verantwortlich? Ist er durch Abwesenheit entschuldigt? Wenn wir den Folgen der narzißtischen Unsicherheit der Mutter nachspüren, dann kann uns das leicht zu einem misogynistischen Der-Mutter-die-Schuld-Geben verleiten, ungemildert von der erklärenden Soziologie, auf die sich die Generalisierungen von Chodorow stützen. Ich glaube, das muß nicht so sein. Zwar kann der patriarchale Vater wegen seiner Abwesenheit vom Kind idealisiert werden, doch zugleich wird er gerade durch den Mangel an emotionaler Anwesenheit und das Fehlen von Empathie auch als ein narzißtisch gestörter und durch und durch störender Einfluß gebrandmarkt. Wäre er tatsächlich abwesend – was selten der Fall ist – dann wäre die Wirkung nicht so stark gegeben. Bei ihm handelt es sich meistens um eine verwirrende anwesende Abwesenheit. Doch angesichts der Tatsache, daß das männliche Kind von Anfang an eine Vaterfigur braucht und welche prägende Rolle eine solche Figur für die Beziehung der Frau zu allen ihr später begegnenden Männern spielt, wird das Ausmaß des falschen Selbstseins des Mannes unauslöschliche Spuren hinterlassen. Aber Spuren der Abwesenheit, die ja kaum von emotionalem Leben erfüllt sind, sind später wirklich sehr schwer aufzufinden. Ich möchte meinen, daß der Tod von Gott, dem Vater, weniger mit Schuldgefühlen und Absetzungswünschen zu tun hat, als mit der ständig zunehmenden Unwirklichkeit des idealisierten Vaters. Doch werden – unabhängig von der

Theologie – die Männer durch diesen Mangel an emotionaler Anwesenheit in ihrem Männlichkeitsgefühl verkrüppelt, und das führt dann, als Kompensation, zu grotesken Machtspielen. Und Frauen erleiden, zusätzlich zu äußeren Beschränkungen, Verletzungen in bezug auf die internalisierte Männlichkeit, die Jung den Animus nennt. Außerdem wird damit den Frauen zusätzlich erschwert, die wirkliche *Realität* der Männer zu erspüren – ein Dilemma, dem durch die gedrosselten Gefühle der Männer Vorschub geleistet wird.

Doch ist die vom Vater erlittene narzißtische Wunde weit weniger gravierend als die, die uns durch die Mutter (insoweit diese ein falsches Selbst lebte) zugefügt wurde; die klafft und blutet weiter, besonders bei Frauen, die, wie Chodorow gezeigt hat, sich selbst nicht über die Verleugnung präödipaler Empfindungsformen definieren. An diesem Punkt bedarf das Millersche Denken eines feministisch-sozialkritischen Bezugsrahmens. In einer Kultur, die weibliche Selbstachtung systematisch untergräbt und psychische Mechanismen der weiblichen Selbst-Sabotage einpflanzt, ist es nur allzu naheliegend, daß Mütter ihr verkrüppeltes Selbstgefühl an ihre Kinder weitergeben, und zwar besonders an die, die ihnen am ähnlichsten sind, nämlich ihre Töchter. Daher kann das individualpsychologische Problem der narzißtischen Störung, das Miller als das herausragendste gesellschaftliche Problem, ja als die Wurzeln der Gewalt sieht[89], nur vor dem Hintergrund der herrschenden Auffassungen von den Geschlechterrollen verstanden werden.

Die in den sechziger Jahren aus dem Boden sprießenden Experimente gemeinschaftlichen Lebens in Kommunen mögen ein Ende gefunden haben, doch ist es ebenfalls mit der Vorherrschaft des herkömmlichen Familienmodells vorbei. Trotz der gegenwärtigen konservativen Wende wächst wegen der massiven gesellschaftlichen Tatsache des ökonomischen Drucks und der Scheidungen die Notwendigkeit, daß alleinerziehende Mütter erwerbstätig und in Familien beide Eltern berufstätig sind; lesbische Mütter sind dabei, lebensfähige Strukturen zu erproben; und das feministische Bewußtsein hält die Hoffnung auf eine Vielfalt von Gemeinschaften jenseits jeglicher selbstverkapselter Paarungen aufrecht. Nolens volens gehen unsere Experimente weiter.

Doch können es sich weder Einzelmenschen noch die Menschheit leisten, einfach nur zu warten, bis Generationen mit besserer Elternerfahrung herangewachsen sind. Selbst die sozialen und ökonomischen Vorkehrungen, die eine alternative Kinderbetreuung möglich machen würden, werden kaum stattfinden, wenn das angestrebte Ziel nicht bereits in irgendeiner Form sichtbar zu werden beginnt. Aber ist eine solche direkte Veränderung unter Menschen, die in herkömmlicher Form von einer Mutter aufgezogen worden sind, wirklich möglich? Geschichte kann nicht einfach abgeschüttelt werden, weder von Individuen noch von Völkern. »Die Vergangenheit ist keine leere Hülse, dennoch gehen die Veränderungen weiter«, antwortet Adrienne Rich.[90] Veränderung *findet bereits statt*, und zwar in der Gegenwart, selbst während wir mögliche Zukunft entwerfen, in der Erwachsene auf eine repressionsfreie Kindheit zurückblicken können.

Laßt uns – mit einem Fuß – aus dem Buchstabenglauben, zu dem die soziologische und psychoanalytische Theorie neigen, aussteigen. Das Kind, an das wir uns erinnern, das Kind, das wir erhoffen, das Kind, was wir *jetzt* in uns tragen und großziehen, das Kind in uns trägt – auch leidend, unterdrückt und voller Angst – nicht nur die persönliche Vergangenheit mit sich, sondern auch die mögliche Zukunft. Frauen und Männer können – jetzt – umkehren und ihre »präödipale Phase« wieder einfordern und verwandeln, können damit ihre Schritte zur Reife noch einmal (nach)vollziehen. (Diese Reise kann oder kann auch nicht durch eine gängige Therapie gefördert werden.) Was jedoch das Nachvollziehen von Schritten betrifft: Im Falle von Hänsel und Gretel wird die im Wald zurückgelassene Spur von Brotkrumen von den hungrigen Vögeln aufgepickt. Die Reise ist immer unberechenbar. Das Kind ist meine eigene spezifische Kindheit; doch steht es zugleich einem Archetyp nahe, nicht als statischer Symbolismus zu verstehen, sondern als kollektives Muster, das der Wiedergutmachung bedürftig ist und dessen wir zur Wiedergutmachung bedürfen. Das Kind, schreibt Jung, »ist das Verlassene und Ausgelieferte und zugleich das Göttlich-Mächtige, der unansehnliche zweifelhafte Anfang und das triumphierende Ende.«[91]

Immer noch – sogar jetzt noch – bebt das Kind vor Staunen über das Wunder der Welt, die es so stark spürt. Auch wir würden das Wunder immer noch spüren, wenn wir es nicht fürchten würden. Oder halten wir vielleicht unser Staunen für Furcht? Diese Ahnung seiner unmittelbaren Verbindung zur Welt läßt das Kind keineswegs in den Mutterschoß zurückkehren. Ozeanische Gefühle können durchdringen und befeuchten, ohne gleich zu ertränken. Doch wie können wir zwischen unseren reaktiven und gegensätzlichen Kreisläufen von trockenen Trennungen und durchweichten Auflösungen die fließenden Grenzen der Kindheit ohne Regression wiedererlangen? Vielleicht geschieht der erste Schritt oder Kopfsprung dadurch, daß wir in uns das Gefühl zulassen, *wie* wir bereits da sind; daß wir darauf vertrauen, daß wir in und durch unsere Beziehungen bereits differenziert sind; daß wir gerade in unserer Durchlässigkeit bereits voller Kraft sind; daß etwas in uns niemals abgeschnitten wurde, niemals verlorenging. Wir können spüren, wie uns die ozeanischen Gefühle durchströmen, in diesem Moment, schwellend und abschwellend und dabei gar nicht bedrohlich.

Doch um dieser Kindheit voll gewahr zu werden, genügt das bloße Wiedererkennen nicht. Miller zeigt, daß es für die Wiedergeburt dieses realen verflossenen Kindes notwendig ist, um seinen Verlust zu trauern, denn wir haben es zu Anfang unseres Lebens teilweise getötet und begraben. Wenn wir zu früh zum Jungschen Symbolwerk übergehen und diese Trauerarbeit überspringen, dann könnte diese reale und archetypische Wiederbelebung des Kindes in der Tat verhindert werden.[92] »... durch die *Vermeidung dieser Trauer* bleibt man in der Tiefe selbst *der Verachtete*. Denn alles, was in mir nicht großartig, gut und gescheit ist, muß ich *verachten*. Somit perpetuiere ich intrapsychisch die Einsamkeit der Kindheit: ich verachte die Ohnmacht, die Schwäche, die Unsicherheit, kurz das hilflose Kind in mir und im Anderen.«[93] Dieses Kind in uns, das die Energie des »wahren Selbst« personifiziert, ist – wenn auch verletzt – immer noch für uns da. Winnicott meint, daß das wahre Selbst als Potential unzerstörbar ist: »... man (hat) von der Möglichkeit auszugehen, daß es eine völlige Zerstörung der kreativen Lebensfähigkeit eines Menschen nicht geben kann und daß selbst in Fällen äußerster Angepaßtheit und bei fehlgeschlagenem Persönlichkeitsaufbau irgendwo im Verborgenen ein geheimer Lebensbereich besteht, der befriedigend ist, weil er kreativ ist und dem betreffenden Menschen entspricht. Er ist nur insofern unbefriedigend, wie er verborgen ist und nicht durch lebendige Erfahrung bereichert wird.«[94] Hier kommen uns Gleichnisse von Jesus in den Sinn – das verlorene Schaf, das verlorene Kind, das Licht unter dem Scheffel, das Senfkorn –, Bilder von etwas Kleinem und Kostbarem, das leicht übersehen werden kann, das, koste es was es wolle, gefunden werden muß, und ohne das das Leben keinen Wert hat.

Das Kind in uns ist immer schon da – wie verloren sie oder er uns auch immer zu sein scheint, wie vernachlässigt, unterernährt und in einem verdrängten Zustand der Präödipalität zurückgelassen. Doch werden aus dem Kind die entscheidenden neuen Möglichkeiten geboren. *Die Autorin träumt, während sie diese Passagen schreibt: Ein sehr kleines Mädchen, etwa anderthalb Jahre alt, ist dabei zu gebären. Meine Mutter und ich haben Angst um sie, wegen der Schmerzen, dem Schock und der Gefahr. Doch dann erkläre ich ihr einfach nur, daß sie jetzt ein eigenes Baby haben wird. Sie reagiert mit frühreifem Verständnis und mit Freude, und wir sind beruhigt und sicher, daß sie es durchstehen wird.* Das gebärende Kind: Aus dem archetypischen Kind, das stets schon in uns lebendig ist, wird, wenn auch schmerzhaft, unser neues Selbst geboren. Die drei Frauengenerationen finden zusammen, um etwas Neues zu schaffen. Wir müssen nur mit diesem Kind kommunizieren – der Traumquelle und damit uns selbst die Angst nehmen, indem wir unser Wissen um es und seine Schwangerschaft mit ihm teilen. An den Archetyp des Kindes kommen wir durch unsere reale Kindheit, und das wirkliche Kind stellt sich über den Archetyp als Schwangerschaft dar. Eine schrecklich verfrühte Geburt? Oder eine, die lange überfällig war? Wird das Kind deshalb so häufig zur Mutter, weil das Ego der Frau etwas entscheidend Wichtiges in der trotz allem beziehungsorientierten Welt der Kindheit zurückgelassen hat? Etwas, zu dem wir immer noch zurückkehren oder das wir immer noch einholen können, indem wir bei dieser Geburt helfen?

Sein, was wir immer dabei waren zu werden: Entsteht damit nicht ein weniger defensives Bewußtsein, eines, das mit Tiamat schwimmt, sie herausfordert und von ihr herausgefordert wird? Hier eine weitere Traumauslegung, von einer Studentin, die an dem Problem litt, das ihr die Befreiung aus der Macht, die ihre Mutter über sie hatte, bereitete – sie träumte häufig, daß sie von einem Haifisch gefressen würde. Dann erzählte sie jemandem den Traum, und ihr wurde seine Botschaft klar: Er zeigte ihr ihr Problem der Loslösung von der Mutter, zeigte das verschlingende Unbewußte, das sie in ihrer Unfähigkeit, ihre Individualität zu erlangen, quälte. Später träumte sie, wie sie mit dem Haifisch ins weite Meer hinausschwamm, sich an seiner Flosse festhielt und die Reise durchs tiefe Wasser intensiv genoß. An diesem Tag konnte sie auch von einem entscheidenden Durchbruch in der Kommunikation mit ihrer Mutter berichten. Sie erlebte keinen heldischen Triumph, indem sie den Haifisch tötete. Sie sah ihrer Matriphobie und ihrer Mutter ins Auge, und nun sah die Haifisch-Mutter sie an, im wundersamen Mitfließen tiefster Zusammengehörigkeit. Kindliche Mütter, Haifischmütter, Töchter, die geboren werden und gebären, Töchter, die von ihrer ungeheuer-lichen Mutter nicht mehr verschlungen werden, sondern mit ihr zusammen im tiefen Meer schwimmen: Achten wir auf unsere wahren Beziehungen, hören wir auf die Botschaft unserer Träume, vertrauen wir darauf, daß eine andere Weisheit, fremd und dauerhaft, auch jetzt in diesem Augenblick unsere Aufmerksamkeit erwartet.

»Genau darauf achten«* – Jung weist häufig auf diese ursprüngliche Definition des Wortes *Religion* hin und meint, dies bedeute, den Strom der Wahrnehmung sorgfältig zu beobachten, ihm achtsam zu folgen. Und wie wir später noch genauer untersuchen werden, bedeutet *re-ligio* etymologisch »ich binde wieder zusammen«, das heißt »ich verbinde wieder«. Sorgfältig auf die bereits vorhandene Beziehungsfähigkeit achtgeben, während neue Beziehungen Gestalt gewinnen: Nur so können wir sowohl etwas mit der Jungschen Darstellung des kollektiven Unbewußten als auch mit Chodorows Analyse präödipaler Beziehungen anfangen. Doch wie können wir zwei so unterschiedliche Darstellungen der Psyche mit ihren Trennungen und Bindungen zusammenhalten?

* Aus dem Englischen rückübertragen. Anm. d. Ü.

Wenn Jung von der MUTTER spricht, dann meint er eine gyno-morphe, innerlich übertragene und transpersonal-gemeinschaft-liche Erinnerung als die Grundlage, die uns wieder mit unserem tieferen Selbst vereinigen kann. Von Chodorow erfahren wir zwar viel mehr über den prägenden – und gynozentrischen – Charakter der frühen Beziehungen und darüber, wie wir diese Objektbezie-hungen als Grundlage für unser weibliches oder männliches Selbstgefühl internalisieren; dennoch glaube ich, daß wir auf das Jungsche Reservoir kollektiver Erfahrung als umfassenden, transpersonalen Kontext zurückgreifen können, wenn wir Chodo-rows Theorie der Beziehungsfähigkeit und die historische Tatsa-che, daß dieser Wert durch Frauen weitergegeben wurde, nutzen wollen.

Soll die Vorstellung eines beziehungsgerichteten Selbst, das aus einem empathischen Kontinuum stammt, welches häufiger und bewußter von Frauen als von Männern erlebt wird, mehr sein als die Folge patriarchaler Familienstruktur, dann brauchen wir eine Theorie der Verknüpftheit allen subjektiven Lebens. Das kollektive Unbewußte stellt eine solche objektive oder transper-sonale Grundlage für wechselseitige Verwobenheit dar. Als meta-phorische Matrix, von der jede subjektive Individualisierung aus-geht, enthüllt sie ein wichtiges Bild des *fundamentalen* Charak-ters von Bezogensein. Damit können wir um so energischer sicherstellen, daß diese Beziehungsfähigkeit, der wir in unserer Erfahrung als Frauen wieder den ihr gebührenden Platz einräu-men wollen, mehr ist als ein ambivalentes und historisch beding-tes Nebenprodukt der Identifikation mit unseren Müttern. Wir können vielmehr behaupten, daß die frühe Identifikation mit un-seren Müttern, so gefährlich sie unter patriarchalen Bedingungen auch weiterhin sein mag, Frauen, die sich für ihr Selbstbewußt-sein entschieden haben, einen privilegierten Zugang zu kollektiv unbewußt Gebliebenem verschaffen kann: Verwobenheit allen Lebens in jedem Individuum. Nach Jung hat sich jene Erfahrung der Beziehung zu psychischem Leben über unser Ich hinaus, die Offenheit gegenüber allem, was userm Ich-Bewußtsein voraus-geht und ihm nachfolgt, in den Archetyp des Kindes projiziert, der eine »Ganzheit« darstellt. »Die Ganzheit ist daher empirisch von unabsehbarer Erstreckung, älter und jünger als das Bewußtsein und dieses in Zeit und Raum umschließend.« In diesem Sinne ist das Kind »also nicht nur ein Anfangs-, sondern auch ein Endwesen.«[95]

## Die Auferstehung der Tochter

Die Vorstellung einer kollektiven oder transpersonalen Psyche stellt – zusammen mit den nach-Freudschen Erkenntnissen über Geschlechterrollenentstehung – eine ozeanische Vermischung allen Lebens dar, nicht nur in der Frau, sondern als Grundlage für jegliches Bewußtsein. Hier können wir jene »globale, anfängliche, allumfassende Gegenwart«, die Dinnerstein nur als kindliche Täuschung betrachtete, positiv ansiedeln. Es handelt sich dabei um die enge Beziehung nicht nur zu der Mutter, sondern zu allem anderen: Diese globale Gegenwart ist die immanente Welt.

Auch müssen wir uns nicht mehr ständig zwischen den psychoanalytischen Erinnerungen an die Kindheit und der Jungschen Form der Urbilder entscheiden. Wie bereits erwähnt, sah Freud sowohl die transhistorische und kollektive Grundlage seines Es, als auch die Formung jeder Persönlichkeit in Identifikationen und Einverleibungen, die ihrem Wesen nach Symbolisierungen sind. Für Winnicott ist das »Übergangsobjekt« stets ein Symbol (beispielsweise die Brust oder die Mutter), und damit ist mit der Symbolisierung der Beziehung von Anfang an auch Differenzierung gegeben. Wenn wir Symbole in gewisser Weise als archetypisch antreffen, dann sagt uns das lediglich, daß diese Prozesse der individuellen Entwicklung in unendlich vielfältigeren Formen allgemeingültig sind, daß sie keinen irgendwie konkret zu bestimmenden Ursprung haben und daß sie *hier und heute* heilig, gefährlich und zugänglich sind.

Gleichzeitig bietet die revisionistische Freudianische Perspektive von Nancy Chodorow, so wie sie ihr Schwergewicht auf die sozialen Ursachen und Wirkungen der real existierenden zwischenmenschlichen Beziehungen legt, ein entscheidendes Korrektiv zur Jungschen Auffassung. Denn ohne jede feministische Analyse würde das Konzept vom kollektiven Unbewußten durch Jungs Androzentrismus sabotiert, in dem der trennende

Impuls den Sieg davonträgt und Beziehung verträumt für eine private und somit paradoxerweise separate Angelegenheit bei der Individuation eines Menschen gehalten wird. Nicht, daß wir etwa ohne den Traum, den Mythos, die dunklen Randbezirke von Denken und Fühlen auskämen. Wenn die Psychologie das Unbewußte ins Bewußtsein hebt, dann eröffnet sie neue Möglichkeiten bei der Suche nach allem, was verlorenging. Doch dafür ist unabdingbare Voraussetzung, daß die Vorstellung vom Unbewußten nicht innerhalb einer isolierten Individualität gefangen gehalten bleibt – eine Gefahr bei Freud *und* Jung. Der muttermörderische Bruch mit der realen oder der symbolischen Mutter, aus dem ein derartiges isoliertes Selbst entsteht, kann seine psychologische Kraft nur aus einer Kultur beziehen, in der die Mutterschaft selbst eine isolierende Falle für Frauen ist. Es handelt sich hier weder um eine instinktive noch um eine seit Ewigkeit vorgegebene Notwendigkeit.

Zu Beginn dieses Kapitels zeigte sich, daß Freuds Religionspsychologie einerseits mit psychologischem Muttermord (dadurch daß die Mutter nicht vorkommt) und andererseits mit einem theologischen Vatermord einhergeht. Zwar kann der Feminismus durchaus den Tod Gottes stillschweigend billigen, zu dem Freuds Analyse ebenso energisch wie die Nietzsches beigetragen hat. Doch sollten wir unsere Auseinandersetzung mit dieser Frage nicht abschließen, ohne auf die Verbindung zwischen psychologischer Misogynie und Atheismus hingewiesen zu haben. Judith van Herik stellt in ihrem Buch *Freud on Femininity and Faith* (Freuds Ansichten über Weiblichkeit und Religion) fest, daß Freud in der Weiblichkeit und in der christlichen »Illusion« ähnliche seelische Strukturen entdeckte. Sie schließt daraus, daß »das die Botschaft enthält, die Ablehnung von Illusion bedeute die Ablehnung der weiblichen Haltung gegenüber dem göttlichen Vater – und damit auch der männlichen Haltung Gott gegenüber – zugunsten einer wissenschaftlichen Ergebung in ein postpaternales Universum.«[96] »Das Mensch-Ideal (welches das männliche Ideal ist)« beendet die Herrschaft des Vaters nur, um die Herrschaft der Söhne zu sichern.[97] Doch die »weibliche«, passive Haltung der illusorischen Abhängigkeit vom Vater ist nicht der einzig mögliche Beitrag der Religion. Töchter, die den sogenannten Narzißmus der Beziehung zur Mutter transformieren, könnten entdecken, daß die subtile Religiosität des ozeanischen Gefühls sie nicht ertränkt, sondern ihnen vielmehr Kraft zuströmen läßt, indem sie lernen, sich in und durch ein enges Bündnis mit dem Universum zu differenzieren. So erscheint heute wieder das Symbol der Muttergöttin, und zwar nicht als eine illusorische Projektion einer Omnipotenz von außen, von der die Lebewesen einseitig abhängen, sondern als Lebenskraft, ja als Libido, die allem innewohnt.

Hier kann uns die Arbeit Jungs, die in ihrer Gesamtheit als Religionspsychologie bezeichnet werden könnte, immer noch etwas sagen. Wenn Freud den Tod des VATERS verkündet, dann feiert Jung – aus dem Blickwinkel des KINDES – die Apotheose der MUTTER. Trotz des Schadens, den er mit seinem »ewig Weiblichen« angerichtet hat, besteht (wie in Kapitel 2 angedeutet) eine implizite Verbindung zwischen der Bejahung des Frauenbildes und der Bejahung jedweden Gottesbildes. Wenn jeder Archetyp einen Aspekt des Heiligen darstellen kann, liegt das vielleicht daran, daß das Bewußtsein vom kollektiven Unbewußten in ein offenes Universum von unübersehbarer Verwobenheit geleitet wird? Denn die heilige Unreduzierbarkeit unseres Auf-alles-bezogen-Seins bietet sich – uns – ganz zu Recht in vielfältigen Bildern dar. Feministische Theologie braucht keinerlei Beschränkung an weiblichen Gottesbildern. Doch unsere Menschlichkeit könnte ohne Metaphern unserer Göttlichkeit nicht zu ihrem Recht kommen.

Daher wollen wir nun jene einmalige altehrwürdige Alternative zu den Psychomythen von Muttermord, göttlichen Söhnen und Ungeheuer-Töchtern beschwören – die Geschichte von Demeter und ihrer Tochter Persephone. Das Tochtersein – nicht das Muttersein – teilen alle Frauen mit ihren Müttern und allen anderen Frauen. In Demeters Geschichte bewirkt die Mutter mit ihrem trauernden Zorn die Auferstehung der Jungfrau aus der Unterwelt, in der sie nach der klassischen Version von Hades, der sie vergewaltigt, entführt und geheiratet hatte, gefangengehalten wurde. Entgegen Freuds Eintreten für den beschützenden Vater haben wir hier eine Geschichte vom Schutz durch die Mutter, nicht durch den Vater. Statt des Bildes von Vater und Sohn als einzigem errettendem Duo gießt hier ein Bild von Mutter und Tochter seine rettende Gnade aus. Wie ungewöhnlich, daß hier einmal die Kraft einer Frau, ja ihr Zorn, als wirkungsmächtig und erlösend gefeiert wird, so weit entfernt von aller Ungeheuer-lichkeit, daß selbst die patriarchale Athene über zweitausend Jahre lang deren Initiationen in ihren Eleusynischen Mysterien nachging. Demeters gegen den Olymp gerichtete Aktion, ihre Drohung, falls ihre Tochter nicht aus dem Hades befreit werde, die Erde auf immer dürr und kahl sein zu lassen (und so den Olympiern die Opfer, die ihnen die Menschen darbrachten, zu entziehen), wurde nicht geschmäht, sondern fand Bewunderung. Irgendwie hat die Mutter-Tochter-Dyade – trotz und gerade in einer Kultur voll hochentwickeltem Dualismus und zügellosem phallischen Narzißmus[98] – Männern und Frauen die erlösende Kraft der Wiedervereinigung vermittelt. Vereinigung kann über die tödlichen Kräfte einer raubgierigen Trennung triumphieren – damals in Form einer Geschichte, heute in der Geschichte. Wenn dem Mutter-Tochter-Bündnis die geheimnisvolle Kraft innewohnt, dem Tod das Leben zu entreißen, dann gilt aber auch, daß der mythische Kompromiß (Persephone muß für ein Drittel jeden Jahres zu Hades zurückkehren) zeigt, wie eine völlig Erlösung von der Dominanz der Väter in der Welt, in der sie herrschen, nicht möglich ist. Der Kompromiß deutet jedoch zugleich darauf hin, daß die Beziehung – sogar zu den beziehungsgestörtesten Männern – nicht vollständig abgebrochen ist. Die Ethik der Verbindung ist schmerzhaft konsequent, sie kommt in allen Beziehungen zum Vorschein, selbst in der Beziehung zur Trennung selbst.

Bei Chodorow sahen wir, daß das Band zwischen Mutter und Tochter geeignet ist, ein durchlässiges und empathisches Selbstsein zu vermitteln. Aus in hohem Maße verzerrten Gründen und unter bedrückenden Umständen sind es doch immer die Frauen, die im allgemeinen die Mutterarbeit leisten. Doch dessen ungeachtet kann die Mutter-Tochter-Beziehung, wenn sie ins Bewußtsein gehoben wird, für alle segensreich sein: Sie kann, wenn sie aus ihren patriarchalen Fesseln befreit ist, einen veränderten Zustand vermitteln, der sonst, zusammen mit seinem präödipalen Rest, in der psychischen Unterwelt vergraben ist.

Im Ritual gebären Demeter und Persephone im Augenblick der

Auferstehung der Tochter gemeinsam den besonderen Sohn, Trip-tolemus. Gemeinsam lehren sie ihn. Ist er Symbol einer vor- oder nachpatriarchalen Männlichkeit, wie er leuchtend seine Garbe goldenen Weizens in die Welt hinausträgt? Die beiden öffnen sich zu einer Dreiheit, und entweder gebiert die Mutter beide oder Mutter und Tochter gebären gleichzeitig, da die Tochter selbst zur symbolischen Mutter wird – wir können die kärglichen Hinweise auf das Mysterienspiel an dieser Stelle nicht einordnen. In jedem Fall entspricht die Dreiheit der psychoanalytischen Entdeckung der triadischen Struktur der weiblichen Psyche. In diesem Mythos jedoch nimmt der geliebte Sohn, der neue Mann, den Platz des patriarchalen Vaters ein.

Die Verwandlung der Tochter, die in den Basreliefs dargestellt wird, wo sie freudig aus der Unterwelt emporsteigt wie eine Pflanze, die die Erdkruste durchbricht, trägt für alle, die sich darauf einlassen wollen, das Geheimnis eines Selbstseins, das nicht durch zunehmende Abspaltung zur Blüte kommt, sondern durch die Kraft der Beziehung. Das ursprüngliche Kontinuum mit der Mutter muß nicht muttermörderisch zerbrochen werden; im Mythos überlebt es vielmehr die Gewalt und umfaßt die gesamte menschliche Zivilisation, die umgebende grüne Welt der Land-wirtschaft, verbindet so Natur und Kultur und die spirituelle Welt, in der das Göttliche auf die Gaben der Menschheit angewiesen ist.

Wie wäre es, wenn das ursprüngliche Kontinuum, aus dem wir alle hervorgehen – ob wir es nun präödipal, narzißtisch, ozeanisch oder empathisch nennen –, weder zerschmettert noch verdrängt würde, sondern ausgedehnt und verwandelt? Wenn Reife bedeu-tete, daß das empathische Kontinuum fortschreitend differenziert und moduliert würde? Dann erlebten wir weder eine zu starke Bindung an, noch die Trennung von Elternfiguren. Freiheit und Kreativität, Humor, Weisheit und Individualität würde sich nicht in der Abspaltung von den Eltern entwickeln, sondern in einem *sich ständig erweiternden Netz von Beziehungen*, in dem die Eltern bedeutsame Gestalten bleiben, in der Realität und symbolisch. Wenn Symbole – oder besser, Metaphern – die Macht der Ver-wandlung haben, sollte ihre die Alltagswirklichkeit überspan-nende Kraft gefördert und nicht zusammen mit der Vorstellungs-kraft des Kindes erstickt werden. Ein größerer Spielraum für

Vorstellungskraft und Beziehungen wird sowohl eine geräumigere Welt als auch ein größeres Selbst entstehen lassen, denn an »Übergangsobjekten«, die uns von der Abhängigkeit befreien, wird dann kein Mangel sein. Ein Zustand der Interdependenz – innerpsychisch und pankulturell – erfordert ein Feld von unendlich variierenden und sich endlos überlagernden Energien, männlichen und weiblichen. Verbindung/Beziehung ohne Einschränkung: Das ist ein Geheimnis, das uns das auferstehende kleine Mädchen vielleicht lehren kann.

Kapitel 4

# Psyches Selbst

*Psyches Reise zu Eros und Unsterblichkeit ist eine Reise in die*
*dunkle Seite unserer Seele ... denn der Teil der Seele/des*
*Geistes, der in dieser Kultur für uns dunkel bleibt, der in uns*
*schläft, den wir das › Unbewußte‹ nennen, ist das Wissen, daß*
*wir untrennbar mit allen anderen Wesen des Universums*
*verbunden sind. Die Zeichen sind zu uns durchgedrungen.*
Susan Griffin, Pornography and Silence

*Jedes wirkliche Einzelwesen ist ein Ort für das Universum.*
Alfred North Whitehead, Prozeß und Realität

*Die Betonung der Beziehungen, der Anspruch, die Dinge*
*miteinander zu verbinden, die Weigerung, sich mit weniger als*
*allem zufriedenzugeben – das macht den Gehalt des*
*metaphysischen Feminismus aus.*
Robin Morgan, Going Too Far

Daß wir untrennbar mit allen anderen Wesen im Universum verbunden sind – wie können wir dieses Wissen in unserem Bewußtsein und unser Bewußtsein in diesem Wissen verankern? Trotz der Gewohnheit, dies als ozeanische Gefühle herabzusetzen und auszuschließen, sind in der Tat »Zeichen« zu uns durchgedrungen.[1] Wir haben uns im vorangegangenen Kapitel mit einigen interpersonellen und transpersonellen Modellen unseres fundamentalen Untereinander-Aufeinander-Bezogenseins auseinandergesetzt. Doch das genügt nicht. Wenn wir das Schwergewicht auf die Beziehungen, auf die wahre, das heißt die wesensmäßige Beziehungsorientiertheit des Selbst legen, dann brauchen wir einen größeren theoretischen Spielraum als ihn uns die Psychologie bietet. Mag es auch archaisch erscheinen: Wir müssen meta-physisch werden. Oder besser: Wir werden uns dazu bekennen, daß wir in gewisser Weise bereits metaphysisch sind, bereits er-füllt von den Zeichen dessen, was wirklich wirklich ist – etwas, das wir mit allen Wirklichkeiten teilen, insofern sie wirklich *sind.* Doch warum sollten wir über das Einzelselbst hinausgehen zu dem, was das Selbst mit allem anderen gemeinsam hat – beson-ders wenn wir versuchen wollen, die hochgestochenen Ansprü-che androzentrischer Abstraktion zu vermeiden? Ich wiederhole: Wir tun das sowieso schon, immer. Jede/r hat – wenn auch noch so vage – teil an einem begriffsbildenden Netzwerk, welches die eine Erfahrung mit der nächsten verbindet. Es geht exakt um Bezie-hung/Verbindung. Denn das *meta* im Wort Metaphysik kann ge-nauso »mit« wie »jenseits« bedeuten (und damit *mit dem* und nicht *jenseits* des Physischen), im Sinne einer Perspektive, die sich *über* jedes isolierte Wesen *hinaus* zu seiner Verbundenheit *mit* allen anderen bewegt. Es wird uns vielleicht guttun, uns auf einen weniger soziopsychologischen und damit weniger anthropozen-trischen Ausflug in die Vorstellung vom Selbst zu begeben.

Um die Metaphysik, in der wir bereits befangen sind, zu erklä-ren, müssen wir uns an der ersten mythischen Arbeit von Psyche, die sich auf die Suche nach Eros begibt, beteiligen. Das bedeutet, die uferlose bunte Mischung der Erfahrung in einige wenige Ka-tegorien zu ordnen. Obgleich Psyches Aufgabe zunächst zum Miß-erfolg verdammt schien, bedarf es dennoch keiner unendlichen Geduld: Schließlich kamen die Ameisen Psyche zu Hilfe. Da die weibliche Psyche auf ihrer Reise nicht in heroischer Haltung Hilfe zurückweist, wird uns in diesem Kapitel das Denken von Alfred North Whitehead eine besondere Hilfe sein.

In der alten römischen Allegorie der Psyche ist das Motiv für ihre Suche das Begehren nach Eros – also die Liebe zur Liebe. Psyche weigert sich, Eros weiterhin blind zu lieben, unbewußt in einer narzißtischen nächtlichen Vereinigung mit einem Liebhaber zu verschmelzen, den sie nie *gesehen* hat; sie wird von der schlimmsten Strafe ereilt: der Trennung. Eros benimmt sich wie ein typisch patriarchaler Mann und flüchtet vor ihrem Bedürfnis, ihn kennenzulernen. Doch genau wie sie eine verschmelzende Unbewußtheit abgelehnt hat, lehnt sie sich nun gegen eine aufge-

zwungene Trennung auf. Selbst in der frauenfeindlichen Erzählweise von Apuleius erleben wir, wie sie die Regeln sprengt und
sich auf die Reise macht. Sie will Eros – *das* Prinzip der Beziehung – haben, und zwar unter neuen und gleichberechtigten Bedingungen. Die Seele kann weder in der Trennung noch im Unbewußten gedeihen – sie muß ihren Eros wieder einfordern. Das
heißt, sie muß mit offenen Augen lieben, ihre Bezogenheit bewußt,
selektiv, verantwortlich einfordern. Unsere Beziehungen bilden –
ob wir uns dessen nun bewußt sind oder nicht – ein metaphysi-
sches Kraftfeld: Schließlich war Eros ursprünglich das bisexuelle
Prinzip der Weltschöpfung.[2] Wir werden im Denken von Whitehead wieder auf den kosmischen Eros treffen, und zwar als »das
göttliche Element im Universum«, das alle Dinge zueinander und
zur Selbstverwirklichung lockt. Mit ihrer hartnäckigen Suche
praktiziert Psyche »die Weigerung, sich mit weniger als allem
zufriedenzugeben«. Eros ist eine Bezeichnung für dieses grenzenlose Begehren, das Begehren, das über die festgelegten Grenzen
aller Trennungen hinausgeht.

## *Kosmische Gewebe*

Diese Suche, dieses Verlangen nach Beziehung, ist entscheidender Bestandteil feministischer Sensibilität – nicht lediglich als
Wunsch, sondern als treibende Kraft –, um das zu realisieren, was
real, was wirklich ist. Realisieren bedeutet zum einen, sich des
Wirklichen bewußt zu werden, und zum anderen, es zu verwirklichen: Damit übt Realisieren sowohl kognitive als auch transfor-
mative Kraft aus. Doch in welcher Hinsicht kann feministische
Theorie metaphysisch sein? Sicher nicht im Sinne irgendeiner
Pseudoobjektivität oder technischen Konstruktion, die vorgibt, die
ganze Wahrheit zu erfassen, indem sie die physische Welt (und
damit implizit das Weibliche) als nachgeordnet, als zweitrangig
betrachtet.[3] Da feministisches Denken stets tief vom Bewußtsein
aller Eventualkräfte – als da sind Familie, Institutionen, Gefühle,
Körper – durchdrungen ist, kann es die Realität gar nicht sub
specie aeternitatis sehen und tut es auch nicht; wenn das Subjekt
seinen eigenen Gesichtswinkel absolut setzt, dann hat es sich

lediglich von der Realität abgesetzt und disqualifiziert sich damit in jedem Falle als Experte. Wenn das Subjekt sich von der Realität abschneidet, hat es uns nichts mehr zu sagen. Im Gegensatz zur Konstruktion von Modellen, die tatsächlich oder eindeutig mit der Realität übereinstimmen sollen, wie es die Absicht der herkömmlichen Metaphysik war, ist Feminismus eine Tätigkeit von Dekonstruktion. Die dekonstruktionistische (strukturalistische) Philosophie, besonders so, wie Luce Irigaray sie betreibt, hat dazu beigetragen, die »phallozentrischen« Auswüchse der metaphysischen Tradition zurückzustutzen. Derrida begann mit der Dekonstruktion oder Enthüllung aller Formen von metaphysischer – oder »ontotheologischer« – Absolutsetzung. Der feministische Eros für alles kann also keine festgelegte oder endgültige Totalität konstruieren; die Folge wäre nämlich totalitäres Denken. Whitehead, selbst ein Metaphysiker, bestand darauf, daß »Philosophen ... niemals hoffen (können), diese metaphysischen Grundprinzipien endgültig zu formulieren ... Worte und Ausdrücke müssen für einen Allgemeinheitsgrad einstehen, der ihrer herkömmlichen Verwendung fremd ist; ... (sie) verbleiben ... Metaphern, die stumm auf ein Überspringen der Phantasie warten«[4]. Trotz ihrer Tradition muß sich die Metaphysik nicht von der kruden Unwiderruflichkeit der Geschichte und dem Lärm der Praxis fernhalten. »Metaphysik ist nichts anderes als die Beschreibung der allgemeinen Prinzipien, die sich auf alle Einzelheiten der Praxis anwenden lassen.«[5]

Feministische Theorie ist, wie jede Theorie, *theoria* »Sehen«, das bedeutet Vision; indem wir Beziehung sehen (und hören und fühlen), beginnen wir, sie in allem und jedem zu erfassen und die Beziehung einer Sache zu allen anderen Dingen zu spüren. Doch da wir nie alles auf einmal direkt erleben können, sondern nur einige Einzelwahrnehmungen haben, spähen wir mit diesem Sehen ins Unsichtbare hinein: Das ist die schmerzliche Seite von Psyches Überschreitung und die Funktion metaphorischer Verallgemeinerung. Dem Verlangen, sich nicht »mit weniger als allem zufriedenzugeben«, wird nur »ein intuitiver Sprung« gerecht: Wir bewegen uns durch bestimmte Einzelbeziehungen zwischen bestimmten Einzeldingen, um die unsichtbare Verknüpftheit aller Dinge zu erspähen – und kehren immer wieder zum Einzelnen zurück. Das intuitive Vertrauen, daß alle Dinge miteinander verknüpft und aufeinander bezogen sind, scheint das erste Prinzip vielen feministischen Denkens zu sein. Doch beschränkt sich Metaphysik nicht auf eine Theorie der Selbst-Bewußtwerdung. Nehmen wir zum Beispiel die Worte der komischen Heldin und lesbischen Mutter Arden Benbow (in einem relativ ernsten Augenblick geäußert): »Die Dinge sind miteinander verbunden, weißt du. Die menschlichen Ereignisse sind alle durch ein leuchtendes Netzwerk von Gefühlen, Anschauungen, Ideen miteinander verbunden, die gehen an und aus wie die Lichter an einem Weihnachtsbaum.«[6] Oder auch in Marge Piercys »Bridging« (Brückenschlagen) hören wir eine Beschwörung der Metaphysik der Beziehung:

»Eine deutliche Nabelschnur
spannt sich unsichtbar zwischen
den Fäden, die wir spinnen,
flüssig und feiner als Haar
und doch stark genug, um daran eine Brücke aufzuhängen.«[7]

Die Leuchtkraft eines Netzwerkes, die Stärke eines Netzes – beide Frauen beschwören die Kraft einer fundamentalen Vision. Obgleich sie beide keine Theoretikerinnen sind, weisen die »Ideen«, die wie Lichter an und ausgehen, und die »unsichtbar« erkennbare Brücke auf eine indirekt zugängliche Dimension hin. Gerade durch die Einmaligkeit ihrer Bilder strahlen sie die Allgemeingültigkeit erster Prinzipien aus.

Für diese sich herausbildende feministische Vision bedarf es so etwas wie einer metaphysischen Sensibilität, denn eine solche Vision strebt über die Sphäre des Zwischenmenschlichen hinaus, sucht einen weiteren Kontext, in dem alle Beziehungen neu überdacht werden können. Das ist nicht lediglich eine Frage der Beziehung von Mensch zu Mensch, sondern eines beziehungsdurchdrungenen Ganzen. »Das, was wir aus Gewohnheit als voneinander unabhängige Probleme ansehen – Geschlecht, Rasse, Weltpolitik, Familienstrukturen, die Umwelt, Jugend, Alter –, enthüllt sich als miteinander verknüpft, sobald wir uns um das Hologramm herumbewegen, darunterlugen und uns darüber beugen«[8], sagt Robin Morgan in der Einleitung zu *Die Anatomie der Frei-*

*heit,* sie kündigt damit die tiefen Affinitäten zwischen dem Anliegen des Feminismus und den Metaphern aus der neuen Physik an, die sie in diesem Buch untersuchen wird. Die Holographie schafft ein Modell von der Realität als einem Holon, in dem alles miteinander verknüpft ist, ein Ganzes, dessen Strahlen sich in den Einzelheiten jedes seiner Teile brechen. »Die Mechanismen im Innern des menschlichen Körpers oder im Innern eines Atompartikels«, fährt Morgan fort, »die Fragen von Sterben und Tod, von Masken und Personen, von geistlichem Glauben und wissenschaftlichen Tatsachen, von Ästhetik und Astrophysik, enthüllen sich als miteinander verwobene Ausdrücke eines dynamischen Ganzen.« Die globale Ausbreitung der Intuition der Beziehung impliziert den Feminismus in metaphysischer Breite und verzweigt sich in einer beharrlichen Praxis. Morgan dramatisiert den Umfang unserer Vision, unserer Arbeit und Hoffnung, ausgezeichnet:

> »Auf diesem Planeten, zu diesem historischen Zeitpunkt, ist Feminismus der DNS/RNS-Ruf nach Überleben und nach dem nächsten Schritt in der Evolution. Und dies noch übergreifend ist Feminismus in seiner metaphysischen und metafeministischen Dynamik die Helix menschlicher Hoffnung auf Kommunikation mit allem, was in dem weiten witzigen Mysterium des Universums vor uns liegt.«[9]

Eine Vision von der Welt – eine Weltsicht – ist nicht nur eine Frage dessen, *was* wir sehen, sondern *wie* wir es sehen. Wenn der Feminismus Beziehungen/Verbindungen dort sieht, wo sie bisher nicht gesehen wurden, dann liegt das daran, daß er auf einer Übereinstimmung von Theorie und Methode sowie mit soziopolitischer Praxis besteht. Um Beziehungen zu sehen, müssen wir beziehungsgerichtet denken. Das heißt, wir sehen die Beziehungen, indem wir sie herstellen. Durch die Beziehungen, die wir empfinden, inspiriert und wütend gemacht und angespornt, weben wir weiter an dem Netz, indem wir die Beziehung bewußt machen. Mit dem beziehungsorientierten Nachdenken über Bezogenheit werden neue Muster in das Gewebe der Beziehung hineingewirkt. Doch wird unser Denken sehr schnell wieder durch die Mechanismen von Trennung und Versklavung verkrüppelt.

Die Häxe* – um Mary Dalys *hagi*ographischen Ehrennamen für die dritte Person der Göttinnentriade, die Weise Alte, auszuborgen – muß einfach metaphysisch zunehmen, da sie die Mondmysterien unter sich hat.[10] Die Weise Alte, deren Bereich der Neumond ist, ist zur Expertin für Unsichtbares geworden. Das bedeutet aber nicht, daß wir bis zum letzten Drittel unseres Lebens warten müssen, um zu philosophieren, um den inneren Beziehungen der Dinge nachzugehen. Haben sich nicht die meisten von uns Frauen bereits von Kindheit an älter gefühlt, als wir wirklich waren, als ob es da etwas gäbe, das wir bereits wußten, etwas bedrückend Schwerwiegendes und *Altes*, etwas, das nichts mit dem zu tun hatte, was wir in der Schule lernten, etwas, das so war, als wüßten wir alles? Die Häxe wurde als zu stolz verdammt und als unweiblich in ihre Schranken verwiesen, dennoch war sie immer bei uns – wenn wir ihr vielleicht auch erst dann wirklich gerecht werden können, wenn wir selbst altern, wenn wir in der Lage sind, Visionen zu spinnen, die mythisch ehrlicher und unnachsichtig allumfassender sind.

Wie die Dinge liegen, stammt unsere Metaphysik jedoch hauptsächlich von alten Burschen*, Männern, die das Recht der Weisen Alten für sich usurpiert haben. Dem Archetyp des weisen alten Mannes – oder handelt es sich hier nicht eigentlich um den Helden? – gelang es zu erreichen, daß die weise alte Frau nur noch die Funktion eines ergrauten und nörgelnden Unterstützungsapparates (für IHN) hat. (Sollte es einige wenige wirklich weise Männer gegeben haben, dann muß ihr Stil nicht den unseren beherrschen, müssen ihre Ideen nicht die Oberhand über unsere

---

* Im Englischen *Hag*, umgangssprachlich für häßliches altes Weib, bei Mary Daly die Frau, die sich nicht um die vorgeschriebenen Formen von Weiblichkeit kümmert, die unabhängig ist und dadurch, daß sie sich auch in ihrer äußeren Aufmachung nicht an die herrschenden Schönheitsvorschriften für Frauen hält, auf viele häßlich wirkt. Die deutsche Daly-Übersetzung entschied sich für Häxe, ein Wort das etymologisch zwischen hagezusse, der Zaunreiterin, und Hexe liegt. Anm. d. Ü.
* Unübersetzbares Wortspiel: *old cronies*, zu deutsch Busenfreunde, Kumpel, benutzt die Autorin hier im Gegensatz zu *Old Crone*, der Weisen Alten. Anm. d. Ü.

keimenden Einsichten gewinnen.) Die Häxe weiß vor allem, daß das Wissen um die Verknüpftheit aller Dinge zu einer trivialen Einsicht wird, wenn uns dieses Wissen nicht *verbindend* klar wird. Als ein Wissen, das den blinden Glauben abschafft und das rein Kognitive überschreitet, ist es Gnosis[11], transformatives Wissen. Gnosis, so ruft uns Daly ins Gedächtnis, bedeutet, in einer zerstückelten Welt Verbindungen herzustellen, sie wird den subversiven Tätigkeiten zugerechnet:

>»Die Geist-Einbinder und die, die geistig eingebunden bleiben, sehen weder die Muster der kosmischen Gewebe noch hören sie die labyrinthische Symphonie. Denn ihr Denken ist verkrüppelt und läuft auf geraden Schienen/ausgefahrenen Geleisen ... Da sie nicht verstehen, daß Kreativität in Wirklichkeit heißt, die Querverbindungen zwischen scheinbar unverbundenen Erscheinungen zu sehen, werfen die Geisteingebundenen den Häxen vor, sie ›würfen alle Dinge in einen Topf‹, ihre Form der Wahrnehmung ist eine vollständige Umkehrung.«[12]

Daly führt auf diese Weise ihre charakteristische methodologische Umkehrung durch und enthüllt damit einen wichtigen binären Gegensatz: zwischen der kreativen Tätigkeit des Verknüpfens und der verkrüppelnden Aktivität des Geisteinbindens (sie spielt hier auf das Füßeeinbinden in China an). Binden kann entweder Verbindung/Beziehung oder Sklaverei bedeuten. Das Patriarchat, so meint sie, kehrt diese Bedeutungen so um, daß das, was in Wirklichkeit eine Fesselung des Geistes ist, den »Geistgebundenen« als die Grundlage für den Prozeß sinnvollen Denkens erscheint – beispielsweise in der traditionellen theologisch-metaphysischen Absolutsetzung. Von daher erscheint dann kreative Beziehungsfähigkeit als Chaos und Beschränkung, als ein undifferenzierter Haufen, als ein einschnürendes – mütterlich monströses – Durcheinanderwerfen der Dinge.

## Die Metaphysik der verschiedenen Selbst

Wenn ich hier eine theoretische Unterstützung für die Bestätigung globaler Zusammenhänge, wie sie die Häxe leistet, entwickle, dann geht es mir besonders darum, diese Bestätigung wirklich unserem *Selbst*-Verständnis einzufügen. Abstrakte Verknüpftheit bekommt nur dann einen Sinn, wenn sie körperlich und seelisch greifbar wird: wenn wir unser *Selbst* als Ort unbegrenzter Beziehung sehen. Denn schließlich ist es ja ein als Getrenntes aufgefaßtes Selbst, das ein Gitternetz der Zerstückelung auf die Welt projiziert hat. Die Theorie hat zwar eine ausgedehnte Reihe argumentativer Alternativen angeboten, doch sie alle bewegen sich in einem androzentrischen Kontinuum. Wenn Frauen sich – gerade in ihrer Eigenschaft als nicht in die Normen der Subjektivität Passende – der eigentlichen Vorstellung vom Selbst zuwenden, dann geschieht etwas anderes. Wenn wir uns über die Tradition des Weiblichen als eines Mängelwesens hinausbewegen, dann genügen alle vorher aufgestellten Normen nicht mehr. Ich möchte noch einmal die hier angewendete Methodologie definieren: Wir bitten nicht darum, in die geltenden Normen aufgenommen zu werden, die dann nur ein bißchen zurechtgerückt und ausgedehnt werden müßten; uns genügt es auch nicht, unsere Konzepte von Selbstsein nur auf Frauen zu beziehen; nein, wir versuchen, als Frauen, ein neues Bild davon zu entwerfen, was es heißt, ein Selbst zu sein. Das heißt nicht, daß wir in eine andere Haut schlüpfen müssen, um geschlechtsspezifische Fragen angeblich transzendenten humanistischen Anliegen unterzuordnen, wir wollen vielmehr gerade aus unserer Weiblichkeit heraus eine neue Bedeutung des Selbst entwickeln, ohne daß wir es zu irgend etwas ausschließlich »Weiblichem« reduzieren. Wir finden bei diesem Schritt Unterstützung in der Psychoanalyse des beziehungsgerichteten Empfindens der Frauen, wenn diese unseren Anspruch mitträgt, daß Frauen vielleicht einen besonderen Zugang zu dem geheimnisvollen fehlenden Bindeglied für die radikale Neudefinition dessen, was ein Selbst ist, haben.

Dennoch läßt uns das vorangegangene Kapitel, in dem wir uns mit der Psychoanalyse beschäftigten, mit genauso vielen Fragen wie Antworten zurück. Innerhalb einer Theorie, wie der von Chodorow, konnten wir keine ausreichende Garantie für ein beziehungsgerichtetes Selbst finden. Die weiblichen Zusammenhänge mit beziehungsgerichteter Empathie bleiben auf die gesellschaftlichen Verhältnisse des Patriarchats beschränkt. Innerhalb der Voraussetzungen ihrer Analyse kann Chodorow nur die »männliche« Ich-Differenzierung der »weiblichen« Beziehungsgerichtetheit gegenüberstellen. Wir suchen jedoch nach irgendeinem Weg, *innerhalb* von Beziehung zu differenzieren. Dies würde es uns Frauen ermöglichen, jener komplexen inneren und äußeren Beziehungsfähigkeit, die wir als wesentlichen Bestandteil unseres Selbst empfinden, treu zu bleiben und uns zugleich von den damit einhergehenden Formen der Abhängigkeit und der Selbstunterdrückung zu befreien. Und es würde Männer zu Beziehungsformen herausfordern, die von ihnen nicht verlangen, daß sie ihre Männlichkeit opfern, sondern lediglich, daß sie ihre Ich-Verhärtung und die damit einhergehende Manipulation von Frauen aufgeben. Doch darf Differenzierung – was heißt, zu unserem einmaligen Selbst zu werden – gleichfalls nicht in die Kategorie der Trennung verwiesen werden. Eine Neudefinition der Vorstellung vom Selbst ist notwendig – abstrakter als es Chodorows mehr soziologisch ausgerichtete Studie leisten kann. Mit Recht wird von ihr keinerlei derartige Konstruktion versprochen oder geliefert. Auch mit der etwas absurden Verkoppelung von Chodorow und Jung war das beziehungsfähige Selbst nicht zu erschaffen. Denn Jungs »Selbst«, zwar aufgeladen mit universaler Verknüpftheit, bleibt zu dualistisch gegen das Ego ausgespielt. Die Forderung, das Ich solle sich zugunsten des Selbst opfern – eine Forderung, die von dem religiösen Symbolismus des Todes des Helden hergeleitet ist –, kompensiert (genau wie die klassische Theologie) die *Hybris* des rigide autonomen männlichen Egos. Doch der dünkelhafte Gegensatz: das Ich gegen entweder Gott oder Selbst – als *imago dei* –, wurde durch die Theologie (die ihn zur Erbsünde machte) oder durch die Jungianer (für die er notwendige Voraussetzung von Differenzierung wurde) institutionalisiert. Wie wir bereits feststellten, wird mit diesem speziellen Dualismus von Ich und Gottesebenbildlichkeit lediglich der patriarchale Kreislauf fortgesetzt. Hinzu kommt, daß Jung keine angemessene metaphysische Alternative zu den Dualismen: Selbst versus andere anbietet, und sich seine Hypothese von einem transpersonalen oder kollektiven Unbewußten daher nicht einfach auf einen dynamischen und unmittelbaren Prozeß der Beziehung übertragen läßt.

Nicht nur die Metaphysik, sondern auch das alltägliche Denken des Westens steht unter dem Druck der Annahme, ein einzigartiges Individuum zu sein bedeute, eine dauerhafte, mit sich selbst identische Substanz zu sein, die ihrem Wesen nach von anderen unabhängig ist (außer von Gott, bei dem sich die Dinge einfach umkehren). Innerhalb dieses Kategorien-Gitterwerks wird die Subjektivität als der reflexive, selbstobjektifizierende Fall eines Einsseins gegenüber den vielen aufgefaßt. Wollen wir also das Selbst neu entwerfen, dann sind wir wohl oder übel in dem alten metaphysischen Dilemma des einen und des vielen. Erinnern wir uns, wie die »undurchsichtige Klinge« des monolithischen Ich, wenn es sich im Gegensatz zu den anderen gefangen sah, mit der Vorstellung des reflexiven Selbst-Bewußtseins auf sich selbst zurückschnellt: Das eine, wenn es im Kontext dyadischer Gegensätze definiert wird, kann schließlich nur noch in sich selbst gespalten sein. So war das normative Selbstsein ständig mit dem Spiel von einem und zweien beschäftigt, das sich in den Konstruktionen von Monismus und Dualismus widerspiegelt. »Daher dieses Mysterium, das sie (die Frau, Anm. d. Ü.) in einer Kultur repräsentiert, die prätendiert, alles aufzuzählen, alles durch Einheiten zu beziffern, alles in Individualitäten zu inventarisieren. Sie ist weder eine noch zwei.«[13] So löst Irigaray die Strukturen dieses Schemas auf: Sie weicht ihm einfach aus. Wir sollen uns weigern, uns hinzustellen und zählen zu lassen. In den Rechnungen der Trennungsmentalität hat die Frau nie viel gezählt. Nun soll sie in der ihr zugeschriebenen Absurdität unzählbar bleiben, und damit unberechenbar für die Patriarchen der simplen Einheit. Wie kann man auch die Selbst zählen, wenn sie nach Susan Griffin »untrennbar mit allen anderen Wesen des Universums verbunden sind«. Doch welche Rechenart? Schließlich hat *selbst* in unserer Sprache die Funktion eines Zahlwortes.[14] Das Selbst soll als eine mehr oder weniger stetige Einheit definierbar sein, die sich während ihrer Geschichte nicht verändert und von allem anderen im Raum klar getrennt ist. Was sonst ist möglich? Wäre irgendetwas anderes jemals wünschenswert? Wenn wir uns nicht mehr als abgeschlossene Individuen betrachten, werden wir uns da nicht verlieren? Irigaray bietet hier eine entscheidende Intuition: »Die Frau würde also immer mehrere bleiben, aber vor der Verstreuung bewahrt, weil das Andere schon in ihr... ist.«[15] Mehrere, aber nicht verstreut: Von diesem scheinbaren Paradox ist unsere Fragestellung geleitet. Denn bei Chodorow treffen wir auf die komplexe psychische Harmonie der Frauen – die Vielfältigkeit unserer inneren und äußeren Beziehungen –, die uns jedoch immer noch zu Diffusität, Verwirrung und Unterwürfigkeit verführt. Unter diesen Voraussetzungen kann dann das differenzierte Selbstsein von Simplizität und Abgrenzung monopolisiert werden. Doch kann ich nicht vielfältig sein ohne Verstreuung? Könnte unsere Beziehungsfähigkeit nicht innerhalb eines derartigen vielfältig zusammengesetzten Selbstseins endlich ihre Früchte tragen? »Vor der Verstreuung bewahrt, weil das Andere schon in ihr ist«: Irigaray spielt hier auf die »autoerotisch vertraute« Metapher der Lippen der Vagina an, die zugleich vereint, eigenständig und aufeinander bezogen sind – unterschiedlich aber nicht getrennt. Wenn wir ganz bewußt unsere Teilhabe an allen Dingen oder die Art und Weise, wie das Andere ein Teil von uns ist, einfordern, dann könnte uns das in der Tat davor schützen, uns in Beziehungen aufzulösen. Die Logik unserer metaphysischen Erforschung ist wohl offensichtlich: Wenn ich das viele in mich hineinnehme, bin ich dann nicht viele? Dennoch mag sich eine Ahnung von einer integralen Einzigartigkeit, einer Kontinuität von Identität aufdrängen, doch ist diese im Lichte des »leuchtenden Netzwerkes« kein simples oder wörtlich zu verstehendes Einssein. Wir wollen – indem wir die Geschichte theologischen und philosophischen Nachdenkens über die Einzigartigkeit des Selbst an uns vorüberziehen lassen – der Frage nachgehen: Welche Art von Integrität kommt einem Selbst zu, an dem das viele teilhat?

## Wirrer Wechsel

Wir stellten fest, daß die Theorie des abgegrenzten Selbst mit der Vorstellung des Aristoteles beginnt, das Wesen jedes individuellen Geschöpfes sei Substanz – das heißt, etwas, das nicht *in* etwas anderem oder etwas anderem immanent sein kann, was daher aus sich selbst heraus existiert und unabhängig ist. Wir haben darauf hingewiesen, wie die Theorie des Aristoteles indirekt mit Sexismus verknüpft ist. Doch ist bei Aristoteles diese substantielle Individualität nie im vollen Sinne ein »Selbst«, noch wird sie mit Psyche gleichgesetzt: Auf geheimnisvolle Weise gehört die Seele bei ihm nicht in die Kategorie der Substanz. In *De Anima* scheint es im Universum nur *eine* Seele oder beseelende Form zu geben, die die unendliche Menge vieler Körper beseelt. Die Vorstellung, das Selbst sei unser *eigen* und eine subjektive Innerlichkeit, ist erst durch die christliche Reisebeschreibung von der wandernden Seele, die Augustin als erster publizierte, in die theoretische Diskussion gekommen. Doch da Augustin in seinem Denken von der platonischen Tradition ausgeht (in welcher die Ideen und nicht Individuen den Charakter von Substanz haben), sehen wir, wie sich bei ihm eine Vorstellung von Subjektivität herausbildet, die zwar zu den Bedingungen der Abgrenzung tendiert, jedoch nicht substantiell ist. Erst mit Thomas von Aquin fand die Synthese des sich herausbildenden christlichen Individualismus mit dem griechischen Substantialismus statt.

Uns geht es um ein Selbst, das sich nicht in das Inventar einfacher Einheiten einordnen läßt, dennoch spüren wir bei Augustin die Seelenqual des selbstgespaltenen westlichen Willens, der die Einheit des Selbst sucht: »Denn siehe, mein Leben ist Zerstreuung. Doch deine Rechte hat mich angenommen. In meinem Herrn, dem Menschensohn und Mittler zwischen dir, dem Einen, und uns vielen, die mit viel zu vielem beschäftigt dahinleben, auf daß ich ... mich löse ... und nur dem Einen folge.«[16] Augustins Auslegung von *distractio (distrahere)* (Zerstreuung) spielt mit der anderen Bedeutung von »fortreißen« oder »trennen«. Mit der leidenschaftlichen Komplexität dieser Worte ist der erste Auto-biograph der westlichen Welt tatsächlich ein »Selbst-Leben-Schreiber«, der das Leben des Selbst aufschreibt. In seiner Pein angesichts der Selbstspaltung, seinem sehnsüchtigen Verlangen nach Einheit, stellt dieses Selbst dramatisch die Zerstückelung des selbstreflexiven Zustands dar. Zerstreuung ist ein guter Ausdruck für den »Verlust der Mitte« und die Zersplitterung des Willens, die symptomatisch für jeden undifferenzierten Seinszustand sind. Augustin sucht »Sammlung« (recollectio) – Wieder-Zusammengesetzt-Werden* als eines in dem Einen. Die Seele gibt sich ganz gewiß nicht mit den dichotomen Trennungen, die das abgegrenzte Individuum markieren, zufrieden. Die intensive Suche nach dem Einen drückt das Bestreben aus, die Zerstückelung zu transzendieren. Es ist die Suche nach den eigenen verlorenen Teilen, den abgespaltenen Elementen der Persönlichkeit: in der Jungschen Terminologie hieße das, das Ich sucht sein Selbst; bei Winnicott, die falsche Persönlichkeitsstruktur erinnert sich an ihr wahres Selbst. Nach der psychoanalytischen Theorie scheint es nur natürlich, daß Augustin nach Sammlung verlangt, im doppelten Sinne von Erinnerung und Integration. Vieles, was er bei Gott sucht, hat er wohl in seiner Kindheit verloren. Wir könnten hier sogar über die vermittelnde Kraft der »Sohn«-Vorstellung für das Christentum im allgemeinen spekulieren. Abgesehen von der offenkundigen Vergöttlichung eines Menschenmannes und des latenten Vatermordes (demgegenüber sensibler zu sein Freud als Jude besonderen Grund hatte), gehen wir hier einmal davon aus, daß mit dem Symbol des »Sohnes« eine bestimmte Phase der Männlichkeit herausgegriffen wird: die der Kindheit. Hat die überzeugende Kraft des Christusbildes in der partriarchalen Welt etwas damit zu tun, daß es den verletzten präödipalen Jungen, das verlorene Kind, besonders anspricht? Ist »der Sohn« deshalb ein so guter Vermittler zwischen dem abwesenden Vater und dem Menschenmann, weil eine tiefverborgene Erinnerung an die Kindheit das Versprechen enthält, das verlorene Gefühl für Beziehungen wiederherzustellen?

In seinem untröstlichen, wenn auch ambivalenten, sehnsüchtigen Verlangen nach dem VATER (unvermeidlich in der patriarchalen Situation der abwesenden Väter) sucht Augustin seine Ganzheit. Doch führte, wie wir wissen, bei Augustin seine Hinwendung zu Christus dazu, daß er sich mit seiner Mutter Monica wieder versöhnte – eine sehr enge Beziehung, die zunächst einmal auf eine »unvollständige ödipale Lösung« hinzuweisen scheint. Doch (der Argumentation der vorhergegangenen Kapitel

---

* Im Englischen *re-membered*, was die Doppelbedeutung von er-innern und zusammensetzen hat. Anm. d. Ü.

folgend) ist das nur zu seinem Besten und könnte der Grund für die Reste von »ozeanischen Gefühlen« sein, die diesen Mann zugleich peinigen und anziehen. Ich spreche hier nicht von Reduktionismus – der jüngere Augustin spürt, wie viele Mystiker, einen numinosen Affekt, der ihn authentisch seinem nicht-abgegrenzten Selbstsein gegenüber offen sein läßt. Und bis zu einem gewissen Grade könnte das Bild des Sohnes unbewußt – archetypisch – das Dilemma berühren, das durch die frühe persönliche Geschichte als patriarchaler Sohn hervorgerufen wurde.[17]

Doch als Erlösung aus der Zerstreuung gewinnt die Abgrenzung die Oberhand. Die sammelnde Kraft, die sich in ihm zu regen beginnt, darf seinem indirekt psychoanalytischen Potential auf gar keinen Fall zugänglich gemacht werden: Sofort meidet er überhaupt jegliche Erinnerung an die Vergangenheit! Der Text fährt fort: »... daß ›ich vergesse, was dahinter ist‹, und gesammelt, nicht zerstreut, ›mich ausstrecke‹, nicht nach dem, was kommen wird und wieder vergehen ...« (Hervorhebung C.K.) Sein Gefühl des Einsseins, das ihm immer wieder vorauseilt – ein Verlangen, noch keine Erfahrung –, kostet seinen Preis. Augustin trennt sich auf einen Streich von »uns vielen«, von »was dahinter ist«, das heißt, von seiner Vergangenheit und von »dem, was kommen wird«, also der endlichen Zukunft. »Ich aber bin zerflossen in den Zeiten ... Meine Gedanken, das innerste Leben meiner Seele, werden vom wirren Wechsel zerrissen, bis ich dereinst gereinigt und geläutert durch das Feuer deiner Liebe, einmünde in dir.«[18] Die erotisch heiße Metapher des flüssigen Feuers, das in einer eschatologischen Zukunft das Ende aller Trennungen bringen soll, könnte uns dazu verführen, mit dem leidenschaftlichen Bekenner auf eine letzte und endgültige Erfahrung des Einsseins zu hoffen. Doch kann er nicht unterscheiden zwischen der Zerstückelung, die durch das abgrenzende Ich hervorgerufen wird, und der komplexen Pluralität, die als einzig reale Alternative zur Zerstückkelung zu diskutieren wäre. Für ihn besteht nur die Wahl zwischen »wirrem Wechsel« und »dem Einen«. Wie wir sehen werden, ist es kein Zufall, daß ein solcher Abscheu vor Vielfältigkeit einhergeht mit einer Antihaltung gegenüber der Vergänglichkeit, die sich in einem gewissen grundsätzlichen Ekel vor den konkreten Einzelheiten zeigt. Das Christentum hat die klassische Antipathie gegenüber dem Endlichen und dem vielen bereitwilligst assimiliert und in seinem Asketizismus sogar noch ausgedehnt. Die Entwertung des Weiblichen gehört bei diesen Phobien systemimmanent, wenn nicht gar systematisch, dazu. Der christliche Asket strebt nach Einssein – nicht mit dem vielen, sondern mit dem VATER.

Das Einssein des VATERS fand seine klassische Definition als einfache Einheit, die ohne jede Veränderung, ohne jede Vielfalt ist; wenn – so hat es die Theologie vor und nach Augustin ständig behauptet – die Einheit des Schöpfers nicht einfach wäre, dann wäre sie zusammengesetzt (komplex) und damit durch die Natur der Schöpfung verunreinigt.[19] Der ABSOLUT ANDERE bleibt aufs Höchste von seinen eigenen Hervorbringungen getrennt. Die christliche Lehre der göttlichen Einfachheit läutert und verstärkt den radikalen Monotheismus der biblischen Tradition, die Gottheit wird – wie in Kapitel 1 dargestellt – von aller Veränderlichkeit, von jeder Einwirkung aus und Wechselwirkung mit der Welt gereinigt. Denn die Metaphysik der Substanz findet nur in Gott, dem völlig unabhängigen Einen, ihre volle Gestalt. Doch wie steht es mit der Dreifaltigkeit?

Die nachbiblische Vorstellung der Dreieinigkeit scheint ganz spontan zu entstehen, fast als sollte sie die Wucht monotheistischen Denkens kompensieren. Sie kann nicht – wie häufig versucht wird – erschöpfend aus der abstrakten christologischen Notwendigkeit erklärt werden, die Beziehung zwischen dem fleischgewordenen »Gottessohn« und dem »Vater« zu begründen, denn in der (vor allem von Athanasius und Augustin entwickelten) Vorstellung von den drei Personen, die ein Wesen haben, jede Person mit eigener Identität und eigener Funktion, doch untrennbar von den anderen, deutet sich symbolisch die Grundlage für eine alternative Metaphysik an: eine Metaphysik der innerlich verbundenen Individuen, die auf den radikal gesellschaftlichen und ineinandergreifenden Charakter jeglicher Individualität hinweist. In seinem späteren und mühseligen Werk *De Trinitate* greift Augustin tatsächlich die unterentwickelte aristotelische Kategorie der »Relation« (Beziehung) auf, unterscheidet sie deutlich von der des »Akzidens« (Dazukommendes), damit er sie auf die göttlichen Personen anwenden kann. Zumindest hier ist Beziehung nichts

Akzidentielles, ist nicht äußerlich, sondern *zum Wesen gehörig* – denn immerhin sind diese drei zueinander in Beziehung stehenden Personen »auf Grund ihres Wesens« eine Einheit. Das heißt, daß zur Individualität jeder dieser Personen unabdingbar gehört, daß sie untrennbar *von den anderen* ist und nicht untrennbar im Sinne eines abgetrennten Selbst; da sie untrennbar sind, meint Augustin, ist auch ihr gemeinsames Wirken untrennbar.[20] Doch was ist schiefgelaufen? Wodurch wird diese seltsam vielversprechende Offenbarung von Personsein als interpersoneller Beziehung sabotiert? Die Antwort wird sich auf zwei verschiedenen Ebenen ergeben, und es wird zunehmend deutlicher werden, wie die beiden zusammenwirken: Die erste besteht in der Vorstellung des substantiellen Einsseins des Einem-in-Drei, die zweite in der Zeugungskraft einer dreifaltigen Männlichkeit.

Metaphysisch subsumiert Augustin das Symbol des dreieinigen Gottes unter die Kategorie der Substanz und spezifisch unter die der *unwandelbaren* Substanz. Trotz der Versuche, das undifferenzierte Einssein der Substanz mit der Vorstellung von Beziehung abzumildern, setzt sich die Unwandelbarkeit Gottes durch. In Augustins Logik: »In Gott kann jedoch keine Aussage ein Akzidens betreffen, *weil in ihm nichts wandelbar ist*, und doch betrifft nicht jede Aussage die Substanz. Es kann nämlich eine Aussage über Gott eine Beziehung betreffen, so die Beziehung des Vaters zum Sohne . . .«[21] Mit anderen Worten: das besondere Personsein des »Vaters« und des »Sohnes« und des »Geistes« konstituiert sich in ihrer Beziehung zueinander. Wenn »nicht jede Aussage die Substanz (betrifft)«, mag das daran liegen, daß die Substanz in ihrer monolithischen Unabhängigkeit keine Geschichten von aufeinander bezogenen Personen erzählen kann. Doch indem er die Unabhängigkeit Gottes beibehält, schließt Augustin die Gottheit als Ganze in ihre eigene unabhängige Substanz ein, und damit ist ihr jede innere Entwicklung oder jeder äußere Einfluß verwehrt. Nach Augustin ist Gott die einzige unwandelbare Substanz.[22]

Wir müssen uns nicht in die formale Öde dieser Eheschließung zwischen griechischem Substantialismus und christlichem Dogmatismus hineinziehen lassen. Hier passiert etwas von großer symbolischer Bedeutung: Es wird eine Einsicht unterdrückt, die vielleicht das Konzept des Patriarchats in seinem Kern unterminiert haben könnte. Daher ist es aufschlußreich zu beobachten, welchen bizarren Verrenkungen die christliche Metaphysik das Dogma der Dreieinigkeit unterwirft, um die beziehungsgerichteten Implikationen seines Personseins im Zaum zu halten. So kommt Augustin beispielsweise bei seinem Versuch, die Funktion des Heiligen Geistes als die Einheit von Vater und Sohn zu beschreiben oder als Liebe zwischen dem »Erzeuger« und dem »Erzeugten«, schließlich dahin, daß er buchstäblich die Liebe selbst als »eine Substanz« hypostasiert. Es hat vielleicht den Anschein, als würde mit dieser plumpen Objektifizierung, die genau das Prinzip der Beziehung zu einer »Person« macht, die Liebe qua Vergöttlichung besonders geadelt und damit die transzendente Kraft von Beziehung anerkannt. Doch da diese Metaphysik Beziehung letztendlich doch nicht ertragen kann, scheint sie sie mittels Vergöttlichung und Verdinglichung entfernt zu haben. Der Geist, als Dritte Person, scheint immer der letzte, den die Hunde beißen (oder, wie wir noch sehen werden, der Letzte Mann), zu sein. Indem der göttliche Geist der Liebe zu einer getrennt existierenden Substanz gemacht wird, werden sowohl Bezogensein als auch Göttlichkeit in ihrer Unabhängigkeit von jedem Einbruch der Welt abgeriegelt.

Der Symbolismus der Dreieinigkeit scheint von sich aus zunächst einmal auf eine Interdependenz im Kern der Realität hinzuweisen. Die Betonung göttlicher Einheit hätte demnach sicher nicht allein als Prophylaxe gegen die Interdependenz von Gott und Welt genügt. Die Kirchenväter haben mit Recht erkannt, daß eine *komplexe* Einheit bei der Gottheit Prozesse und Veränderungen zugelassen hätte. So vollzieht die trinitarische Spekulation unendliche metaphysische Klimmzüge bei dem Thema, wie Gott zwar eine Dreieinigkeit, trotzdem aber nicht komplex, sondern »einfach« ist: »Nichts Einfaches ist ja wandelbar, jedes Geschöpf aber ist wandelbar.«[23] Gott bleibt nicht nur Drei-in-Einem (ein legitimes Paradox), sondern zugleich *einfach* Einer (ein vorsätzlicher Widerspruch?): »Nicht dürfen wir jedoch Gott, weil er Dreieinigkeit ist, für dreiteilig halten. Sonst wäre der Vater allein oder der Sohn allein geringer als Vater und Sohn zusammen.«[24] Und wird mit einer solchen Einheit der Personen nicht jede echte

Beziehung ausgeschlossen, in der zwei in der Tat *mehr* als einer sind, da jede Person durchaus die Erfahrung der anderen vergrößert? So aber absolviert die göttliche Einfachheit nicht nur explizit das Absolute von der Beziehung zu seiner Welt, von der es nie angerührt werden kann; sie absolviert es auch latent von jeder realen Beziehung zu sich selbst, das heißt, von einer inneren Komplexität, die sich auf wahre Wechselbeziehung stützt.

Wir hörten, wie Augustin in den *Bekenntnissen* nach diesem von jeglicher Veränderung und Besonderheit geläuterten Einssein strebte, sich von allen Beziehungen außer der zu Gott, dem Symbol höchster Abgegrenztheit, befreien wollte. In *De Trinitate* formuliert er den Geist der göttlich-menschlichen Liebe so: ». . . durch sein Gnadengeschenk sind wir ja unter uns eins, mit ihm aber sind wir ein Geist, da unsere Seele an ihm festhängt.«[25] Wieder das gleiche: Wir können nichts gegen die Intuition sagen, daß Integrität nur zusammen mit Liebe möglich ist, auch nichts dagegen, daß Liebe Transzendenz (oder »Gott«) impliziert. Doch die Agape, die christliche Liebe, bedeutet eine Gabe des Höchsten an den elenden Abhängigen. Der Ausdruck »festhängen« spielt absichtlich auf die traditionelle männlich-weibliche Dyade an. Wieder spüren wir, daß die Menschheit das passive »weibliche« Andere gegenüber der göttlichen Männlichkeit ist. Und jede Zärtlichkeit in der Liebesbeziehung, die die Autorität untergraben könnte, muß schnell verbannt werden: »Für uns ist es gut, Gott anzuhangen, da er jeden, der von ihm abfällt, vernichtet.«[26] Damit ist die Sache klar: Für eine patriarchale Metaphysik, die unfähig zur Liebe ist, verkürzt sich die Liebe auf die Furcht vor Zerstörung. Kein Wunder, daß die »Liebes«ethik des Christentums so bereitwillig zur gewaltsamen Unterdrückung von Juden, Frauen, Hexen, Heiden und andersdenkenden Christen führte.

Hinzu kommt, daß die Liebe zu anderen ihren Weg einseitig über die furchterfüllte Liebe zu Gott nehmen muß: Die Gemeinschaft ist ihrem Wesen nach nicht heilig. Nur die vertikale Beziehung der Transzendenz ist geheiligt. Wir stellten im vorigen Kapitel eine umgekehrte psychoanalytische Analogie fest. Für Freud und Jung schmelzen die Grenzen nach unten, zum Unbewußten hin – die horizontalen Möglichkeiten werden nur in minimalem Umfang gewürdigt. Weder in der klassischen theologischen noch in der psychologischen Ich-Transzendenz transzendiert das Ich zum anderen, zum Nächsten. Trotz des beziehungsgerichteten Potentials einfacher christlicher Metaphern – wie der von dem Leib, in dem »wir untereinander Glieder sind«, oder der vom Weinstock und seinen Reben – und obgleich in der Lehre Jesu die Liebe zu Gott und die Liebe zum Nächsten sich nicht voneinander unterscheiden, ganz zu schweigen von dem hebräischen Hintergrund, bei dem die Gemeinschaft im Mittelpunkt steht, konnte in den Lehren der Kirchenväter kein überzeugendes Dogma der Gemeinschaft, der zwischenmenschlichen oder globalen kreatürlichen Liebe wachsen.

Damit kommen wir zu einer anderen Dimension des dreieinigen »Paradoxons«: das seiner drei-gesichtigen Männlichkeit. Angesichts von Chodorows psychoanalytischer Erkenntnis über die relative »Simplizität« der (patriarchalen) männlichen Psyche (vgl. Kap. 3) kann uns die Projektion des einfachen Einsseins als vollkommene Vater-Sohn-Beziehung nicht überraschen. Auch nicht der Eindruck des inneren Widerspruchs, denn Chodorow zeigte, wie innerhalb der traditionellen vaterlosen Familie die *weibliche* Psyche ihrer Struktur nach triadisch ist. Warum dann eine ausschließlich männliche Trinität? Wünscht sich dieser Gott das dreieinige Umfassende der weiblichen Erfahrung ohne ihre emotionale Komplexität? Ist »Gott« der Mann, der innerhalb des Patriarchats – fast – seinen Kuchen essen und zugleich behalten kann: ausgrenzende männliche Omnipotenz zusammen mit weiblichem Bezogensein? Dieser Gedanke ist natürlich »böse Absicht«, die Trinität bleibt ein Dogma von merkwürdiger rationalistischer Unbeholfenheit.

Doch was für ein erstaunlicher Coup, nicht nur *ein* männliches Gesicht von Gott, sondern deren drei in die Welt zu setzen. (Der hebräische Jahwe konnte sich zumindest auf einen strikteren Monotheismus berufen; das heißt, *eine* Gottheit muß logischerweise einem von zwei Geschlechtern angehören.) Mary Daly sagt: »Diese Definition der ›Drei Göttlichen Personen‹ ist das Musterbeispiel für den Pseudogattungsbegriff *Person*, denn er schließt alle weibliche mythische Anwesenheit aus, verleugnet die weibliche Wirklichkeit im Kosmos.«[27]

Die trinitarische Bedeutung des Wortes *Person* liegt historisch vor seiner Anwendung als allgemeiner Gattungsbegriff für menschliche Wesen. Anders ausgedrückt: Die Heiligkeit des Personseins in unserer Kultur ist von einer durch und durch männlichen Vorstellung hergeleitet. So konnten die Gottesmänner, angesichts des von ihnen aufgestellten Bildes vom Drei-Mann-Gott, die Heiligkeit von Frauen systematisch ausrotten. Die künstliche Substantialisierung der Liebe in eine »Person« ist vielleicht das unvermeidliche Resultat des kosmischen Ausschlusses weiblicher Anwesenheit. Die Göttin, sie, der die ursprüngliche schöpferische Kraft eignet, wird durch einen Vater ersetzt, der auf ewig seinen Sohn erzeugt; eine Frau wird nur einmal benötigt, lediglich als menschliches Gefäß. Die steril und furchterregend gewordene Liebe überläßt es scholastischer Erfindungsgabe, das Dogma der dreieinigen Beziehung zu produzieren, während zugleich die Frauen eben wegen der Kraft ihres Bezogenseins entheiligt und entwürdigt werden.

Tatsächlich zeigt sich in der Trinität mit ihrer männlichen Selbstverkapselung eben jener selbstobjektifizierende, selbstbespiegelnde Narzißmus, dem wir bereits früher als Erbsünde des homo incurvatus in se ipsum begegnet sind. Wir schrieben bereits die transzendente Selbstverkapselung der Gottheit dem aufgeblasenen männlichen Ego zu. Daly stellt diese trinitarische Nur-Männlichkeit mit hinreißendem Spott dar: »Dieser dreieinige Gott ist ein Akt der ewigen Versenkung in sich selbst/der Eigenliebe. Das Wort *Person* kommt vom lateinischen *persona*, was soviel bedeutet wie die Maske des Schauspielers oder eine Figur in einem Schauspiel. ›Die Prozession der Heiligen Personen‹ ist der sensationellste Einakter der Jahrhunderte, die eigentliche *Love Story*, aufgeführt von dem höchsten rein männlichen Ensemble. Hier haben wir den Inbegriff des Männerbundes ... Es ist ein ›sublimer‹ (und daher kaschierter) erotischer männlich-homosexueller *Mythos*, die perfekte rein männliche Ehe, der beste Jungensclub, das Muster-Mönchskloster, die oberste Männervereinigung, das Vorbild für alle Varianten gleichgeschlechtlicher männlicher Paarungen. Auf die schüchtern geäußerten Einwendungen christlicher Frauen gab es die klassische Antwort: ›Ihr seid beim Heiligen Geist inbegriffen. Er hat weibliche Züge.‹«[28]

Daly bezieht sich auf das grammatikalisch weibliche Geschlecht des Geistes (sowohl im hebräischen *ruach* als im griechischen *pneuma*), auf das Theologen in jüngster Zeit hingewiesen haben, womit sie hofften, Frauen, die die Strategie mit dem göttlichen Geschlecht in Frage zu stellen beginnen, wieder anzupassen. Doch hat die feministische Theologie tatsächlich eine bestehende, wenn auch magere ikonographische Tradition einer weiblichen Dritten Person ausgegraben.[29]

Angesichts der Assoziationen zur Weiblichkeit des Geistes können wir verstehen, warum der Geist manchmal direkt mit Liebe identifiziert wird. Das weibliche Subjekt steht kulturell für den ins Abseits verwiesenen Wert der Beziehung. Doch schließlich hat die homogenisierte Männlichkeit den Sieg davon getragen und hat alles, was weiblich und was beziehungsgerichtet ist, ins Dunkel verwiesen. Da das rein männliche Absolute seit Anbeginn gänzlich in sich selbst vertieft war, wurden die weitergehenden Möglichkeiten seines Bezogenseins abgetrieben. Im Gegensatz zu Daly spüre ich häufig innerhalb der patriarchalen Traditionen gewisse ursprünglich erlösende Möglichkeiten, die jedoch stets unverzüglich okkupiert werden. In einem Symbol wie der Trinität könnte sich eine ungehörte, erstickte Stimme der Offenbarung verbergen, die zu einem nicht-patriarchalen Pluralismus einlädt. Wenn das so ist, dann erscheint die Macht patriarchaler Prämissen um so bösartiger, da sie sogar solche transformierenden Möglichkeiten, die gelegentlich innerhalb der eigenen Terminologie hervorbrechen, platzen läßt.

Mit der Daly eigenen Methode der Umkehrung kann jeglicher Gegenphallizismus, der sich innerhalb phallokratischer Symbolsysteme zeigt, erklärt werden. Hier zum Beispiel: »Die Ironie dieser Aufforderung zur Assimilation kann besser verstanden werden, wenn wir uns über die Allgegenwart der dreifaltigen Göttin in der frühen Mythologie klarwerden.«[30] Sie beruft sich auf den archaischen, vorpatriarchalen Hintergrund der Dreifachen Göttinnen (einschließlich der frühesten Formen von Athene), die von den das Land überflutenden Patriarchen der Bronzezeit durch Vergewaltigung und Heirat unterworfen und in der hebräischen und christlichen Tradition vollständig durch Männer ersetzt wurden – schließlich sogar in der ursprünglich zur weiblichen Bildwelt gehörenden Form der Dreifaltigkeit. Einige christliche Theologen erkennen, daß das Dogma der Trinität ein »Ursprung der Entstellung« und ein »Künstliches Spiel«[31] sein kann, doch beziehen sie diese Probleme nicht auf das Patriarchat. Die Dreieinigkeit, die ursprünglich zur Göttin gehörte und sich in der triadischen Persönlichkeitsstruktur von Frauen erhalten hat, wurde einer künstlichen Vermännlichung unterworfen – jenem Geschlechtsumwandlungsprogramm, dem sich alle Symbole für heilige Gestalten zu unterziehen hatten. Konsequenterweise sind Männer also fast feminisiert durch die überwältigende Männlichkeit eines Gottes, der selbst ursprünglich weiblich ist!

Gibt es in all dem irgendeine *Realität*? Die Kategorie der »Substanz« stellt wohl eine konzertierte »Masche« dar, um qua Abstraktion an der *Wahren Wirklichkeit* festzuhalten, wenn jedes Gespür dafür abhanden gekommen ist. Wir sehen wieder, wie der Irrglauben androzentrischer Bilder »untrennbar« mit der Metaphysik des getrennten Selbstseins zusammenarbeitet. Idole der Herrschaft treten an die Stelle kosmischer Verbundenheit. Daly schreibt: »Die Allgegenwart dieser falschen Bezeichnung verschleiert die verhängnisvolle Abwesenheit, die das Wesen des patriarchalen Gottes ist. Sie verleiht ihm unendlichen Wert in der geläuterten Sphäre des Wertesystems der Religion der Umkehrungen.«[32] Die Abwesenheit des Vaters führt zu jenem »Tod Gottes« – sei es bei Nietzsche, Freud, Marx oder lediglich aus Teilnahmslosigkeit –, auf den jene vatermörderische Dynamik, die in der muttermörderischen Infrastruktur am Werk ist, schon lange vorbereitet hatte. Als Echo auf die Abwesenheit des präödipalen Vaters, aus der dann die Psychologie der Abgrenzung entsteht, hat die westliche Theologie die Möglichkeit der vielfältigen Verwobenheit unter die Simplizität der Trennung subsumiert. Doch eine von der Welt abgetrennte Heiligkeit wird zur Unrealität. Jedes Selbst erschafft sich nach dem Bild seines Gottes oder seiner Göttin, deren Bilder wiederum von eben solchen Selbst geschaffen wurden. Selbstverständlich kann die Vorstellung von der substantiellen Einheit des Selbst die substantielle Einheit des christlichen Gottes nur in Annäherungen imitieren. In seinen Bekenntnissen, ehe er sich in die dogmatischen Spannungen von *De Trinitate* einsperrte, verlieh Augustin der Individualität eine herausragende Stellung, versah sie mit Leidenschaft. Und trotz seiner späteren Lehren von Gott bleibt für ihn die Seele eher neuplatonisch denn aristotelisch, ist kaum in die formale Trennung der Substanz involviert. Obgleiche seine Gedanken von Anfang an im impliziten Sexismus trennenden Denkens und dem offenkundigen Sexismus seiner Zeit befangen waren, hätte seine Reise zu einer vertieften Erfahrung des Selbst führen können; statt dessen erkennen wir in der einsamen Spiritualität seiner Reise bereits eine sublimierte Form männlichen Individualismus, und daraus geht das Ideal des spirituellen Helden hervor.

## Aufstieg und Fall der Substanz

Augustin scheint im Westen den Grund bereitet zu haben für ein vertiefteres Verständnis für Individualität und zugleich für den zunehmenden Individualismus christlichen Denkens und christlicher Frömmigkeit. Man kann die Ansicht vertreten, daß in der Konjunktion seiner bekennenden Seele mit dem mittelalterlichen Aristotelismus das volle substantielle Individuum gezeugt wird, dem wir ein Jahrtausend später in Thomas von Aquins Leib-Seele-Verbund begegnen. Dem Doctor angelicus scheint sogar die Versuchung des »wirren Wechsels« erspart geblieben zu sein. Wir nehmen hier wieder die Spur des Substanz-Prädikat-Denkens auf, das wir in Kapitel 2 bei Aristoteles verließen. Wir wollen ihm nur kurz nachgehen.

Während die großartige Metaphysik der thomistischen Vision in gewisser Weise Beziehungen zwischen allen Kreaturen des Kosmos herstellt, stellt sie zugleich auch den Triumph des Substantialismus dar. In diesem Schema sind alle Dinge entweder Akzidenzien oder Substanzen. Thomas beschreibt die Beziehungen zwischen Wesen als »akzidentiell«, also zufällig, das heißt, als etwas äußerlich ihrem Wesen Hinzugefügtes. Manchmal scheint bei Thomas von Aquin eine andere Möglichkeit auf. In seinem Versuch, mit der Dreiheit-in-Einem der Trinität zu Rande zu kommen, die stets ein Problem für die Kategorien der Substanz war, formuliert er die Vorstellung von »subsistenten Relationen«.[33] Er folgt jedoch Aristoteles, wenn er seine grundlegende metaphysische Einheit als »das Subjekt, d.h. eine bestimmte Substanz«[34]

formuliert. Und Substanz hat zwei Hauptmerkmale: Eines davon sei, meint Aquin, daß sie einer eigenen Existenz fähig ist, denn ein Akzidens kann nicht von einer Substanz getrennt werden, doch eine Substanz kann sich von einem Akzidens trennen. Zweitens ist die Substanz ein ganz bestimmtes Einzelding.[35] Abgetrenntsein und ein Einzelding sein gehört nach Aquins Meinung zusammen; ein Individuum sein heißt bei ihm, getrennt sein – fähig sein, aus sich selbst heraus zu existieren.

Damit setzt sich die Getrenntheit oder Unabhängigkeit – im aristotelischen Sinne nicht »in« etwas anderem sein – in aller Stille in der christlichen Metaphysik fest. Doch nur Gott (oder vielleicht ein Engel) ist eine einfache Substanz, denn Gott hat keinen Körper – ein Einzelding sein heißt aber vor allem, in den Bereich des Zusammengesetzten zu gehören, meint Thomas von Aquin. Das bedeutet: Individuelle Wesen sind im großen und ganzen holistische Synthesen von Materie und Form oder, im Falle menschlicher Wesen, von Leib und Seele. Die substantielle Form des Menschseins, die rationale Seele, ist für Aquin (anders als für Aristoteles) auch eine Substanz. Sie bleibt ihrem Wesen nach selbstidentisch; sie unterliegt zwar äußeren, »akzidentiellen« Veränderungen, doch trägt sie (mit der seltenen Ausnahme der »substantiellen Veränderung«) die ihr zugrundeliegende Einheit eines dominanten Subjekts. Thomas von Aquin hat zwar die neuplatonische Trennung von Körper und Seele überwunden, doch fehlt ihm – zumindest auf dem Papier – die mystische Fähigkeit, zu erleben, wie die eigenen Ich-Grenzen in ekstatischer Vereinigung mit der Gottheit dahinschmelzen. Das Natürliche ist, nach der klaren Unabhängigkeit seiner Gesetze, von dem Übernatürlichen getrennt. Hinzu kommt, daß die Beziehungen zwischen existierenden Wesenheiten einzig in der gemeinsamen Gleichheit der Universalien, der Formen, die sie als individuelle Teile einer Spezies verkörpern, bestehen: Hier gibt es kein horizontales, weltliches Zusammenfließen.

Das große Verdienst der aristotelischen Tradition besteht darin, daß sie konkrete, komplexe Verkörperung anerkennt – ein Vorteil, den Aquin auf die biblische Betonung der Auferstehung des *Leibes* bezog, im Gegensatz zu einer orphisch-platonischen Unsterblichkeit einzig der Seele. Das Selbstsein lebt also in einem getrennten Leib-Seele-Verbund und behält damit (oder gewinnt wieder) eine gewisse innere Komplexität.

Jedoch bleibt die ewige Einfachheit des Unbewegten Bewegers das Ideal. Ja, indem sie Gottes Tätigkeit der Selbst-Kontemplation entfaltet, wirft die Logik der einfachen Substanz ein entlarvendes Licht auf die Frage der narzißtischen Selbstverkapselung: Des Ersten Bewegers Akt des Verstehens, der sich nur auf sich selbst bezieht, sei ewig und unwandelbar, meint Aquin. Daher könne der Intellekt des Ersten Bewegers nichts Zusammengesetztes verstehen.[36] Mit anderen Worten: Der erste Beweger kennt nur sich selbst und kennt daher nichts Zusammengesetztes; umgekehrt bleibt er ewig der gleiche – unbewegt –, gerade weil er gegensätzliche Dinge nicht »versteht«. Ergo: Gott versteht die Dinge der Welt nicht! Da das Gewußte stets den Wissenden beeinflußt, da trotz allem die Teilhabe des Subjekts am Objekt aus der Verständnisfähigkeit erwächst, kann dieser Gott – das höchste Subjekt – nicht einmal die Welt, die er selbst erschaffen hat, kennen. Auf diese Weise bleibt ihm seine Simplizität erhalten – durch einen ewigen Akt der Reflexivität. Dieses unergründlich abgegrenzte Wesen konnte nur von dem Verlangen des patriarchalen Ich ausgeheckt werden, frei von Vielfältigkeit und Veränderung zu sein, frei von Beziehung und von dem Bedürfnis, den lästigen anderen kennenzulernen.

Als einige Jahrhunderte später mit Descartes die Moderne beginnt, spaltet sich die von Aristoteles und Aquin umsichtig hergestellte Einheit von Körper und Seele in zwei Substanzen: die *res extensa*, das ausgedehnte Ding, das ist der materielle Körper, und die *res cogitans*, das denkende Ding, das er mit der Seele gleichsetzt, die ihrem Wesen nach als rational definiert wird. Wenn sich die Materie im Raum ausbreitet, dann fehlt der Seele nunmehr die Ausbreitung und sie wird somit, könnten wir sagen, reduziert bis zur Zwecklosigkeit. Als Descartes fröstelnd und einsam neben seinem Ofen meditierte, fand er einen überzeugenden Beweis für seine Existenz nur in der Tatsache, daß er über seine Existenz *nachdenken* konnte: Er *dachte*, darum *war* er. Seine Fähigkeit, harte Fragen zu stellen, mußte gefeiert werden. Doch sollte die Existenz eine kosmisch gemeinsame Sache sein, dann ist es kein Wunder, daß er den Kontakt dazu verloren hat. Er definiert Substanz nun als etwas, was zu seiner Existenz nur seiner selbst bedarf.[37] Hier grüßt Aristoteles von ferne. Da Descartes die denkende Substanz mit dem rein reflexiven Selbst gleichsetzt, begegnen wir hier zum ersten Mal in der Begriffsgeschichte dem voll substantiellen Selbst – dem selbstobjektifizierten Selbst, das autonom und damit grundsätzlich von allem anderen getrennt ist, angefangen vom eigenen Körper. Doch sogar Descartes muß Gott in sein Denken einführen, um wenigstens Augenblicke der Geschichte des gleichen Ich miteinander zu verbinden. So gibt Descartes zu, daß nur Gott, als eine dritte Art von Substanz, wirklich dem Kriterium absoluter Unabhängigkeit gerecht werden kann. Diese göttliche Substanz erhält den Geist und den Körper und die fehlende Beziehung zwischen beiden durch einen Akt neuer Schöpfung, die jeden Augenblick geschieht. Hier blitzt kurz die Andeutung einer dynamischeren Interdependenz auf, doch verschwindet sie wieder in der bizarren Materialisierung der Beziehung, die mit der vielverspotteten Zirbeldrüse geliefert wird. Die seiner dualistischen Vision zugrundeliegende Definition von Substanz wird schlechthin nie mit seiner Lehre von Gott versöhnt: Körper und Geist existieren unabhängig voneinander – aber nicht ganz! Wir haben hier ein klassisches Beispiel für ein Denken, dem Whitehead »Inkohärenz« nachweist, als die »willkürliche Zusammenhangslosigkeit zwischen den Grundprinzipien«.[38] Diese systemimmanente Inkohärenz, die in den begrifflichen Vorstellungen von einer so zweifelhaften Substanz wie Descartes' Geist steckt, bestätigt nur, wie tief die Vorstellung, Realität bestehe aus getrennten Dingen, verwurzelt ist. Descartes zweifelt eher an seiner eigenen Existenz als an den Prämissen der Substanz.

Leibniz und Spinoza setzten die neue Tradition des philosophischen Rationalismus fort. Doch beide erkennen die Inkohärenz im System ihres Meisters. Leibniz versucht, den Rationalismus mit dem großangelegten Pluralismus der Monadenlehre wiederherzustellen, die jedes Einzelwesen zu einem dynamischen Mikrokosmos macht, der das Ganze widerspiegelt. Doch diese Reflexion geschieht im heimlichen Kämmerlein der »fensterlosen Monade«. Ihre Beziehungen zu anderen Monaden finden stets nur in ihrem Innern statt. Dennoch sind sie nicht in der Lage, die Zusammensetzung des Einzelwesens grundlegend zu verändern, denn die Beziehungen sind im Wesen der Monade vorprogrammiert. Den Monaden fehlt reale oder durch Ursachen hervorgerufene Beziehung zueinander.

Spinoza geht den entgegengesetzten Weg. Statt die Realität in einer unendlichen Pluralität getrennter Monaden zu multiplizieren, löst er sie in eine einzige Substanz auf. Gott, Welt und menschliche Subjektivität werden zu *einer* Realität. Innerhalb dieser pantheistischen Sicht gibt es keine Zerstückelung. Einzelwesen sind »modi« (Daseinsweisen) der einen Substanz. Dennoch bleibt das Substanz-Prädikat-Denken bestehen, und in einem Ein-Substanz-System verschlingt der Monismus des Absoluten letztlich seine Prädikate. Es herrscht Einheit und nicht miteinander verwobene Vielfältigkeit. Nach Hegels Spinoza-Interpretation war dessen Position nicht die eines Atheismus, wie seine frühen Kritiker meinten, es handelt sich vielmehr um Verleugnung der Realität der Welt, es war ein Akosmismus. Ohne anderes, auf das man sich bezieht, existiert keine Welt.

Es blieb den britischen Empiristen vorbehalten, die Voraussetzungen des Substanzbegriffs in Frage zu stellen und allmählich abzubauen. Hume (der auf die Abbrucharbeit von Locke und Berkeley zurückgreifen konnte) stellt schließlich die Frage nach der Kohärenz jeglicher unsichtbaren und unwandelbaren Substanz, die den Prädikaten von Beziehung und Veränderlichkeit zugrunde liegen soll. Und er war derjenige, der diese Kritik auch auf die am höchsten geschätzte Bastion traditioneller Metaphysik, nämlich die Vorstellung vom substantiellen Selbst (oder der substantiellen Seele) ausdehnte, die damit in ein »Bündel von Eindrücken« zerbröckelte. Doch entwickelt sich aus dem Schutt des philosophischen Rationalismus noch keinerlei echte Alternative. Nachdem Hume die einfache Einheit des substantiellen Modells erfolgreich zerstört hat, gelingt es ihm nicht, eine Basis für persönliche Identität, ja überhaupt für *irgendein* Selbst zu finden. Wenn unsere Wahrnehmungen sich auf etwas Einfaches und Individuelles stützen oder unser Erkenntnisvermögen eine reale Beziehung zwischen ihnen herstellen könnte, dann sei die Sache einfach, meint Hume. Doch müsse er für sich das Privileg eines Skeptikers in Anspruch nehmen und gestehen, daß dieses Problem sein Begriffsvermögen übersteige.[39] Da er nichts der traditionellen Substanz Ähnliches findet, an dem er die Wahrnehmungen festmachen kann, findet er auch keine Basis für ein wahrnehmendes Selbst: Er könne dieses Selbst nie ohne Einzel- oder vielfältige Wahrnehmungen erkennen, meint er, und außer diesen Wahrnehmungen könne er eben überhaupt nichts erkennen. Von daher schließt er, daß das Selbst lediglich aus einer Reihe von Wahrnehmungen bestehe. Diese Vorstellung scheint in der Tat vielversprechend: ein zusammengesetztes statt eines substantiellen Selbst. Damit wäre eine komplexe Bindekraft der Erfahrung möglich. Das stellt eine zusätzliche Stütze für Humes allgemeine These dar, daß die Philosophen die Macht der Rationalität überschätzt haben. Wenn Wahrnehmungen einzeln existieren, so meint er, dann bilden sie nur dadurch ein Ganzes, daß sie miteinander verbunden werden. Doch würden diese Beziehungen der menschlichen Erkenntnis auf immer unzugänglich bleiben. Wir könnten nur *spüren*, wie eine Beziehung oder gedankliche Anstrengung sich von einem Objekt zu anderen bewegt.[40] Doch kann ihn die Hypothese vom Zusammengesetztsein nicht überzeugen. Warum nicht? Hume mißt seinen Gefühlen keinen Wert bei. Sie sind für ihn nicht stichhaltig genug, um ihn von der Realität der Beziehung zwischen den Wahrnehmungen sowie zwischen seinen Wahrnehmungen und den wahrgenommenen Dingen überzeugen zu können. Zwar gelangt er hier anhand seiner Kritik an der rationalen Grundlage des Empirismus geradewegs zu einer Basis für eine neue postsubstantielle Sicht des Selbst. Scharfsichtig erkennt er, daß ein solches Selbst eine Sache der Verbundenheit statt der simplen Einheit wäre und daß sich das rationale Verständnis dem Gefühl fügen müsse, wenn nun die Beziehungen, die zwischen einfachen und klaren Perzeptionen bestehen, wahrgenommen werden sollten. Doch sind Beziehungen als solche unsichtbar, unhörbar – kein Gegenstand für Sinneswahrnehmung oder diskursives Denken. Hinzu kommt, daß für Hume eine Erkenntnistheorie des Empfindens als ein Widerspruch in sich erscheint.

Das schwer faßbare Gefühl von Beziehung, das Hume zwar wahrnimmt, doch nicht weiter beachtet, wird sich für die uns gestellte theoretische Aufgabe als äußerst wichtig erweisen: Nur Wissen durch Fühlen kann in uns jene Zeichen wecken, die »in uns schlafen«, in »jenem Teil der Seele/des Geistes, die in dieser

Kultur für uns dunkel bleibt.«[41] Hume fühlt die Beziehungen, kann sie aber nicht denken. Weiter vorn erlebten wir, wie Freud sich für unfähig erklärte, derartige Beziehungen zu fühlen, wie er aber – aufgrund dessen, was ein Freund davon berichtete – sie zu denken versuchte. Vielleicht ist gerade die Tatsache, daß diese »Idee... eines unmittelbaren Gefühls... vom Zusammenhang mit der Welt« Freud nicht zugänglich war und ihm daher als regressiv erschien, der Grund, warum gerade *ihm* jegliche Vorstellung eines Selbst neben dem Ego fehlte.

Wir bewegten uns von der einfachen Einheit, um die sich Augustin bemühte, zu dem Bündel disparater Eindrücke, das Hume hinterlassen hat. Keiner von beiden kann erklären, wie alles untereinander verknüpft ist: Der erstere braucht das nicht, der letztere kann es nicht sehen.

## Selbst als Strom, Selbst als Gesellschaft

Erst William James mit seiner einzigartigen Kombination von psychologischer und philosophischer Kreativität sollte die Vorstellung von Beziehung auf die Begriffsebene heben. Er lobt den Humeschen Empirismus, weil dieser die rationalistischen Spinnweben der Substanz ausgekehrt habe. Doch widerspricht er der Auffassung von einzelnen, getrennten Wahrnehmungen, die Hume mit Kant teilt. Niemand, so meint James, hat jemals einen einzelnen Eindruck gehabt.[42] Vielmehr sind unsere Eindrücke von Anfang an nicht voneinander zu trennen, in ihnen drückt sich das Muster eines gestalteten Bewußtseins[43] aus. Daraus resultiert James' Axiom, daß die Eindrücke gleichzeitig auf ein Bewußtsein treffen, das sie noch nicht als getrennt erfahren hat.[44] Dieses Prinzip ist entscheidend für den »radikalen Empirismus«, den James dem Humeschen Empirismus sowie dem Kantschen Idealismus und den vorangehenden Auffassungen des Substantialismus gegenüberstellt. Wenn sich für Hume die Realität in Einzelwahrnehmungen aufgliederte, dann war sie für Kant im autonomen Subjekt begründet. Bei keiner dieser Formen des Separatismus konnten die Beziehungen zwischen den subjektiven Wahrnehmungen oder zwischen Subjekten und Objekten eine eigene Realität annehmen. In ihnen geistert immer noch das Gespenst der unabhängigen Substanz. Mit einem revolutionären Schritt gibt James den Beziehungen ihren vollen ontologischen und erkenntnistheoretischen Status. Er meint, daß die Beziehungen, die Eindrücke/Erfahrungen verbinden, selbst erfahrene Beziehungen sein müssen und daß jede erfahrene Beziehung als genauso wirklich wie alles andere angesehen werden muß.[45] James kann die Bezogenheit legitimieren, gerade *weil* er sich der *Erfahrung* der Beziehung zuwendet. Und für ihn besteht Erfahrung grundlegend aus »Gefühl« – jenem einzigen Zugang zu Beziehung, den Hume nicht rational zu würdigen wußte.

»Wenn wir von der Annahme ausgehen, daß es in der Welt nur einen Urstoff oder ein Urmaterial gibt, einen Stoff, aus dem alles besteht, und wenn wir diesen Stoff »reine Erfahrung« nennen, dann ist Erkenntnis ganz einfach zu erklären als eine bestimmte Beziehung untereinander, in die Teile reiner Erfahrung eingehen.«[46]

Der beziehungsgerichtete Fluß der »reinen Erfahrung« tritt an die Stelle der Abgetrenntheit von Substanz, Empfindung oder Subjekt. Denn es gibt kein getrenntes Subjekt, das seinen Objekten vorausgeht: »Die Beziehung des Erkennens selbst ist ein Teil der reinen Erfahrung; das eine seiner Glieder wird zum Subjekt oder Träger der Erkenntnis, nämlich der Erkennende, das andere wird zum erkannten Objekt.«[47]

Wie bei einem Ballett, in dem aus einem großen Wirbel hier und da zwei Figuren für einen Pas de deux von Subjekt und Objekt heraustreten, ist Erfahrung die spontane Choreographie von Beziehungen, und kein Zuschauer steht still und ist vom Tanz ausgeschlossen. Für Frauen wird dieses System eine gewisse Vertrautheit ausstrahlen, denn sie spüren, daß Wissen eine Form von Fühlen ist, und daß eine von Beziehung losgelöste Rationalität die schlimmsten Irrationalitäten verübt. Außerdem könnte uns das an die Objekt-Beziehungs-Theorie erinnern, die die Erfahrung wiederentdeckte als etwas, was die narzißtisch Gestörten in ihrer Selbstverkapselung in gewisser Weise *nicht* haben. Es wurde mit der Aufhebung des ursprünglichen Affekts unterdrückt. Der

Entwurf von William James hat deutliche therapeutische Dimensionen.

Nach dieser Auffassung kann das Selbst keine statische Einheit behalten: Es ist niemals einfach nur *eines*. Es kann aber auch keine dualistische Opposition gegenüber dem anderen beibehalten, noch kann es sich reflexiv zu seinem eigenen Objekt machen: Realität ist auch nicht *zwei*. Die lockere Einheit der Erfahrung als Gefühl ersetzt die Descartessche Seele. Eine neue Auffassung von Persönlichkeit bildet sich heraus, wenn James sich einem prädualistischen Moment in aller Erfahrung zuwendet, weniger einem Moment undifferenzierter Einheit als vielmehr einer gestalteten Ganzheit. Das heißt, er führt den Gedanken des »Stroms des Bewußtseins« ein. Eine Person ist nicht ein von anderen abgetrenntes dauerhaftes Subjekt, das dem Fluß seiner Erfahrung unterworfen ist. Eine Person ist mehr als eine Serie von Augenblickserfahrungen, die durch Übergänge, die James »konjunktive Beziehungen« nennt, miteinander verbunden sind.

Diese Übergänge oder Verbindungsglieder – und nicht eine festgelegte Identität – sind verantwortlich für unser Gefühl persönlicher Kontinuität in der Zeit. Ein Augenblick beansprucht den vorangegangenen Augenblick als ihm gehörig: »Jeder Puls kognitiven Bewußtseins ... stirbt dahin, ein anderer nimmt seinen Platz ein. Der andere kennt unter all den Dingen, die er weiß, seinen Vorgänger ... und begrüßt ihn, sagt: ›Du bist *mein* und mit mir Teil des gleichen Selbst.‹«[48]

Der verschmelzende Augenblick des Bewußtseins nimmt so den vorangegangenen auf, das Selbst baut auf diese Weise sich selbst kumulativ auf, weiß um seine vorangegangenen Augenblicke nicht durch Selbstobjektifizierung oder Selbstidentität, sondern durch eine Qualität von »Wärme und Intimität«.

Natürlich hat James' Theorie auch ihre Probleme. Er verweigert sich jeglicher Vorstellung von einem Unbewußten, spricht statt dessen lieber von einem Randgebiet des Bewußtseins, das normalerweise nicht beachtet wird. Doch ohne einen inhaltlich gefüllten Begriff vom Unbewußten dürfte es sich als schwierig erweisen, eine überzeugende Alternative zu substantiellen Prämissen zu erlangen, mit der eine dauerhafte persönliche Identität zu begründen wäre. Denn ein fließender und abebbender »Strom des Bewußtseins« dürfte in Bedrängnis geraten, wenn Momente völliger Bewußt»losigkeit« zu durchqueren sind. Außerdem bietet James keine geeignete Vorstellung für die Interdependenz verschiedener »Ströme« an, mit der gezeigt würde, wie diese sich gegenseitig beeinflussen. Manchmal reduziert er auch Erfahrung auf Biologie – wenn er zum Beispiel »den Strom des Denkens« vor allem mit »meinem Atemstrom« vergleicht.[49] Vielleicht weil er sich weder vom Unbewußten noch von gegenseitiger Immanenz irgendwelche Vorstellungen macht, muß er sich zu stark auf die reine Physiologie stützen, um innerhalb des Fließens eine Stabilität herzustellen. Dennoch hat ihm seine Tätigkeit als Physiologe bei seiner philosophischen Arbeit gute Dienste geleistet. Er weist den Weg über Idealismus, Dualismus oder Materialismus hinaus. Der Körper wird nicht mehr aus unserer Subjektivität ausgeschlossen. Im Gegenteil – James sieht im Körper das Zentrum des Sturms, den Ursprung koordinierender Kraft, den ständigen Ort der Anstrengung dieser ganzen Erfahrungsreise.[50] Und damit, daß James in der Erfahrung des Selbstseins und schließlich im Kosmos auf Pluralität besteht, hat er die festgelegte Einheit getrennter Subjekte durch ein sich ständig wandelndes Wechselspiel von Perspektiven ersetzt.

Im Denken des 20. Jahrhunderts wird – in Abständen – das Selbst in einer neuen Tonart bedacht: Der soziale Charakter des Selbst wird zum Gegenstand. Der Gedanke, das Selbst sei seinem Wesen nach gesellschaftlich, entsteht aus einer neuen Form soziologischen und psychologischen Bewußtseins und stellt die Beziehung des Individuums zur Gesellschaft in einen neuen Zusammenhang: Individualität bildet sich durch einen Prozeß der Interaktion zwischen dem Organismus und der Umgebung. Besonders George Herbert Mead, eine der führenden Gestalten der amerikanischen pragmatischen Philosophie und ein Schüler von William James und Josiah Royce, hat als einer der ersten das gesellschaftliche Subjekt thematisiert. Meads Denken wurzelt in der Wirkung, die der Darwinismus auf die Ideen des 19. Jahrhunderts ausübte. Die Grundvorstellungen von Organismus und Evolution bestimmen seine Überlegungen, daß das Selbst und das Universum ein Prozeß und keine festgelegten Größen seien. Das Selbst und sein Bewußtsein gehen aus der Kommunikation zwischen Organismen hervor, und so beeinflussen sich Organismus und Umgebung gegenseitig. Doch ist sein sogenannter Sozialbehaviorismus eine direkte Herausforderung für die Vulgaritäten des größten Teils des wissenschaftlichen Behaviorismus. Mead reduziert das Selbst nie auf eine reine Funktion seiner Gesellschaft, auf einen Mechanismus, der auf Reize reagiert.[51] Er unterscheidet vielmehr – zu jedem Zeitpunkt im Prozeß des Selbst – zwischen dem Ich und dem ICH*:

>»Die Haltungen der anderen bilden das organisierte ›ICH‹, und man reagiert darauf als ein ›Ich‹... Das ›Ich‹ lieferte das Gefühl der Freiheit, der Initiative... Das ›ICH‹ steht für eine bestimmte Organisation der Gemeinschaft, die in unseren Haltungen präsent ist, und verlangt nach einer Reaktion... Die Identität (engl. Original *self*, Anm. d.Ü.) ist im wesentlichen ein gesellschaftlicher Prozeß, der aus diesen beiden unterscheidbaren Phasen besteht.«[52]

Mit anderen Worten: ICH bedeutet nicht nur ich als Objekt, sondern die objektifizierte Gegenwart der anderen als Teil von mir. Mead gibt die Ähnlichkeit mit Freuds Über-Ich zu, doch hat er eine durchlässigere fortgesetzte Kommunikation mit einer größeren Gemeinschaft im Sinn. Im Gegensatz dazu garantiert das Ich in jedem Augenblick die Möglichkeit, sich vom internalisierten anderen abzusetzen. Ich existiere weder getrennt von der Gemeinschaft, noch bin ich ihr Sklave. Das Ich ist die kreative und einzigartige Antwort zum ICH. Die Gesellschaftlichkeit des Selbst besteht aus beiden Phasen – denn durch die Spontaneität des Ich kommen neue Einflüsse in die Gemeinschaft. Bedauerlicherweise scheint Mead seine Theorie des Selbst an die Descartessche Vorstellung von Reflexivität zu binden, wenn er meint, das Selbst als dasjenige, das sich selbst zum Objekt machen kann, sei im wesentlichen gesellschaftlich strukturiert.[53] Da das Selbst grammatikalisch reflexiv ist, nimmt er an, daß es Subjekt und Objekt zugleich sein kann. Doch hat er seine Theorie nicht an eine Reflexivität im strengen Sinne gebunden. Die Ich- und ICH-Phasen des Selbst

* Im Englischen: the *I* and the *me*. Anm. d.Ü.

können jeweils als Subjekt- und Objekt-Phasen verstanden werden: Das ganze Selbst wird sich selbst nicht zum Objekt. Wir haben hier also eine gewisse offene reflexive Bewegung, die der Terminus *Selbst* in der Tat impliziert, ohne daß wir in den selbstbespiegelnden Narzißmus einer festen Substanz zurückfallen.

In der Theologie wurde der Einfluß von Meads Denken besonders bei H. Richard Niebuhr (dem Bruder von Reinhold Niebuhr) sichtbar, der eine Affinität des gesellschaftlichen Selbst (etwa von Mead und Harry Stack Sullivan) zu Martin Bubers prophetisch inspirierter Gemeinsamkeit des Ich und des Du* sah.[54] Sowohl in der biblischen Tradition wie im gesellschaftlichen Behaviorismus entfaltet sich die menschliche Identität im Dialog mit dem anderen, ohne das ich nicht wäre, was ich bin. Niebuhr baut diese Tradition in seine christliche Ethik der »Verantwortlichkeit« ein, als kreative Antwort auf das andere, mit dem ich mich in einer letztlich unbegrenzten Gemeinschaft gegenseitiger Verantwortlichkeit befinde. Interessanterweise nimmt seine Definition von der ethischen Verantwortlichkeit als einer beziehungsorientierten Antwort das Konzept der Verantwortlichkeit vorweg, das Gilligan als typisch weibliche ethische Antwort herausarbeitet, im Unterschied zur Betonung von Rechten oder Regeln (Gewichtungen, die Niebuhr kritisiert). Doch dadurch, daß Niebuhr Gott beschwört, wird der Gedanke des gesellschaftlichen Selbst nicht um eine theologische Dimension erweitert, vielmehr fasert damit das vielversprechende Gewebe seines Denkens plötzlich aus. Durchaus legitim wird er sich der Gefahren der Auflösung in der Vielfalt der Einflüsse, für die das gesellschaftliche Selbst offen ist, bewußt und schreckt in einen »radikalen Monotheismus« zurück. »Ich bin eines in meiner mir innewohnenden Vielheit und von daher als Selbst verantwortlich, indem ich im Einwirken des vielen auf mich das Handeln des Einen (Gottes) sehe.«[55] Nur meine Beziehung zu dem einzigen Einen stellt meine Einheit im Fließen dar. Gott wird als eine Einwegkraft für Einheit begriffen, von der ich nur »absolut abhängig« sein kann. So schlägt Niebuhrs Monotheismus seinen Pluralismus: »Das moralische Problem des *einen im vielen* in

---

* Im Englischen Thou (nicht you): Hier ist das göttliche Gegenüber gemeint. Anm. d. Ü.

seinem subjektiven Aspekt ist das Problem des einen Selbst, das dem Ich gegeben und von ihm in aller Pluralität seines Seins gefordert ist.«[56] Hier haben wir ein Einssein inmitten, doch wiederum auch jenseits des vielen, irgendwie von dem vielen abgetrennt. Das bedeutet, er konstruiert die Vielfältigkeit mehr als Drohung und Versuchung, denn als ein vieldeutiges Plenum von Beziehungen: »In unserer persönlichen und sozialen Vielfältigkeit blieb uns ein kleines Samenkorn der Integrität, uns verfolgt ein Gefühl von Einheit und universaler Verantwortlichkeit.«[57] Sicher kann man Niebuhrs Streben nach integrer Sammlung, die sich der Auflösung entgegenstellt, verstehen, doch wird schließlich die Pluralität, wie bei Augustin, dämonisiert: »In meiner Sündhaftigkeit bin ich ein Polytheist oder Polydämonist, der von in verschiedenen Bereichen herrschenden Mächten und Gewalten umgeben ist und auf diese reagiert.«[58] Niebuhrs Problem könnte – genau wie das anderer vielversprechender beziehungsorientierter Denker – daher stammen, daß in unserer Kultur ein angemessenes Interpretationssystem, eine metaphysische Basis für die Beziehung zwischen dem einen und dem vielen fehlt. Wir wenden uns nun den Gedanken von Whitehead zu, dessen Metaphysik dem Einfluß von Mead und besonders von James viel verdankt.

## Das viele spüren

Whiteheads Hauptwerk *Prozeß und Realität* (1929) könnte ebensogut *Prozeß und Beziehung* heißen. Es geht darin um »das Werden, das Sein und das Bezogensein von ›wirklichen Einzelwesen‹«[59] (engl. *actual entities**, Anm. d. Ü.). Auch »wirkliche Ereignisse« (*actual occasions*, Anm. d. Ü.) genannt, sind die wirklichen Einzelwesen für diese »organistische Philosophie«, »die letzten realen Dinge, aus denen die Welt zusammengesetzt ist«.[60] Die Leser/innen können das »wirkliche Einzelwesen« durch »Ich« er-

---

* *Actual entities* – da wir die vom Übersetzer Whiteheads dargestellten ausführlichen Erklärungen hier nicht mitliefern können, nur eine kurze Anmerkung zur Wortbedeutung: mit *actual* meint Whitehead soviel wie aktuell, in diesem Augenblick entstehend, in diesem Moment sich ver-

setzen, doch ist damit jede existierende Wesenheit gemeint, sei es nun ein Quark* oder eine Gottheit. Wirkliche Einzelwesen nehmen den Platz ein, den einst die Substanz oder die Vorstellung vom Individuum hatte. Das Prozeß-Denken spinnt eine ganze Kosmologie aus den Beziehungen jedes dieser Einzelwesen zu allen anderen Einzelwesen. Whitehead sieht diese Individuen als Mikrokosmos: Wie die Leibnizsche Monade ist jedes eine Mikrowelt, die die gesamte Welt in seiner eigenen Konstitution widerspiegelt. »Sie unterscheidet sich aber von derjenigen Leibnizens, da sich dessen Monaden bewegen. In der organistischen Theorie *werden* sie lediglich.«[61] Wirkliche Einzelwesen verändern sich nicht: Konfrontiert uns die Prozeß-Philosophie mit einem statischen Atomismus? Im Gegenteil, gerade die Vorstellung, daß sich ein Subjekt *verändert*, unterstreicht paradoxerweise eine statische Lehre von der Substanz. Das heißt: Daß sich ein Einzelwesen wirklich verändert, bedeutet, daß es dasselbe, seinen Veränderungen unterworfene Subjekt blcibt; wcnn das Subjekt auf diese Weise seine Veränderungen überdauert, bleibt es seinem Wesen nach dasselbe. Die Konsequenz ist: Alle Veränderungen sind nur äußerlich oder zufällig. Hinzu kommt, daß dann auch die Einflüsse der Welt oder anderer Einzelwesen äußerlich bleiben. Wir sind damit nahe der Wurzel eines gewöhnlichen Substantialismus, der unachtsam die Beziehungen zwischen tatsächlichen Individuen zu rein äußerlichen macht. Sie können nicht ineinander hinein- und wieder herausfließen, wenn sie dauerhafte und herrschende Subjekte sind.

Whitehead ersetzt den Begriff der Veränderung durch den Gedanken des Werdens: Wirkliche Einzelwesen sind ›Geschehnisse‹, nicht Substanzen. Wie wird ein wirkliches Einzelwesen? »Jedes monadische Gebilde ist eine Weise des Prozesses, die Welt ›zu

wirklichend. *Entity* bedeutet im Englischen Wesen *und* Ding, das existierende Ding, »etwas, das eine getrennte und bestimmte Existenz und objektive oder begriffliche Realität hat«. (Webster's Dictionary) Im Deutschen entsteht das Problem, daß wir uns unter Einzelwesen schlecht etwas Unbelebtes vorstellen können, vielleicht auch nur Menschliches damit assoziieren. Als Hilfswort könnten wir statt *entity* vielleicht auch Wesenheit verwenden. Anm. d. Ü.

* Subatomares Teilchen. Anm. d. Ü.

empfinden‹, sie in der Einheit des komplexen Empfindens unter-
zubringen.«[62] Mit anderen Worten: Die wirklichen individuellen
Realitäten des Universums sind Ausfluß ihres Empfindens; sie
gehen diesen Empfindungen nicht voraus oder »haben«, präzise
ausgedrückt, diese Empfindungen nicht. Werden heißt, den eigenen Weg ins Sein hineinzu*empfinden*. Prozeß-Philosophie, hier
von James inspiriert, ist eine ganze Metaphysik des Empfindens.

Empfinden in diesem metaphysischen Sinne kann nicht auf
Gefühl als reine Emotion reduziert werden, wenn letzteres auf
affektive Zustände abhebt, die nur für den Menschen typisch sind.
Anders als James – oder fast jeder wissenschaftliche Philosoph
vor ihm – spricht Whitehead per Analogie jeder im Universum
existierenden Wesenheit Empfindung zu, sei es nun ein Sauer-
stoffmolekül, eine Giraffe, du oder eine Gottheit. Als Terminus
technicus steht Empfinden in diametralem Gegensatz zur gesamten Tradition sowohl des philosophischen Rationalismus als auch
des wissenschaftlichen Mechanismus. Wie wir bei Humes Skeptizismus erkannten, wäre es notwendig, dem Empfinden einen Wert
beizumessen, nur so könnte aus dem substantiellen Selbst ein
beziehungsfähiges Selbst werden. Whitehead tut genau diesen
theoretischen Schritt: Empfindungen *sind* die direkten Verbindungen zwischen wirklichen Ereignissen der Erfahrung. »Ein
wirkliches Einzelwesen hat eine vollkommen bestimmte Bindung
an jede Einzelheit des Universums.«[63] Das Empfinden oder »positive Erfassen« *ist* diese Bindung. Das ist nicht nur eine Frage des
Empfindens von Beziehungen, sondern von Empfindungen *als*
Beziehungen. »Jedes wirkliche Einzelwesen ist ein Erfahrungströpfchen, das die wirkliche Welt in seinen Horizont einschließt.
Es ist ein Prozeß, die vielen Data zu ›empfinden‹, um sie in die
Einheit der einen individuellen ›Erfüllung‹ zu absorbieren.«[64]

Das einzelne Individuum ist demnach ein Puls von Erfahrung,
in den die Welt durch Empfinden *hineingebracht* wird. In was
hineingebracht? Denn der/die Empfindende existiert nicht vor
den Empfindungen. Die Welt empfinden bedeutet aus dem Empfinden der Welt hervorgehen. Diese Empfindungen machen mich
zu dem, was ich bin. Das heißt, Individuen verwirklichen sich –
werden wirklich –, indem sie alles andere dort draußen in der
objektiven Welt empfinden oder sich dem Empfinden verweigern

(»negatives Erfassen«). Und die Welt empfinden bedeutet buchstäblich, sie hereinbringen, ihr eine Heimat geben, zulassen, daß sich ihre objektive Vielheit in eine neue subjektive Einheit verwandelt. Hier gewinnt eine neue Theorie vom einen und vielen, von Subjekt und Objekt Gestalt. Empfinden wird definiert als »die grundlegende allgemeine Operation des Übergehens von der Objektivität der Daten zu der Subjektivität des jeweiligen wirklichen Einzelwesens«.[65] Die ursprünglichen Empfindungen greifen hinaus und machen die Dinge *dort* zu Realitäten *hier*, eine komplexere Synthese von Empfindungen bewirkt die Phasen, durch die das wirkliche Einzelwesen konkret wird. Durch diesen Prozeß der »Konkretisierung« tritt das Subjekt aus der Welt der anderen hervor. Oder in Meads Psychologie: tritt das Ich aus dem Wir hervor. Diese Idee des hervortretenden Individuums stellt eine metaphysische Revolution dar. Denn sie ist eine Umkehr der traditionellen Priorität eines dominierenden Subjekts über die Objekte, die es als seine Bereiche – seine Prädikate – beherrscht. Durch Empfinden, faktisch durch das Empfinden der Empfindungen meiner Welt, die meine persönliche Vergangenheit umschließt, entstehen meine persönlichen Erfahrungen. Whitehead stellt eine verblüffende Behauptung auf: Ich *bin* dieses »Erfahrungströpfchen«; ich *bin* die komplexe Einheit von Empfindung, die in diesem Augenblick als Widerhall meines Empfindens der pluralen Welt entsteht.

Im Prozeß-Denken begegnen wir einer Ur-Empathie, die die Realität begründet. Mit dieser Sichtweise wird die psychologische Wahrheit eines empathischen Kontinuums unendlich erweitert. *Em-pathos* bedeutet wörtlich »hinein-empfinden«. Die Welt in mich hineinempfinden, meinen Weg durch die Welt empfinden, die Welt in mir empfinden, mich selbst in der Welt empfinden: Alle diese Bedeutungen entfalten sich aus der Idee der radikalen Bezogenheit, hier positives Erfassen genannt, die uns bereits als die Lehre der inneren Beziehungen begegnet ist. Die Vorstellung von inneren Beziehungen entstand ursprünglich innerhalb des monistischen Kontextes des absoluten Idealismus, demzufolge alle Beziehungen sich innerhalb des Absoluten abspielen (ob dieses nun als Substanz, als Idee oder als pantheistisches Erbe vorgestellt wird). Doch Whitehead lehnt jedes monistische eine ab: Für ihn (hier gleicht er Leibniz) ist das Universum als Ganzes seinem

Wesen nach plural. Eines wird es nur in jedem der vielen *einen*, in dem komplexen Zusammenspiel von Empfindungen, die die wirklichen Einzelwesen ausmachen. Innere Bezogenheit heißt, daß alles in gewissem Sinne *wirklich* Teil meiner selbst ist, wie schwach ich das auch verspüren mag. »*Jedes wirkliche Einzelwesen (ist) in jedem anderen wirklichen Einzelwesen.*«[66] (Hervorhebung C.K.) Ich kann nicht existieren, ohne daß ich in gewissem Sinne teil an dir habe, teil an dem Kind, das ich einst war, an dem sanften Wind, der den Flaum auf meinem Arm bewegt, an dem Kind, das in weiter Ferne verhungert, an der strahlenden Rundung des Spiralnebels. Das wirkliche Einzelwesen »nimmt« von jedem in seinem Universum Vorhandenen »Kenntnis«: Es versammelt um sich eine spontane kosmische Gemeinde. Und in dem Maße, in dem ich das, von dem ich Kenntnis nehme, *empfinde*, kann es mir auch *gehören* – ich mache die Welt zu meiner eigenen Welt und erschaffe somit mich selbst. Natürlich kann ich auch nichts empfinden, kann ausschließen – doch auch negatives Erfassen hinterläßt, wie Verdrängung, seine Spuren. Diese Idee der inneren Bezogenheit aller Dinge bekommt erhebliche Unterstützung durch die Unmöglichkeit, ein vollkommen geschlossenes physikalisches System zu orten, das kleiner als das Universum ist – welches in sich wieder nur eine hypothetische Grenze darstellt.

Das Zur-Kenntnis-Nehmen von erfaßter Information, positiv oder negativ, muß nicht bewußt geschehen. Während ich dieses schreibe, muß ich dich nicht kennen, dennoch beeinflußt du mich, wie schwach dein Impuls in mir auch sein mag. Tatsächlich ist auf der Grundebene von Beziehung, inmitten der einfachen gestaltenden Gefühle, die die Erfahrung dieses Augenblicks ausmachen, kein Bewußtsein möglich. Whitehead unterscheidet, wie die Tiefenpsychologen, Bewußtsein von Empfinden oder Wahrnehmen. Die ungeformten Beziehungen der objektiven anderen zum Universum werden empfunden, doch sie bleiben ihrer Definition nach unbewußt. Denn nach diesem Denkschema kommt Bewußtsein erst als eine späte »Phase« (diese Phasen sind keine Angelegenheit linearer zeitlicher Abfolge) bei der Selbsterfassung des augenblicklichen Subjekts hinzu, eine Phase, die auf die komplexen Kontraste zwischen unterschiedlichen Empfindungen gestützt ist. Bewußtsein entsteht aus der Reibung der Kontraste zwischen diesem und jenem, Ja und Nein, dem Wirklichen und dem Möglichen. Doch ist Gegensatz nur *eine* Form des Kontrastes.

Das Selbst ist ein unbewußter und manchmal auch bewußter Akt des Sich-Selbst-Zusammensetzens, ein Zusammensetzen aus seinen Beziehungen. Im System des Prozeß-Denkens ist die Beziehung das, was alles zusammenhält. Ähnlich wie James' konjunktive Beziehungen, sind es hier die Empfindungen, die die wirklichen Einzelwesen an ihren Rändern vereinigen. Doch die Einzelwesen verschmelzen nicht etwa, vielmehr erstehen sie als neue und besondere »Geschehnisse« aus ihrem »Zusammensein«. Die Individualität des wirklichen Einzelwesens ist völlig einmalig: Das Ereignis seines Werdens ist genauso unwiederholbar, wie der Gesichtswinkel dieses Einzelwesens in Raum und Zeit. (Nur ich existiere genau an diesem Ort, in dieser Zeit, in diesem Hier und Jetzt.)

Whiteheads erstes Prinzip ist »Kreativität«, durch sie werden »die vielen . . . eins und werden um eins vermehrt«.[67] Beziehungsorientiertes Zusammensetzen ist daher die Antwort auf die Frage nach dem einen und dem vielen. Das ganze Ziel des Universums ist es, zunehmend komplexere individuelle Erfahrungen zu schaffen: Doch eine solche neue Einzigartigkeit kann nur mit einer zunehmenden Kompliziertheit und Breite der Gemeinschaft stattfinden.

Ist Whiteheads Einssein nicht anfällig für unkonstruktive Vorwürfe einer monolithischen »Verfallserklärung«? Wenn jemand der Meinung ist, daß Einssein per se zu beanstanden sei, daß alle Vorstellungen von Einheit unsere Vielfältigkeit verletzen, dann stellt Whitehead hier keine Ausnahme dar. Wenn es jedoch um die Exklusivität, die Einfachheit und den Imperialismus von Vereinheitlichung geht, dann könnten wir in der Tatsache, daß das Prozeß-Denken auf einer komplexen Einheit besteht, eine begriffliche Alternative sowohl zum Monismus als auch zur Zerstückelung haben. Ein Einssein, das sich aus den vielen zusammensetzt, in das die vielen unversehrt hineingenommen werden – vereint, aber nicht aufgelöst, auch nicht innerhalb der »wirklichen inneren Konstitution« des Individuums –, weist auf eine Integrität des Vielfältigen hin. Ein leichteres Einssein, das sich metaphysischer Starrheit widersetzt. Vielleicht ist dieses provisorische Einssein kein Widerspruch zu Irigarays Verteidigung der Nicht-Einheit der Frau. Es könnte das sein, was wir brauchen: ein eines, das eigentlich immer mehreres ist – es kann sich nicht von den vielen, aus denen es zusammengesetzt ist, freimachen. Und es ist nicht eines gegenüber allen anderen, sondern es ist mitten unter ihnen und schließt sie ein.

Die Idee der Substanz wurde mit der Metapher vom »wirklichen Ereignis« *(actual occasion)* durch die Komposition/Zusammensetzung abgelöst: Ich bin keine getrennte und dauerhafte Substanz, sondern ein Ereignis, in dem das Universum sich selbst zusammensetzt. Dies gilt für alles Wirkliche. »Die physische Natur und das Leben sind nur zu verstehen, wenn wir sie als wesentliche Faktoren der ›wirklich wirklichen‹ Dinge zusammenschmelzen, aus deren Untereinander-Verknüpftsein und individuellem Charakter das Universum besteht.«[68] Untereinander-Verknüpftsein und Individualität scheinen ohne Widerspruch nebeneinander existieren zu können, ja, sich sogar gegenseitig zu steigern. Je mehr Unterschiedliches ich in mich hineinnehme, desto stärker fühle ich mich verbunden – und desto geräumiger ist meine individuelle Natur.[69] Doch zweifellos hebt eine solche zusammengesetzte Subjektivität, zu der ein Subjekt gehört, das *aus* seinen Objekten hervorgeht, jede traditionelle Vorstellung vom Subjekt aus den Angeln.

»Descartes faßt den Denker... als den Schöpfer seiner zufälligen Gedanken auf. Die organistische Philosophie dreht den Spieß um... Der Denker ist das abschließende Ziel, aufgrund dessen es das Denken gibt. In dieser Umkehrung haben wir den endgültigen Kontrast zwischen einer Substanz-Philosophie und einer organistischen Philosophie. Die Tätigkeiten eines Organismus sind auf den Organismus als ›Superjekt‹ gerichtet und gehen nicht vom Organismus als ›Subjekt‹ aus.«[70]

Das *sub* von *Subjekt* bezieht sich auf die Sub-sistenz des traditionellen substantiellen Subjekts, das heißt, auf die Art, wie es seinen Attributen und Beziehungen zugrunde liegt und damit von ihnen unabhängig bleibt, während sie von ihm abhängig sind. Das *super* von *Superjekt* bedeutet das Gegenteil: die Art, wie das wirkliche Ereignis *aus* seiner Welt ersteht, *zu* seiner Welt *hinzu-*kommt. Wenn ich weiterhin den Begriff Subjekt benutze, dann habe ich dabei stets seine superjektive – wir könnten auch sagen transsubjektive – Natur im Sinn. Wie die psychoanalytische Entdeckung der beunruhigenden unbewußten Tiefen unter der Ego-Individualität, steigt auch das Subjekt-Superjekt aus der endlosen Breite seiner Verbindungen zur Welt empor.

Diese Verbindungen verknüpfen jedes Wesen zugleich mit seiner eigenen Vergangenheit und mit der Welt oder, genauer, mit der *vergangenen* Welt. Denn erinnern wir uns: Dieses Subjekt geht nicht seinen Erfahrungen voran, sondern ersteht *aus* seinen Beziehungen; das wirkliche Einzelwesen *wird*, aber verändert sich nicht. Es ist ein Ereignis des Augenblicks. Doch was wird danach aus dem wirklichen Einzelwesen? Es vergeht. Wie Augustins »Dinge, die sein werden und die dahin gehen werden«, so entsteht jedes wirkliche Einzelwesen, »kommt ins Sein«, erreicht die Erfüllung seiner Komposition und vergeht.

Whitehead spricht jedoch nicht von der Dauer eines Lebens, sondern von einem Augenblick. In einem Augenblick sind wir, im nächsten sind wir nicht mehr – zumindest *nicht als das gleiche Subjekt.* Das Subjekt überdauert nicht, verändert sich nicht, es kann daher nie die Herrschaft über sein Universum antreten. Dieses Subjekt des Augenblicks löst sich jedoch nicht in Luft auf, sondern erreicht eine »objektive Unsterblichkeit« (die nichts mit einem tatsächlichen Leben nach dem Tode zu tun hat), durch die es nun zum Objekt in der Welt der hinzukommenden Ereignisse wird. Hier wird die transsubjektive Dimension in aller Schärfe deutlich: Das unmittelbare Empfinden des Subjekts füllt die Gegenwart, doch es kondensiert – selbst in diesem Augenblick – zu einer Art von objektivem Inhalt. In Form dieses objektiven Datums beeinflußt es dann jedes zukünftige Ereignis. »Die Kreativität der Welt ist die pulsierende Empfindung der Vergangenheit, die sich in ein neues transzendentes Faktum schleudert.«[71] Wenn es in die Zukunft vergeht, opfert das Einzelereignis damit nicht den Inhalt des Empfindens auf, das diese eine Erfahrung geformt hat. Auch wird die Vergangenheit nicht zum passiven Datum, zur unbeweglichen Vorgegebenheit.[72] Vielmehr fließt die Vergangenheit kraftvoll in die ihr unmittelbar folgenden Augenblicke ein, die ihr Rechnung tragen müssen, die, ob sie wollen oder nicht, ihren Stempel tragen. Ich empfinde empathisch meine *eigene* unmittelbare Vergangenheit, etwa die Gefühle von Hitze, Spannung, Trauer, Erschöpfung, Neugier – ihre Wahrnehmungen und Gedanken. Und zugleich spüre ich die objektiven Data meiner Welt, in den Gefühlen, Farben, Gerüchen, Verdichtungen und Einsichten, aus denen sich ihr vielfältiger Eindruck zusammensetzt. Doch faktisch ist es die *Vergangenheit*, die ich empfinden kann und kenne, auch wenn diese Vergangenheit der gerade vorangegangene Augenblick ist. Die reine Gegenwart ist noch nicht geworden und ist als solche noch nicht als Data für mein Werden verfügbar.

Mein augenblickliches Selbst denkt vielleicht, »ich bin wütend«. Doch der Ärger, auf den sich das bezieht, gehört der unmittelbaren Vergangenheit an, die zwar die folgenden Augenblicke der Erfahrung beeinflußt, jedoch nicht völlig determiniert. Ich *bin* diese Wut nicht, wenn ich sie benennen kann. Aus diesem Grunde kann der/die/das Wissende sich selbst nicht kennen: Gegenstand des Wissens kann nur ein vorangegangenes Ereignis, ein früheres Selbst sein. Strikte Reflexivität ist unmöglich. Das Selbst kann sich selbst nicht wirklich kennen. Das Schwert kann sich selbst nicht wirklich schneiden. Der/die/das Wissende und das Gewußte sind nicht eins. Wie diese Vorstellung vom Individuum-des-augenblicklichen-Vorgangs, vom Subjekt-Superjekt, das aus einem Kontinuum empfundener Beziehungen ersteht, eine Grundlage für Begriffe vom Selbst und von Person sein kann, werden wir im folgenden Abschnitt untersuchen. Halten wir jedoch zunächst einmal inne und gehen wir bestimmte zentrale Themen Whiteheads in der feministischen Perspektive unserer generellen Fragestellung durch.

## Weithergeholte – aus der Weite geholte – Beziehungen

»Mond – von Sonne berührt und gezeichnet
mein Zauber bleibt ungeschrieben
doch wenn das Meer zurückweicht
dann wird es meine Gestalt zurücklassen.«[73]

Audre Lorde beschwört in diesem Gedicht mit dem Titel »A Woman Speaks« (Eine Frau spricht) ein Geheimnis des Miteinander-verwoben-Seins; das Meer hat die Frau gespürt, die Frau hat das Meer gespürt, beide haben Mond und Sonne gespürt. Im rhythmischen Prozeß der Gezeiten bleibt die Gestalt der Frau zurück, fast wie die Schlangenhaut, die zur Wiedergeburt abgestreift wird. Inmitten all dieses positiv Erfaßten weist sie auf die Spur ihrer eigenen objektiven Unsterblichkeit – die Weltkreativität, die in ihrer Vergangenheit pulsiert, vom Meer absorbiert wird und nun ein Teil von dessen Vergangenheit wird, mitgeteilt auf den Stränden. In der Atmosphäre der Metamorphose ist die Frau selbst nicht faßbar, sie wurde, wird ständig eine andere. Sie ist nie von außen erkennbar, objektiv, sondern nur an den Spuren ihres Einflusses: »Und wenn du mich kennen möchtest/ schau in die Eingeweide von Uranus/ wo die ruhelosen Ozeane stampfen.«[74] Eine Göttin? Das Selbst einer Frau? Beides? Lorde braut die alchemistische Umwandlung der Sehweise zusammen, die notwendig ist, um sie zu »kennen« – sie, die nicht einfach eines ist, sondern sich im ganzen Universum ausbreitet – und läßt uns damit unsere kosmologischen Verbindungen wirklich *empfinden.*

Um einen Menschen zu kennen, müssen wir vielleicht die Planeten erforschen. Und möglicherweise weiß jede Frau, daß sie, um irgendein Wesen zu kennen, sein Universum kennen muß. Nach Whiteheads so zwingender Argumentation heißt, irgendein Einzelwesen überhaupt zu kennen, einfühlend seine Beziehungen innerhalb seines gesellschaftlichen Umfeldes zu kennen. Und niemand wird es jemals in seiner reinen, werdenden Gegenwart kennen: Es kann in seiner Unmittelbarkeit ebensowenig durch andere wie durch sich selbst objektifiziert werden. Es ist stets bereits ein anderes, läßt seine Gestalt zurück. Wenn Frauen oft eine natürliche Sympathie zu Formen des Prozeß-Denkens zeigen, dann ist das psychologisch nicht überraschend. Junge Mädchen empfinden sich eher verbunden als abgetrennt (wie wir sahen wegen der verlängerten Identifikation mit dem ersten Elternteil). Stellen wir diese psychosoziale Verallgemeinerung in den Kontext der Prozeß-Metaphysik, dann können wir folgendes sagen: Das weiblichen Kindern zugeschriebene, bezogene, durchlässige Ich kommt der Beschreibung des wirklichen Einzelwesens – das

heißt dem, was wirklich wirklich ist – wesentlich näher, als das
starre und klar gezeichnete männliche Ich. Wir wollen daraus
nicht rückschließen (so verführerisch das sich auch anzubieten
scheint), die normalen postödipalen Männer seien weniger wirklich. Sie haben jedoch, ganz wörtlich, weniger *Berührung* mit der
Realität insofern, als sie weniger darauf ausgerichtet sind, sie zu
empfinden. Anders ausgedrückt: Die historischen Umstände
männlicher Entwicklung und Sozialisation halsen den Männern
eine massive Verteidigungsstruktur gegen positives (sinnliches)
Erfassen ihrer Welt auf, gegen die Tatsache innerer Beziehungen
zu allem, was anders ist. Wir analysierten, wie die Männer sich
bemühen, die Welt aus den Parametern des Selbst auszuschließen
und gleichzeitig die Kontinuität mit ihrer eigenen bewußten Vergangenheit und Zukunft zu betonen. Ist durch das unmögliche
Unterfangen der Selbstobjektifizierung die subjektive Unmittelbarkeit überschattet worden?

Wir sahen, wie die Beziehung zu allen nachfolgenden anderen
zunächst in der Beziehung zur Mutter eingeübt wird. Und diese
erste Matrix wird dann als rudimentärer Ursprung des in jedem
Moment neu erstehenden Selbst wiederholt. Hauptsächlich aus
nicht vertretbaren Gründen und zu schädlichen Zielen wachsen
Mädchen in der Kunst der Empathie geübt heran: Frauen verhalten sich der Welt gegenüber offener, sind fähiger, positiv sinnlich
zu erfassen, und lassen sich durch die rhythmische und unbestän-
dige Natur des Werdens weniger beunruhigen. Doch während
Männer in der Gefahr stehen (und dadurch gefährlich werden),
daß sie ihr Empfinden zu stark blockieren – jetzt im vollen metaphysischen Sinne –, neigen Frauen dazu, sich zu stark in die Konformität mit den Gefühlen anderer oder in die Stasis der empfundenen Welt zu begeben. Wir Frauen könnten deshalb gewisse
Schwierigkeiten haben, die überwältigenden Emotionen unserer
unmittelbaren Vergangenheit loszulassen. Dies sind die Versuchungen der Beziehung. Doch wäre es nicht wahrscheinlich, daß
wir Frauen eher zur Stärke unseres Selbst finden könnten in einer
Welt und mit einer Weltsicht, die ganz bewußt aus Bezogenheit
gewirkt ist, wie wir sie bereits so innig verspüren?

Am Ende des dritten Kapitels war uns klar, daß der Prozeß der
Differenzierung keineswegs den Prozeß der Beziehung verwäs-

sert oder ihm entgegensteht, sondern daß er vielmehr mit ihm kooperiert. Jetzt steht uns ein umfangreicheres Vokabular zur Diskussion dieser Frage zur Verfügung – wir können die ungeordneten Ergebnisse sozialpsychologischer Beziehungen mit einer weitgespannteren reflexiven Balance angehen. Wir können aus der Prozeß-Metaphysik die Bestätigung beziehen, daß – wie alle Frauen spüren – die Wirklichkeit miteinander-untereinander bezogen ist: daß »jedes wirkliche Einzelwesen in jedem anderen wirklichen Einzelwesen« ist. In dieser Immanenz der Welt besteht nach Whitehead das »Potential für das Werden« des Einzelwesens. Daher hängt der Grad der Komplexität, die das Einzelwesen in seinen Augenblicken des Werdens erreicht, davon ab, wieweit es dieser ein-fließenden Welt gegenüber *offen* ist. Die Einflüsse seiner eigenen Vergangenheit und der Umgebung sind die Materialien, die es in jene kreativen Kontraste umarbeitet, die dann dem endgültigen »komplexen Empfinden« seine Gestalt verleihen. Je mehr das Individuum seine Empfindungen verdrängt, desto weniger Materialien hat es, mit denen es arbeiten könnte; es wird sogar diejenigen, die es tatsächlich hat, nicht als das erkennen, was sie sind. Das teleologische Bedürfnis des wirklichen Einzelwesens, insofern es das kreative Fortschreiten zu Neuem verkörpert, ist eine harmonisierte Komplexität, eine Vielfältigkeit, die nicht auseinanderstrebt.

Je komplexer seine Empfindenskomposition ist, desto stärker kooperiert ein wirkliches Einzelwesen mit den multiplexen Zielen des Universums; je einfacher es bleibt, desto stärkere Dämme gegen den Kosmos baut es auf.[75] Differenzierung, also das Ausmaß, in dem ein Einzelwesen ein *anderes* wird, hängt von seiner Fähigkeit ab, seine Freiheit voll zu erfassen, und somit spontan aus den Ressourcen, die aus der Realität hereinfließen, zu komponieren. Daraus folgt, daß jene beziehungsorientierte Komplexität, die Chodorow als Natur der äußeren und inneren Beziehungen von Frauen erkannte (Beziehungen zur Welt beziehungsweise zu unserer eigenen Vergangenheit), tatsächlich das Ergebnis von Differenzierung ist; Beziehung stellt das Rohmaterial dar, aus dem komplexe Selbstkompositionen gewirkt werden. Und jeder neue Augenblick komplexen Empfindens steigert das Feld der Beziehungen.

Whitehead unterscheidet zwischen einer gut-integrierten Komplexität und einer Komplexität, die aufgrund von Chaos oder Diffusität selbst-vernichtend ist. Zwei Todsünden für das wirkliche Einzelwesen sind »Trivialität« und »Undeutlichkeit«[76] (engl. »vagueness«, Anm. d. Ü.), was mehr nach Valerie Saivings Vorschlägen für eine weibliche Lehre von Sünde und Selbstverlust klingt, als nach den traditionellen Sünden von Arroganz, Stolz und Egozentrismus. »Trivialität entsteht aufgrund einer mangelnden Koordination« und damit hat »Unvereinbarkeit... über Kontrast gesiegt« und »Tiefe des Empfindens« kann sich nicht einstellen. Frauen kennen dieses Hindernis auf dem Wege zur Selbstverwirklichung nur zu gut! Eine so verstandene Trivialität scheint eine fortdauernde Gefahr für Frauen: beispielsweise die Unmöglichkeit, vielfältige Beziehungsverpflichtungen miteinander sowie mit unseren Absichten für die Zukunft zu vereinen. »Andererseits geht Undeutlichkeit mit einer übertriebenen Identifizierung einher« – eine Verallgemeinerung, die wir ohne weiteres auf weibliche Erfahrung anwenden können. »Es herrscht ein Mangel an zusätzlichem Empfinden, das die Objekte voneinander unterscheidet«, fährt Whitehead fort. Praktische Anwendung dieser trockenen Verallgemeinerungen: Frauen kämpfen mit der Versuchung ununterschiedener Beziehung und einer Überidentifikation mit den »Objekten«, den anderen, die uns zutiefst beeinflussen. Identifizierung bedeutet keinen reifen und kreativen Umgang mit Beziehungen, auch wenn so unser Gefühl für Identität eingeleitet wurde, als wir Kinder waren.

»Das richtige Chaos und die richtige Undeutlichkeit sind beide erforderlich für jede effektive Harmonie.«[77] Mit anderen Worten: Vieles, was mit dem Stereotyp »weibliche Unordnung« versehen wurde, gehört zum kreativen Prozeß. Wir müssen uns nur davor hüten, daß in den kosmischen Subgesellschaften, in denen wir uns bewegen, die Harmonie nicht auf Kosten der Selbstverwirklichung von Frauen eingekauft wird. Denn das Chaos und die Unbestimmtheit von Frauen waren die Kompensation für die ansonsten von Zerstückelung und Rivalitätsdenken bestimmten Beziehungsszenarien. Wenn die Hindernisse auf dem Wege zur vollen Verwirklichung des wirklichen Einzelwesens den psychosozialen Strukturen des Sexismus ähneln, dann bestätigt dies nur unseren

Eindruck, daß dieses Modell relativ gynomorph ist – oder, daß Frauen zu diesem historischen Zeitpunkt implizit kosmomorpher sind als Männer.

Für Whitehead hat der Begriff »Weite« einen hohen Stellenwert. Befreit von den Zwängen gesellschaftlich vorgeschriebener Häuslichkeit und der engen Welt der privaten Familie, abenteuern Frauen in Weiten von Denken, Empfinden und Beziehungen. Weite, eine Begleiterscheinung von Beziehung und Offenheit, scheint mit der Vorstellung von Tiefe schlecht vereinbar (obgleich der Ozean in höchstem Maße beides zugleich ist). (Während sie als Tehom, als Tiefe, gefürchtet werden, sagt man Frauen zugleich nach, sie seien seicht.) Doch Whitehead, der Geschlechterfragen gegenüber völlig blind ist, schlägt eine »Hierarchie der Kategorien des Empfindens« vor (die Hegels Hierarchie der Kategorien des Denkens ersetzen soll), die tatsächlich nach unten gerichtet scheint, denn sie mißt Tiefengrade. »Das Genießen der Komplexität des Universums kann nur über die Dimension der Weite in die Erfüllung eingehen. Die emotionalen Tiefen auf den unteren Ebenen haben ihre Grenzen: Die Funktion der Weite besteht darin, den Ozean des Empfindens zu vertiefen.«[78] »Den Ozean des Empfindens vertiefen« – dies ist gewiß kein ich-heldisches Unterfangen. Tatsächlich beschreibt das ozeanische Gefühl – das wir (von Freud) als »Idee, daß der Mensch durch ein unmittelbares, von Anfang hierauf gerichtetes Gefühl Kunde von seinem Zusammenhang mit der Umwelt erhalten soll«[79], definiert hörten – exakt, was Whitehead »positives Erfassen« nennt. Die Empfindungen, die das Objekt *dort* in das Subjekt *hier* verwandeln, sind genau derartige zielgerichtete Überträger. Sie bleiben »Ideen«*, da sie aus der dem Bewußtsein nicht direkt zugänglichen Tiefe der unbewußten Erfahrung aufsteigen; sie ermöglichen zweckgerichtet (nach Whitehead teleologisch) die subjektive Unmittelbarkeit des Ereignisses.

Freud meinte, eine solche Vorstellung »fügt sich so übel in das

---

* Die englische Freud-Übersetzung, nach der die Autorin arbeitet, verwendet hier das Wort *intimations*, zu deutsch: Andeutungen, Winke, Zeichen – eine Wortbedeutung, die das von der Autorin Gemeinte besser trifft als das von Freud verwendete Wort Idee. Anm. d. Ü.

Gewebe« seiner Psychologie, und sie paßt nach wie vor überhaupt nicht zur herkömmlichen Vorstellung von Metaphysik. Dennoch bildet etwas dem ozeanischen Gefühl sehr Ähnliches Schuß und Kette für die Prozeß-Metaphysik und webt somit das Gewebe jedes Individuums in das Universum hinein und hinaus. Natürlich kann man fragen, ob nicht ein jedes solches kosmologisches System von Verknüpftheit in sich die Projektion dessen ist, was Freud den »unbegrenzten Narzißmus« nennt. Und wenn Frauen es attraktiv finden, bestätigt das nicht unsere angeblich narzißtischen Tendenzen?

Für unsere Studie ist eine Antwort auf den Narzißmus-Vorwurf, die über die in den ersten Kapiteln angebotene hinausgeht, von theoretischer Bedeutung: Beziehung zur Welt stellt sich dann als Narzißmus dar (oder in Jungs Ausdrucksweise als Inflation), wenn man nicht die Unterscheidung zwischen Welt und Selbst treffen kann. Der Narzißt begegnet niemals der Objektivität, der scharfen Differenz des anderen, sondern benutzt das/die/den andere/n zur Selbstbefriedigung. Für den Narzißten ist die Welt der Spiegel seiner Selbst. Für das beziehungsfähige Selbst stehen die Dinge genau umgekehrt. Dieses Selbst ist ein Spiegel der Welt. Sich als Mikrokosmos der Welt zu fühlen, das mag in der Tat unser legitimes Bedürfnis nach Selbstachtung befriedigen; doch gründet ein solches Gefühl nicht in einer Verwechslung von Selbst und Welt. Das wirkliche Einzelwesen unterscheidet sich durch die jeweils nur ihm eigene raum-zeitliche Perspektive klar von jedem anderen wirklichen Einzelwesen. Es spiegelt einen einmaligen Blick auf das Ganze und schafft seine eigene mikrokosmische Interpretation. Ein derartiges Selbst unterscheidet sich eben genau durch seine Untrennbarkeit. Untrennbar-Sein ist genauso wenig eine Frage von Verschmelzen und Identitätsverwirrung wie das etwa für meine Körperteile gilt: Meine Hand und mein Ellenbogen sind klar voneinander *unterscheidbar* und sind angemessenerweise unterschiedlich benannt. Wollte man sie jedoch *trennen*, so würde das Amputation bedeuten. Es existiert keine klare Trennungslinie zwischen Hand, Handgelenk, Unterarm und schließlich dem Ellenbogen – sie stellen ein Feld untrennbarer Teile dar –, dennoch besteht ein deutlicher Zwischenraum und Unterschied, etwa zwischen Hand und Ellenbogen. Der Vorwurf des Narzißmus setzt im allgemeinen eine getrennte Subjektivität voraus. Zwar liegt beim beziehungsfähigen Selbst sicher die Versuchung des Narzißmus nahe, doch impliziert der klassische Narzißmusbegriff, daß jegliche verbindende Beziehung zwischen Selbst und anderem, jedes Hineinnehmen des anderen, als regressiv oder als unangebrachte Verwischung der Grenzen angesehen wird. Wir jedoch erfahren Möglichkeiten, die Grenzen des Selbst als durchlässig, beweglich und im wahrsten Sinne als ausdehnungsfähig gemeinsam mit den Grenzen seines Universums zu denken. Viele narzißtische Störungen sollten eher als ein neurotischer doch zwingend notwendiger Versuch der Kompensation für die wesentlich drastischere Krankheit der Trennung verstanden werden. Muß nicht das trennende Ich, als eingeschrumpfter Rest seiner selbst, sich ständig selbst in den anderen suchen, die es bereits aus sich herausgetrieben hat? Ist nicht das cartesianische Ich, in seinem so wunderbar abgegrenzten Verständnis vom Selbst, das idealisierte Selbstbild des Narzißten? Denn das cartesianische Ich findet sich selbst eben genau durch Spiegelreflexion: das Denken eines reflexiven Selbst.

Eine ozeanisch Empfindende kann uns – mit der metaphorischen Genauigkeit von Metaphern im Rücken – mit Audre Lorde verspotten: »und wenn du mich kennen möchtest/ schau in die Eingeweide von Uranus/ wo die ruhelosen Ozeane stampfen«. Der kosmologische Kontext für das bindungsfähige Selbst reicht weit, ist aber nicht weit hergeholt. Seine Weite vertieft nicht nur die Vorstellung von Individualität, sondern auch den Gebrauch, den wir von der Psychologie machen. Denn dieser Kontext verleiht dem am Schluß des vorhergehenden Kapitels empfundenen Bedürfnis, unsere beziehungsgerichtete Integrität *jetzt* wieder einzufordern, die wissenschaftlich-theoretische Weihe. Das Kind in uns, das von den Fesseln der kulturell aufgezwungenen Muster ödipaler Konflikte und Entschlüsse befreit werden muß – dieses Kind ist nicht nur psychologisch, sondern auch metaphysisch zu orten. Denn dieses Kind lebt an einem Ort, der umfassender und fundamentaler mit zur Realität gehört, als es der Geltungsbereich der klassischen Psychoanalyse gestatten kann.

Unsere verflossenen Erlebnisse leben mit tiefverwurzelter Objektivität – nicht zu verwechseln mit subjektiver Unmittelbarkeit –

in unserer Gegenwart weiter. Unsere Beziehungen zu unseren verflossenen Selbst sind die gleichen wie die zu jedem anderen Gegenstand/Ereignis unseres Universums: empathisch oder repressiv, auf jeden Fall aber klar vorhanden. Die Klänge unserer Kindheitserfahrung schwingen heute in uns nach – und sind vielleicht archetypisch im Einklang mit den Erlebnissen aller Kinder dieser Welt. Und wenn wir uns erinnern, dann greifen wir nicht nach außen, zurück zu einem äußeren Kind, sondern wenden uns nach innen, zu einem Satz von Erinnerungen, die meisten vergessen, aber dennoch gegenwärtig. Diese Erinnerungen an die Vergangenheit sind das Potential für unser heutiges Werden: »Es liegt in der Natur eines ›Seienden‹, daß es ein Potential für jedes ›Werdende‹ ist.«[80] Wenn dieses allgemein zutrifft, wieviel mehr gilt es dann für jenes komplexe Wesen, das das Kind war/ist und das – als das Kind in uns heute – unser Potential trägt. Dieses präödipale und postpatriarchale Kind, wenn wir es auf uns heilende Weise empfinden, könnte den Mut unseres gegenwärtigen Empfindens freisetzen. Es befreit unser Selbst zur Geburt. Hier geht es nicht um eine einmalige Verwandlung von einem substantiellen Selbstsein zu einem anderen, sondern um eine fortlaufende Konvergenz der vielen an das neue eine – das *du heute bist.*

Bleiben wir bei unserer Anwendung des Prozeß-Denkens: Wir müssen noch erfahren, wie es in einem System, das den Subjekten »Veränderung« nicht zugesteht, zur fortlaufenden Transformation kommen kann. Das werdende Subjekt-Superjekt weist über die Vorstellung vom Selbst als einem Subjekt, das andere als Objekt setzt, hinaus. Vielleicht führt es zu Mary Dalys werdendem »Selbst, das immer anders ist«. Unsere Abenteuer des Werdens werden uns nicht – wie die des Odysseus – im Kreise herumführen, zurück zu dem Fixpunkt eines zugrundeliegenden Subjekts oder einer verachtend unterworfenen Penelope. So, wie wir aus den anderen hervorgegangen sind, so stellen wir uns auch – immer – als ein anderes heraus.

## Eine Seele, viele Selbst

Whitehead entwickelt keinen Begriff vom Selbst. Seine metaphysische Bemühung kann als ontologisch, speziell als kosmologisch bezeichnet werden, in keiner Weise als psychologisch oder anthropologisch. In dieser Hinsicht unterscheidet sie sich von dem meisten bedeutenderen Philosophien, seit Kant sich dem Subjekt zuwandte und auf diese Weise paradoxerweise ein neues Terrain zur Erforschung der Idee des Selbst eröffnete. Wir gewinnen eine sehr nützliche Schieflage, eine kosmologische Indirektheit, die es uns gestattet, das Selbst einer erneuten Betrachtung zu unterziehen, ohne in die Falle der Selbstobjektifizierung zu gehen. Diese Weite kann vielleicht die Kurzsichtigkeit heilen, die durch dualistische und Substanz-Prädikat-Formen des Empfindens und Denkens hervorgerufen wurde. Wenn Whitehead von wirklichen Einzelwesen *(actual entities)* und nicht von menschlichen Wesen spricht, dann bedenkt er, was alle Wesen im Universum gemeinsam haben, und schafft damit einen Ausgleich zum Anthropozentrismus (der immer Androzentrismus bedeutete) des westlichen Denkens. So stellt er eine vielversprechende Grundlage für unsere Untersuchung der Vorstellung vom Selbst bereit – eine Grundlage, die von jedem Atom, jedem Molekül, jedem Tier geteilt wird.

»Mein Prozeß, ›ich selbst zu sein‹, ist mein Hervorgehen aus meinem Besitz der Welt.«[81] Daß hier das Reflexivpronomen verwendet wird, scheint auf eine Bedeutung des *Selbst* als »das Meine« hinzuweisen. James definierte das Selbst als alles, was ein Mensch als das Seine bezeichnen kann. Doch ist ein solches Eigentumsgefühl Weltbeherrschung und nicht Selbstbeherrschung im engeren Sinne. Selbstbeherrschung würde uns – wie wir in Kapitel 1 sahen – in die Psycho-Ökonomie der autarken, defensiven Subjektivität treiben. Im Gegensatz dazu wird erst dadurch, daß ich mir die Welt *zu eigen* mache, mein Selbst erzeugt, denn indem ich eine Welt als die *meine* einfordere, schaffe ich aktiv meine Erfahrungen. Und dieser Besitzstand hat unerschöpfliche Ressourcen – kapitalistische Konkurrenz wird bedeutungslos: Warum etwas kaufen, das mir bereits gehört?

Selbst ist ein Ereignis, ein Prozeß, und keine festgelegte Substanz. Ein britischer Dichter und Mystiker des 19. Jahrhunderts, Gerald Manley Hopkins, sah *selbst* in Form eines Verbums:

> »Alles Sterbliche tut das eine und gleiche:
> Teilt aus, was im Inneren eines jeden wohnt;
> Selbst wird selbst; *ich selbst* sagt es und ruft es aus
> Was ich tue, tue ich für mich; deshalb bin ich hier.«[82]

Es ist wohl kaum ein Zufall, daß der Dichter gleichzeitig das Selbstsein jedes existierenden Wesens, menschlich oder nicht-menschlich, und den dynamisch-fließenden Charakter jenes Selbst besingt. »Selbsten« *(to selve)*: wäre das ein Anwärter für Mary Dalys *First Intergalactic Wickedary?*\* Es entspricht sicher dem, was sie mit Nachdruck betont: das Sein als *Sei-en* ist ein Verbum. In den wenigen Fällen, wo Whitehead das Wort *selbst* als freistehendes Substantiv benutzt, ist klar, daß er damit das mikro-kosmische Ereignis des wirklichen Einzelwesens meint. Zum Bei-spiel, wenn er von dem komplexen Empfinden, das das wirkliche Einzelwesen realisiert, spricht: »Dieser *eine* empfundene Inhalt ist die Erfüllung, durch welche das wirkliche Einzelwesen sein besonderes, individuelles Selbst ist.«[83]

Betrachten wir also folgerichtig die volle Bedeutung des Selbst als ein flüchtiges, vorübergehendes Individuum – gleich welcher Spezies oder Art. Selbst ist das einmalige, unmittelbare Ereignis, in dem eine Erfahrung stattfindet und die Welt als einmalige Komposition zusammengefaßt ist. Ein Selbst empfindet seinen Weg in die Existenz hinein, es ergreift Besitz von einer Welt, und dann läßt es sich los. Ihm gehört seine Welt, doch kann es nicht – so sehr es sich auch bemüht – den Gewinn horten. Denn es kann noch nicht einmal *sich selbst*, so, wie es gerade war, aufrechter-halten: Es ist ein vorübergehender Augenblick von Inbesitz-nahme, von Einbeziehung, von Hineinnehmen und Herausgeben. Dementsprechend enthält das Selbst innerhalb seiner Parameter alles, was es nicht ist; dennoch ist das Selbst ganz klar als *es selbst*

---

\* Zu deutsch: Erstes Intergalaktisches Hexikon, ein (unübersetzbares) Wörterbuch mit Mary Dalys Wortspielen und Wortneuschöpfungen. Anm. d. Ü.

kenntlich. Es *selbstet* seine Welt. Es gibt nichts, das nicht irgendwie Teil von ihm ist; dennoch trennt es sich jeden Augenblick von seinem eigenen Selbstsein. Seine Unmittelbarkeit vergeht in die nachfolgende Welt hinein. Es stimmt zwar, daß seine Grenzen durchlässig sind, richtiger ist jedoch, daß es das Grenzenlose durchdringt. Wie kann man so leben? Der Leserin/dem Leser wird verständlicherweise angst und bange bei dem Gedanken, daß sie oder er bereits ein *anderes* Selbst sind, als das, welches die ersten Worte dieses Satzes gelesen hat.[84] Ich habe doch Erinnerungen an *meine* Kindheit, bin verantwortlich für *meine Handlungen* in der Vergangenheit: Bin ich daher nicht das Selbst, das handelte? Ich kann doch für heute abend ein Essen planen oder für *mich* gewisse Fortschritte in der nächsten Zeit ins Auge fassen: Bin ich dann nicht immer noch das gleiche Selbst?

Hier führt uns das Prozeß-Denken zu den Antworten: Ja, du bist, warst und wirst die gleiche *Person* sein; nein, du bist nicht das gleiche *Selbst* und wirst es auch nicht sein. Das Selbst (als wirkliches Einzelwesen) hier von der Person zu unterscheiden ist mehr als sophistische Absicht. Diese Begriffsunterscheidung stellt uns einen möglichen Rahmen zur Verfügung, innerhalb dessen wir das individuelle Wesen sowohl als radikal spontan wie als tief beständig erfassen können. Denn »Person« oder »personale Ordnung«[85] (ein Wort, das Whitehead vorzieht, damit der Akzent nicht auf menschlichem Bewußtsein liegt) beschreiben die Form, in der individuelle Selbst-Ereignisse miteinander in der Zeit verbunden sind, um jenes Gefühl der Stetigkeit herzustellen, das wir – mehr oder weniger – von Kindheit an bis zum Tode empfinden. Doch weist das Wort *Person* auf eine öffentliche Dimension hin, es bedeutet ursprünglich die Maske des Schauspielers *(persona)*, mit der er die Gottheit verkörpert. In römischen Zeiten wurde es für eine juristische Person, die Rechte und Pflichten hat, verwendet; wir sahen ebenfalls, wie die christliche Trinität eine Gemeinschaftsinteraktion von Personen andeutet. Erst sehr viel später wurde der Begriff mit der subjektiven menschlichen Identität befrachtet. Der frühere Gebrauch weist auf ein ziemlich abstraktes, ja ganz *unpersönliches* Verständnis hin, als heilige Rolle oder gesellschaftliche Ordnung. Nach Whitehead ist »Person« in der Tat eine Art »Gesellschaft«. Während die wechselseitigen Verbindungen der wirklichen Einzelwesen immer einen »Nexus« beziehungsweise ein Netzwerk bilden, ist die Gesellschaft eine Form von Nexus, in dem deren Mitglieder sich gegenseitig auf eine besonders intime Art und Weise empfinden: Sie empfangen voneinander »ein gemeinsames Formelement«[86]. Derartige Gesellschaften sind Tierkörper genauso wie Steine, Bäume, Schwesterlichkeit, einzelne Bewohner von Cincinnati oder Cincinnati als Ganzes. Eine menschliche Person ist eine derartige Gesellschaft, bei ihr kommt als weitere Bestimmung hinzu, daß sie eine *Serie* miteinander verknüpfter Ereignisse ist. So hat Whitehead die im 20. Jahrhundert entstandene Vorstellung vom gesellschaftlichen Charakter des Individuums verdoppelt. Jedes wirkliche Einzelwesen ist nicht nur eine Selbst-Komposition seiner ihn umgebenden Einflüsse, sondern die Augenblicke meines Selbstseins als solche bilden eine transtemporale Gesellschaft. Das Selbst ist nicht nur, indem es aus der Vielfalt der von ihm internalisierten Beziehungen hervorgeht, gesellschaftlich, sondern die Person *ist* eine Gesellschaft.

Dies ist Whiteheads Version von James' »Strom des Bewußtseins«. Doch Whitehead stellt zu Recht fest, wie selten – selbst bei den komplexen »persönlichen Gesellschaften«, für die wir Menschen uns halten – Augenblicke intensiver Bewußtheit sind, wie oft wir schlafen oder tagträumen. Wir sind wie Virginia Woolfs »Watte«, die nur gelegentlich durch »Seins-Schocks« unterbrochen wird. Wir könnten eher von einem Strom der Wahrnehmung oder einem Fluß der Empfindung sprechen. *Seele* ist ein weiteres Wort, das Whitehead austauschbar mit *Person* verwendet, um diese sich vermischende Kontinuität zwischen unseren Augenblicken zu beschreiben: Seele wird, eher wie Psyche selbst, nicht als dauerhafte Substanz, sondern als eine Reihe von Werden aufgefaßt. Seele, oder Person, ist die Gesellschaft, die sich aus dem Strom von (Augenblicks-) Selbst zusammensetzt.

»Die Seele ist nichts weiter als die Abfolge meiner Ereignisse der Erfahrung (meiner Erlebnisse), die sich von meiner Geburt bis zum gegenwärtigen Augenblick erstrecken. Jetzt, in diesem Augenblick, bin ich die vollständige Person, die all diese Ereignisse in sich vereinigt. Sie gehören mir. Andererseits gilt in gleicher Weise, daß das unmittelbare Ereignis meiner Erfahrung im gegenwärtigen Augenblick nur eines in einem Strom von Ereignissen ist, die meine Seele ausmachen.«[87]

Das seelenvolle Dahinströmen von Ereignissen läßt ein Gefühl persönlicher Kontinuität entstehen, ohne daß damit irgendeine, die Zeiten überdauernde strenge Selbstidentität errichtet würde. Es entsteht die Vorstellung eines individuellen Stroms innerhalb von Meeresströmungen. Alles – und ganz besonders meine Seele – fließt in das augenblickliche Ereignis, das mein Selbst ist, hinein und wieder hinaus. Die Einheit der Person wird hier als eine leichte und lose angesehen. Was brauchen wir eigentlich mehr?

Dennoch meinen wir oft, eine festere und gewichtigere Auffassung von persönlicher Identität sei erforderlich. Was ist geschehen, damit die fließende, flüchtige, ätherische Seele, die in Metamorphose und Unmittelbarkeit gedeiht, derartig erstarren konnte? In gewisser Weise ist dieses Buch der Versuch, diese Frage zu beantworten. Doch möchte ich diesen Überlegungen noch Whiteheads berühmten Befund über den Großteil westlichen Denkens hinzufügen: »der Trugschluß der unangebrachten Konkretisierung«. Dieser Trugschluß entsteht, wenn eine Abstraktion fälschlicherweise für ein konkretes Detail gehalten wird. Nur das individuelle Selbst, das wirkliche Einzelereignis, ist konkret wirklich. Seine Seele oder persönliche Identität ist nur insofern konkret, als sie sich innerhalb der Unmittelbarkeit des Werdens befindet. Über diese subjektive Unmittelbarkeit hinaus ist die lineare Reihe von Ereignissen, die sich in der Zeit vorwärts und zurück bewegen, lediglich eine Art Abstraktion von den Ereignissen selbst. Wenn ich sage, ich bin jetzt die gleiche Person, die ich noch einen Augenblick zuvor war, dann treffe ich eine (zweifellos nützliche) Verallgemeinerung. Diese Verallgemeinerung sollte nicht mit der wirklichen Wirklichkeit in ihrer Unmittelbarkeit verwechselt werden. Doch warum eigentlich nicht? Die Konsequenzen können abstrakt folgendermaßen beschrieben werden:

Zum einen werden die Beziehungen zwischen den Ereignissen des Lebens der Seele begriffsmäßig zunichte gemacht, wenn diese Verallgemeinerung fälschlicherweise für das konkrete Selbst gehalten wird. Denn damit wird Beziehung durch Identität ersetzt. Damit ist der Weg frei für das selbstverkapselte, streng an seine erinnerte Vergangenheit und geplante Zukunft gebundene Selbst. Dann kann es nicht mehr bewußt die verbindenden Beziehungen zwischen seinen eigenen Augenblicken sehen, geschweige denn sie als aktiv konstitutiv erfahren. Statt dessen postuliert es eine geradlinige Homogenität des Selbstseins in der Zeit, etwa wie Eisenbahnschienen, auf denen sein Empfinden von Gegenwart reist. Kontrolle und Dauerhaftigkeit bekommen einen höheren Stellenwert als Beziehung und Spontaneität. Und wenn es auf diese Weise die Schrauben seiner subjektiven Lebensdauer angezogen hat, dann hat sich das Selbst gleichzeitig vom einströmenden Universum abgeschnitten. Denn solange es seine Kontinuität nicht als fließend und in der Zeit zum Ende hin offen empfindet, kann es auch nicht ertragen, daß die Welt in seine erfundene Geschichte einbricht: Wenn es fundamental das gleiche Selbst bleibt, dann kann es seine inneren Beziehungen zu anderen Einzelwesen nicht zulassen, genausowenig kann es anderen Zulaß zur eigenen Seele gewähren. Einerseits hat es seine Beziehungen zur eigenen Vergangenheit und Zukunft bis zum Zustand einer dauerhaften Selbstidentität übertrieben, andererseits hat es seine Beziehungen zur Welt auf den Punkt heruntergeschraubt, wo sie sich in reine Zufälle und Äußerlichkeiten auflösen. Ein solches Selbst mag zwar die standhaftesten ethischen Positionen beziehen, doch es kennt sich selbst gewiß nicht gut genug, um seine eigenen Wirkungen auf die Welt oder seine persönliche Zukunft einschätzen zu können. Denn ihm fehlt ein Bewußtsein von seiner dahinschwindenden Sujektivität, von seinem Hinausfließen in das ihn umgebende Werdende. Es klammert sich an sich selbst, in direkter Verweigerung gegenüber Aussprüchen wie »wirf dein Brot hinaus auf die Wasser«, dem leidenschaftlichen Loslassen des Zen, oder »auffüllen und überlaufen, es ist ein endloser Wasserfall«, Worte der Sängerin und Liedermacherin Cris Williamson.[88]

Mich selbst zu kennen heißt, zu wissen, daß ich mich selbst nicht im wörtlichen Sinne kennen kann. Denn im Akt des Erkennens *werde* ich ja gerade erst. Dennoch kann ich natürlich meine vorangegangenen Selbst kennen: Sie bleiben »objektiv unsterblich«, Vergangenheiten, die in die Gegenwart hineinwirken und es mir ermöglichen, nicht nur die Muster und Spuren und Potentiale meiner Seele zu erkunden, sondern durch die Durchsichtigkeit der Seele hindurch einen Blick auf die miteinander verwobenen Unentwirrbarkeiten aller seienden Wesen zu erhaschen. Ich kann in der Tat eine wirkliche Beziehung zu meinen Selbst haben, weil sie auch anders als ich sind.

Das substantialistische Subjekt kann sich und seine objektifizierten Vergangenheiten nicht auseinanderhalten. Das heißt, es setzt seine augenblickliche, subjektive Unmittelbarkeit mit der gesammelten Reihe vergangener Selbst gleich, die nun als Teil seiner selbst objektifiziert sind. Damit macht es sich selbst zu einem Objekt. Und, wie wir bereits festgestellt haben, wendet eine derartige reflexive Selbstobjektifizierung (die sich als höchst rationale Objektivität ausgibt) den gleichen Trick auf alle anderen Subjekte an. Das substantialistische Subjekt glaubt, daß es sie, die anderen Subjekte – selbst in ihrer noch unfertigen Unmittelbarkeit des Werdens –, als Objekte erkennen kann. Im Gegensatz dazu besteht nach Auffassung des Prozeß-Denkens – das sich hier ganz in Übereinstimmung mit dem alten hebräischen Wort für »Wissen« *(yada)* im Sinne von »erotischer Intimität« befindet – die einzige Möglichkeit, anderes unmittelbar zu erkennen, darin, daß ich, während es in die Immanenz meiner Konstitution eingeht, dessen Empfinden empfinde. Doch bleibt es in seiner reinen Gleichzeitigkeit – wie wir noch sehen werden – ein nicht reduzierbares Geheimnis. Das substantielle Subjekt verübt sowohl sich selbst als auch allem anderen gegenüber einen Reduktionismus, denn seine Auffassung von Realität ist, daß diese lediglich aus den relativ stabilen, aus den gemeinsamen Elementen der innerhalb der Strömungen der Realität gewonnenen Abstraktionen besteht. Am Ende einer derartigen doppelten Reduktion steht dann genau jenes cartesianische Ich, das in seiner dichotomen Zusammenhangslosigkeit bis heute vorherrscht – wenn auch in einer zunehmend weniger reflexiven und mehr mechanistischen Form.

Nach unserer Analyse ist bereits der Begriff »das Ich« suspekt. Meads Unterscheidung zwischen dem Ich und dem ICH paßt gut zu den zwei Polen von Whiteheads wirklichem Einzelwesen: Das Ich, als freie und spontane Antwort auf das »verallgemeinerte andere« oder die internalisierte Welt, entspricht der bewußteren

Phase des flüchtigen, vorübergehenden Subjekts; das ICH als sein Objekt, aber befreit von der alten Reflexivität, besteht dann aus dem gesamten Input meiner kumulativen Selbst, meiner Person, bis zu diesem Augenblick. Doch das Ego ist – zumindest im Englischen – ein merkwürdiges Zwischending, denn es ist eine nominalisierte, substantialisierte und hypostasierte Form des Ich. *Selbst* kann es sich eher leisten, die Rolle eines Substantives einzunehmen, denn es steht für die gesamte Persönlichkeit zu jedem gegebenen Zeitpunkt, einschließlich seiner unbewußten Tiefen von Verbindungsfähigkeit und Entfaltungsmöglichkeiten. Doch *Ego* bezieht sich nur auf die bewußte oberste Spitze der menschlichen Persönlichkeit – das, was Ich sagen kann. Solange das Wort die Bedeutung von augenblicklichem, vorübergehendem Werden hat, ist es nicht schädlich. Doch im allgemeinen verdinglicht es sich im Verein mit der umfassenderen Persönlichkeit und dem Prozeß seiner Welt und macht sich damit zu einem Herrschaftsinstrument.

## Herrschaft und Beziehung

Wenn wir nicht nur fragen, wie, sondern *warum* ein Ich überhaupt versucht, die Welt aus seinem Inneren auszustoßen oder sich zu einer seelenlosen Ego-Substanz zu verhärten, so stehen wir wieder vor der Frage nach dem Sinn androzentrischer Geschichte. Ohne diese empirischen Einzelheiten, ohne die kumulativen Fakten der Geschichte, verflüchtigen sich die Fragen und Antworten der Metaphysik in den Dunst reiner Selbstbespiegelung. Es ist kein Zufall, daß die Entwicklung des objektifizierenden Ich zeitgleich mit der der paternalen Macht verlief. Darum kann eine Beschreibung des alternativen Selbst ehrlicherweise nicht apolitisch bleiben; eine authentische Metaphysik (eine Metaphysik, die nicht mehr den Interessen paternaler Autoren und Autoritäten dienstbar ist) wird sich immer aus den Prämissen des patriarchalen Paradigmas freikämpfen müssen – Prämissen, zu denen die als äußerlich betrachteten Beziehungen und das substantielle Selbst gehören.[89] Machtfragen müssen deshalb besonders berücksichtigt werden, weil dem objektifizierenden Ich ein

Hang zum Herrschen innewohnt. Seine Schulung in Selbstobjektifizierung gestattet es ihm, die anderen auf Distanz zu halten und Dominanzstrategien zu entwickeln. Das ausgrenzende Ich, wie wir es beschrieben haben – selbstverdinglichend und andere ausschließend – kann seine Strategien der Selbstverewigung eben genau nicht von seinem Drang nach Herrschaft trennen. In seiner Betonung von Selbstkontrolle und die »Dinge im Griff haben«, hält es zugleich die einfließenden anderen unter Kontrolle. Herrschaft ist seine beste Verteidigung und Rückzug üblicherweise sein letzter Rückhalt. Und unbeabsichtigt bestätigen diese defensiven Strategien die Wahrheit der inneren Beziehungen: daß die Welt in uns hineingeht, uns unter die Haut geht, keine respektvolle Distanz einhält.

Herrschaft ist die uralte Alternative zu Beziehung. Aus der Verleugnung innerer Beziehung folgt die äußere Manipulation. Doch während Herrschaft immer das zu beherrschende Subjekt voraussetzt – daß also immer jemand zum Beherrschen vorhanden ist –, setzt Beziehung nicht das Vorhandensein eines beziehungsgerichteten Subjekts voraus. Ich werde wer ich bin, und ich werde es durch und jenseits der speziellen Aktivität von Beziehung. Beziehungsfähigkeit läßt die Welt ein, ehe das Subjekt wird, und das Subjekt läßt den Augenblick, den es geworden ist, los. Die Energien der anderen – als da sind meine eigenen vergangenen Selbst oder die anderen meiner Welt – verleihen mir Kraft; ich kann kraftvoll Einfluß auf den Gang der hinzukommenden Welt ausüben; doch mein Selbst ist eine Struktur von Spontaneität, ihm fehlt die Art der Festigkeit, die das Selbst oder andere beherrscht. Es wird fest – geht eine feste Verbindung *mit* seiner Welt ein –, doch es verfestigt sich nicht als etwas Getrenntes. Es kann Dinge in die Wege leiten, anregen, anschieben, zusammenbringen oder planen; doch ist die Sprache der Herrschaft (die Dinge beherrschen, das eigene Leben beherrschen, Herr der Situation sein) am besten zu vermeiden, wenn sie durch den Ausdruck der beziehungsgerichteten Formen von Selbstbestätigung, Freiheit und Einfluß ersetzt wird.

Alles schön und gut, doch noch einmal: In welcher Weise ist die herrschaftsgerichtete Ich-Struktur ein speziell patriarchales Problem? Frauen können ebenso Spontaneität unterdrücken und das immanente andere verdrängen und tun das auch; wir kommen in Situationen, in denen wir Macht und Herrschaft ausüben können, und tun das dann auch. Frauen müssen genauso hart kämpfen wie Männer, um sich von patriarchalen Mustern und Reaktionen, die wir uns selbst gegenüber haben und gegen uns selbst richten, zu befreien. Man könnte annehmen, daß Frauen im allgemeinen »seelenvoller« im oben dargelegten Sinne sind, doch kollidiert diese Seelenfülle häufig mit den männlichen Mustern der Abgrenzung und läßt sich dann möglicherweise schikanieren oder reagiert mit Bitterkeit, Manipulation oder einer niedergradigen und ganz sicher unrevolutionären Feindseligkeit. Frauen rutschen nur zu leicht in die abgeleiteten, letztlich das Selbst sabotierenden Formen äußerer Beziehungen, die weder triumphal unabhängig sind noch zu weitgefächerten Beziehungen führen. Doch die Geschlechterfrage ist nach wie vor nicht auf die »Tatsachen«, welche Eigenschaften Männer und Frauen nun gerade ausagieren, zu reduzieren. Die Zusammenarbeit zwischen Sexismus und dem das Selbst und andere objektifizierenden Ich hat tiefere Wurzeln, die durch keine Aufzählung von Geschlechterunterschieden oder -ähnlichkeiten aufgedeckt werden können.

Das beherrschende Ich bleibt ein speziell patriarchales Problem, denn fest steht, daß die Art von verdinglichtem/verdinglichendem Wesen, dem wir soeben mit einer gewissen deskriptiven Neutralität (dem ontologischen Neutrum) nachgegangen sind, eigentlich aus keiner anderen Quelle als aus dem größeren Gefühl für rigide Ich-Grenzen stammen kann, welches wir der traditionellen männlichen Persönlichkeitsentwicklung zuschreiben. Die defensiven Mechanismen, auf denen die gängige psychoanalytische Theorie das Ich aufbaut und die bei näherer Betrachtung charakteristisch speziell für die männliche Entwicklung sind, finden ihren ontologischen Ort in der Verleugnung der Immanenz des anderen und in der Vergänglichkeit des Selbst. Mit anderen Worten: Die Metaphysik, die die allgemein verbreitete Art von Substanz-Denken (daß ich natürlich getrennt von dir existiere und daß ich natürlich immer der/die gleiche bin, jetzt so gut wie früher) stützt, hätte außerhalb dieser, für eine bestimmte psychosoziale Struktur typischen ödipalen Ich-Entwicklung nicht einmal im Ansatz entstehen können. Und jede anders strukturierte Metaphysik, einschließlich der Whiteheads, wird als Weltsicht keinen Fußbreit Boden gewinnen, wenn sie nicht erkennt, welche Hindernisse ihrer Verwirklichung im Wege stehen. Die feindselige Haltung des Ich stammt nicht nur aus einer Urangst vor der Mutter, die auf alles darauffolgende andere projiziert wird. Die muttermörderischen Impulse (die sich, wie wir belegten, in die offenere vatermörderische Konkurrenz umsetzen) weisen auf einen letztlich kosmomörderischen – und daher global selbstmörderischen – Drang hin. Das Selbst kann sich der Welt, die es tötet, faktisch nicht entziehen, und der Tod durch metaphysische Objektifizierung gelangt nun zu seiner endgültigen Verwirklichung.

Whiteheads Kosmologie impliziert etwas, das er selbst nie hätte zur Kenntnis nehmen können: daß das normale männliche Ich sich auf einen Trugschluß gründet. Kein Wunder, daß dieses androzentrisch erzwungene Ich sich so typisch in der Defensive befindet. Es erhält einen Anspruch aufrecht, den es jeden Augenblick seines Seins Lügen straft. Die feste Selbstidentität, die ihm Dauerhaftigkeit zu verleihen scheint, die dicken Grenzmauern, die ihn davor schützen, daß die empfundene Welt eindringt – sie lösen sich immerwährend auf, müssen ständig wieder neu aufgerichtet werden. Ganz gleich, wie gut man als Ich cartesianischer Art *denkt*, man kann die Substantialität nie so recht in den Formen, in denen man sie denkt, auch *empfinden*. Man *ist* nicht lange genug – man wird ständig bereits ein anderer/eine andere. Genau unser Einssein, jenes provisorische Erreichen einer Selbstverwirklichung in jedem neuen Augenblick, trägt zu unseren unkontrollierbaren inneren Vervielfältigungen bei. Wenn wir im Zeichen der phallischen Monade weiterhin versuchen, die Zivilisation des Getrennten zu errichten und zu verteidigen – wozu Männer seit jeher gezwungen waren und Frauen erst seit kurzem motiviert werden –, werden wir nur ärmer, leerer, eingleisiger, erbitterter und zerstörerischer.

Aus der Sicht einer bindungsfähigen Integrität brauen die defensiven Phantasien des trennenden Subjekts lediglich ein Pseudo-Selbstsein zusammen. Mary Daly hat den Gegensatz perfekt formuliert: »Das Ent-Falten/Realisieren dieser Integrität ist Sei-en jenseits derartiger verdinglichter Wesen, jenseits jener erstarrten Pseudo-Selbst.«[90]

Wenn Integrität als solche einzig spontan aus und in einem fließenden Beziehungsfeld entstehen kann, dann muß nicht nur die Integrität von Frauen beziehungsfähig sein. Beziehungsfähigkeit kann sich nicht auf weibliche Psychologie oder feministische Ideologie beschränken – denn was *als* weiblich voll es selbst ist, ist immer schon ontologisch überdehnt. Das heißt, wir greifen in unserer Beziehungsfähigkeit nicht nur über die Begrenzungen jeder beschränkten Reichweite von Beziehungen hinaus, sondern wir gehen *als* Frauen (und nicht als geschlechtslose Humanoiden) über jede als weiblich zu spezifizierende Art von Beziehung hinaus. So ist häufig zu beobachten, daß Frauen ihre Beziehungsverpflichtungen dann widerrufen – indem sie sich beispielsweise aus einer bestimmten Beziehung lösen –, wenn sie in Wirklichkeit lediglich die offene Bandbreite intellektueller oder politischer oder beruflicher Beziehungen für sich fordern, die vielleicht durch die bestimmte Beziehung eingeschränkt wurde. Und diese Freiheit in den Beziehungen – die ständig, während sie den bestimmten Anforderungen bestimmter Bindungen Rechnung trägt, zugleich über diese hinausgreift – bedeutet auch immer die selbstbestätigende, das Selbst einbeziehende, liebende Beziehung zur eigenen Person. Das beziehungsgerichtete Selbst ist mit dem »Weiblichen« nur in einer wichtigen Hinsicht verbunden: Unter den Bedingungen des Patriarchats standen Frauen weniger in der Gefahr, das Fließende und die Beziehungsfähigkeit, das Bestandteil aller Personen ist, zu verdrängen. Das Bewußtsein des fließenden Gemeinschaftssinns unseres Selbst ist mehr in die Struktur unserer Persönlichkeit eingegangen und hat die beziehungsgerichtete Sensibilität eher bestärkt statt verdrängt. Doch wenn man ein Mann ist? Dann ist die am ehesten auftretende Schwierigkeit nicht die Unterdrückung, sondern die Verdrängung der Ontologie des Selbst. Um die Verteidigungsmechanismen des gängigen Ego abzubauen, muß der Zug zur Abgrenzung, der Drang, sich vor der Intimität zurückzuziehen, wachsam erkannt werden. Bei einem Mann, der dieses Buch liest, sind die sexistischen Muster der Misogynie vermutlich bis zu einem gewissen Grade gegengesteuert und abgeschwächt. Doch sind sie immer noch erkennbar als subtile Tendenzen, die in umfassendere Zusammenhänge eingebettet sind, für die man als Individuum kaum verantwortlich gemacht werden kann. Sozialgeschichte, Normen der Berufswelt, Praktiken von Institutionen, intellektuelle Muster, emotionale Nachteile: Wie kann man dafür die Verantwortung übernehmen, ohne sich auf einen Schuld-Trip zu begeben? Und die Schuld-Trips der weißen Männer scheinen weniger eine Frage wirklichen Empfindens oder wirklicher Einsicht zu sein, als vielmehr ein erboster Zirkelschluß, der zu einer interessanten Form von »das Opfer ist schuld« führt: Männer richten ihre Wut gegen Feministinnen, weil diese ihnen angeblich Schuldgefühle bereiten, und weniger gegen die patriarchalen Strukturen, die Frauen überhaupt erst zum Feminismus gebracht haben – Strukturen, von denen sich jene Männer, wie sie behaupten, häufig genauso unterdrückt fühlen. Männer wiederum, die Schuld-Trips und passive »Sensibilität« kultivieren, saugen Frauen Energie ab und sehen in ihnen Mutterfiguren. Solchen angeblich profeministischen Männern genügt es dann, die Hoffnung auszudrücken, Frauen mögen aufhören über Frauen zu sprechen, und lieber in dem, was sie tun, hervorragend sein (natürlich nach herkömmlichen männlichen Maßstäben).

Will ein Mann zu diesem historischen Zeitpunkt seine eigene (authentisch männliche) Integrität finden, so wird dies, wie ich annehme, nur dann möglich sein, wenn er sich in eine kompensatorische Gynozentrität begibt, in eine provisorische Identifikation mit Frauen, die die Funktion einer Lehrzeit in Beziehung hat. Bewußte Empathie mit Frauen (und vielleicht mit Kindern) kann ihm dazu verhelfen, daß seine eigenen beziehungsgerichteten Kapazitäten wieder erwachen. Daß er seine Abwehrhaltung gegenüber dem Feminismus erkennt und bekämpft, ist ein Prüfstein für Wachstum. Immerhin bedeutet das ja, daß er jene Aspekte der Persönlichkeit verwirklicht, riskiert und genießt, die vorher als zu »weiblich« abgewürgt wurden. (Womit nicht gesagt sein soll, daß irgendwelche Qualitäten tatsächlich ihrem Wesen nach weiblich seien.) Wenn seine Beziehungsfähigkeit – zu Männern und zu Frauen – wächst, dann wird sich die Beschaffenheit, die Konstitution seines Selbst verändern. Dieses wird in seine innere Pluralität, sein Strömen, eine aktive Solidarität mit Frauen *und deshalb* mit allen anderen Wesen einschließen, die schrittweise an die Stelle der ängstlichen Pseudofestigkeit des Zustands von Herrschaft und Abgrenzung tritt. Wäre jedoch eine solche männliche Metamorphose so leicht zu erreichen, wie es hier klingt – dann müßte sie eigentlich jeweils mit der guten Absicht auch viel eher gelingen. Doch Männer, die sich auf die postpatriarchale Reise machen, bekommen wenig Unterstützung von anderen Männern. Sich von der Täuschung der Dauerhaftigkeit und Abgrenzung zu verabschieden, bedeutet nicht nur, die Vergünstigungen, die das falsche Selbst bietet, einzubüßen und den Schmerz zu spüren, den das Empfinden der eigenen Empfindungen bereitet. Man riskiert auch, den Zorn, die Wut und die Bestrafung von engagiert abgegrenzten Kohorten heraufzubeschwören. Um die *Selbst*-Kontrolle des Helden fallenzulassen, braucht es seltenen Mut und Engagement – und ein bindungsfähiges Vertrauen in das, was damit zu gewinnen ist.

## Klebrige Beziehungen

In jeder Person kann das Staccato von Trennung und Herrschaft den Rhythmen von Einsamkeit und Gemeinschaftlichkeit Platz machen. Denn (das wird im letzten Kapitel deutlich werden) der soziale Charakter des Selbst fängt uns nicht in der Falle reiner Öffentlichkeit, des schonungslosen, pausenlosen Bezogenseins. Weitläufigkeit ist immer auch Zuflucht. Die Vielheit der Selbst schaffen ein komplexes inneres Leben und damit ein Gebiet für Zurückgezogenheit. Diese Auffassung von sozialem Selbstsein hat genausowenig mit Behaviorismus oder Soziologie zu tun, wie mit Individualismus und Substantialismus. Die Reibung der vielen, wenn sie eins werden, widersetzt sich dem Verschmelzen in simple Einheit. Ohne Reibung – etwa vergleichbar der »*différance*« in Derridas Strukturalismus – gäbe es nur die Alternativen von Trennung oder Verschmelzen: ein Gegensatz, der sich aus dem Sichtwinkel des Separatismus stellt. Doch kann weder die innere noch die äußere Vielfältigkeit zu einer statischen Einheit komprimiert werden. Nur die Illusion einer dauerhaften inneren Selbstidentität macht die Abgrenzung von der äußeren Welt möglich.

Man kann versuchen, an den Grenzen zwischen Selbst und anderem eine strenge Kontrolle als Abwehr gegen Ein-fluß aufzurichten. Die patriarchale Subjektivität von Herrschaft und Kontrolle kann in der Tat nicht zwischen Beziehung und Konformität unterscheiden. Sie erschafft, was sie fürchtet: eine kollektive Gleichheit, eine Ächtung des Unterschieds, ein Verbot des Schweifens. Sie projiziert diese Furcht auf die Frauen. Matriphobie ist, wie wir uns erinnern, die Furcht vor einer konformistischen Kollektivität. Und während die Tätigkeit der Differenzierung bei Frauen entsprechend unterdrückt wurde (damit sie ihr Fließend-Sein beibehalten sollen), hat sich das Aufrechterhalten von einem gleichbleibenden Selbst mithilfe von Objektifizierung und Dichotomie wahrlich als Selbsttäuschung erwiesen. Die trennungsgerichtete Kadenz von Gegensatz-zum-anderen und Konstanthaltendes-Selbst schafft nicht Unterschiedlichkeit, sondern Gleichheit: Der Entwurf des durch die Zeit hindurch mit sich selbst identischen Ich erhält eine Phantasie von fester und subjektiver Einheit inmitten der anderen da draußen aufrecht. Ein durch die Zeit hindurch gleichbleibendes Selbst, entbunden von Beziehung zu den anderen im Raum – das ist die Raum-Zeit des patriarchalen Bewußtseins.

Geschlechtsunterschiede können tatsächlich nur ontologisch offen und undefiniert bleiben, vorbehaltlich der historischen Zwänge und der Komödien unserer eigenen äußerst ernsten Bemühungen. Herkömmlicherweise kommt die Dyade des trennenden und des fließenden Selbst in einer Art zweiseitiger Karikatur einer einzigen Person zusammen. Die männliche Rolle fetischisiert den Augenblick von Einsamkeit, Freiheit und Spontaneität, den Augenblick, in dem aus der Vergangenheit etwas Neues gemacht wird und die vielen eines werden. Dem Weiblichen bleibt die Rolle der bloßen Beziehung, des reinen Gefühls, des Übergangs zwischen den Augenblicken des festgelegten Selbst. Demnach ist die Frau kein Selbst, ist überhaupt keine Individualität, während der Mann ganz und gar Selbst ist und seine Beziehungen transzendiert. Sie ist reines Fließen, der Augenblick des Übergangs vom anderen zum Selbst, polstert in ihrer selbstlosen Löslichkeit die harten Ecken seines abgegrenzten Selbst ab. Sie ist sozusagen sein gefangenes »Übergangsobjekt«. Und sie fühlt für ihn *seine* Gefühle. Ihre nützliche Grenzsituation erweist sich sowohl im äußeren als auch im inneren Beziehungsbereich.

Im äußeren Bereich haben Frauen in einer Welt voller krieg-führender männlicher Egos die sozialen und familialen Beziehungen möglich gemacht, ihnen sogar Wärme gegeben. Als Mutter, Ehefrau oder Gastgeberin webt sie den Anschein einer Gemeinschaft zwischen konkurrierenden männlichen Inselexistenzen.[91] Sie verbindet Männer nicht nur untereinander, sondern auch mit ihrer Umgebung (als Hausfrau), mit ihrer Arbeit (als Sekretärin, Muse oder Unterstützungssystem), mit ihrem Körper (als Sexualpartnerin oder Krankenschwester). Sie wird sogar nach ihrer Fähigkeit, diese gastfreundliche Arbeit der unauffälligen Kompensation für *ihre* (der Männer) Trennungen zu leisten, beurteilt: Sie bietet dem Mann, was Levinas »das sanfte« und zugleich »diskrete« – »Gesicht des Weiblichen« nennt.[92]

Doch ihre Selbstauflösung, mit der sie einen Klebstoff zum Zusammenhalten der getrennten männlichen Ich-Momente herstellt, zeigt eine ebenso klebrige innere Dimension. Wenn die Person – oder die Seele – in Wahrheit eine Serie von miteinander verbundenen Ereignissen ist, dann scheint es kein Zufall, daß der Mann im Bild der Frau seine eigene Seele gefunden hat: Er spürt nicht nur, daß seine Rettung von Frauen abhängt, sondern auch, daß seine Seele eine Frau *ist* – die Anima. Ohne die »Lösung« des inneren ewigen Wesens der Weiblichkeit, so spürt er, würde er auseinanderfallen. Jung setzt sogar das Weibliche mit Eros, definiert als »Prinzip der Beziehung«[93], gleich. Wäre der patriarchale Mann der ausgedörrten Isolation des Illusionismus seines Ich ausgesetzt, dann würde er sich erhaben und auf dem Trockenen vorfinden, gefangen in dem »Solipsismus des gegenwärtigen Augenblicks« (Santayana), eingemauert in Augenblicke, die nicht einer in den anderen hinüberfließen. Daß er eine weibliche Seele hat, gestattet ihm, sein Ich unter Kontrolle und über seinen Geschäften mit der Welt zu halten, während er die Untergrundströme von Psyche anzapft: das Beste aus beiden Welten, ohne ihre gegenseitige Transformation.

Muß also die Vorstellung jeglicher Anima, der inneren Seelenschwester, auf diese Weise in Komplizenschaft mit dem patriarchalen Ich funktionieren? Ich glaube, daß das dann nicht so sein muß, wenn sie aus den sie beherrschenden Definitionen, die sie zu einem wesentlichen Satz von sexistische Männlichkeit ergänzenden Attributen machen, befreit wird. Wenn sie ihren Körper, ihre Polyvalenz und ihre Verbindung zu wirklichen Frauen, vergangenen und gegenwärtigen, zurückbekommt, dann wird sie in die Männer nicht deren Seele hineinimportieren – in denen die Männer ja ihre Männlichkeit finden müssen, wenn Männlichkeit das Ego überschreiten und damit beseelt werden soll –, sondern ein konfrontierendes Spiel von Metaphern, das zu allen Formen von Beziehung einlädt. Dann steht sie nicht mehr ein für die Beziehung an sich, nimmt den Männern nicht mehr ihre Verantwortlichkeit für Eros ab. Außerdem ist diese Anima – weiblicher Geist – genauso in Frauen am Werke, wie einige jungianische Analytikerinnen festgestellt haben.

Die fließende Frau hat nach innen und nach außen die Beziehung ohne Selbst verkörpert, während der trennende Mann das Selbst ohne Beziehung inkarniert hat. Diese symbiotische, aber hierarchische Dyade von normativem Subjekt und dessen Gehilfin spiegelt dann die traditionelle, substantielle Auffassung vom Selbst, sowohl in der Beziehung zu anderen als auch zu sich selbst. Und die Whiteheadsche Auffassung von den inneren Beziehungen ermöglicht es uns, eine formale Alternative zu beiden Dimensionen des Dualismus zu entwerfen. Als momentanes, wirkliches Ereignis geht das Selbst aus den anderen, die es internalisiert hat, hervor und geht über sich selbst hinaus in die neu sich herausbildenden anderen hinein. Wenn wir auf diese Weise ontologisch Gemeinsamkeit leben, dann müssen wir nicht einander als Klebstoff dienen; da wir bereits mit allem anderen verknüpft sind, sind wir in uns selbst feucht, klebrig und faserig genug, um zu neuer Selbstkomposition zu gelangen. Als Seele – oder persönlich gestaltete Gesellschaft – braucht der Mann die Frau nicht, um die unbewußten Lücken zwischen seinen Augenblicken zu füllen, genausowenig braucht die Frau einen inneren oder tatsächlichen Mann, der ihr irgendeinen Überbau von Rationalität oder Ordnung oder Selbstkontrolle zur Verfügung stellt. Im Rhythmus der Von-Augenblick-zu-Augenblick-, Von-Selbst-zu-Selbst-Existenz wird mir bewußt, daß ich mich selbst nicht spiegeln, mich nicht zu einem Objekt machen kann, da ich bereits ein anderes bin. Und so brauche ich mein Selbst auch nicht zu einer seelenlosen Substanz zu rationalisieren in dem Versuch, perfekte Selbsterkenntnis und deren angebliches Korrelativ, die perfekte Selbstübereinstimmung zu erlangen.

Eine Weisheit und eine Kontinuität anderer Ordnung wird zugänglich, eine Kohärenz, die sich darauf stützt, daß ich unsere Welt und meine eigenen Gefühle, wie schmerzhaft auch immer, empfinde; daß ich aus dem Empfinden und aus der Welt etwas Frischeres mache; daß ich nie ganz dieselbe bleibe. Die psychische Animation bedarf keiner kompensatorischen Anima und keines beherrschenden Animus. Die innere Bezogenheit der Seele, mit ihrer inneren Gemeinschaft in Zusammenspiel mit den äußeren Gesellschaften, löst den Klebestoff auf, der das abwehrende Ich zusammenhält. Doch »Auseinanderfallen« – Hillman nennt das ein »Pathologisieren«, ohne welches »Seelen-Entstehung« nicht vor sich gehen kann[94] – kann Ansporn sein, unser plurales Selbstsein zu erkennen: das Gehäuse des objektifizierenden Selbst wird zerschlagen. Das hat vielleicht einen Beigeschmack von meinem Todesgefühl und meinem »Anderssein«, denn es gemahnt mich an die ständige Vergänglichkeit und die unauslöschliche Spontaneität, aus der eine Person – eine lebende Seele – besteht.

## Radikale Konsequenz

Die implizite Metaphysik feministischer Sensibilität mag in der Tat auf das Beziehungsorientierte und das Fließende hinauslaufen: Doch ergibt sich daraus keineswegs automatisch die innere Vielfältigkeit, die Augenblicklichkeit und die innere Bezogenheit aller Wesen. Mein Argument war, daß wir, um uns über den Status der selbstverkapselten Subjekte und deren metaphysischen Sexismus hinauszubewegen, die Vorstellung einer ihnen zugrundeliegenden dauerhaften Permanenz in einen Strom von untereinander verknüpften Ereignissen auflösen müssen. Mary Daly ist hier in ihrem feministischen Philosophieren anderer Meinung. Ich kann in diesem Zusammenhang den vielfältigen Ebenen ihrer noch nie dagewesenen Philosophie, die auf einmalige Weise in der klassischen Theologie und Metaphysik begründet ist, nicht gerecht werden. Ihre Philosophie spricht für sich selbst (was nicht für die Relevanz des Prozeß-Denkens für feministische Überlegungen gilt). Ich möchte hier jedoch auf eine bestimmte Schwierigkeit hinweisen, die Dalys Denken – besonders in diesem Kapitel – für die hier entwickelten Vorstellungen darstellt oder auf die jedes Engagement für radikale Beziehung in ihrem Denken stoßen wird.

Weit davon entfernt, irgendeine Vielfältigkeit des Selbst zu begrüßen, scheint Daly ihr vielmehr eine direkte Absage zu erteilen: »In einer Frau existieren nicht mehrere Selbst, sondern nur ein*e* Selbst, die in dieser Frau vollkommen präsent/anwesend ist.«[95] Diese rückhaltlose Bestätigung der Einheit des Selbst führt zu einem gleichfalls unzweideutigen Ruf nach einer in der Zeit fortdauernden Selbstidentität: »Aus der Vorstellung, eine Frau habe eine einzige Seele, die in all ihren ›Teilen‹ vollkommen anwesend ist, (ist) unabweislich die Folgerung zu ziehen, ... daß im Kern ihres Selbst eine wesenhafte Integrität existiert.« Diese Integrität manifestiert sich »als radikale Konsequenz ihres Verhaltens. Sie scheint nicht mehr ›einen Tag diese Person und am nächsten eine völlig andere‹ zu sein.«[96] Wenn diese schroffe Verleugnung einer inneren Pluralität, diese strenge Forderung nach Selbstübereinstimmung einen Beigeschmack des klassischen Substantialismus hat, so ist das kein Wunder. Daly übernimmt hier von dem großen Metaphysiker der Substanz, Thomas von Aquin, seine Vorstellung von der Seele. Natürlich wählt sie diese Vorstellung nicht wegen ihres Substantialismus, geschweige denn wegen ihrer Beziehung zur traditionellen aristotelischen Sorte der Misogynie, sondern wegen ihres wirklich vielversprechenden Nicht-Dualismus, den wir weiter vorn anerkannt haben. Thomas von Aquins Ansicht, daß »die ganze Seele in jedem Teil des Körpers ist«, widerlegt die Dichotomie von Körper und Seele. Zusammen bilden sie ein Ganzes, einen Organismus. Doch bezieht Daly von ihm auch die Grundlage für Integrität, verstanden als Selbstübereinstimmung. Und damit kritisiert sie nicht den impliziten thomistischen Dualismus von selbst und anderen: die Trennung eines jeden Organismus von jedem anderen, außer wenn diese Beziehung durch Universalien vermittelt ist. Daly hat hier keineswegs etwas übersehen. In ihrem Denken ist zu spüren, daß die unmittelbare Verknüpftheit aller Wesen ihr weniger wichtig ist als die Anerkennung ihrer Individualität. Wenn sie Verknüpftheit betont, dann tut sie das in Hinsicht auf Intuitionen und Ideen oder auf das ehrfurchtheischende Zusammenspiel zwischen Frauen und den kosmischen Elementen. Doch selbst dort, wo sie über feministische Schwesterlichkeit spricht, hat das Gefühl der inneren Verbundenheit, das Gefühl, Teil des anderen zu sein, keinen Platz bei ihrer Betonung der Vorzüge von Autonomie und Selbst. »Sprühen/ Funkenschlagen« ist ihr zündendes Bild für die Kommunikation unter Frauen, die uns mit Leben, Energie, mit Mut entflammt. Dies ist ganz sicher Gemeinschaft. Funken sprühen zwischen uns, inspirieren uns, entflammen uns – verbrennen den Unrat der Väter und entzünden unseren »Genius«. Oder besser unsere individuellen Genii. Dalys prasselnde Feuer-Bilder lassen es nicht zu, daß Frauen zum rein Feuchten und Erdhaften – und undifferenzierten Schlamm – verwässert werden. Schwesternschaft gibt sich nicht mit einer einfältigen Gleichheit zufrieden – eine große Versuchung für jede ideologisch verbundene Gruppe, besonders für eine, die bereits zur Selbstlosigkeit sozialisiert worden ist. Denn das Gefühl einer feministischen In-group könne ein Gemeinschaftsgefühl fördern, das eher der »Kameradschaft« (wie in männlichen Kriegerbündnissen) ähnelt, die Daly von Freundschaft unterscheidet. »Die tiefen Unterschiede zwischen Freundinnen/Schwestern anzuerkennen gehört zu den schwierigsten Abschnitten/Stationen auf der Reise, doch ist das lebensnotwendig für diejenigen, die in freier und unabhängiger Freundschaft entflammen, anstatt sich einfach in Massenfusionen zu verschmelzen.« Damit will Daly dem Begriff »Separatismus« eine positive Bedeutung zurückgeben: »Damit Ähnlichkeit und das wilde Anderssein wachsen können, müssen wir getrennte Frauen-identifizierte psychische, mythische, semantische, physische Räume schaffen.«[97] Wer könnte den schmerzlichen, doch transformativen Wert bestreiten, den das Respektieren des gegenseitigen Anderssein hat, oder die Wahrheit, daß eine Beziehung um so reicher ist, je reicher die Individualitäten in dieser Beziehung sind. Doch sind »unabhängig« und »getrennt« notwendige Attribute für Freiheit und ein »Zimmer für sich allein«? Müssen die sprühenden Schwester-Selbst in dieser Weise ontologisch getrennt bleiben: autonom in ihrem »Sei-en«? Selbst wenn Daly Wasser-Bilder verwendet (der »gezeitenhafte Genius«) möchte sie, daß wir der Versuchung zur fließenden Vermischung widerstehen. Es scheint, als würde das elementare weibliche Feuer durch radikale Bezogenheit, durch die Verknüpftheit in unseren Tiefen ausgelöscht. Wie immer – vor allem bei de Beauvoir – ist dies eine notwendige Reaktion auf die weibliche Löslichkeit im Dienste des patriarchalen Subjekts. Dalys klare Ontologie des weiblichen Selbst befreit uns von jedem übertriebenen und unterindividuierten Beziehungsfetischismus.

Dennoch besteht das Risiko, daß eine Befürwortung von Unabhängigkeit und Autonomie, der die ontologische Verknüpftheit fehlt, durch männliche Modelle des Separatismus kooptiert wird. Dalys Rede von der essentiellen Integrität, vom Kern des Selbst, von radikaler Konsequenz teilt fundamentale Prämissen mit der aristotelischen Metaphysik des Thomas von Aquin. Dieser Diskurs stützt sich immer noch auf die Ideologie der selbstidentischen Einheit, die ich als Stützpfeiler patriarchaler Philosophie und patriarchalen Verhaltens gekennzeichnet habe. In unseren Überlegungen zu den Ungeheuern stellten wir fest, daß nach Aristoteles die angebliche Mißbildung von Frauen aus ihrem Mangel herrührt, der »menschlichen« Spezies, das heißt, der substantiellen Form des Mannes, zu entsprechen. Und unser Argument dabei war, daß jede Form von Substanz-Denken, bei dem die Einheit des Selbst einem beständigen inneren Wesen als Gegensatz zu äußeren Akzidenzien von Beziehung und Veränderung zugeschrieben wird, ein Ausdruck abwehrender muttermörderischer Aggression ist, des Dranges zu Gegensatz und Herrschaft, des monolithischen männlichen Ich-Ideals. Wir müssen uns vor der Sprache und dem Selbstsein jeden übertriebenen Einsseins hüten, vor jeder Doktrin einer Einheit, die ihre Grundlage nicht in einem ausgesprochenen Sinn für innere Beziehungen hat. Die Sprache des Einsseins, des »einen Selbst«, schlägt stets die Saiten der Verknüpftheit an, wenn sie Zerstückelung und Selbstspaltung zu transzendieren sucht. Doch kann sie auch nur allzuleicht die selbstverkapselte Monade – welchen Geschlechts auch immer – reproduzieren, die nach den beziehungsorientierten Quellen dürstet, von denen sie getrennt worden ist.

Da für den Sexismus der Separatismus systemimmanent ist, muß auch die Taktik des *feministischen* Separatismus, die Daly so

275

mutig verkörpert und vertritt, immer feministisch hinterfragt werden. Vorübergehende Formen des Exodus und der Abwendung von den Systemen des Sexismus sind strategisch unverzichtbar. Da das männliche Selbst stets von der Existenz eines weiblichen Nicht-Selbst abhängig war, muß die Frau sich aus eben diesem System, das den Mann ständig mit Energie versorgt, die ihr abgesaugt wird, ausklinken. (Welche Formen das Disengagement im einzelnen annimmt – ideologisch, beruflich, psychologisch, emotional, ehelich, geographisch, wirtschaftlich –, kann nicht verallgemeinert werden!) Ich möchte hier nur – und zwar nicht rhetorisch – die Frage stellen, ob Dalys abgekammerter Substantialismus, mit seiner Betonung des Selbst und seinem Schweigen zu inneren und zwischenmenschlichen Beziehungen, sich nicht mit ihrem feministischen Separatismus verknüpft. Ist ihr Separatismus ein vorübergehendes und berechtigtes Mittel für ein nichtseparatives Ziel? Ich nehme das an. Doch wenn Separatismus zur Strategie oder zum Dogma wird, dann ist er ohne Zweifel dazu verurteilt, wenn auch noch so unbewußt, die androzentrische Weltsicht des getrennten Selbst zu übernehmen. Damit wird das Ziel, das politische Strategien des Rückzugs rechtfertigt, das Ziel einer blühenden nichtsexischen und verknüpfenden Gesellschaft von vielen Selbst, subtil und radikal unterminiert. Doch ist »feministischer Separatismus« ein homophobischer Vorwurf, den häufig solche Leute kreativen Frauen entgegenschleudern, die nie auch nur auf die Idee kämen, Jesus beispielsweise als »Separatisten« zu bezeichnen, wenn er sagt, er sei *in* dieser, aber nicht *von* dieser Welt, oder wenn er sich in die Einsamkeit zurückzieht oder in seine kleine Gemeinschaft gleichgesinnter Freunde. Niemand kann eine Welt, eine Kultur verändern, ohne Formen des Sich-davon-subversiv-Zurückziehens zu praktizieren.

Sollte in Dalys Denken irgendeine Gefahr des Überseparatismus bestehen, dann gilt zugleich, daß die »radikale Konsequenz« und das unerschrockene Selbst mit seinem gezeitenhaften Genius ein angemessenes Korrektiv für jedes lasche Romantisieren von Beziehung darstellen. Doch muß sich die kreative Kraft dieser gynomorphen Selbstbestätigung nicht gegen die Radikalität von Beziehung richten: So ist Dalys Schwesternschaft der Spinnweiber sowohl ein sine qua non und ein Resultat der Heiligkeit des weiblichen Selbst. Dalys Worte inspirieren mit jener kraftspendenden Zielgerichtetheit, die Frauen häufig noch fehlt. Mit gutem Grund warnt sie uns vor jener beziehungsorientierten Betäubung in die Selbstaufopferung hinein, durch die der Phallokratie die weibliche Anwesenheit und Kraft vorenthalten wird. Frauen, die Daly hören (solche, die nicht zu sehr von der schlafenden Medusa in ihrem Inneren, die Daly unweigerlich weckt, versteinert sind), bekommen eine direkte Infusion von gynergetischem Mut. Ihre Werke sind nach wie vor das wichtigste Gegenmittel heute gegen das lösliche weibliche (Nicht-) Selbst. Dalys Stil, der die Hörerin schüttelt und verändert, gehört mit seiner Nachdrücklichkeit und seinem Witz unabdingbar zum Inhalt ihrer Metaphysik. Ihre revolutionäre Methode (die sie »Methodozid« nennt) ist wahrlich weit von Thomas von Aquin entfernt!

Dieses feministische Gefühl der Dringlichkeit, wozu die Ungeduld mit dem lediglich Akademischen gehört, muß uns dazu anhalten, unsere eigenen Abhängigkeiten von intellektuellen Vaterfiguren (wie zum Beispiel Whitehead) zu hinterfragen. So hilfreich sich auch seine Kritik an der Substanz-Metaphysik, an den vormodernen und modernen Dualismen und am theologischen Imperialismus erweist, sie richtet sich doch nur respektvoll auf die intellektuellen Irrtümer anderer Denker. Höflich beschränkt er seine Vorstellung einer alternativen Weltsicht auf ein Kapitel über die Philosophiegeschichte. Eine derartige akademische Abgehobenheit hat einen Beigeschmack von Selbstgefälligkeit. Philosophische oder theologische Probleme sind nicht selbstverkapselt und vom Rest des Lebens isoliert. Im herkömmlichen Stil der Reflexion lebt ein Cartesianismus, auch wenn die Ideen, die behandelt werden, sich über alle vorangegangenen Dualismen hinausbewegen. Dieser unbeabsichtigte Dualismus findet sein Echo in einigen von Whiteheads weniger glücklichen Kategorien, so könnte beispielsweise die »Objektifizierung der Vergangenheit durch die Gegenwart« sowohl das andere als auch die Vergangenheit zu einem inaktiven Datum für meine aggressive Konkretisierung machen. Den Einfluß, den das andere auf mich hat, als meine Objektifizierung des anderen zu bezeichnen, steht genau gegen die Vorstellung von Prozeß und Verbundenheit. Dies mag daher kommen, daß Whitehead mit aller Kraft versucht, den vorübergehenden, atomischen Charakter der Realität aufrechtzuerhalten und damit das Individuum vor Monismus zu bewahren. Das waren nur zwei Beispiele für mögliche Schwierigkeiten, die der Feminismus mit Inhalt sowie Methode des dargelegten Systems haben könnte.

Im Gegensatz dazu behandele ich in diesem Buch die einer Vision von innerer Bezogenheit im Wege stehenden theoretischen Hindernisse als eine fast globale Voraussetzung. Natürlich arbeitet Whitehead eher als Diagnostiker denn als Problemlöser. Doch kann eine solche alternative Vision wirklich heilende Wirkungen auf ihre Kultur ausüben? Es kommt darauf an. Das Prozeß-Denken wird und kann ohne ständige und ausdrücklich antipatriarchale Arbeit an sich selbst und seinen realen Welten in der Realisierung seiner Vision nicht vorankommen. Da Prozeß-Denken eine Metaphysik des Empfindens ist, muß es *empfunden* werden; da das Mögliche durch Empfinden verwirklicht wird, ist Prozeß-Denken nur in dem Maße sinnvoll, in dem es im Leben, in Beziehungen, in der Kultur konkret verwirklicht wird. Ich behaupte andererseits nirgends, daß der Feminismus auf Whitehead – oder irgendeinen anderen männlichen Denker – angewiesen ist. Wir können diese Gedanken aufnehmen, weil sie eine Nähe zu Werten haben, die aus anderen als den vermutlich von Whitehead anerkannten Gründen wichtig sind, Gründe, die eher dringend denn abstrakt sind. Mit der Dringlichkeit, nämlich dem Drang, anders zu handeln, und zwar nicht mehr in den gleichen alten Strukturen meines Selbst, meiner Welt, meiner Ansichten, geht nicht das Diktat irgendeines feministischen Purismus (einer Form von Separatismus) in der Wahl unserer Quellen einher. Uns kann es nur um das gehen, was angesichts einer globalen Geschichte, die auf eine bevorstehende Katastrophe zurast, dazu verhelfen könnte, daß etwas Neues entstehen kann. Die Vorstellung von einer sich im Prozeß befindenden Person, die kreativ aus ihrer inneren oder äußeren Vielfältigkeit hervorgeht, ist eine solche nützliche Verschiebung des Gesichtswinkels, eine Lichtung innerhalb der kulturellen Verstopfung. Unser realistisches Gefühl für die planetarische Notlage darf uns nicht lähmen oder in Panik treiben, denn dann würde das Hervortreten neuen Denkens blockiert.

Kommen wir noch einmal auf den konkreten inhaltlichen Punkt

zurück, an dem wir Whitehead gegenüber Daly den Vorzug gaben. Dalys Terminologie kann selbst in diesem problematischen Bereich ihre Botschaft deutlich machen. Wenn sie Frauen ermahnt, nicht jeden Augenblick eine andere »Person« zu sein, dann erinnern wir uns daran, daß die Person oder Seele eine durch die Zeit hindurch beständige Gesellschaft ist. Person – und nicht das Selbst – unterliegt aus der Sicht des Prozeß-Denkens keiner Veränderung. Hinzu kommt, daß Daly niemals von einer strikten, von Augenblick zu Augenblick gleichbleibenden Selbstidentität spricht, sondern vielmehr von einer »radikalen Konsequenz«. Das heißt, daß sie – wie Existentialisten oder Prozeß-Denker – vehement darauf bestehen würde, daß diese Konsequenz oder Dauerhaftigkeit keine statische oder stagnierende Gegebenheit, kein Fait accompli ist, sondern daß sie erlangt, erschaffen werden muß. Und, so möchte ich hinzufügen, diese Kreativität wird nur dadurch möglich, daß die wirklichen Augenblicke des Selbst, die Selbst als Ereignisse, sich voneinander unterscheiden. Was mit unseren vergangenen Selbst geschieht, hängt von der gegenwärtigen Entscheidung ab: Wir können sie entweder sehr umfangreich beseelen und in uns hineinnehmen, oder aber auch nur sehr wenig. Weiterhin können wir mit Daly für »ein Selbst, das in dieser Form vollkommen präsent/anwesend ist« sein – doch *in jedem bestimmten Augenblick*. Das würde dann präzise bedeuten: vollkommen *anwesend*. So weit so gut. Aber wir sind auch, im Gegensatz zu Daly, für »viele Selbst in einer Frau«. Doch ist nur ein Selbst das subjektive Zentrum des Augenblicks, es enthält die anderen in sich. Es präsidiert jeweils nur *ein* Selbst. Und was ist mit den anderen Selbst in dieser Zeit? Sie sind jene Serie von Selbst-Augenblicken, die dann eben, sich ansammelnd, meine Seele bilden: Sie sind jenes unendlich wallende Netz der wirklichen anderen Wesenheiten, deren Selbstsein wohl oder übel Teil meines eigenen Selbstseins geworden ist.

## *Eros und das Selbst mit dem sanften Kern*

Wenn wir mit Daly die Vorstellung vom »Kern des Selbst« herbeiwünschen, dann wollen wir es uns als einen sanften Kern vorstellen und uns dabei an das lateinische *cor*, das Herz bedeutet, erinnern: ein Mittelpunkt, der nicht das isolierte innere Wesen eines harten Kerns von Selbstsein darstellt, sondern einen rhythmischen Zusammenhang, der die Vergangenheit in die Zukunft trägt. Frauen müssen nicht hart, sondern sie müssen stark werden. Männer müssen die Härte ihres Herzens abschmelzen. Dieses innere Gefühl des Selbst sollte, wie Daly es genannt hat, ein Prozeß des »Um-das-Zentrum-des-Selbst-Kreisens« sein, kein festgelegter Punkt, kein Ort der Festlegung. Ganz im Gegensatz zu unserem »unbeweglich auf sich selbst fixierten« Helden oder anderen unbewegten Bewegern, gleicht das weniger einem Aprikosenkern, denn der flüssigen Lava im Herzen der Erde oder dem im Baum aufsteigenden Saft. Die innerste Psyche ist der flüssigste, ätherischste und dynamischste Ort in uns – doch deshalb nicht unstabil, sondern lediglich nach Lust und Laune und je nach Situation fluktuierend.

Indem wir um den Mittelpunkt kreisen, isolieren oder verhärten wir uns nicht. Wir erreichen einen Frieden, jenseits von Turbulenz und Verrat einzelner Beziehungen, bestimmter Zwangsvorstellungen und Ängste. Doch handelt es sich hier um eine Stille, die aus einer größeren Weite von Beziehung geboren ist, aus einem lebendigeren Einklang mit meinem Sein hier und jetzt, aus der Anwesenheit meines Körpers in dem ihn umgebenden Kosmos. Diese Stille filtert sich aus der subtilen Geschäftigkeit aller im Prozeß befindlichen Dinge heraus. Um den Mittelpunkt kreisend, erleben wir die plötzliche Wärme des tieferen Begehrens – sogar die Wärme dessen, was die Mystiker das »Verlangen des Herzens« nannten. Ein Verlangen, das uns über uns hinausführt – zu neuen und anderen Selbst?

Die Liebe zu dem, was bereits ist, macht die Matrix der Beziehungen bewußt: Im Verlangen setzt sich die Liebe der Zukunft aus. Die Beziehungen, aus denen ich komme, sowie die Möglichkeiten – für neue Formen der Bezogenheit –, auf die ich mich zubewege, treffen mich in meinem innersten Selbst und als mein

innerstes Selbst an. Daher kommt die Intuition, daß das, was zutiefst mein Selbst ist, mehr als das Ego, mehr als das Ich ist. Denn
ich begegne einem Selbst, das aufs intimste mein eigenes und
zugleich heilig anders ist. Ich beziehe mich *auf* mich – auf mein
Selbst. Die Selbstbestätigung, die Frauen suchen, ist unter diesen
Umständen keine triviale Ich-Bestätigung: »Ich meine hier nicht
die ›Selbstachtung‹ im gängigen Sinne, sondern vielmehr die Achtung, den Wert des tiefen, ursprünglichen Selbst in Frauen, der
lebendigen Geist-Materie, der Psyche, die am Sei-en teilhat.«[98] Die
Ursprünglichkeit von Psyche bezieht sich nicht auf einen festen
Ort des Ursprungs, sondern auf den kreativen Prozeß der Selbst-
Hervorbringung. Er ist verwandt mit dem, was wir bei Whitehead
als Konkretisierung des Möglichen aus dem Wirklichen entdeckten, oder mit dem »wahren Selbst« der Objektbeziehungs-Psychologen oder mit Jungs Selbst. Doch am deutlichsten verwirklicht er
sich darin, daß wir Frauen unserem tieferen Empfinden treu bleiben: Wir werden einmalig.

Kein Wunder, daß in der sich emporsteigernden und gemeinschaftlichen Epiphanie von Noztake Shange *For Coloured Girls
Who Considered Suicide But The Rainbow Was Enuf* die Entdekkung »meiner Heiligkeit« Jubelchöre erweckte mit der Verkündigung: »Ich fand Gott in mir und ich liebte Sie, ich liebte Sie
glühend.«[99] »Gott« stand, wir wir im ersten Kapitel sahen, im wesentlichen für das Absolute und verschloß damit den Zugang zur
Realität, er war die letzte Antwort, die vorwegnehmend unsere
Suche und unsere Fragen verhinderte und Verlangen durch Abhängigkeit ersetzte. Die klassischen Tugenden der Vollkommenheit, wie Unbeweglichkeit, Ungerührtheit und Unabhängigkeit,
ganz zu schweigen von Vorauswissen – welchen Wert sie auch
ehedem im Mysterium gehabt haben mögen –, sind weder der
Kraft des Möglichen noch der Erinnerung an die Vergangenheit
förderlich; sie formen das endgültige Getrennte Selbst. Die Tradition des Prozeß-Denkens ist sehr weit gegangen, um den »Gott«
des klassischen Theismus abzubauen. So betont beispielsweise
Charles Hartshornes neoklassischer Theismus nachdrücklich, daß
ein beziehungsorientierter Gott, der dadurch, daß er die Erlebnisse der Welt empfindet und sich auf diese Weise selbst bereichern kann, vollkommener ist als der Gott, der unfähig ist, sich

selbst zu überschreiten, und dessen Vollkommenheit in einer absoluten Unabhängigkeit von der Welt besteht. »So wie wir einigen Menschen zu Dank verpflichtet sind, daß sie uns das Vorrecht einräumten, etwas von der Qualität ihrer Erlebnisse zu empfinden, so ist Gott *allen* Menschen zu Dank verpflichtet wegen dem viel umfangreicheren Genuß des gleichen Vorrechts.«[100]

Eine solche Göttlichkeit, die allem zu Dank verpflichtet, auf alles bezogen ist, und die damit eine unglaubliche Kraft der Liebe ausstrahlen kann, ist genauso Eros – Verlangen – wie Agape, die einseitig sich selbst hingebende aufopfernde »Liebe« der vorherrschenden theologischen Auffassung. Diese Göttlichkeit befindet sich nicht außerhalb von irgendetwas, sondern innerhalb von allem. Mit einer solchen Interdependenz lassen sich selbst die biblischen Metaphern einer emotionalen, verlangenden Liebe, die immer schnell mit Wut, Eifersucht und anderen »Unvollkommenheiten« in Berührung kommt, besser interpretieren. Außerdem werden – wenn Feministinnen immer noch das Bedürfnis haben, die beziehungsgerichtete Weisheit des Universums und die Macht des Möglichen zu personifizieren – unsere Metaphern der Gottheit, als Göttin oder geschlechtsloses Wesen, mit Sicherheit die Metaphysik der kosmischen Relativität und kein unabhängiges Absolutes beinhalten. Whitehead (der der aristotelischen eine mehr platonische Theologie entgegensetzt) prägte die Bezeichnung »Göttlicher Eros« im Universum, »der lebendige Drang auf alle Möglichkeiten hin, der ihre gute Verwirklichung verlangt.«[101] Doch heute ist ein solcher lebendiger Drang die Triebfeder feministischer Dringlichkeit. Dieser Eros ist in uns allen inkarniert, in jedem wirklichen Einzelwesen, als »erste Phase« des Prozesses der Selbsthervorbringung – heißt das, er ist inkarniert als das Ursprüngliche Selbst? Demnach werden wir, wenn »wir Psyche und Eros auslassen, eine statische Welt erhalten«[102]. Oder vielleicht sollten wir besser sagen: Das Patriarchat hat Psyche und Eros weggelassen und uns damit einen Planeten vermacht, der mit der höchsten Stasis seines eigenen Todes bedroht ist.

So sind wir wieder am Anfang angelangt: beim göttlichen Eros, nach dem Psyche suchte. Diese ursprünglich bisexuelle Gottheit weist auf die Macht der Liebe hin, die zusammenhalten kann und über die Dinge hinauslockt. Wenn das Selbst ein Puls im Leben von Psyche ist, dann rührt der göttliche Augenblick eine Tiefe der Seele an, wo wir auf unseren kosmischen Kontext treffen. Ein Selbst ist ein Knotenpunkt im Netzwerk der Welten, und in jedem Selbst beseelt ein Eros die Welt. Die Welt hat Herz – dort umfangen wir ein verdichtetes, personifiziertes, in einzelnen sich darstellendes Universum, dem wir in jenen Metaphern des Heiligen begegnen, die uns inspirieren. Wenn wir Gott in uns begegnen, dann treffen wir Sie im heißflüssigen Kern des Verlangens unseres Herzens an, wo Sie unserem Mut und unserer Suche immer wieder neue Energie zuführt.

Kapitel 5

# Der Geist der Spinne

*(Das war Arachnes Werk:)*
*Nichts vermochte da Pallas (Athene), der Neid selbst könnte*
*das Werk nicht*
*Tadeln; doch ob dem Erfolg ergrimmte die Jungfrau, die blonde,*
*Und zerriß das durchwirkte Gewebe, der Himmlischen*
*Schmähung.*
*...*
*... die frühe Webkunst übt sie (Arachne) als Spinne*

Ovid, Metamorphosen

*Alle winzigsten Ausblicke sind nun miteinander*
*in den Schiffchen des Webstuhls verbunden.*
*›Dünne regenbogenfarbige Netze, wie Spinnweben*
*umhüllen sie meine Haut.‹*
*Ich stehe zu*
*allen*
*meinen Verwandlungen.*

Robin Morgan, »The Self«

Arachne: Ihr Name bedeutet Spinne oder Spinnerin. Die Sage schildert sie als größte Weberin der Welt, sie forderte die Göttin Athene zu einem Wettkampf am Webstuhl heraus. Während Athene – keineswegs überraschend – Geschichten vom Ruhme der Götter spinnt, betätigt sich Arachne als webende Dissidentin: Sie stellt die Untaten der Olympier dar, speziell deren Schändung sterblicher Frauen. Arachne siegt überlegen in dem Wettkampf – selbst Athene muß die Überlegenheit ihrer Arbeit anerkennen. Doch daß Arachnes rebellisches Gewebe nicht nur wahr, sondern auch noch schön ist – das ist unerträglich. So beginnt Athene sie zu mißhandeln. Als Arachne, um sich dem zu entziehen, sich schließlich aufhängen will, verwandelt Athene sie durch einen ironischen Gnadenakt in eine Spinne: »Du magst leben, doch fürderhin hangen, Du Schlimme!«[1]

Kein Wunder, daß Frauen »fürchten, erfolgreich zu sein«. Es gibt offenbar nur Platz für *eine* »Ausnahmefrau«, und Athene, die die Väter rühmt, wird gegen Arachne, die sie herausfordert, ausgespielt – obgleich, wie es oft der Fall ist, Arachne die weit bessere Arbeit leistet. Die falschen Götter zu demaskieren, regt zweifellos die Phantasie wesentlich stärker an, als sie anzubeten. Die Schönheit des Gewebes verlangt eine gefährliche Ehrlichkeit, die theologische Konsequenzen hat. War Arachne vielleicht ursprünglich eine Spinnengöttin, die der patriarchale Mythos zum Status einer sterblichen Frau degradierte? Zwar waren einstmals das Spinnentotem und das Netz auch Athenes Zeichen, doch blieb in der klassischen Zeit von ihren arachnischen Eigenschaften nur ihr überragendes Können als Weberin übrig. Der Gegensatz von patriarchaler Göttin und sterblichem Opfer ist nicht nur ein Bild für das herkömmliche Konkurrenzverhalten unter Frauen. Er weist auch auf das gespaltene Selbst hin, das Frauen veranlaßt, sich gegen sich selbst zu wenden: Wir quälen uns selbst wegen der Anmaßung unserer Leistungen, wir versuchen, *apologias* (Entschuldigungen) für die Patriarchen zu spinnen, während uns gleichzeitig ein spinnenartiger Geist mit dem Netz der Wahrheit konfrontiert. Wenn Athene Arachne vor dem Selbstmord bewahrt, indem sie sie in eine Spinne verwandelt – geschieht das aus unbewußter Selbsterkenntnis? Die Veränderung, die unser »Wahres Selbst« retten könnte – ein Selbst, das ziemlich verzweifelt um die Anerkennung durch unsere männeridentifizierte Person kämpfen muß –, wäre der Metamorphose zu einer elementaren Spinnerin vergleichbar. Doch heute sind unsere arachnischen Verwandlungen freiwillig – können wir zu ihnen stehen?

Während wir Athene heute als die göttliche Vater-Tochter entlarvt haben, enthüllt Arachne, als Spinnenfrau, ihre Göttlichkeit selbst. In der Frauenbewegung glitzert es von fröhlichen Anspielungen auf Netz und Weberin: In seiner Lyrik und seiner Friedensbewegung, in seiner Metaphysik und Praxis spricht der Feminismus die Spinnensprache. Auch Athene, die die arachnische Umwandlung bewerkstelligte, kann auf diese Weise erlöst werden, und mit ihr die hochqualifizierte, unabhängige, gepanzerte Ausnahmefrau, die die Gesellschaft von Männern vorzieht, jene intellektuelle Animafigur – Rollen, die wir von uns selbst kennen.

Wenn die Spinne wieder zu ihrem Recht kommt, dann reißt selbst Penelope die Fassade der geduldig wartenden Ehefrau ein und besinnt sich auf die wahre Bedeutung ihres Namens: »Die mit einem Netz über ihrem Gesicht.«[2] Die Welt durch ein Netz sehen – das ist die Hermeneutik der Beziehung. Dem Bild vom Netz kommt der Status eines allumfassenden Bildes zu, einer Metapher aller Metaphern, nicht aus irgendeinem Herrschaftsdenken, sondern weil das Netz, als *die* Metapher für Verknüpftheit, in seinen Knoten leichthin eine offene Vielfältigkeit von Bildern miteinander verbinden kann. Doch wenn für das Unterfangen der Beziehung/Verbindung zunächst einmal eine Anstrengung nötig ist, die Ricoeur, gleich Arachnes Herausforderung der Götter, als Hermeneutik des Argwohns bezeichnet, dann liegt das daran, daß das Gewebe zerrissen, unsere Welt zerfetzt, unsere Sicht zerstört ist. Wir dürfen nicht aufhören, die Beziehung zwischen den Machtstrukturen des Patriarchats und der Psychopolitik des trennenden Selbstseins zu entlarven, denn nur so können wir erfahren, was Bezogenheit als solche bedeutet. Die Beziehungen zwischen den Dingen sind so zart wie ein Spinnenfaden, nur instinktiv erfaßbar, ohne jede Zielgerichtetheit – aber »stark genug, um eine Brücke dran aufzuhängen«. Doch gerade weil das Netz so stark und zugleich so zart ist, kann das trennende Selbst die Beziehungen einerseits ignorieren und sich andererseits auf sie verlassen und weiterhin die Welt in Objekte für seinen Gebrauch zerstückeln. Die trennende Weltsicht, die den Welten, die mit »einem Netz über dem Gesicht« zu erblicken sind, feindlich gegenübersteht, ist weiterhin damit beschäftigt, das Netz zu zerstören.

## Aufbinden oder hinunterbinden

So wird jede Metaphysik oder neue Sicht unwirksam sein, wenn sie nicht von der belebenden Tätigkeit der wahren Beziehung ausgeht und zu dieser zurückkehrt. Wir erkennen nur, was wir auch verwirklichen: Etwas genau zu erfassen bedeutet teilnehmen und daher auch handeln. Wenn Religion ihrem Namen gerecht wird, aktiviert sie Beziehung. Sie »bindet zusammen«, verbindet die Wunden zerbrechender Welten. Es gibt keinen Grund, diesen Prozeß nicht Liebe zu nennen, nämlich Eros, der darauf aus ist, Dinge zusammenzubringen, ganz gleich welche.

Freilich wurde das bisexuelle Prinzip kosmischer Schöpfung schließlich zum komischen Amor mit seinen neckischen Pfeilen trivialisiert. In den Streichen, die er gegen Zeus & Co ausheckt, bleibt Eros aber zumindest ein Trickser, der trotz der äußerst ernstgemeinten olympischen Heiligung der Trennung versucht, Beziehungen herzustellen. Doch hat Amor unter der patriarchalen Religion vor allem die Funktion, jene Gegensatzpaare von männlich-trennendem und weiblich-fließendem Selbstsein zusammenzuspannen, die sich dann zu den Bausteinen einer Welt von Mauern verhärten. Während der weibliche Partner eine Welt, die auf Trennung erpicht ist, zusammenhalten soll, strebt der männliche Teil nach jenen Ich-Verteidigungsmechanismen, die ihm von der Mauer vorgegeben sind. So spricht beispielsweise eine weitere männliche Maske Gottes zu seinem auserwählten Sprachrohr: »denn ich will dich heute zur festen Stadt, zur eisernen Säule, zur ehernen Mauer machen« (Jeremia 1,18).[3] In einer Zivilisation, deren Religionen in Form von festen Burgen auftreten, triumphiert das bronzierte/sonnengebräunte Ich, das Mauern und nicht Netze herstellt. (Das gilt jedoch nicht für Jeremia, der schließlich, als seine Kultur zerbricht, zu selbstmörderischen Äußerungen getrieben wird: Er bedauert, daß er nicht im Mutterschoße gestorben ist. Wie den meisten real existierenden Männern gelingt es ihm trotz der Ansprüche seines Über-Ichs, des Supermann-Gottes, nicht, zur festen Burg zu werden. Er scheint unter einem invertierten, nicht erkannten Bedürfnis zu leiden, nach einer Mutter der Wiedergeburt zu suchen: eine offensichtlich verkümmerte Midlife-crisis.)

Eine Religion, die Heiligkeit als Trennung[4] definiert, hat sich zum Träger von Grenzbarrieren, von Unverbundenheit, von Ausgrenzung gemacht. Ein auserwähltes Volk sein bedeutet dann zum Beispiel, daß nur *wir* die Auserwählten sind, und nicht lediglich einfach, daß wir in unserer Gemeinschaft einzigartig sind, so wie andere das in ihrer Gemeinschaft sind. Oder der »Leib Christi«, ein Bild, das in sich die Möglichkeit für eine radikal beziehungsorientierte Vorstellung, »untereinander Glieder zu sein«, enthält, wird statt dessen zur Bezeichnung einer hierarchischen Elite der Erretteten. Insofern Religion das patriarchale Prinzip der Trennung verherrlicht, ist sie zu einem Satz miteinander konkurrierender Falschmeldungen geworden, die andere Versionen ihrer Etymologie verbreiten, denn »Religion« kann uns lehren, »zurückzubinden« im Sinne von festbinden, zurückhalten, zur Knechtschaft zurückkehren. Das Band, das binden soll, unterwirft die Menschen dann statt dessen der repräsentativen Hierarchie der herrschenden Väter, welche die Gläubigen (meistens Frauen) zu »Gehorsam«, »Ehrfurcht« und »Selbstlosigkeit« ermahnen. Religiöse Knechtschaft im Namen des Glaubens verewigt, wie ich bereits ausführte, die Beziehungen der Abhängigkeit von einer paternalen Supermacht, die so völlig getrennt existiert, daß jegliche Verbindung von ihrem speziellen Gebot, ihrem *fiat* (es geschehe) abhängt.

Diese Künstlichkeit ist jedoch nicht die Schuld »Gottes«, sondern das Ergebnis des netz-zerstörenden Bewußtseins, der objektifizierenden, dichotomisierenden Reflexivität –, eines Bewußtseins, das sich, zumindest in theologischen Zirkeln, als entfremdet, gefallen und in seinem Zustand des Getrenntseins als sündig bekennt. Doch insoweit dieses Bewußtsein das absolute Idol männlicher Abgrenzung auf das Universum projiziert hat und dann von diesem Gott erwartet, er könne es vor sich selbst retten, kann es nur in diesem Muster von Verdammnis »zurückgebunden« bleiben. Daher scheint die Sünde der Abgrenzung die »Erbsünde« zu sein. Die Theologie der Erbsünde verdankt ihre Überzeugungskraft teilweise den psychologischen Bedingungen, die wir in Kapitel 3 analysiert haben –, Bedingungen, unter denen Jungen und Mädchen auf verschiedene Entwicklungsschienen gesetzt werden, was noch im vorbewußten Stadium gewaltige Implikationen für ihr Personsein nach sich zieht. Doch sind sie – im Sinne der Erbsünde – dennoch für sich verantwortlich, auch für das, was sie nicht selbst verursacht haben. Da in unserer Kultur der göttliche Außenseiter, der uns erlösen soll, eine unendliche Aufblähung des männlichen Ich ist, schließt sich der Kreis. Die wahren Außenseiter – etwa Frauen, Nichtchristen, Juden, Arme und Farbige – werden dementsprechend in die äußere Dunkelheit geworfen, in die Schatten außerhalb der Mauer (wo ihnen, wenn sie unterwürfig genug sind, ein paar Brosamen der Gnade zugeteilt werden).

Wenn Daly also »Religion« als regressive Versklavung abtut (womit sie nie die kosmische Kraft des »Sei-ens« meint), dann können wir damit nur sympathisieren. Sie beschwört das Selbst als seine eigene heilige und heilende Umwelt und sagt uns: »In diesem Raum ist *die* Selbst nicht religiös, nicht angebunden an alte Ligaturen/Bande, an alte Bündnisse.«[5] Denn Religion in ihrer patriarchalen Gefangenschaft hat zu einem Kreislauf der ewigen Wiederkehr geführt, in eine tödliche, einschläfernde Flaute ständiger Wiederholung, in der alle zum Pseudoselbstsein zurückgebunden sind. Daly diagnostiziert den reaktionären Zyklus des Vaterkults als ein in sich kreisendes Muster für eine zum Schweigen gebrachte Existenz: Trennung von und Rückkehr zu der gleichen unwandelbaren Quelle. Wir haben weiter vorn einige mythische und psychologische Mechanismen dieses Modells von Trennung und Wiederkehr untersucht, eines Modells, bei dem die Trennung durch das symbolische Abtöten der Quelle erreicht wird. Und im Mythos des Vatermordes, bei dem die ödipale Rebellion des Sohnes gegen den Vater zur Identifikation mit dem Vater führt, bringt die Tatsache, daß nun eine Generation von Patriarchen durch die nächste abgelöst wird, kein »neues Testament«, keine guten Nachrichten von einer postpatriarchalen Welt. Wir sahen, wie auf einer Urstufe die Trennung von der Mutter durch die Tötung des Drachens symbolisiert wurde – auch wenn das letztlich eine Rückkehr zur Mutter voraussetzt – und wie damit die muttermörderische Basis für männliche und in gewissem Umfang auch weibliche Persönlichkeiten innerhalb des gesellschaftlichen Systems der abwesenden (transzendenten) Väter geschaffen wurde. Und wir begannen, natürlich, mit einigen Überlegungen zu Odysseus, dem großen westlichen Symbol für Trennung und Wiederkehr; Wiederkehr zu der mehr oder weniger »unwandelbaren Quelle«, der wartenden Ehefrau.

Luce Irigaray schreibt: »Aber ihre ›Wahrheit‹ lähmt uns, wir sind festgelegt, wenn wir uns nicht davon freimachen. Wenn wir nicht ihre Macht brechen, bei dem Versuch zu sagen, da, hier,

sofort, wie erregt* wir sind.«[6] Das heißt, wie wir berührt, beeinflußt, verletzlich sind, die wir die Gefühle des anderen und aller
verstrichenen Augenblicke unseres Selbst empfinden können. Unmittelbar die Wahrheit unserer Bezogenheit wahrnehmend und
uns nicht auf die abstrakte Gleichförmigkeit eines auf Dauer an-
gelegten Personseins stützend, erkennen wir das Augenblicksge-
fühl und hängen uns nicht daran. Bewegt sein heißt Bewegung,
heißt Emotion. In der falschen Herleitung eines selbstidentischen
Wesens aus meinen Einzelaugenblicken bin ich eingefroren, ge-
lähmt im Bild eines Stereotyps: ob als wartende Ehefrau, die in
ihrer Selbstverleugnung festsitzt, oder als der heldische Mann,
der seinem Ich Unsterblichkeit verleiht. Odysseus' kühne Mobilität, die die Immobilität der Frau voraussetzt, ist keine Bewegung
von Gefühl und Transformation, sondern das Unternehmen eines
Ich, das sich selbst und seine Welt beherrschen will. Auf diese
Weise stützt er durch seine äußeren Abenteuer seine innere Immobilität: eine Bewegung des Ich, nicht der Seele, eine Bewegung,
die die Verleugnung von Emotion voraussetzt.[7]

Die patriarchale Religion bindet das reflexive Ich an seinen
eigenen Zyklus der Verdinglichung, mit dem es das Idol der Unwandelbarkeit verehrt. Nach Irigaray besteht die Alternative in
einer schonungslosen Unmittelbarkeit: »Du rührst dich. Du bist
niemals ruhig. Du bleibst niemals. Du bist niemals. Wie dich nennen? Immer anders ... Im Fluß bleibend, ohne ihn gerinnen zu
lassen.«[8] Wie im vorigen Kapitel dargelegt, *bist* du in dem Augenblick, in dem ich dich anspreche, buchstäblich eine andere, zwar
wiederholst du viel, bewegst dich in gehabten Verhaltensmustern,
bleibst mit deiner Lebensgeschichte so eng verbunden, daß du
eine bestimmte, zu benennende Person bist, eine sich entfaltende
Geschichte der Seele. Doch kannst »du« nicht auf irgendeinen
Punkt, weder an einem Ort noch in der Zeit, festgenagelt werden –
deine raumzeitliche Perspektive innerhalb des ozeanischen Kontinuums von Beziehungen ist nicht festgelegt. Penelope schien zu
bleiben, und Odysseus schien sich zu bewegen. Doch ihr Bleiben
war Unterwerfung, ihr Weben eine Abwehr männlicher Wünsche;

---

* In der englischen Übersetzung *moved*, bewegt. Anm. d. Ü.

seine Bewegung war unnachgiebig und starr, eine Abwehr von Natur, Frauen, Ungeheuern, Feinden und Göttern. Vielleicht verläßt Penelope, indem sie sich heute in Bewegung setzt und die Lebenskraft spürt, die durch ihren Webstuhl fließt, die ihr aufgezwungene Solidität/Verfestigung/Angebundenheit und wird mit Arachne solidarisch. Wenn sie anfängt, die Welt »mit einem Netz über ihrem Gesicht« zu sehen, dann wird der Krieger wohl auf seine Illusionen zurückgeworfen. Möglicherweise, indem er sich an sich erinnert, könnte er nur noch über die Wahrheit seines Namens »Niemand« lachen und wissen, daß auch er im Fließen ist, nicht nur von einem aufgewühlten Meer herumgeschleudert, sondern selbst wie ein Ozean. Diese Wandlungen sind lediglich Möglichkeiten, doch sind es reale Möglichkeiten.

Und das Angebot des Möglichen – die Verlockung, neue Beziehungen zu verwirklichen – kommt von einer Art Göttin oder Eros. Der kosmische Erotismus stellt sich in unendlichen Metaphern dar. Einige Metaphern, wie heute die Metapher des Netzes, werden zu gewissen Zeitpunkten in der Geschichte kollektiv lebendig, andere verlieren ihre Kraft, obgleich sie sich mit tödlichem Gift festklammern und Bedürfnisse und Kreativität durch Autorität und Klischee ersetzen. Nelle Morton könnte rechthaben, wenn sie meint:

> »Vielleicht war das Wort Gottes einstmals eine Metapher, doch durch den jahrhundertelangen ständigen Gebrauch hat es – zusammen mit vielen anderen religiösen Symbolen – seine erlösende Kraft verloren. Da es mit männlicher Macht-über, mit männlicher Herrschaft und männlicher Kontrolle gleichgesetzt wurde, wurde es von jener Wirklichkeit abgespalten, die es einst eingeleitet hat. Die gesamte Kultur und politische Struktur sind Verlängerungen dieser Metapher.«[9]

Oder wie es Shug, diese unwahrscheinlich weise Frau aus *Die Farbe Lila* ausdrückt: »Wie ich 'rausgefunden hab', daß Gott weiß is' und ein Mann, da hab ich das Interesse verloren.«[10] Zwar weigert sie sich, niedergebunden zu werden, doch gibt sie Religion im Sinne von Mit-dem-verknüpften-Ganzen-der-Dinge-im-Einklang-

Sein nicht auf. In Alice Walkers mittlerweile klassischer theologischer Feststellung beschreibt Shug die mystische Erfahrung, die sie schließlich aus der andromorphen Metapher befreit hat: »Aber an einem Tag, wie ich ganz still dagesessen bin und mich gefühlt hab wie ein Kind ohne Mutter, und das war ich ja, da kam es mir: so ein Gefühl, daß ich ein Teil von allem bin, nich' abgetrennt. Ich hab gewußt, wenn ich einen Baum fäll', blutet mein Arm.«[11] Dies ist ein klarer Fall von ozeanischem Gefühl und daher kein Wunder, daß die Erfahrung dieses göttlichen »Es« (das sie dem *er* oder *sie* vorzieht) die Leere einer fehlenden Mutter füllen kann. Sie bezeichnet »Es« sogar als Gott. Die Epiphanie der Untrennbarkeit aller lebenden Wesen muß nicht unbedingt die Form einer Muttergöttin annehmen, denn eine solche Verknüpftheit enthält das Mütterliche in sich, als Matrix allen Lebens. Es/Sie braucht überhaupt keinen Namen. Um mit dem Gedicht »The Network of the Imaginary Mother« zu sprechen: »Du rufst mich mit tausend Namen und äußerst damit deine Vielfalt.«[12]

Wenn in diesem Buch eine gewisse Verehrung von Schlangen, Seeungeheuern und Spinnen zum Ausdruck kommt, dann soll damit nicht die Phobie der Leserinnen stimuliert werden, sondern die »finstere Weisheit« jener Geschöpfe.[13] Bisher diffamiert, verlangen sie nach einer neuen Heiligkeit, und das soll uns daran erinnern, wie Frauenkraft in den Bereich des Verführerischen, des Verschlingenden, des Niedrigen und Angsterregenden ausgelagert wurde. Doch daß die Frauen wieder aufstehen, *ist* »finster«, das heißt, es kommt von der »linken«, der dunklen, der aufrührerischen Seite, und daher können gynomorphe Metaphern der Gottheit nicht auf anthropomorphe Beschreibungen einer kosmischen Weiblichkeit beschränkt bleiben, so wichtig und erfrischend solche Bilder auch sind. Ihre finsteren Attribute müssen schon allein wegen ihrer bilderstürmerischen Kraft beschworen werden: Sie lassen uns spüren, zu welch abstoßenden und furchterregenden Bildern die Kräfte der Verknüpfung und die Weisheiten von Frauen verfälscht wurden.

Doch erinnern uns Schlange, Ungeheuer und Spinne auch an die dunklen Seiten, die Gefahren und Tragödien von Beziehung – sie kann uns umgarnen, erwürgen, verschlucken und verschlingen. Wenn Frauen keine kraftspendende Welt haben oder keine innere Beziehung zu sich selbst, dann können sie nur zu leicht die archetypische »dunkle Seite des Weiblichen« ausagieren und versuchen, dadurch Macht zu erlangen, daß sie ein Netz emotionaler Umgarnung für andere – besonders Männer und Kinder – herstellen. Andererseits, häufig geschieht das sogar gleichzeitig, lassen wir es zu, daß unsere Kraft, unser Glück, wir selbst von unseren Beziehungen aufgefressen werden. Nur zu leicht trickst Eros uns aus, und wir werden zu Frauen, die »zu sehr lieben« (das heißt zu Frauen, deren Glück von dem Erfolg einer bestimmten Beziehung abhängt). Also müssen wir jede naive Glorifizierung von Beziehung vermeiden: Der finstere Witz der heiligen Ungeheuer ist Warnung vor irgendeiner neuen Vergötzung von Beziehung.

Diese Urkräfte bilden auch ein Gegengewicht zu jedem simplifizierenden Versuch, den Einen Gott durch eine exklusive Göttin zu ersetzen. Denn Morton sagt weiter: »Auch die Göttin könnte mit der Zeit eine tote Metapher werden, wenn sie ›da draußen‹ benutzt und wörtlich genommen wird.«[14] Mit anderen Worten: Unsere Form des Wiederverbindens als religiöser Akt, muß in einem pluralistischen, metaphorischen Bewußtsein geschehen und mit einer selbst-gesteuerten Bilderstürmerei. Sonst könnte jede feministische *religio* des Wiederverbindens lediglich neueingebundene Beziehung werden – eine neue Form religiöser Knechtschaft, wenn auch unter feministischer Flagge. (Natürlich ist die Gefahr eines wörtlich genommenen feministischen Absoluten unbedeutend gegenüber den Gefahren einer Verschanzung hinter vertrauten patriarchalen Verhaltens- und Denkweisen.)

Doch selbst wenn wir nicht zu einem unwandelbaren Ursprung, auch keinem matriarchalen, zurückkehren wollen, können wir das *re* von Religion nicht außer acht lassen. Wir beginnen nie aus dem Nichts, es sei denn, wir wollten jegliche Erinnerung und Immanenz und damit jegliche Beziehung auslöschen. Also heißt verbinden *wieder*verbinden. Wir beginnen immer wieder neu, denn es liegt in der Natur des Selbst-Augenblicks, daß er sich zwar neu spinnt, doch nicht aus dem Nichts; dazu kommt, daß die massive historische Bruchlandung uns zerbrochene Fragmente dessen hinterläßt, was wir hätten sein können. Die Arbeit an der Welt des Selbst und an den Selbsten der Welt kann nicht den grandiosen Anspruch absoluter Originalität erheben: Um nicht zu verzweifeln, können wir nur reparieren. Wir beginnen »aus einem zerrissenen Netz« heraus*.

Adrienne Richs erste Spinnenverse, 1978 in dem Gedicht »Natural Resources« (Bodenschätze), stellen eine große Epiphanie des feministischen Spinnen-Selbst vor:

> »*So bin ich*: ich schaue der Spinne zu
> wie sie von neuem aufbaut – »geduldig« sagen sie
> aber ich erkenne in ihr
> Ungeduld – meine eigene –
> die Leidenschaft wieder und wieder zu schaffen
> wo solches Zerstören herrscht.«[15]

Rich trifft hier eine faszinierende Gegenüberstellung: einerseits verweigern, sich passiv mit der Zerstörung abfinden, andererseits weiterhin schaffen, erschaffen, kreativ sein, angesichts der überwältigenden Kräfte der Zerstörung. Diese Leidenschaft, der Eros aller Kreativität, ist kosmisch, persönlich, politisch. Doch in Richs gleich kraftvollem Gedicht »Integrität«, das nur wenig später geschrieben wurde und in dem sich »der Geist der Spinne« erklärt, scheint die erste Zeile eine Verlagerung der Perspektive anzudeuten: »Eine wilde Geduld hat mich so weit gebracht«.[16] Die etymologische Entsprechung von *passion* (Leidenschaft) und *patience* (Geduld) – mit dem vom griechischen *pascho* (Leiden) hergeleiteten *pathos* verwandt – weist nun auf eine neue Synthese hin. Die Lebendigkeit des »Aufbauens« steht nicht mehr im Gegensatz zur Geduld, sondern verstärkt sie, gibt ihr Kraft. Geduld kann das Gesicht des passiven Wartens der alten weiblichen Art haben. Doch die ungezähmte und elementare Geduld ist eine Form von Mut. Sie will trotz des Versagens unserer Kraft und der ständigen Aufspaltung und Zerstückelung von Gemeinsamkeit das gesamte Netz unserer Beziehungen nicht preisgeben. Die Spinne nimmt immer wieder die auseinandergebogenen Fäden zerstörter Bemühungen auf, verbindet sie mit feinen, frischen Fäden, die sie aus ihrer eigenen Substanz absondert – »aus ihrem

---

* Originaltitel dieses Buches: *From a Broken Web:* Aus einem zerrissenen Netz. Anm. d. Ü.

eigenen Leib«. Solch unerschrockene Zielstrebigkeit schafft eine langfristige Triebkraft: Es bildet sich eine Person heraus, die ihre Ausdauer als netzhaft erkennt, gewoben aus der komplexen Integrität ihrer sich entfaltenden Selbste*, von denen ein jedes rezeptiv und geduldig die Welt so, wie sie ist, empfindet und zugleich kreativ und hartnäckig die Welt so aufbaut, wie sie sein wird.

Radikale Geduld verlangt unerschrockenes Vertrauen in den kreativen Prozeß, wo immer wir ihm begegnen – bei der Arbeit, in der Gemeinschaft, in der Natur, in Träumen. Hier handelt es sich nicht um einen traditionellen Glauben, zum Beispiel an einen herrschenden Gott, der schließlich alles zum Besten kehren wird. Das Netz kann das Gewicht irgendeiner omnipotenten Väterchen-Gottheit oder eines allein erlösenden Herren, der mit seiner Passionswoche ein für allemal die Sünden der Welt gesühnt hat, nicht aushalten. Wie wir sahen, führt jede Sühne, die unser Vielsein zermalmt, nicht nur zu Übersimplifizierungen, indem sie uns dem phallomorphen Merkmal der göttlichen Einfachheit unterwirft, sie zerreißt auch das Netz, das stets vielfältig ist, und wirkt damit zerstückelnd, nicht vereinigend. Das Spinnen-Selbst steht für jene Verbindung von Empathie und Differenzierung, die notwendig ist, um eine Alternative zu einem entweder absoluten oder sich auflösenden Selbstsein zu schaffen. Da die Spinne ein Bild ist, nach dem wir uns selbst erschaffen, beginnt sie eine fast heilige Aura auszuströmen. Doch wenn sie unbeabsichtigt ein Göttinnen-Bewußtsein hervorruft, so bleibt sie ebensosehr *Selbst* wie sie auch *Anderes* ist, genauso immanent wie transzendent. Netzeknüpfend leben hat wenig zu tun mit Gottheiten, die »angebetet« werden sollen oder an die man »glauben« muß, deren Egos »Lobpreis« brauchen und günstig gestimmt werden müssen. Netzeknüpfen ist *der* Prozeß des Wiederverbindens. Und Religion wäre der unselbstbewußte Prozeß von Verbindung als solcher, wäre das Netz nicht zerrissen worden. Und er wäre untrennbar mit allen anderen Bereichen des Lebens verbunden. Jene planetenumspannende und inzwischen ganz und gar nicht mehr »originelle« Sünde

---

* Zur Unterscheidung von Mary Dalys »die Selbst« (als feminine Form von Selbst) verwenden wir hier und im folgenden den Ausdruck »die Selbste«, um den Plural von Selbst auszudrücken. Anm. d. Ü.

des Sexismus, die von den Weltreligionen so getreu unterstützt wurde, setzt auf eintönige Weise ihr Zerstörungswerk fort. Und so ist jede arachnische Spiritualität eine Form von Werden, die nicht von außen vorgeschrieben ist, sondern dem Stamm internalisierter Beziehungen entspringt, und die einer fruchtbareren Selbst-Komposition unserer Welten bedarf. Das bedeutet, jeden Augenblick selbst zu sein: eine Form radikaler Integrität.

Ich möchte nun vier Nicht-Polaritäten von Sein skizzieren. Dieser Satz (es könnten auch mehr oder weniger sein) von ontologischen Dyaden kann uns helfen, einen arachnischen Weg des Selbstens zu erahnen. Sie stellen eine Zusammenfassung und zugleich Antizipation der Entstehung dieses Weges dar. Was kommt bei dieser Art des Werdens schließlich heraus? Was wird *sein*? Wir wollen unser Sein als das, was wir werden, an-dächtig untersuchen, und zwar nach den Kriterien: 1. eine sein und viele sein; 2. privat sein und öffentlich sein; 3. Körper sein und Seele sein; 4. hier sein und jetzt sein.

## *Eine sein/viele sein*

» *Nichts als ich selbst?... Meine vielen Selbst. / Nach so langer Zeit, diese Antwort.*« Diese Offenbarung geht in Richs »Integrität« direkt dem Bild der ärgerlichen und sanften Spinne voraus und beantwortet ihre Frage nach der persönlichen Identität in der Zeit, eine Frage, die sich ihr in einsamer Reflexion in ihrem neunundvierzigsten Lebensjahr stellt. Sie findet einzig sich selbst als Maßstab, an dem sie ihr Leben messen kann. Doch die Offenbarung ihrer pluralen Persönlichkeit zeigt, daß sie selbst in ihrer Einsamkeit nicht allein ist. Sie ist nicht eine, sie ist viele.

Hier handelt es sich nicht um eine gespaltene Persönlichkeit, nicht um einen Zustand abgespaltener und autonomer psychischer Fragmente, die von der Person Besitz ergreifen und das Ich überschwemmen. Wenn – wie im vorigen Kapitel dargestellt – der Charakter jedes wirklichen Einzelwesens darin besteht, in seiner Einheit zusammengesetzt zu sein, dann erscheint die Pathologie gespaltener Persönlichkeiten weniger als Ausnahme, denn als eine Grenzsituation zur Normalität. Denn die feinen Differenzierungen, durch die Vielfältigkeit aufrechterhalten wird, sind auch die möglichen Bruchstellen, an denen die Seele nach zu vielen Erschütterungen zerbricht. In Vielheit zu zerschellen kann manchmal den toten Punkt des heroischen Ich-Ideals überwinden und die Erkenntnis erzwingen, daß keine/r von uns einfach eine/r ist. Doch da das heroische Ich, das im Namen der Einheit die vielen unterwirft und verleugnet, andromorph ist, und da Frauen, wie wir sahen, dazu neigen, eine komplexere und pluralistischere Psyche zu entwickeln, könnte für Frauen das Erlangen von Integrität wesentlich begrüßenswerter erscheinen als das Auseinanderbrechen des einen in die vielen. Wenn die Selbste von Natur aus einfache Einheiten wären oder strikte Selbstidentitäten gegenüber anderen solchen Selbstidentitäten, dann wäre Integration eine mehr oder weniger anerkannte Tatsache und würde keine kreative Arbeit erfordern. Doch wie die Dinge liegen, sind zerstückelnde und zerstreuende Formen von Vielheit eine echte Gefahr, die uns in den Sog mal dieses, mal jenes Einflusses ziehen. Jede interessante Integrität ist der Entwurf einer pluralistischen Persönlichkeit.

Rich führt zu »Integrität« die in *Webster's* Lexikon gegebene Definition dieses Wortes auf: »die Qualität oder der Zustand von Vollständigkeit; Zustand der Ungebrochenheit; Ganzheit«. Ist der ungebrochene Zustand des Selbst vielleicht nur möglich, indem wir das Netzwerk unserer Verknüpftheit wieder einfordern? Doch kann diese Ganzheit dann keinesfalls monolithisch sein. Nur wenn dieses Selbst letztlich nichts aus seinen Parametern ausschließt, ist es umfassend, unendlich komplex zusammengesetzt. Es hält so viel in sich selbst als Ganzheit zusammen und ist doch niemals fertig. Eine viel-selbstige Integrität gleicht dem Bild eines endlosen Stroms, niemals dem eines fertiggestellten Monuments. Hier revoltiert die Ungeduld der Spinne gegen jede totalistische Sicht. Irigaray fragt in ihrem gynomorphen Philosophieren, ob wir unzufrieden seien, und gibt selbst die Antwort: Ja, wenn das bedeutet, daß wir niemals fertig sind. Wenn unsere Lust darin besteht, uns zu bewegen, bewegt zu werden, endlos. Immer in Bewegung: Offenheit ist niemals erschöpft oder übersättigt. Man hat uns nicht gelehrt oder gestattet, so fährt sie fort, Vielfältigkeit auszudrücken.[17]

Wie fühlt sich diese polymorphe Integrität an? »Wut und Zärtlichkeit: meine Selbst.« Sie hat also mit einer Beziehung zu unseren Gefühlen zu tun. »Und jetzt kann ich glauben, daß sie in mir atmen / als Engel, nicht als Polaritäten.«[18] Nur über Gefühle fließen die ersten Empfindungen für die vorangegangenen Selbste und Welten in meine Wahrnehmung – in jenem Moment, ehe das Bewußtsein sie in klar unterschiedene Subjekte und Objekte gabeln kann. Könnten dann also Gefühle, die sich anscheinend widersprechen, mich von meinen Selbsten und meinen Welten entzweien? Tatsächlich würde es zur Zerstückelung und nicht zu Polymorphismus führen, würde ich mich jetzt mit dem einen und dann mit dem anderen Gefühl identifizieren. Nehmen wir als Beispiel Ärger, der sich häufig als eine Explosion von Kindheitsfrustrationen erweist oder lediglich als Nachäffung der Wut eines Elternteils, oder nehmen wir Zärtlichkeit, die uns häufig passiv, abhängig oder zu zahm sein läßt. Gefühle sind keine absoluten Größen, die Gehorsam verlangen – das ist oft eine harte Lektion für Frauen. Ihnen zu vertrauen lernen verlangt fortgesetzte Disziplin: auf tieferliegende Gründe lauschen und zwanghafte Muster loslassen. Sonst hält mich der Affekt in einer Trägheit der Wiederholung gefangen: Wo der Zorn oder die Zärtlichkeit von mir Besitz ergriffen haben, verliere ich mich und verlieren wir uns gegenseitig aus den Augen, werden die objektiven und intersubjektiven Möglichkeiten der Situation verdunkelt. Wenn ich aber mit meinen Gefühlen empathisch umgehe und mir so der vielfältigen Einflüsse bewußt werde, die sich durch mich hindurcharbeiten, dann kann ich von ihnen lernen und ihre Vitalität in mich aufnehmen, ohne mich deshalb mit ihnen zu identifizieren. Wenn ich sie als Engel begrüße, dann gibt ihnen das ihre unmittelbare Epiphanie, und damit werde ich weder zu ihrer Sklavin, noch ist es mir möglich, sie zu verdrängen. Sie bringen mir Botschaften (im Griechischen bedeutet »Engel« Bote), sie sind in mir andere und nie mit dem ganzen Selbst identisch. Daher muß ich nicht in irgendeinem bestimmten Gefühl steckenbleiben; der Engel muß nicht zum Teil einer gehärteten Skulptur werden. Wut muß nicht zur Bitterkeit werden, Freude nicht zur vollen Glücksstunde, Zärtlichkeit nicht zur über-bemutternden Hingebung und Kummer nicht zur tiefen Depression: Die vielfältige Verknüpftheit und Aufeinanderbezogenheit von Emotionen – Bewegungen der Seele – halten uns beweglich, empfänglich, plural. (Dies knüpft an an Dalys wundervolle Unterscheidung zwischen »wahren Leidenschaften« und »Pseudo-« oder »Bonsai-Leidenschaften«[19].)

Nach den im vorigen Kapitel gewonnenen Erkenntnissen können wir zwei ineinander verwobene Dimensionen von Vielfältigkeit feststellen: meine vielen Selbste als das Gewebe anderer Personen, Pflanzen, Orte – all die wirklichen Einzelwesen, die Teil von mir wurden – und meine vielen Selbste als die Halskette von Erfahrungen, die meine persönliche Geschichte von meiner Geburt an bis heute ausmachen. Diese vielen Selbste sind alle da; wenn ich ihren Einfluß zur Kenntnis nehme, dann werden sie Teil der Gemeinschaft meiner Psyche, arbeiten zusammen – selbst durch die schmerzlichsten Widersprüche des Verlangens, durch scheinbar unvereinbare Unterschiede in der Perspektive –, um die Integration einer größeren Komplexität des Gefühls herzustellen. Wenn ich diese vielen nicht mein eigen nennen kann, wenn ich große Teile von ihnen als Widerspruch zu meinem Image ausschließe, dann werden sie mich im geeigneten Moment in die Depression hineinziehen oder sich in zerstörerischer Gewalt entladen. Dazu kommt, daß bloße Inkonsequenz oder Unverläßlichkeit die Vielfältigkeit verprellen kann. Wenn ich heute über das deprimiert bin, was mich gestern freudig stimmte, wenn ich heute bestätige, was ich letzte Woche verneint habe, dann kann dies ein Zeichen für authentisches Fließen, möglicherweise aber auch für das Gegenteil sein. Doch eine spontane Reaktion ist bestimmt um so wertvoller, je mehr sie die vorhergehenden Reaktionen irgendwie miteinbezieht. Die Gefahr, in der Identifikation mit einem vergangenen Selbst gefangen zu werden, ist größer, wenn ich mich nicht zu seiner Anwesenheit in mir heute bekenne. Lasse ich jedoch zu, daß ich seine Anwesenheit – wie schwach auch immer – spüre, dann wird es sich in das freischwebende Gewebe meiner Erfahrung hineinverweben.

Diese vielfältige Integrität ist zwar immer unfertig, aber dennoch nicht weniger ganz oder kohärent als eine geschlossene Substanz, ein ausschließendes Individuum. Individualität – was wörtlich Ungetrenntheit bedeutet – steht dann für eine Integrität des radikalen Einbezogenseins. Meine Selbste selbsten meine

Welten: Ich bin nicht *einfach* eine, sondern viele eine, jeden Augenblick eine neue, und eine jede integriert die vielen einen der offenen Welt, die mich umgibt. Integrität stört die Zerstörung, indem sie die Fragmente in ein neues – wenn auch provisorisches – Ganzes zusammenwebt. Zerstückelnd wirkt nicht die Vielfältigkeit, sondern vielmehr die Verleugnung der Vielfältigkeit. Das Bedürfnis, die vielen aus meinem Einssein auszuschließen, meine Vielheit und die Vielheit der Welt auszuschalten, signalisiert jene Feigheit, die das Netz zerstört.

Mut, das *sine qua non* der Integrität, kommt von Herzen – Courage, *coeur-age*. Deshalb müssen wir auf eine Ontologie des Empfindens zurückgreifen. Indem ich die vielen – in welch subtiler und leicht neuer, kaum bewußter Form mir das auch immer möglich ist – *empfinde, bin* ich viele. Indem ich mich aus diesen vielen einen zusammensetze, komponiere, werde ich eins. Jetzt lasse ich mich los. Nun wird sich mein Einssein dem Pool der vielen zugesellen, als eine Art kinetische Energie für all die zukünftigen einen, die ich wohl oder übel beeinflussen werde. Die ontologische Integrität, was heißt, aus vielen Einssein herauszuspinnen und dann das eine in die vielen zurückzuweben, ist das erste Prinzip arachnischer Religion. Jeder frische Schwung im Werden, den wir zur Zukunft beigetragen haben mögen, ist Nahrung für die Spinnengöttin, wird in ihrem Körper – was heißen soll, der Welt – zur Substanz, aus der neue Welten gesponnen werden.

## *Privat sein / öffentlich sein*

»Nichts außer mir?« Haben wir bei all diesem Gerede von Beziehung, Verbindung, Verknüpftheit und der Immanenz der Welt den Blick auf die Ein-samkeit verloren? Haben wir mit unserer Kritik an dem trennenden Pseudoselbst vergessen, daß trotz aller Gefahren, die sie in sich bergen, Autonomie, Unabhängigkeit und Autarkie Werte darstellen, die für Freiheit und Kreativität unverzichtbar sind? Wenn wir den sozialen Charakter des Selbst und die auf Gemeinsamkeit angelegte Faser allen Seins unterstreichen, droht dann jede echte Individualität durch Kollektivismus hinweggeschwemmt zu werden? Büßen wir durch unsere untrennbare Verbundenheit mit dem Universum unsere Intimsphäre ein?

Reine Öffentlichkeit oder absolute Gemeinschaft würde nicht Verknüpftheit, sondern Konformität hervorbringen. Während das Kriegerethos eines trennenden Individualismus immer noch seine Werbewirksamkeit hat, beobachten wir gleichzeitig das Schauspiel wuchernder Restaurant- und Marktketten, multinationaler Monopole, einander aufs Haar gleichender Eigentumswohnungen, das Wuchern von Computerbewußtsein und den Fernsehterror der Massenstereotypen. All das sind Beweise für ein gleichgeschaltetes Bewußtsein und eben genau nicht für soziale Wahrnehmungsfähigkeit. Jedoch ist, wie wir feststellten, der Individualismus des getrennten Ich ein direkter Gegensatz zu der Bona-fide-Individualität der Verbundenheit, und daher ist dieser Stand der Dinge nicht so paradox, wie es scheinen mag. Der Individualist mit Ecken und Kanten, der Cowboyheld, ist – da er sich nicht, wie wir es für unser Selbst/als Selbst behaupten können, in jedem einzelnen Augenblick im Besitz der Welt befindet – der Konformist par excellence: Er ist in die bloße Wiederholung seiner vergangenen Selbste eingesperrt, in eine defensive Gleichheit, die sich schließlich in die massive Gleichheit totalitärer Gesellschaftsstrukturen (seien sie nun kapitalistisch oder kommunistischer Provenienz) flüchten wird. Der umherschweifende Held wird schließlich doch zum Niemand.

Doch immer noch bleibt die Frage: Wie überlebt Einsamkeit die Gemeinschaftsorientiertheit des Netzes? Was ist mit dem Selbstgefühl, das von »meinem« Selbst spricht, von »all-ein sein«? Feminismus hätte alles zu verlieren, würde er sich gegen den Individualismus wenden, Einsamkeit verdrängen. Denken wir an die Mutter, deren Tage dahingehen, ohne daß sie vielleicht auch nur eine wache Minute für sich selbst hat. Denken wir an das junge Mädchen, von dem die vorgefertigten Bilder von Schönheit Besitz ergriffen haben und die ihre Erfüllung in einer Liebe sucht, bei der sie ihr Selbst drangibt. Und denken wir an die weise Alte, die reife Frau, die ohne jede Vorbereitung und ohne Achtung in eine unfreiwillige Isolation geworfen wird, in eine Verlassenheit, die den Namen kreative Einsamkeit nicht verdient. Frauen, die durch

ihre beziehungsgerichteten Neigungen in der Falle sitzen, voneinander und von der öffentlichen Welt isoliert, erliegen dem, was
die Griechen »Idiotie« nannten – das war der Zustand privater
Individuen, die nicht als Staatsbürger zählen. Die Frau war stets
der Haushaltsidiot. In ihrer häuslichen Gefangenschaft erträgt sie
eine sie reduzierende Privatheit und zugleich eine sie ans Haus
fesselnde Verbundenheit. Wenn wir uns jetzt in weitere und unbe-
kanntere Dimensionen von Beziehung begeben, dann wollen wir
uns ganz sicher keiner Lebensanschauung zuwenden, die jenes
»Zimmer für uns allein« fortläßt, ehe die meisten von uns überhaupt eines haben. Wie also können wir genügend Einsamkeit in
die Liebesbande eines Netzes einweben?

Um wieder mit Whitehead zu sprechen: »Mit der gewaltigen
kausalen Unabhängigkeit gleichzeitiger Ereignisse ist der Spielraum innerhalb des Universums gewährleistet.«[20] In einer Welt
ohne Mauern ist Spielraum unverzichtbar. Vielleicht ist das mit
der Heideggerschen Vorstellung von »Lichtung« vergleichbar, wo
das Sein ans Licht kommt. Liebe respektiert solche Lichtungen in
jedem Augenblick und wird damit zu Freiheit statt zu Manipulation. Dennoch sind wir auch dann keine getrennten Wesen, die
lediglich Seite an Seite leben (ich bin die ich bin, du bist die/der du
bist, und wenn wir uns treffen sollten, dann ist das schön) und
jeweils die Unabhängigkeit des anderen respektieren. Dieses
Ideal mag zwar nach Befreiung klingen, doch setzt es den hohlen
Dualismus von Selbst und anderen fort, empfiehlt eine Einsamkeit
ohne Verknüpftheit – eine sterile Parodie von Beziehung. Dies ist,
auf Paare bezogen, die Theorie der parallelen Geraden – sie treffen sich nur äußerlich.

In diesem Zusammenhang ist wiederum ein Zitat von Whitehead nützlich: »Die Definition gleichzeitiger Ereignisse ist, daß sie
in kausaler Unabhängigkeit voneinander geschehen.« Whitehead
vertritt zwar eine Philosophie, nach der alles Teil von allem anderen ist, dennoch besteht er darauf, daß kein wirkliches Einzelwesen einen direkten Einfluß auf ein anderes genau gleichzeitiges
Einzelwesen ausübt. »Daß die gleichzeitigen Ereignisse voneinander unabhängig sind, liegt streng in der Sphäre ihrer teleologi-
schen Selbst-Erschaffung... die Ereignisse sind über die Immanenz der Vergangenheit und die Immanenz der Zukunft miteinan-

der verbunden. Die unmittelbare Aktivität der Selbst-Erschaffung ist jedoch, soweit gleichzeitig Existierendes betroffen ist, getrennt und individuell.«[21] Handelt es sich hier also doch um ein solipsistisches System? Gibt es keine Unmittelbarkeit der Verbindung zu anderen? Diese Kritik ist sicher möglich, wurde auch vorgebracht. Doch könnte nicht ohne einen solchen Spielraum für Selbst-Erschaffung mit der biologischen und gesellschaftlichen Dichte von Beziehungen jedes individuelle Gefühl für sinnvolle Aktivität hinausgedrängt werden? Teleologie – die Wirkungsweise der Zweckursachen – wird traditionell von der Wirkungsweise der Wirkursachen unterschieden.* Die Wirkursache bezeichnet den tatsächlichen Einfluß, den ein Ereignis auf ein anderes ausübt; wir bezeichnen dies als Internalisieren durch Empfinden, das heißt, als die innere Beziehung von Einzelwesen zueinander. Daly, die sich auf jene teleologische Dimension bei Aristoteles bezieht, die Whitehead ebenfalls wiederbelebt, definiert die Zweckursache für Frauen so: »die uns eingeborene, uns zugeordnete Selbst-Ausrichtung auf ein Glücklichsein.«[22] Eine solche Selbst-Ausrichtung, die nicht mit Ich-Herrschaft verwechselt werden darf, kann nur im Augenblick des Alleinseins geschehen. Daher ersticken wir bei Beziehungen, die diese Intimsphäre antasten, in einer Pseudointimität, in der es nichts Neues gibt, das miteinander geteilt werden könnte.

Mit »kausal gleichzeitig Existierendem« meinte Whitehead etwas sehr Konkretes: nicht nur du und ich, die wir zum gleichen historischen Zeitpunkt leben, noch ich und die Person im anderen Zimmer, während ich dies schreibe. Er meint vielmehr mich und dich genau im gleichen Bruchteil einer Sekunde. Im nächsten Augenblick bin ich eine andere, und die, die ich war, hat den Prozeß der Person neben mir beeinflußt. Ich wurde von allem, was in meiner Welt bis zu diesem einen bestimmten Augenblick geschah, beeinflußt; nach diesem Augenblick kann das, was ich ge-

---

* Hier werden die Termini der Whitehead-Übersetzung für *final cause* und *efficient cause* übernommen. Im Deutschen sind im philosophischen Sprachgebrauch für diese klassischen Termini auch Letzter Grund/Letzte Ursache (causa finalis) und bewirkende Ursache (causa efficiens) üblich. Anm. d. Ü.

worden bin, kausal alles darauf Folgende beeinflussen. Doch was geschieht innerhalb dieses einsamen *Jetzt*? Hier passiert, was als Konkretisierung bezeichnet wird – »konkret werden«, jene Selbstverwirklichung, die auf den kreativen Gegensätzen zwischen dem tatsächlich Existierenden und dem Möglichen gründet, womit die vielen in ein vollständiges Erlebnis zusammengewoben werden. Hier erreicht das augenblickliche Selbst seine Integrität, unabhängig davon, daß die im Fluß befindliche Persönlichkeit nie fertig ist. Hier kann etwas Neues ans Licht kommen – denn das rein Mögliche stellt im Verhältnis zur Wirklichkeit die Quelle jedes neuen Geschehens dar. Das Zusammenweben der gegensätzlichen Fasern des Erlebens produziert nicht etwa lediglich eine Kombination dessen, was vorher abgelaufen ist; die Ur-Empathie, mit der die Vergangenheit in das gegenwärtige Empfinden hineingesponnen wird, ist notwendig, doch reicht sie nicht aus. Nur ein einmaliger Wechsel in der Perspektive, ein frischer Impuls von Subjektivität, läßt etwas Neues entstehen. Was ich aus dem anderen empfange, wird für *mich* nur in seinem Wiederklingen in diesem Sekundenbruchteil von Einsamkeit zu einem Durchbruch, zu einer Erkenntnis.

Eine solche ontologische Einsamkeit hat nur wenig mit Zeitquantitäten zu tun. Der teleologische Prozeß läuft immer und überall ab. Wir können ihn in wochenlangem Alleinsein ignorieren oder innerhalb einer Menschenmenge in einem winzigen Augenblick erkennen. Doch was wir in diesem Augenblicksmikrokosmos des Selbst intuitiv erfahren, kann dann zu langfristigeren Lebenspraktiken führen (wie das Versenken in Natur und Kunst, die Disziplin körperlicher Bewegung, das stille Meditieren oder Gebet, Tagebuchführen oder Traumanalyse). Vielleicht müssen wir uns auch von Zeit zu Zeit in tatsächliche Einsamkeit begeben, um uns in die ständig vor sich gehenden Augenblicke der Einsamkeit einzustimmen. Dann hat ein solcher Rückzug (wie häufig der sogenannte feministische Separatismus) die Funktion, unsere bewußte Zusammenarbeit mit der Sinngerichtetheit im Kern unserer Realität zu intensivieren.

In und mit unserer Einsamkeit beeinflussen wir einander dennoch ständig, ob wir wollen oder nicht; ständig spüren wir einander, machen einander nach, reagieren aufeinander. Denken wir an die beiden ineinander verschlungenen Schlangen, die den Caduceus-Stab des Hermes bilden, die Kopula des Seins. Doch wenn ich mir dessen bewußt bleiben kann, daß das eine, das ich in mich hineinnehme, bereits vergangen ist – in mich und ganz allgemein in die Zukunft hinein –, dann stellt sich ein Gefühl von Unerklärlichkeit ein. Wer bist *du* jetzt, noch nicht verfestigt, *noch* nicht? Während ich dich in mich aufnehme, wie du noch vor einem Augenblick warst, bist du dort bereits neu, außer Kontrolle, unvorhersagbar. Zwar kommt das, was du wirst, aus allem, was du erfahren hast – und viel davon könnten *meine* Selbste sein, die du in dich hineingefühlt hast –, dennoch wirst du mit all diesem Material etwas ganz dir eigenes getan haben. Du wirst meine Energien aufgenommen und daraus etwas gemacht haben, was dann wieder in (ein jetzt anderes) mich hineinfließt, und zwar als etwas *anderes*. Ohne die Stärke der Einsamkeit würde hier sehr schnell das zweite Gesetz der Thermodynamik, das Gesetz des Energieverlustes, zutreffen. Bei vieler Beziehungsarbeit scheint die Entropie zur Regel zu werden; das Versagen, sich kühn mit den Energien anderer, deren Anderssein respektiert wird – mögen sie nun dem Bereich des Humanen, der Zoologie, der Botanik oder der Geologie angehören –, zu verbinden und zu erschaffen. Viel Beziehungsarbeit vermeidet die Einsamkeit, verliert Selbst- und Anderssein in bequemer Kameradschaft. Je mehr wir wirklich in uns hineinnehmen, desto mehr *prima materia* steht für die Alchemie der Einsamkeit zur Verfügung. Und entsprechend: Je kreativer die Konkretisierung, desto weniger voraussehbar, kontrollierbar und weniger zersplitterbar werden unsere daraus folgenden Ereignisse des Selbst sein.

Als soziales Wesen bin ich anderes, allein bin ich Selbst; sozial bin ich vielfältig, allein werde ich eins, und in jedem Augenblick bin ich zugleich öffentlich und privat. Die untrennbaren Pole von Gemeinschaft und Alleinsein sind notwendig, um die kreative Spannung des Erlebens von jedem Augenblick aufrechtzuerhalten.

»Der kreative Prozeß ist rhythmisch: er schwingt von der Öffentlichkeit der Vielen zu der individuellen Privatheit und zurück von dem privaten Individuum zu der Öffentlichkeit des objektiven Individuums. Die erste Schwingung wird von der Zweckursache beherrscht, welche das Ideal ist; die zweite von der Wirkursache, die wirklich ist.«[23]

Ich nehme die vergangene Welt in ihrer Öffentlichkeit in mich hinein; ich mache sie mir in meiner Privatheit zu eigen; ich lasse mich los in die öffentliche Zukunft.

Auf diese Weise kann das Spinnen-Selbst das wahre andere, das Gleichzeitige, nicht verschlingen; es nährt sich von objektifizierten Selbsten wie von abgestreiften Häuten. »Leben ernährt sich von Leben«, doch der Augenblick der reinen Unmittelbarkeit ist unverletzlich. Du bist in deiner Unmittelbarkeit Geheimnis, Überraschung, du bist das für mich, so wie ich es für dich bin. Diese Einsamkeit, die rhythmisch aus der Gemeinschaft heraus und in die Gemeinschaft zurückschwingt, zieht nicht von zwischenmenschlicher Intimität, sozialer Verantwortlichkeit oder politischem Handeln ab. Sie ist weit von der »Idiotie« des verantwortungs-losen Selbst entfernt und ermöglicht kritische und kreative *Antwort* statt Kniereflex-*Reaktionen*. Nur die Übung solcher Einsamkeit scheint genug Energie und Vision für soziale Veränderung zu schaffen.

Whitehead meint, »Religion ist, was das Individuum mit seiner Einsamkeit macht«[24], doch zugleich gilt, daß Religion ein durch und durch soziales Phänomen ist. Das liegt daran, daß das, was ich mit meiner Einsamkeit *anfange*, dann nicht mehr mich allein betrifft. Das Individuum in seiner einsamen Freiheit weiß sich von keiner bestimmten Beziehung definiert und zugleich untrennbar mit einer unendlich ausgedehnten Gemeinschaft verbunden. In dem Raum von Einsamkeit, der jede Beziehung begleitet, geschieht eine Art Metabeziehung. Wenn irgendein Ich auf irgendein Du trifft, ist immer, wie Buber sagt, ein Drittes anwesend. Das heißt, wenn ich dem anderen echt begegne, am vibrierenden Kreuzungspunkt des Seins – sozial und allein zugleich –, dann entsteht eine andere Anwesenheit. In dem reinen Mysterium des anderen, dessen Spontaneität mir nicht zugänglich ist, auch wenn ich mich von dessen unmittelbarer Vergangenheit nähre, spüre ich das äußere Geheimnis, den Letzten Grund, den Eros, die Spinnengöttin (mich) selbst. In der vernetzten Vision herrscht keine Gottheit über unsere Bestimmung oder weiß sie gar voraus; jedes derartige göttliche Element im Universum ist, genau wie wir, zugleich die Weberin und das Gewebte. Ein solches andere aus den anderen ist auch das Selbst aus den Selbsten, ein Bild von kosmischer Gemeinschaft und beseelter Einsamkeit, das überaus umfassend soziale und höchst ganzheitlich integrale Wesen.

## *Körper sein / Seele sein*

Integrität: »Spinnen und Weben in einem / aus ihrem eigenen Leib, überall...«[25]

Die Integrität des beziehungsfähigen Selbst: viele in seinem Einssein und eines in seiner Vielheit, öffentlich in seiner Privatheit und privat in seiner Öffentlichkeit. Weiter vorn haben wir uns damit beschäftigt, wie eine gewisse rhythmische Kontinuität in den Augenblicken eines solchen Selbst eine lebendige Seele erschafft – eine Person. Doch wie ver-körpert sich diese Beseeltheit? Gewiß nicht in der Form, daß die Seele ein präexistentes Wesen ist, das sich mit Fleisch gleich einer vorübergehenden Verkleidung umgibt. Die philosophischen Mythen des Sündenfalls lehren, daß wir den Fall ins Fleisch, in die Endlichkeit antreten; ohne unsere Körper seien wir unsterblich, unsere Körper – und speziell weibliche Körper – seien entweder der Grund für oder das Resultat von Entfremdung, Erdenschwere und Abgrenzung. Körper sind lästige Materiehaufen, die uns niederdrücken und spalten.

Doch wenn es stimmt, daß »alles in gewisser Weise überall« ist, dann müssen Körper nicht unbedingt der Konvention einer festgelegten Zeit und eines einfachen Raums gehorchen. Im Gegenteil: »(Wir haben uns so oft geschmückt, um ihnen zu gefallen), daß wir darüber unsere Haut vergessen haben. Außerhalb unserer Haut bleiben wir uns fern. Du und ich voneinander entfernt.«[26] Dieses Erlebnis der Haut wird sehr schön von Robin Morgan beschworen: »dünne regenbogenfarbige Netze, wie Spinnweben umhüllen sie meine Haut.« Unsere Haut trennt uns nicht – sie verbindet uns mit der Welt durch ein wunderbares Netzwerk sinnlicher Wahrnehmung. Das heißt nicht, daß »der Geist der Spinne«

etwa nicht tiefer als die Haut reicht. Von den irisierenden Oberflächenempfindungen bis zu jenen tiefen Gefühlen, die wir in unserem Herzen, unserem Bauch oder unseren Lenden erleben, ist das Personsein ganz und gar im Fleisch verwurzelt. So wie die Seele ver-körpert ist, ist der Körper beseelt – belebt von einer gewaltigen Geschichte und einer bebenden Sensibilität. Doch da ist noch mehr – über meine Sinne erfasse ich die Welt, über meine Sinne kommt die Welt in mich hinein. Eben gerade durch die Ver-körperung werden die vielen eines, wird das Äußere zum Inneren. Unsere Weltempfindungen – die bei Whitehead Erfassen oder »physisches Empfinden« heißen – spinnen sich in die feinen Einzelfäden, aus denen ein Selbst in das Gewebe seiner Welt eingewoben wird. Und seien wir noch so sehr aller kreativen Ressourcen beraubt, so teilen wir doch mit der Spinne die Fähigkeit, nicht aus dem Nichts etwas zu erschaffen, sondern aus unseren Körpern. Die Fortpflanzung ist nur eine von vielen kreativen körperlichen Möglichkeiten. Wenn ich diesen Körper nicht außen vor lasse, ihn als etwas mir Fremdes behandele, dann läßt er – und er allein – mich alles, was ich in mich hineinnehme, zu etwas Stark-Beseeltem, Ehrlich-Gefühltem, Subtil-Erfaßtem verarbeiten.

Sollen wir unsere Körper als unsere Selbste betrachten? *Sind* unsere Körper wir selbst? Sind unsere Selbste etwas, das getrennt von unseren Körpern existiert? Der Körper war ja ein Hauptziel des Ausschlusses durch das trennende Selbst, besonders in seiner platonischen und cartesianischen Ausprägung: Das Selbst, das sich mit dem Geist oder der Seele identifizierte, hat sich – als ersten Schritt der Entkoppelung von seiner Umwelt – von seinem eigenen Fleisch getrennt. Und die Verleumdung des Körpers war immer praktisch gleichbedeutend mit der Unterdrükkung von Frauen. Die feministische Theorie hat umfangreich belegt, wie die Frau seit Anbeginn des Patriarchats als die fleischliche andere bezeichnet wurde. Wenn Er der Geist war, dann war Sie das Fleisch, wenn Er die unsterbliche Seele war, dann war Sie seine sterbliche Versuchung. Als Reaktion auf diesen Mann-Geist/Frau-Körper-Dualismus neigt der Feminismus dazu, zwei verschiedene Strategien zu entwickeln.

Einerseits mußten wir gegen die Ansicht protestieren, daß unsere Anatomie unser Schicksal sei, wir mußten argumentieren, daß wir ganz genauso spirituell und rational wie Männer seien, daß unsere spannendere Körperlichkeit mit ihren Zyklen, ihren radikalen Metamorphosen, ihren Gebär- und Nährvorrichtungen uns nur dann vom Denken und von der Kreativität abhält, wenn wir durch kulturelle Bedingungen eingeengt werden. Wird Mutterschaft als wahre Bestimmung der Frau definiert, dann werden natürlich ihre anderen Fähigkeiten mittels ihrer sozialen und psychischen Situation abgetrieben. Der Feminismus lehnt diese sexistische Identifikation von Frauen und Körper ab, doch ist er damit manchmal einem impliziten Dualismus erlegen, indem er nämlich die Tatsache, daß wir *nicht* nur Körper sind, daß unser Geschlecht keineswegs unser Wesen bestimmt, daß wir genausowenig durch unsere Körperlichkeit bestimmt sind wie die Männer, zu stark hervorhob. Frauen haben wahrlich allen Grund, argwöhnisch gegenüber jeglichem rhapsodischen Enthusiasmus über den weiblichen Körper zu sein, auch wenn dies von anderen Feministinnen kommt. Die Romantisierung weiblicher Körperlichkeit ist nur die Kehrseite ihrer Erniedrigung: zwei verschiedene Möglichkeiten, um unsere subjektive Freiheit, unsere transzendente Menschlichkeit auf die Mechanik unserer Biologie zu reduzieren.

Andererseits haben Feministinnen auch mit Nachdruck verkündet, daß wir, um die Frauen zu befreien, uns nicht *von* unserem Körper befreien müßten, sondern vielmehr den Körper selbst befreien müßten. Diese Feministinnen weigern sich, den Körper als einen deterministischen, einengenden Mechanismus oder als Quelle von Beharrung und Stagnation zu erleben. Sie deuten den Rhythmus unseres Lebensblutes, die Perioden unseres Lebens, die Energien unserer Animalität als Urquellen von Sinn und Spiritualität. Wir müssen die Weisheit des Körpers wiederentdecken, seine Endlichkeit darf nicht verabscheut, sondern muß respektiert werden, seine weibliche Besonderheit soll nicht als Falle, sondern als Gabe verstanden werden – und ist, genau wie andere Begabungen, je nach Freiheit und realistischen Möglichkeiten der Situation zu verwirklichen. Mutterschaft – tatsächlich realisiert oder nur als Möglichkeit – ist ein Symbol für die nicht-dualistische Beziehung zwischen Selbst und anderem. Doch da die Ablehnung der Körperlichkeit ein entscheidendes Merkmal des das Patriarchat bestimmenden dualistisch-hierarchischen Denkens ist, neigen solche Feministinnen möglicherweise dazu, in Richtung einer Identifikation von Selbst und Körper zu reagieren.

Wir dürfen keinen dieser Stränge feministischen Denkens vernachlässigen, doch kann jeder, wenn polarisiert, reaktionäre Folgen haben. Jede dualistische Bestätigung, daß unsere Körper getrennt von unseren Selbsten existieren, also nicht zu dem gehören, was wir unserem Wesen nach sind, tut es dem typisch andromorphen Modell der transzendenten Unkörperlichkeit gleich. Wenn jedoch andererseits der Jubel über unsere Körperlichkeit zu einer simplen Identifikation von Selbst und Körper führt, in der wir nichts anderes sein können als Fleisch, dann sind wir dem klassischen Materialismus zum Opfer gefallen. Und der Materialismus ist – angefangen bei Demokrits Atomismus über den wissenschaftlichen Mechanismus bis zur Soziobiologie oder zu Marx – eine ebenso durch und durch patriarchale Sicht wie der Dualismus: Seine monistischen Reduktionen lassen genausowenig Raum für eine wechselseitige Beziehung und Transformation von Körper und Seele/Geist.

Doch können wir behaupten, daß wir Körper *sind* und zugleich doch nicht mit dem Körper identisch? Daß unser Körper beseelt ist und daher nicht lediglich materiell? Wie muß dann unsere Auffassung vom Körper aussehen? Denn wir können ja nicht die gleiche alte mechanisch-physische Hülse beibehalten und lediglich die Seele zur Belebung hinzuaddieren. Können wir etwas Ähnliches wie das thomistische Organon entwerfen, einen Körper, der ganz und gar von seiner Seele erfüllt ist, ohne uns zugleich der substantialistischen Trennung der einzelnen Körper-Seele-Organismen zu unterwerfen?

Vielleicht ist ein Schlüssel, mit dem wir den Körper in unsere fundamentale Verbundenheit mit unseren Welten verankern könnten, im kosmologischen Kontext des Körpers zu finden. Whitehead plädiert für das »Dabeisein des Körpers« und macht ihn zum »Ausgangspunkt für unsere Erkenntnis der umgebenden Welt«: Wir sehen *mit* unseren Augen und nicht lediglich durch sie, wir hören *mit* unseren Ohren und nicht nur mittels unserer Ohren. Bei allen Vorgängen der Wahrnehmung empfinden wir unseren Körper, der die Welt empfindet; wir empfinden die Welt im und durch den Körper und nicht – wie die traditionelle Philosophie behauptete – nur in den letzten, klaren und deutlichen Umsetzungen der sinnlichen Impulse im Gehirn. »Der Körper ist jedoch nur ein besonders vertrauter Teil der Welt.«[27] Diese Welt *selbsten* bedeutet, sie *in Besitz nehmen*: »mein Prozeß, ich selbst zu sein, ist mein Hervorgehen aus meinem Besitz der Welt.« Demnach ist der Körper meine spezielle Ecke im Kosmos, meine Beziehung zu meinem Körper spiegelt und wiederholt meine Beziehung zu jedem und allem anderen. Denn ich begegne der Welt ja nur in ver-körperter Form. Durch meine Körperlichkeit erlange ich das beseelende Wissen, daß die Energie der Materie und die Energie der Seele im Grund ununterscheidbar sind. *Soul matters.*\*

Aus der vernetzten Sicht sind Körper und Seele keine statischen Substanzen, sondern ganze Gesellschaften. Das wirkliche Ereignis des Selbst umfaßt in jedem Augenblick den Strang der persönlichen Augenblicke, der unsere Seele erschafft, und die komplexe Gemeinschaft, die unseren physischen Körper ausmacht: »Der Anspruch auf die Einheit der Seele ist analog zum Anspruch auf die Einheit des Körpers und analog zum Anspruch auf die Einheit von Körper und Seele und ist analog zur Gemeinschaft des Körpers mit jeder äußeren Natur.«[28] Das heißt, es handelt sich um eine komplexe und offene Einheit, ein Zusammengesetztes. Whiteheads metaphysische Strategie in bezug auf das Geist-Seele-Problem bestimmt seine Neudefinition von »körperlich« und »geistig«: Jedes real existierende Individuum ist körperlich und geistig in einem, sei dieses Individuum nun eine Zelle im Muskelgewebe oder ein Augenblick der Seele. Der »körperliche« Pol ist dann das, was aus der Vergangenheit in das Ereignis eintritt – der Einfluß meiner persönlichen Geschichte und der Welt. Eine so verstandene Körperlichkeit ist zutiefst verwandt mit Erinnerungswürdigkeit; indem sie bei der Zusammensetzung meines augenblicklichen Ereignisses er-innert wird, dient die gesamte Vergangenheit als meine Materie, der physische Stoff, aus dem ich

---

\* Wie Keller *to selve* als Verbum aus dem Substantiv *self*/Selbst bildet, also *selbsten*, so verwendet sie hier das Verbum *to matter*/etwas bedeuten/eine Rolle spielen, als Verb des Substantivs *matter*/Materie, was einen nicht übersetzbaren Doppelsinn ergibt. Anm. d. Ü.

mich zusammensetze. Was ist dann Geistigkeit? Sie ist der Pol, der das rein Mögliche empfindet, die Zukunft. Die Interaktion zwischen Vergangenheit und dem Möglichen findet, wie wir sahen, in der Privatheit in jenem Kern des Augenblicks statt, wo die Subjektivität ein neues Ereignis zusammenbraut. Nach diesem Rezept jedoch haben beide, Körper und Seele, in jedem Augenblick sowohl einen geistigen wie einen körperlichen Pol. Der cartesianische Dualismus wird nicht durch eine simplifizierende Gleichsetzung von Körper und Geist/Seele überwunden, sondern durch eine komplexe Sicht der physischen Welt: Sie hat die Schwere der gesamten Vergangenheit – von meiner unmittelbar angrenzenden Vergangenheit bis vielleicht zur Reichweite eines kollektiven Unbewußten –, doch nicht das tote Gewicht einer Maschine oder eines inaktiven Klumpens. Der Klumpen ist vielmehr immer schon vom Möglichen durchsetzt. Die Leichtigkeit der Seele, die metamorphische Schmetterlings-Psyche, entsteht aus der ihr eigenen Konzentration auf das Mögliche. Doch die Vergangenheit der Seele, die Tiefe, durch welche sie Seele und nicht nur das unmittelbare Subjekt-Selbst ist, strömt über ihre eigene Körperlichkeit, ihr eigenes Erfassen des Voraufgegangenen, in die Gegenwart.

Um diese beseelte Körperlichkeit besser empfinden zu können, wollen wir uns noch einmal der Kind-Metapher zuwenden. In seinen Überlegungen zum Kind-Archetyp sagt Jung, daß Phantasien – der Inhalt der Seele – *real* sind (trotz des Vorurteils der materialistischen Wissenschaft) und daß letzten Endes auch der menschliche Körper aus dem Stoff der Welt besteht, jenem Stoff, in dem die Phantasien sichtbar werden und ohne den sie nicht erlebt werden könnten. Dies wirft ein interessantes Licht auf die Vorstellung, die das Prozeß-Denken vom körperlich-geistigen Charakter jeder Erfahrungseinheit (das heißt jedes Selbst) hat. Ohne Körper, keine Seele? »Die Symbole des Selbst entstehen in der Tiefe des Körpers und drücken dessen Stofflichkeit ebensosehr aus wie die Struktur des wahrnehmenden Bewußtseins ... ›Zuunterst‹ ist daher Psyche überhaupt ›Welt‹.« Jung meint weiter: »Je archaischer und je ›tiefer‹, das heißt je physiologischer das Symbol, desto kollektiver und universaler, desto ›stofflicher‹ ist es.«[29]

Diese materielle Matrix, diese Materie/*mater*, von der alle psychische Differenzierung ausgeht, wird besonders im Kind-Archetyp sichtbar.

Wir können annehmen, daß der psychische oder physische Mißbrauch von Kindern mit einer Verleugnung der Beseeltheit unserer Körper und der Körperlichkeit unserer Seelen einhergeht. Das präödipale Kind, das wir im dritten Kapitel suchten, erinnert uns an unser erstes Hervorgehen aus der Dunkelheit eines körperlichen Schoßes und dem Dunkel des psychisch Unbewußten, wohin die Erinnerung nicht vordringen kann. Und es öffnet uns auch die Augen dafür, daß die Geburt des Selbst in jedem Augenblick körperlich/geistig ist, ver-körpert und be-seelt, und mit all seinen alten Erinnerungen immer neu. Und je nachdem, welche Art von Beziehung zu dem Seelen-Kind wir entwikkelt haben, werden wir uns durch seine Impulse entweder in beunruhigender oder in verheißungsvoller Weise unserer rhythmischen Augenblicklichkeit bewußt.

In ihrer bewegenden Analyse der Pornographie, die sie als ein Symptom der Körper-Geist-Dichotomie sieht, stellt Susan Griffin eine packende Verbindung zwischen der Unterdrückung von Frauen und der von Kindern her:

»Die Besessenheit der Pornographie mit dem unentwickelten Körper eines jungfräulichen Kindes. Das Kind, das gekidnappt und in die sexuelle Sklaverei verkauft wird. Die junge Frau, die der Hexerei angeklagt und verbrannt wird. Im Holocaust Babies, die ihren Müttern aus den Armen gerissen und ermordet wurden, junge Frauen, die verführt, benutzt wurden, Frühgeburten hatten oder bei Abtreibungen starben. Das Kind, das vergewaltigt oder mißbraucht wurde.

Im Denken dieser Kultur existiert ein roter Faden, der all diese gewalttätigen Handlungen an den Seelen und Körpern von Kindern und jungen Frauen zusammenbindet. Denn der kalkulierte Mißbrauch eines noch nicht ausgewachsenen Frauenkörpers zu pornographischen Posen gehört zu dem symbolischen Mord, den diese Kultur an allem verübt, das in unseren Seelen kindlich geblieben ist. Wenn wir ein Kind lieben, dann lieben wir die menschliche Natur, ehe sie von der Kultur umgestaltet wurde.«[30]

Die subversive Unschuld des präpatriarchalen-präödipalen Kindes, jenes Kindes, das sich noch nicht gegen seine Mutter gewendet, doch schon Angst vor dem Vater hat und den Mustern männlicher Vorherrschaft und weiblicher Erniedrigung angepaßt ist, führt uns zu dem Punkt, wo Leib und Seele ganz neu und vereint hervortreten, weder identisch noch getrennt. Griffin feiert nicht nur den Körper, sondern auch die Seele, und zwar nicht wegen ihrer traditionellen Flucht aus dem Körper, sondern wegen ihrer Fähigkeit – im Gegensatz zum Ich –, ihr metamorphisches Fließen zu akzeptieren: »Die Seele, die die Welt ist, ist nur deshalb unendlich, weil die Seele Teil von Veränderung ist. Die Seele akzeptiert Vergänglichkeit als Teil des Seins, und die Seele ist nicht von der Erde getrennt.«[31] Mit dem Mißbrauch des Seelen-Kindes, der Vergewaltigung der Seelen-Schwester, wird – wörtlich und metaphorisch – die Trennung des Körperlichen vom Geistigen, des Körpers von der Seele, des Selbst von der Welt inszeniert. Dann kann der Rest eines eingeschrumpften Ich das defensive Gebäude seiner eigenen Unsterblichkeit errichten. Und indem es das tut, verliert das Selbst das Gefühl für jene grenzenlose Verbundenheit, die Unbegrenztheit ist. Es verleugnet vehement das rhythmische Sterben und Leben, die metamorphische Offenheit, die sein Körper und seine Seele ihm abverlangen.

Aus dem gemeinsamen Lobpreis für das Physische und das Psychische sind wichtige Konsequenzen für die Geschlechtsidentität zu ziehen. Kein Geschlecht kann einen Exklusivanspruch auf Selbstsein anmelden. Es wäre nicht länger möglich, eine als männlich oder weiblich bezeichnete Selbstidentität unter dem Gesichtspunkt hormonaler Mechanismen, des Muskelumfangs oder der reproduktiven Funktionen zu konstruieren: Der Körper selbst ist, in jeder seiner »Funktionen«, unendlich variabel, ist niemals ein Mechanismus, wenn er nicht wie ein solcher behandelt wird. Die emotionale Bedeutung jedes physischen Aktes – die Beseeltheit des Körpers – hat Tausende von abgestuften Nuancen, Tausende von Möglichkeiten. Der Position, wir seien nichts als Körper, steht das Argument gegenüber, wir seien von unseren Körpern getrennt. Doch sind diese Positionen letztlich gar nicht so unterschiedlich: Die Haltung »nichts als« (William James) bringt, genau wie der Dualismus, den Körper in Mißkredit. Mit der Behauptung, die Geschlechterdifferenz sei nichts als Physiologie, wird unsere körperliche Basis als eine so niederdrückende Materie abgetan (schon wieder Muttermord), daß sie von einem unkörperlichen Selbst transzendiert werden muß. Doch kann Persönlichkeit nicht aufs Physische reduziert werden, wenn das Physische selbst unreduzierbar ist – ein Feld von Energie und Wissen, das wir in das Bewußtsein und die Transformation hineinnehmen, das wir aber auch verdrängen, unterdrücken, beherrschen und verleugnen können.

Die zyklischen Muster weiblicher Körperlichkeit, die sich manchmal als eine ausstrahlende Extensität, ein andermal als eine nach innen gerichtete Intensität offenbaren, binden uns an kein Stereotyp. Unsere Körper sind komplexe Energierhythmen, die endlosen Variationen offenstehen, manchmal als Vordergrund, dann wiederum als Hintergrund unseres bewußten aufregenden Geschehens. Möglichkeiten wie Schwangerschaft, Geburt und Stillen zwingen uns nicht dazu, sie auch tatsächlich zu verwirklichen, sie zu mystifizieren oder abwehrend zu verdrängen. Daß Frauen aus einer komplexen Architektur von Öffnungen und Höhlungen aufgebaut sind, muß uns nicht in eine häusliche »innerliche« Verletzlichkeit einsperren, die des männlichen Schutzes bedarf. Wir erleben das Wechselspiel von Offenheit und Verborgenheit auf jeder Ebene unseres Seins. Bilder von urzeitlichen Göttinnen beschwören eine Erinnerung an heilige Kraft, die durch einen Stolz des Körpers heraufströmt.

Und indem wir Frauen unsere Körper wieder als nur uns gehörig einfordern, können wir auch anfangen, uns ein neues männliches Körpergefühl vorzustellen. Wenn die Männer lernen, das Besitzrecht der Frau auf ihren eigenen Körper zu respektieren, dann könnten sie auch sanftere Beziehungen zu ihren eigenen Körpern aufnehmen. Dann könnte der Phallus als ein Instrument von Beziehung und nicht als ein Instrument zur Unterwerfung dienen. Ob es nun sexuell umgesetzt wird oder nicht, das männliche Wechselspiel von verletzlichem Sich-Aussetzen und überraschender Metamorphose, von dem energischen Drang zu penetrieren, doch auch zu empfangen – diese Körperenergien sollten eher Entwürfe beseelter Gemeinschaft, denn solche des trennenden Gegensatzes unterstützen.

Die Transformationen von Körper in Seele und von Seele in Körper – wir können gerade erst beginnen zu spüren, welche Folgen das für postpatriarchales Empfinden und Denken hätte. Denn jetzt »müssen (wir) uns eine Welt vorstellen, in der jede Frau selbst die Person ist, die über ihren eigenen Körper bestimmt.«[32] Und über alle Personen, die wir in das unreduzierbare, voll beseelte, voll ver-körperte Selbst einbeziehen können.

## Hier sein / jetzt sein

»Unter all diesen fabrizierten Raum- und Zeitzwängen küsse ich dich – unaufhörlich. Daß andere uns zu Fetischen machen, um uns zu trennen, ist ihre Angelegenheit. Lassen wir uns doch nicht unbeweglich durch diese Übergriffe machen.«[33] Bei Irigaray klingt hier an, daß Raum und Zeit ein äußerliches Gitter vom Patriarchat auferlegter Barrieren sind. Sicher, wenn der Raum mehr oder weniger wie ein Vakuum aufgefaßt wird, in dem ich mich einzig an diesem Punkt hier befinde und alles andere isoliert an dem ihm zukommenden Platz ist, dann ist unser Überlappen im Raum (außer vielleicht im Sexualakt oder in der Schwangerschaft) wahrlich unmöglich. In der herkömmlichen Auffassung von Raum beansprucht der Körper seinen bestimmten Platz, nicht mehr und nicht weniger, und macht uns unsere Isolation bewußt. Und in dem Maße, in dem Zeit für eine gerade Linie steht, die sich aus einzelnen Punkten zusammensetzt, von denen ich jetzt gerade einen einnehme, isoliert mich die Zeit von der Vergangenheit und Zukunft in der Einsamkeit einer reinen Gegenwart.

Doch was, wenn ich dich nur lebendig in den Übergängen zwischen den Zeiten antreffe? Das Ich, das sich in einer isolierten Gegenwart festnagelt, verdunkelt seine Beziehungen. Die Zeit, die zu einer geraden Linie geworden ist, an der entlang ich mich von Gegenwart zu Gegenwart bewege, hält mich in einer starren Gegenwart fest – einer Gegenwart, die sich wie ein Eisenbahnzug auf Schienen bewegt, doch nicht *wird*. In Kants Terminologie sind Raum und Zeit (menschliche) Vorstellungen a priori. Doch wenn diese Urvorstellungen zu Formen von Isolation geworden sind, dann erkennen wir, daß sie ihre Entstehung nicht A-priori-Notwendigkeiten, sondern androzentrischen Prioritäten verdanken. Die mechanistische allgemeine Auffassung von Raum als einem Vakuum und von Zeit als einer Geraden errichtet ein Universum von getrennten und dauerhaften Individuen: Individuen, die sich eines vom anderen grundlegend unterscheiden, doch in sich selbst völlig gleichbleibend sind.

Die westliche Zeitauffassung hat sich schon sehr früh zu der Linearität von Anfang und Ende, von Schöpfung und Apokalypse, begradigt und damit ein dramatisches Geschichtsgefühl geschaffen. Doch hat sich die biblische Eschatologie, verschmolzen mit dem griechischen Atemporalismus, schließlich in die quantifizierte Zeitlichkeit einer mechanistischen Wissenschaft und eines triumphalistischen Fortschrittglaubens verzerrt. Hier gibt sich Unbeweglichkeit als Dynamik aus: Doch das, was sich entlang einer rigiden Zeitlinie weiterentwickelt, wächst oder verändert, bleibt im Grunde das gleiche und ist mit all den anderen Wesen im Raum, die sich auf parallelen doch getrennten Zeitschienen bewegen, nur äußerlich verbunden.

Muß demnach also das beziehungsorientierte Selbst außerhalb von Zeit und Raum gedacht werden? Bedeutet Verbindung mit allen anderen Orten und Zeiten, daß es keine raumzeitliche Differenzierung mehr gibt? Bewegen sich die zyklischen Rhythmen von Frauen im Kreise einer zeitlosen Gegenwart? Gilt für die Körper von Frauen, in denen sich Offenheit und Verborgenheit, Öffentlichkeit und Privatheit vereinen, die Besonderheit des Ortes nicht mehr? Die Antwort auf diese Fragen ist ein vehementes: Nein! Postpatriarchale Selbste streben keine zeitlose Aufhebung des Ortes an. Wir lassen die Geschichte und die Erde nicht hinter uns. Wir suchen vielmehr eine radikal andere raumzeitliche Sensibilität – sie stellt sich in viel umfassenderem Sinne als raumzeitlich heraus, als es der traditionelle Kunstgrifff des Raum-Zeit-Gitters zuläßt: eine Umarmung, die Zeit und Raum umspannt. Hier kommt uns Whiteheads Anwendung der Einsteinschen Relativitätstheorie sehr zustatten; in bezug auf die räumliche und zeitliche Einordnung postuliert er sein »ontologisches Prinzip«: ». . . es besagt, daß alles irgendwo in der Wirklichkeit positiv und zugleich überall potentiell vorhanden ist.«[34] Das heißt, sein bedeutet, irgendwo zu sein an einem bestimmten Ort, zu einer bestimmten

Zeit, doch irgendwo ist in gewissem Sinne überall. Dieser Gedanke ist nicht so paradox wie es den Anschein haben mag. Er folgt aus dem Axiom, daß sich alles, was ist, in Beziehung zu allem anderen befindet, daß ein Selbst ein Niemand ist, wenn es sich nicht in raumzeitlicher Beziehung zu allem in dieser Welt befindet. »Potentiell überall«-sein heißt, ein Potential im Werden aller späteren Wirklichkeiten zu sein, ein Neues zu werden, das zu dem Plenum der vielen beiträgt. Die gegenteilige Meinung, nach der Zeit und Raum ein festgelegtes Gitter darstellen, innerhalb dessen Einzelwesen einfach und klar hier oder dort sind und nirgendwo anders, als da, wo sie tatsächlich sind, und in ihrer Plazierung unabhängig von allem anderen sind, wurde von Whitehead mit »der Trugschluß einfacher Ortbestimmung« tituliert. Ich meine, dieser Trugschluß stellt ein gewisses Wiederaufbrechen der phallokratischen Illusion von Unabhängigkeit dar. Die einfache Ortsbestimmung in Raum und Zeit, die in vollem Umfang nur von den mechanistischen Theorien des 18. Jahrhunderts formuliert wurde, verstärkt formal ein Gefühl von Isolation in einer Leere des Raums und von Abwehr gegen die Zeit und ihren Einfluß.

Relativitäts- und Quantenphysik weisen über die Erfahrung eines isolierten Beobachters, der nur ein atomisiertes, durch eine absolute Achse von Zeit und Raum getragenes Universum sieht, hinaus. Der Physiker David Bohm beschreibt die neue Form der Sicht in der Naturwissenschaft des 20. Jahrhunderts als »ungetrennte Ganzheit in fließender Bewegung«[35]; das ist eine gute Metapher für unsere fließend kosmische Integrität! Doch ist es eine Enttäuschung, wenn auch kaum eine Überraschung, daß sich im Gros des physikalischen Denkens die alten mechanistischen Denkmuster kaum vom Fleck bewegt haben. Bohm meint, daß jene Aspekte der Physik, die das Primat eines interaktiven fließenden Holismus verlangen, heruntergespielt und »lediglich als Bestandteile mathematischer Rechnung und nicht als Indikatoren für die wahre Natur der Dinge betrachtet« werden. Naturwissenschaftler »sprechen und denken noch immer, in voller Überzeugung der Wahrheit, in den Geleisen der traditionellen atomistischen Vorstellung, das Universum sei aus Elementarteilchen zusammengesetzt, welche die ›Grundbausteine‹ für alles Seiende darstellen.«[36] »Ungetrennte Ganzheit in fließender Bewegung«

drückt sehr gut die Raum und Zeit betreffenden elementaren Vorstellungen von uns Frauen aus, die aus einem Urgefühl für »die wahre Natur der Dinge« und für uns selbst entspringen. Wir beginnen zu erkennen, daß das Fließen von Frauen nicht zu einem vagen Hinschmelzen führen muß, sondern sich in einer präziseren Orientierung innerhalb des relativistischen Universums äußern kann. Irigaray sagt von der ent-festigten Frau: »Diese Flüsse ohne beständige Ufer ... Diese rastlose Mobilität ... So sehr bleibt das alles demjenigen fremd, der vorgibt, sich auf Solides zu gründen.« Die Relativität unserer Standpunkte in Raum und Zeit muß jedem, der vorgibt, auf dem soliden Grund eines erkennbaren Absoluten zu stehen, wie metaphysische Seekrankheit vorkommen. »Aber so viele Wörter die uns trennen, sind ausgesprochen, sprechen uns aus«, fährt Irigaray fort. Sie meint, daß wir »unsere Sätze« brauchen, frei von linguistisch vermittelten Vorprägungen, welche zerstückeln. »Damit wir *überall* und *immerzu* uns unaufhaltsam küssen.«[37] (Hervorhebung C. K.)

Es ist überhaupt nicht klar, ob es irgend etwas gibt, das *kein* räumlich und zeitlich ablaufender Prozeß ist. Wollten wir vom Transzendieren der Zeit sprechen, so würde das bedeuten, die Zeitlichkeit der Mechanik der Uhr zu unterwerfen. Warum stellen wir uns nicht einen ins unendliche ausgedehnten Bereich zeitlicher Rhythmen und Kadenzen vor, von denen einige durch unsere gegenwärtigen Körper-Seelen besser wahrnehmbar sind als andere? Und warum sollten wir uns vorstellen, den Raum zu transzendieren? In jedem Ort ist jeder andere Ort enthalten. Vielleicht können wir unsere eigene Allgegenwart noch nicht bewußt entfalten. Doch wir können damit anfangen, hier, jetzt.

Wie ist das mit dem Raumgefühl? Wir wissen, daß Frauen bewegungsunfähig gehalten wurden, als Heimathafen für das heldische Tun und Schweifen des Patriarchen. Wir wissen, daß Frauen im Heim gefangengehalten wurden, einem Heim, auf das sie ihre ästhetischen Gaben verschwendeten, womit sie zur Hüterin des Heims statt zur Gestalterin der Welt wurden, oder besser gesagt, sie machten aus ihrer Gefangenschaft bewohnbare *cosmoi.* Wir wissen, welche Etikette man uns verpaßt hat: »leere Löcher, die darauf warten, gefüllt zu werden« (Sartre) und »der innere Raum« (Erikson). Männer andererseits blieben außerhalb ihrer selbst in einer offenbar unerträglichen Verwundbarkeit stecken, umherstreifend, ruhelos; bei anderen Männern suchten sie Verteidigung und bei den Frauen vorübergehend Schutz. Da sie nicht dazu fähig waren, ihre unmittelbaren Welten in Besitz zu nehmen und sie neugestaltet wieder loszulassen, haben sich Männer vor langer Zeit dem materiellen Besitz zugewandt, haben den Raum ganz wörtlich in private Besitztümer aufgeteilt, haben die öffentlichen Plätze und Räume zu dem Zustand unübertroffener Häßlichkeit verkommen lassen, der heute für den städtischen amerikanischen Raum typisch ist. Wer es sich leisten kann, springt von einer Insel des Überflusses auf die nächste – vom Haus ins Auto ins Restaurant – und versucht das, was dazwischenliegt, zu ignorieren. Die uns umgebende Landschaft konfrontiert uns erbarmungslos mit der Vernachlässigung unserer Beziehungen, der Ausbeutung unserer Zwischen-Räume.

Und wie wäre der postpatriarchale Raum? Wir können hier nur die Richtung andeuten, in der eine neue Sensibilität des Selbst im Raum und als Raum kultiviert werden könnte.[38] Denn wir müssen von der Vorstellung loskommen, der Raum sei eine Art leeres Gefäß (wie die herkömmliche Auffassung vom Mutterschoß), in dem wir uns befinden. Raum entsteht nur durch Ereignisse von Beziehung: Er ist nichts als eine Form, wie man über die Fülle von Beziehungen *unter* Wesenheiten sprechen kann. Raum wird (wie Kant erkannte) durch subjektive Strukturen von Räumlichkeit hergestellt –, doch nicht (wie Kant meinte) durch festgelegte Kategorien der Erkenntnis a priori. Ich erschaffe im wahrsten Sinne des Wortes meinen Raum. Wir können lernen, Raum als eine Qualität und nicht als leer, sondern als voll zu denken und zu empfinden. Die Physiker meinen, daß es keinen leeren Raum gibt; Raum scheint eher ein Kontinuum von stärkerer und weniger starker Verdichtung von Materie/Energie zu sein. Metaphysisch: »Daher ist das Kontinuum in jedem wirklichen Einzelwesen gegenwärtig, und jedes wirkliche Einzelwesen durchzieht das Kontinuum.«[39] Da das beziehungsorientierte Selbst keine einfache Unterscheidung zwischen Innen und Außen mehr zuläßt, kann auch der Raum nicht außerhalb von uns belassen werden. Unsere Prozesse des Werdens sind Ereignisse des Selbst-Raumgefühls. Und zugleich ist Raum die Struktur von Beziehung.

Bedenken wir unsere Sprache: Einige Menschen teilen meine Sphäre, andere verletzen sie. Ich ziehe mich in einen friedlichen Raum in mir selbst zurück. Ich breite mich im Raum aus, oder ich brauche mehr Platz. Ich versuche zu verstehen, »wo du gerade stehst«, »woher du kommst«. Eine solche Raumaufteilung muß kein Signal für die weitere Objektifizierung unserer Subjektivität sein (wie Henri Bergson fürchtete); es könnte sein, daß wir statt dessen den Raum subjektifizieren. Dies sind hilfreiche neue Metaphern für Seelenzustände, Beziehungstätigkeiten mit uns selbst und anderen, doch sind es keine bloßen Sprachfiguren. Denken wir daran, wie wichtig Raum für die Beziehung ist – *wo* wir sind, wenn wir miteinander reden. Denken wir an die unerschöpfliche Wonne, mit der Kinder neue Verstecke suchen, an besonderen Orten, wie unter Tischen eingerichteten Zelten oder in Baumhäusern, oder wenn sie an felsiger Küste über große Steinbrocken klettern oder »Haus« spielen. Die spielerische Plastizität des Raums: Kehrt sie zu uns zurück, wenn wir das Seelen-Kind tragen? Werden unsere Körper uns nicht, wenn wir das zulassen, in postpatriarchalen Raum tragen? Dort sind wir nicht von allem anderen Seienden getrennt, sondern gewinnen Kraft aus der Tatsache, daß wir »potentiell« überall sind, und sind dadurch, daß wir genau *hier* werden, differenziert.

Und wie ist das mit unserem Zeitgefühl? Wir wissen, daß stets die Frau die Hauptlast der Furcht des Mannes vor seiner Vergänglichkeit zu tragen hatte und zu tragen hat: Frauen lebten in der Angst vor dem Dahinwelken. Da der Mann die Frau zu seinem Spiegel gemacht hat, entsetzen ihn ihre Falten und Abschlaffungen als Gespenst seiner eigenen Sterblichkeit. Doch indem er sie mit jüngerem Ersatz austauscht, nimmt er der Zeit ihren Ort. Voller Angst vor den unbezähmbaren Zeitrhythmen unseres Körpers versuchen wir, uns in das Zeitschema der Arbeitswelt einzupassen, das dazu geschaffen ist, der Ich-Produktion und der Seelenreduktion zu dienen. Doch fühlen wir uns in dieser künstlichen Zeit irgendwie fehl am Platze. Wenn sich das männliche Ich durch die Zeit verhöhnt fühlt – weil sie sich letztlich doch seiner Herrschaft nicht unterwirft? –, trägt die Frau die Hauptlast seines Zorns. Voll Angst vor unserem natürlichen Zeitrhythmus sind Frauen oft ständig unpünktlich, rebellieren damit gegen den Parademarsch der patriarchalen Uhren-Zeit; genauso oft kommen wir zu früh, sind wir zu sehr darauf aus, Wohlwollen zu erlangen.

»In der beväterten Zeit – der von Männern fein säuberlich durchdatierten Welt – zerstören die Fixer/Zeitnehmer die Mannigfaltigkeit des Zeitmaßes, indem sie es routiniert auf ein eintöniges Ticktack, das unsere Selbst auffrißt, reduzieren. In der von Männern verordneten *(male-ordered)* Monotonie wiederholen sich ständig die lähmenden, planmäßig geregelten Tage; dabei werden Biorhythmen zerstört und die Opfer davon abgehalten, auf Crone-ologie zu achten, Crone-ologie zu entdecken. Mit ihrer gefälschten Crone-ologie, die sie ›Chronologie‹ nennen, läßt die Tickokratie potentielle Wahrsagerinnen frühzeitig altern und verhindert damit, daß sie zu Weisen Frauen/Crones werden können.«[40]

Schon die Kadenzen von Dalys lyrischer Prosa (womit sie bereits die patriarchalen Grenzen verletzt) unterbrechen das monotone Zeitmaß, das auf Wiederholung gedrillte Denken, dessen Trommelschläge die Texte unserer Tradition begleiten.

Wer die Termine setzt, bestimmt auch das Timing und vice versa: Denken wir an die Machtspiele der Terminkalender, an jenes »ich habe mehr zu tun als du«. Die Tempi andromorpher Schulzeit, Arbeitszeit, Spielzeit haben eine kosmische Trägheit geschaffen, die mit ihrer Langeweile Vergangenheit und Zukunft erstickt. Die endlose Reihe aufgezwungener und beziehungsfeindlicher Fristen in unserer Welt tötet die Kreativität und verwandelt Zeit in Tyrannei. Die Vergangenheit wird vergessen und wiederholt sich daher: Konformität statt Erinnerung. Die Zukunft wird gefürchtet, und deshalb planen wir die Apokalypse: Vernichtung statt Er-wartung.

Das Problem ist die Wiederholung. Irigaray argumentiert ähnlich, verbindet Narzißmus mit dem phallokratischen Subjekt, das in ständiger Wiederholung sich gleich bleibt: »Wir brauchen uns nicht ein zweites Spiegelbild zu schaffen, um ›doppelt‹ zu sein. Uns zu wiederholen: ein zweites Mal ... Du hast immer die ergreifende Schönheit eines ersten Mals, wenn du nicht zu Reproduktionen gerinnst. Du bist immer zum ersten Mal erregt, wenn du nicht erstarrst in irgendeiner Form von Wiederkehr.«[41] Eine solche »ergreifende Schönheit« – die die andere durch ausgedehnteste Räume und Zeiten hindurch umarmen kann – unterliegt nicht jenem Verfall des Alters oder der Degradierung, die die Weise Alte unter dem Regime des alterslosen Helden erfährt. Jeder Augenblick ist ein erstes Mal, wenn wir nicht in den gespiegelten Masken von Nachahmung und Wiederholung erstarrt sind. Mehr noch: Wiederholung bringt uns an den Kern des metaphysischen Dilemmas. In der Vorstellung des Prozeß-Denkens wird mit jedem Empfinden, jedem Erfassen des anderen tatsächlich jenes andere wiederholt; das Empfinden gleicht sich ihm an; mit getreulicher Empathie nimmt es das andere in sich auf. Der rhythmische Puls aller Realität besteht aus Wiederholung. Doch ist dies lediglich der rezeptive Aspekt des Augenblicks: Dann komponiert es – in dem Ausmaß, in dem sein kreativer Aspekt wirkmächtig ist – aus dieser Vergangenheit etwas *Neues*.

In dem Maße, in dem das Subjekt – eingedenk des Anteils, den die Gegenwart an dem sich ausweitenden Netz der Zukunft hat – verabsäumt, die Vergangenheit in eine Gegenwart zu weben, verfehlt es auch sein eigenes Selbst. Erinnern wir uns, wie wir im vorigen Kapitel das heldische Ich beobachteten, das seine engen Beziehungen zur Welt verleugnet und um so verbissener versucht, sich selbst zu besitzen: eine Unmöglichkeit, wenn der Augenblick das Timing der Subjektivität darstellt. Ich kann nicht in ein und demselben Augenblick sein und mich zugleich haben. Ich kann nur ich selbst sein, indem ich die Welt habe. Wir sahen, wie das Ich eine Illusion seiner Dauerhaftigkeit erzeugen kann, indem es sich einfach mit seinen vergangenen Selbsten identifiziert, statt eine *Beziehung* zu ihnen aufzunehmen. Es reduziert sich so weit wie möglich auf Wiederholungen seiner persönlichen Kette von Erfahrungen und vermindert damit die neuartige Potentialität, die aus dem Kontinuum der Beziehung einfließt, sowie die neuartigen Möglichkeiten, die zu einer komplexeren Harmonie inspirieren könnten. Mit anderen Worten: Durch Verleugnung der radikalen Augenblicklichkeit des Selbst und des fundamental fließenden Charakters von Körper und Seele wird die Selbstwiederholung des Ich maximiert und sein Neusein minimiert.

Kein Wunder, daß dieses Ich Mutterschaft, Muttergöttinnen,

Kindheit und alles, was an »zum ersten Mal« erinnert, haßt. Es *wünscht kein* erstes Mal, es wünscht die Dauerhaftigkeit des ewig Gleichen. Je stärker es sich an Wiederholung klammern kann, um so besser kann es das Einfließen des Unterschiedlichen, des Neuen, der Welt verhindern, um so besser kann es sein ontologisches Empfinden verleugnen und in seiner bloßen Redundanz die narzißtische Illusion eines unwandelbaren Seins schaffen. Es versucht, durch bloße Härte die Zeit anzuhalten. Das Subjekt macht sich in Nachahmung eines Steins zu seinem eigenen Objekt (oder versucht das zumindest) – der versteinerte Held, der sich zu seinem unsterblichen Ruhm in Marmordenkmälern versteckt. Die Medusa-Mutter, die mit ihrem züngelnden Schlangenhaar der Spinne und allem, was über die Grenzen hinausströmt, gleicht, spottet in ihrer Ungeheuerlichkeit nicht der Zeit, sondern dem zeitlosen Ich.

Wie ist das Selbst-Timing von beziehungsfähigen Selbsten? Sie haben teil an den Spiralen von Werden und Vergehen, von Mikroaugenblicken und monatlichen Perioden, von Mondzyklus und Sonnenumrundungen, von täglicher und jahreszeitlicher Metamorphose. Das komplexe Kontinuum – und nicht die einfache Linie – eines Flusses von Ereignissen schließt letztlich aus seinem Timing keinen Augenblick der menschlichen Geschichte, auch kein Krümmen eines Wurms, kein Zerbersten eines Sterns aus; aus diesem Kontinuum versorgt die Dünung der Vergangenheit die Gegenwart mit Kraft. Die Gegenwart als solche kann das Tempo nach eigenen Bedürfnissen festlegen, doch zunächst treffe ich auf diese komplexen Rhythmen als eine immanente Choreographie. Wir können uns ihnen nicht entziehen. Wenn ich mich jedoch bewußt in dem umfassenderen Tanz von Natur und Geschichte bewege, dann kann ich die Knoten meiner persönlichen Zwänge, meine Muster von schlechtem Timing finden und mich in ein umfassenderes Wohlbefinden hinein entspannen.

Die Zukunft? Sie ist bereits da, *als* Zukunft, das heißt, nicht als determiniert, sondern als Möglichkeit oder Wahrscheinlichkeit. Die mit der Zukunft schwanger gehende Gegenwart sieht diese Zukunft nicht als irgendein Fait accompli; sie nimmt nichts vorweg, kontrolliert nichts, ist nicht auf die Ontologie von Versicherungspolicen abonniert. Doch ist diese Zukunft kein gähnender

Abgrund, sie ist auch nicht (wie es die zeitgenössischen deutschen Theologen Pannenberg und Moltmann wollen) Gott oder das Ende. Wir können spüren, wie sich die Zukunft jetzt in uns formt, denn dieses mein gegenwärtiges Selbst wird endlos wieder aufgenommen und wiederholt werden. Die Zukunft wird – und wenn nur im allertrivialsten Maße – diese Gegenwart empfinden. Meine Seele, mein Körper, meine Welt: Fortgesetzt werden sie mich hineinnehmen müssen. Wenn ich lerne, die sanfte Bewegung von der Vergangenheit zur Gegenwart zu spüren, dann werde ich vielleicht anfangen, die Transformation ausgedehnter persönlicher und sozialer Beziehungsmuster zu erkennen, wie sie durch meine Gegenwart rollen. Doch können wir nicht – genausowenig wie irgendein Gott oder eine Göttin – die Zukunft vorauswissen und beherrschen. Per definitionem *ist* sie noch nicht. Wir können die Zeichen und Verheißungen noch so gut deuten, weder Gott noch Mensch können die Spontaneitäten auslöschen, mit denen zukünftige Gegenwarten Selbste kreieren werden. Das heldische Ich fühlt sich durch die Unbeherrschbarkeit der Zukunft düpiert. Statt dieser Zeit-Paranoia können wir ein neues Zeit-Vertrauen lernen. Zeit ist die Dynamik von Beziehung.

Dies scheint alles recht weit hergeholt. Erinnern wir uns an die Besonderheit von Timing – entscheidend zum Wesen von Timing gehört, daß Freundschaften, Bedürfnisse, Interessen, Entscheidungen, die im Augenblick nicht möglich sind, zu einer anderen Zeit möglich werden könnten. Der Inhalt mag genau der gleiche sein, das Timing ist es, das den Unterschied ausmacht. Denn mit jedem Augenblick wird das Selbst ein anderes. Es wird zu einem *unterschiedlichen*, einem *anderen* Selbst. Und wenn ich mit der leichten, schmetterlingshaften Kontinuität der Seele und der angesammelten, sich verändernden Gemeinschaft des Körpers lebe und die rigiden Selbstidentitäten des Ich einbüße, dann verringert sich mein Verantwortungsbewußtsein nicht etwa, sondern es verstärkt sich. Wenn ich rhythmisch in meiner Welt mittanze, dann kann ich auf ihre Bedürfnisse *antworten*, reagieren. Ich werde immer geschickter in dem Raum-Zeit-Tanz, den das Selbst mit dem anderen, das Gleiche mit dem Unterschiedlichen, das Hier mit dem Dort vollführt. Dazu befreit, die anderen mit ihren Ansprüchen an meine Zukunft wirklich *empfinden* zu können, muß ich mich nicht mehr in abwehrender Rebellion gegen ihren Einfluß verkrampfen oder mich in selbstverleugnender Nachahmung ihrer Impulse anpassen. Wenn ich mich synchron mit anderen bewege, dann entsteht Gemeinschaft, und Kommunikation gibt nicht nur Information weiter, sondern bewirkt Transformation.

Das Hervorgehen einer Gemeinschaft aus der impliziten Sozialität der Selbste ist eine Frage des Timing. Denken wir an Beispiele von mit anderen geteilten Lebensrhythmen, bei denen sich Empathie und Freiheit verflechten müssen, um Intimität zu schaffen. Die Kunst von Intimität und Kommunikation, wie auch von Politik und Konfrontation, ist eine Frage des Timing. Doch erkennen wir, daß Selbst-Timing und Selbst-Raumschaffen keine voneinander getrennten Prozesse sind: Wenn ich Raum schaffe, dann schaffe ich auch Zeit. Wenn ich sage, »ich brauche Platz«, dann ist das kaum von »ich brauche Zeit« zu unterscheiden: Zeit zu haben (inmitten einer vollgepackten Terminplanung) ist eine Funktion meiner Fähigkeit, Zeit zu schaffen. Und diese Kreativität ist eine Frage des Die-Welt-in-mich-Hineinnehmens und Aus-mir-wieder-Hervorbringens. Diese Tätigkeit ist mein Beitrag zum Welt-Raum. Während ich in meinen nächsten Augenblick des Selbst hineinfließe, *finde ich statt*, ich finde meine Stätte, das heißt, ich nehme Platz ein: ich bin ein Raum-Zeit-Ereignis. Diese »Tropfen der Erfahrung« (James) haben nichts mit Uhren oder Landkarten zu tun, sie sind vielmehr die organischen Raumzeiten, die das Wesen unserer Selbstkomposition ausmachen.

»Eine wilde Geduld hat mich so weit gebracht« – das ist ein sowohl zeitlicher wie räumlicher Weg und meßbar nur in Selbsten. Die organischen Wechselbeziehungen von Timing und Raumschaffen – manchmal erscheinen sie uns falsch getimt und falsch geortet, manchmal zur rechten Zeit am rechten Ort – sind das, was ich bin. Wie weit ich gekommen bin, kann nicht in Jahren und Kilometern gemessen werden. Was zählt, ist nur die nicht meßbare Integrität dessen, was ich werde. So wie die vielen eines werden und dann wieder viele, wie das Öffentliche privat wird und dann wieder öffentlich, wie das Körperliche geistig wird und wieder körperlich, so wird Raum zu Zeit und dann wieder zu Raum. Raum und Zeit sind nichts ohne das beziehungsfähige

Selbst – denn Raum und Zeit an sich gibt es nicht. Sie sind nur Metaphern, mit denen wir die Beziehungen zwischen den Wesenheiten beschreiben. Wir verbinden uns, alle, räumlich und zeitlich.

## Das Netz erahnen / weissagen*

»Sei was du wirst, ohne dich an das zu klammern, was du hättest werden können oder was du vielleicht noch sein könntest«, sagt Irigaray in Umkehrung des Nietzschewortes »Werde der du bist«. Ebensowenig wie wir zur Vergangenheit zurückkehren können, können wir die Zukunft unter Kontrolle bekommen. Nur ein Selbst, das zum Abbild einer undurchdringlichen inneren Härte gehämmert wurde, konnte sich von der Matrix alles Lebendigen lossagen. Wenn wir uns nicht an andere und an unsere eigenen vergangenen und zukünftigen Selbste klammern, können wir uns in Freiheit verknüpfen und wiederverknüpfen: Es gibt so vieles, was wir zu er-innern, zu er-fahren, zu er-kennen, zu er-lösen haben. Da ist ständig die Welt, die hereinkommt: ihre Immanenz. Im Hinausfließen gestalten wir sie: unsere Transzendenz. Er-innern als Tätigkeit der Immanenz, des Hineinnehmens und Wiederverbindens, schlägt in Vor-stellung um, in ihrer Tätigkeit als Transzendenz, als Vor-stellen des Möglichen. Wir steigen aus der Matrix auf, wir gestalten ihre Elemente um, wir werden in die Matrix zurückgewoben. Dies ist die religiöse Handlung des Wiederverbindens. Das Wort selbst sagt es: Matrix ist immer *mater*, Mutter. Da gibt es keine unbelebte Materie, so etwas existiert nicht. Alle Wesenheiten sind an die Matrix der Verknüpftheit gebunden, und zwar mit dem von der Dichterin Judy Grahn so

---

* In Englisch: *Divining the Web. To divine* bedeutet soviel wie »erahnen, voraussagen, prophezeien«; *divine* als Adjektiv heißt »göttlich«. Keller setzt stark auf die Assoziationen, die durch die Doppelbedeutung geweckt werden (auch zu *divinity*, »Gottheit, Göttlichkeit«). Im Deutschen ist eine Beziehung zwischen beiden Begriffen so nicht herstellbar. Das von mir gewählte *erahnen* ist im Sinne einer Tätigkeit zu verstehen (wofür die Vorsilbe *er-* spricht, wie bei erarbeiten, ergreifen, erkunden etc.) und nicht als bloße (passiv aufgenommene) Eingebung. Anm. d. Ü.

bezeichneten »wahren Band / der Nabelschnur / die sich in Sinn/ Transformation hinein entfaltet, / Netz von Denken und Lieben und Beziehung.«[42] In einer muttermörderischen Zivilisation, wie sie uns durch unsere schriftlich niedergelegte Geschichte hindurch vertraut ist, wird die Nabelschnur verleugnet, mißachtet, verletzt, gefürchtet und fast – katastrophal – zerschnitten. Doch sogar Selbste, die ihre heroische Freiheit *von* der Matrix – statt einer Freiheit *innerhalb* der Matrix – erklären, können sie nicht umbringen. Die Spinnenmutter spinnt weiter. Tehom wogt immer noch in und unter uns.

Wir können fragen, was solch unterschiedliche Metaphern wie die ozeanische Mutter Tehom/Tiamat und die luftige Spinne gemeinsam haben? Die eine geht in die Tiefe, die andere greift in die Weite. Die eine ist schwer, die andere leicht. Die eine nimmt auf, die andere erschafft. Die eine ver-körpert die Strömungen der Gezeiten, straft Undurchlässigkeit und Trennung Lügen, die andere verwandelt die Substanz ihres Körpers in filigranartige komplexe Muster von Differenzierung. In keiner von beiden findet sich irgendwelche Härte oder Starrheit. Beide finden ihren Ausdruck im Fließen der Verknüpftheit. In ihren unterschiedlichen Dimensionen und Bereichen sind beide ein Schrecken für die selbstvergessene Fixiertheit jener Egos, die sich als Gegensatz zum anderen setzen. Das Seeungeheuer *ist* die gefürchtete, unterdrückte Seite des Flüssigen, des Einfließenden; die Spinne läßt, um spinnen zu können, klebrige Flüssigkeit aus ihrem Körper herausfließen.

Dies sind Metaphern, und sie beanspruchen für sich eine Vielfalt von Bildern: Keine Einzelmetapher kann das Privileg der Wahrheit haben, ohne daß sie ihr beziehungsorientiertes Wesen einbüßen würde. Viele haben jene Metapher »Gott« für tot erklärt. Nelle Morton meint, wie weiter vorn erwähnt, daß mit der Gleichsetzung von »Gott« und männlicher Herrschaft dem Bild alles Leben entzogen wurde. Ich möchte lediglich hinzufügen, daß seine rivalisierende Exklusivität, die zu dem einzigen Einen führte, die Vorstellungskraft erstickt und damit das Bild an seiner Quelle tötet. Den Phantasielosen erscheinen Tiefe und Spinne scheußlich, gottlos.

Nelle Morton hat diese Quelle wieder neu angezapft und berichtet von einem Erlebnis, das sie in hohem Alter hatte, das Erlebnis einer Metapher, die sich ihr als Vision offenbarte:

»Gleich an der rechten Seite des Fensters erschien eine riesige Spinne, mit grauem Körper und orangefarbenen Beinen. Ein Bein hoch über das andere setzend kam sie in der Dunkelheit auf mich zu. Irgendwie hatte ich gar keine Angst. Als die Spinne mich erreicht hatte, streckte sie ihre beiden Vorderbeine aus, auf denen etwas Gewobenes hing. Sie sagte nur: ›Deine Mutter hat dies für dich gesponnen.‹ Als ich das Gewebe nahm, löste sich die Spinne in mich hinein auf, nach ihr die Göttin und dann meine Mutter. Ich öffnete die Augen.«[43]

Diese arachnische Epiphanie öffnet auf vielfältige Weise die Augen und bietet eine alternative Sicht, ein komplexes Erkennen der heiligen und der persönlichen Kräfte, die in uns am Werk sind. Die Spinne bietet ein Geschenk an: den Stoff der Mutter, die Transformation von Materie in Kunst, die »alte Kunst«. Nelle Morton erlebt buchstäblich eine Gnadeneinflößung, fast im alt-katholischen Verständnis – die Weisheit, die Energie und die Bilder jener Offenbarung fließen in sie hinein, werden sie. Interessanterweise ist diese Spinnenvision dreifaltig, eine gynomorphe Gemeinschaft von Göttin, Mutter und Spinne, drei Einzelpersonen, die unterschiedliche Facetten einer Realität darstellen. Die Realität des Frauen-Selbst? Ganz sicher symbolisiert die dreifache Göttin das Selbst aller Frauen, und sie könnte sich sogar für Männer als unentbehrliches Verbindungsglied zu ihrer tieferen Persönlichkeit eignen.[44] Doch wenn die Göttin das Selbst symbolisiert, so gilt zugleich, daß das Selbst die Göttin inkarniert.

Das Göttliche wird immer Fleisch – was wünscht sich Eros mehr? Natürlich wurde mit den Geschichten, denen zufolge Gott Mensch (Mann) wurde, die Offenbarung von Ihr, die Frau wurde, ins Dunkel verwiesen. Doch jetzt, in unserem Werden, klärt sich die Sicht allmählich.

Wenn wir eine Vielzahl von Selbst-Ereignissen »in fließender Bewegung« haben, dann entsteht natürlich auch in der Vision ein Pluralismus. So spricht Morgan für das archetypische Spinnen-Selbst: »Laßt mich im Zentrum meiner Selbst sitzen / und mit all

meinen Augen sehen.«[45] Das radikale Er-innern der postpatriarchalen Religion läßt keinerlei eingleisige Sicht zu. Wiederverbin-
den verlangt eine polyskopische Erkenntnis. Wir können das göttliche Element im Universum genausowenig in Form eines einzel-
nen Namens, eines einzelnen Geschlechts, einer einzigen
Sprachregelung, eines einzigen Glaubensbekenntnisses oder
Kults festschreiben, wie wir die fließenden Transformationen des
Universums erstarren lassen können. Eine postpatriarchale
Perspektive, die ein Selbst formuliert, das viele in einem ist, wird
dann alle Dinge in durch-sichtiger, diversifizierender Weise als
Tanz der vielen in einem erfassen können.[46] Doch die Summe aller
Dinge ergibt noch keine Gottheit. Jeder einfache Pantheismus, der
das Universum vergöttlicht, würde grundlegende Möglichkeiten
für Beziehung im Keim ersticken. Denn in der Gemeinschaft, in
der Matrix von privater und öffentlicher Verknüpftheit, erleben
wir eine Heiligkeit von Selbst und anderem, die nicht auf irgendein einziges Selbst oder irgendein einziges anderes reduziert
werden kann. Sie hat ihr eigenes – ihre eigenen – Leben. Doch ist
uns diese Heiligkeit – diese schwer faßbare Heiligkeit – nicht
direkt zugänglich. Sie ruft uns aus der Tiefe unserer selbst, von
dort, wo wir niemals ganz bewußt sind. Jede Wesenheit im Universum kann ihre Metapher sein. Eine solche Ganzheit stimmt uns
in eine tiefe Frequenz von Beziehung an sich ein, doch in all
unseren Beziehungen beziehen wir uns auch auf die Frequenz. Sie
ist nicht einfach nur das Prinzip von Bezogenheit, denn diese wird
ja ständig Fleisch, ist immer spezifisch, einzigartig. Wenn wir uns
zu den uns bewegenden Metaphern in Beziehung setzen, sind wir
in diese Frequenz eingestimmt. Aus Träumen und Phantasien, aus
Mythen und Gedichten, aus verstreuten Intuitionen und klaren
Wahrnehmungen, aus all den Geschichten, die wir uns erzählen,
steigen die Bilder auf, in ihnen schwingt die tiefe Frequenz. Der
göttliche Eros, lockende Liebe, durchzieht ständig die Welt: Seine
Inkarnationen und Offenbarungen sind nie ein für allemal in die
Welt gesetzt. Und so, wie sich Spinne, Göttin und Mutter wieder in
die eine, die sie erblickt, auflösen, so lösen sich die Bilder wieder
in uns selbst auf. Sie sind da, um ver-körpert und be-seelt zu
werden, und nicht, um niedergeschrieben und idolisiert zu werden.

Für den Augenblick wollen wir jede theologische Schlußfolgerung, jede Festlegung der Weisheit, die das Netz webt, beiseite lassen. Laßt uns den ontologischen Status einer Gottheit weder auf- noch niederbinden: Die arachnische Religion verlangt von uns lediglich, daß wir ständig weiter *zusammen*binden. Das immanente Begehren ruft unsere Transzendenz hervor und zweifellos transzendiert es dann wieder uns. Metaphern des Selbst gehen aus dem Selbst aller Metaphern hervor, verursachen das Selbst aller Metaphern. Dies alles geschieht in jedem Augenblick. Wir wollen jetzt jedoch nicht an irgendeine substantialisierte Göttlichkeit denken, sondern an unseren eigenen Prozeß des *divining*\*, des Er-ahnens/Weissagens. Das griechische Wort für »divining« ist *mantiké*, die Erfahrung im Orakel, dem einst die schlangenhafte Pythia vorsaß. Dieses Wort, *mantic*, hat die gleiche Wurzel *mens* (Geist) wie *mania* (Manie), der heilige Wahnsinn (mit dem der profane Wahnsinn der Trennung überwunden wird); *mens* ist auch die Wurzel von *minna*, althochdeutsch für Liebe (der singende Eros) und von »Memoria« (Erinnerung) als Mutter der Musen, Mnemosyne (deren Inspiration alles zusammenhält). Und natürlich kommt aus dieser Wurzel auch das radikale *monstrum* selbst, die ermahnende, remonstrierende demonstrierende Monster-Mutter, die uns in ihrem Leib getragen und seit langem ausgespien hat.

Welche Muster werden in den Spannungen, Widersprüchen und Gegensätzen der vielen, die in mir eines werden, sichtbar? Was *erahne* ich aus Schuß und Kette dieses Gewebes, dem Schuß öffentlicher Beziehungen, der Kette privater Selbstbetrachtungen? Indem ich meine eigenen Wünsche erahne, stelle ich die Verbindung zu den deinen her; indem wir gegenseitig unsere Wünsche erahnen, spüren wir unsere eigenen; und häufig kann nur dein Erahnen meiner Wahrheit diese auch für mich enthüllen. Indem ich meine Gefühle empfinde, und innerhalb dieser Gefühle auch die Gefühle von allem (Lebewesen und Dinge), womit ich in Beziehung stehe, kann ich mich in die tiefere Frequenz einstimmen.

Ein derartiges Erahnen ist, wir spüren es, unendlich schwierig.

\* Vgl. Fußnote zur Überschrift dieses Abschnittes. Anm. d. Ü.

Mit einem Teil unserer Seele sehnen wir uns immer noch nach einem väterlichen Gott oder einer Gottesgestalt, die alle Antworten für uns parat hält. Und da nichts so bleibt wie es ist, können die Metaphern und Methoden unserer besten Erkenntnis nie ein zweites Mal genauso funktionieren. Doch wenn wir – auch nur für wenige Sekunden – aufhören zu erahnen, dann scheinen wir uns selbst zu vergessen und in Auflösung oder Trennung zu driften, Verbindung zu verlieren. Die immer wiederkehrenden Muster, die rhythmischen Kontinuitäten, die die Selbste ausmachen, lassen Voraussagen nur in minimalen Annäherungswerten zu. Für diesen schwierigen Prozeß des Erahnens braucht es daher Genie/Geist: den Geist der Spinne.

Dieser Geist wohnt nicht in einem aufgeblähten Intelligenzquotienten, sondern vielmehr in einer achtsamen Bewußtheit, die sich von all unseren unzähligen Sinnen nährt. *Religio* stammt zwar etymologisch vom lateinischen »wieder zurückbinden«, doch ist seine erste lexikalische Bedeutung »aufmerksame Beobachtung«. Erahnen ist auf jeden Fall eine religiöse Handlung, und ihr »Geist« ist unser Selbst in dem Ausmaß, in dem es uns gelingt, unsere Beziehungsfähigkeit zu verwirklichen. Das Wort »Genius«, Übersetzung des griechischen *daimon*, ein Schutzgeist oder innewohnender Geist, lebt in jeder. Deshalb ruft Daly uns Frauen auf, unseren »gezeitenhaften Genius/Geist« wieder einzufordern, den ozeanischen Daimon (für das Patriarchat der Dämon), der alle festgelegten Ufer überschreitet. Ozeanische Tiefe und arachnische Weite: Wenn wir sind, was wir werden, wenn wir uns geräumig durchdringen und zeit-gerecht verflechten, uns gegenseitig nähren und über uns selbst hinausgehen, dann werden wir neue Zeichen und Verheißungen erahnen. Das neue *monstrum* demonstriert, was in uns selbst und zwischen unseren Selbsten möglich ist.

# Anmerkungen

## 1. Kapitel: Das Abgegrenzte und das Fließende

1. Simone de Beauvoir, *Das andere Geschlecht*, Reinbek 1968, S. 11
2. Dt. nicht auffindbar, nach engl. Text übersetzt
3. Wenn der Begriff inzwischen auch problematisch geworden ist, so war Androgynie doch für viele Feministinnen ein wertvolles Ideal, da er über die Beschränkungen der Geschlechtsstereotypen hinaus auf die Entwicklung der ganzen Bandbreite menschlicher Fähigkeiten bei beiden Geschlechtern verwies. Doch setzt gerade diese Metapher die Wiederholung von stereotypen Geschlechtsunterscheidungen voraus.
4. John R. Wikse, *About Possession: The Self as Private Property*, University Park 1977, S. 10
5. Virginia Woolf, *Die Wellen*, Frankfurt 1979, S. 134
6. Sören Kierkegaard, *Über den Begriff der Ironie*, Ges. Werke, Köln/Wien 1961, Bd. 31, S. 246
7. Sören Kierkegaard, *Die Krankheit zum Tode*, Düsseldorf 1957, S. 68
8. Ebd., S. 49
9. Valerie Saiving, »The Human Situation: A Feminine View«, in *Womanspirit Rising: A Feminist Reader in Religion*, Hg. Carol Christ und Judith Plaskow, San Francisco, 1979, S. 37. Siehe auch Sue Dunfee, »The Sin of Hiding: A Feminist Critique of Reinhold Niebuhr's Account of the Sin of Pride«, *Soundings*, 1982, S. 316–27
10. Kierkegaard, a. a. O., S. 12
11. Maggie Scarf, *Unfinished Business*, New York 1980, S. 417
12. Beauvoir, a. a. O., S. 21
13. Ebd.
14. Ebd., S. 71
15. Ebd., S. 12
16. Ebd., S. 11
17. Ebd.
18. Sigmund Freud, *Das Unbehagen in der Kultur*, Ges. Werke, Frankfurt 1968, Bd. 14, S. 473
19. George Steiner, *In Bluebeard's Castle: Some Notes towards the Redefinition of Culture*, New Haven 1971, S. 52

20. Jean Baker Miller, *Die Stärke weiblicher Schwäche*, Frankfurt 1977, S. 139

21. Beauvoir, a. a. O., S. 82

22. Ebd., S. 80

23. Ebd.

24. Jacques Lacan, *Die Bedeutung des Phallus*, Schriften II, Olten 1975, S. 128

25. Beauvoir, a. a. O., S. 72

26. Sally Slocum, »Woman the Gatherer: Male Bias in Anthropology«, in *Toward an Anthropology of Women*, Hg. Rayna Reiter, New York 1975, S. 36–50

27. Marija Gimbutas, *The Goddesses and Gods of Old Europe, 6500–3500 B.C.: Myths and Cult Images*, Berkeley and Los Angeles 1982, S. i

28. Ebd., S. 38

29. Ebd., S. 9

30. Vgl. Joseph Campbell, *The Masks of God: Occidental Mythology*, New York 1965, S. 80 und Kap. 2 seines Buches

31. George Herbert Mead, *Geist, Identität und Gesellschaft*, Frankfurt 1968, S. 186

32. Jean-Paul Sartre, *Die Transzendenz des Ego*, Reinbek 1964, S. 11

33. Ebd.

34. Homer, *Odyssee*, Hamburg o. J., 22. Gesang, S. 748–49

35. Alexandre Kojève, *Introduction to the Reading of Hegel*, Übers. J. H. Nichols, Jr., New York 1969

36. *Luther: Lectures on Romans*, Hg. Wilhelm Panck, Library of Christian Classics, Philadelphia 1961, S. 218 ff. Keine deutsche Fundstelle

37. Ebd., keine deutsche Fundstelle

38. Sören Kierkegaard, *Abschließende unwissenschaftliche Nachschrift zu den philosophischen Brocken*, Gütersloh 1982, Bd. I, S. 264

39. Ebd., S. 262

40. Ebd., S. 263

41. Luther, a. a. O., keine deutsche Fundstelle

42. Kierkegaard, a. a. O., S. 125

43. Nach jüdischer wie christlicher Auffassung bedeutet Heiligkeit »das, was beiseite gesetzt ist«, »getrennt«, zu dem das Selbst nur in völliger Abhängigkeit zu einer Beziehung zu einem absolut Anderem Gott findet. Vgl. Deborah Setel, »Feminist Reflection on Separation and Unity in Jewish Theology«, im *Journal of Feminist Studies in Religion*, 1986. Dazu meine Antwort, »The Cave on the Seashore«.

44. Thomas von Aquin, *Summa Theologica I*, Frage 20, Art. 1, Antw. 1

45. Ebd., Frage 21, Art. 3, Antw. 1

46. Ebd., Frage 20, Art. 2, Antw. 1

47. Anselm von Canterbury, *Monologion, Proslogion. Die Vernunft und das Dasein Gottes*, Köln o. J., S. 212

48. John B. Cobb jr./David Griffin, *Prozeß-Theologie*, Göttingen 1970, S. 43
49. Mary Daly, *Gyn/Ökologie*, München 1980, S. 61
50. Reinhold Niebuhr, *The Nature and Destiny of Man*, New York 1964, S. 171
51. Judith Plaskow, *Sex, Sin and Grace: Women's Experience and the Theologies of Reinhold Niebuhr and Paul Tillich*, Washington, D.C. 1980, S. 151
52. Ebd., S. 150
53. Niebuhr, a. a. O., S. 282
54. Ebd., S. 17
55. Ebd., S. 244
56. Ebd., S. 282
57. Ebd.
58. Ebd., S. 13
59. John B. Cobb, *Die christliche Existenz*, München 1970, S. 145
60. Niebuhr, a. a. O., S. 55
61. Ebd., S. 55
62. Ebd., S. 59
63. Ebd., S. 126
64. Sue Dunfee (»Sin of Hiding«) meint, daß seine unterentwickelte »Sünde der Sinnlichkeit« zu der von ihr so bezeichneten »Sünde des Versteckens« erweitert werden könnte, damit sein Denken auf Frauen anwendbar wird. Sie ist sich des problematischen Geist-Körper-Dualismus in diesem Begriff voll bewußt, auch wenn Niebuhr Körperlichkeit als solche kaum abwerten wollte.
65. Harvey Cox, »In the Pulpit and on the Barricades«, in der Rezension *Reinhold Niebuhr: A Biography* von Richard W. Fox, *New York Times Book Review*, Jan. 5, 1986, S. 24
66. Virginia Woolf, *Ein Zimmer für sich allein*, Frankfurt 1981, S. 43
67. Marguerite Duras, »From an Interview«, in *New French Feminisms*, Hg. E. Marks und I. de Courtivron, New York 1981, S. 175
68. Norman Brown, *Love's Body*, München 1977, S. 144
69. Daly, a. a. O., S. 414

## 2. Kapitel: Von Männern und Ungeheuern

1. Aristoteles, *Über die Zeugung der Geschöpfe*, Paderborn 1969, Buch I[21], II[4]. IV[6], S. 11–26
2. Aischylos, *Eumeniden*, Rowohlt 1966, S. 103 u. 735
3. Robert Graves, *The Greek Myths*, Middlesex Penguin, 1955, Bd. 2, S. 71; nach dem Engl. übers., da diese Stelle in der dt. Ausg. nicht aufgefunden.

4. Jane Harrison, *Themis: A Study of the Social Origins of Greek Religion*, Gloucester 1912, S. 500

5. Aristoteles, a. a. O., Buch IV[6], 75 a, S. 205

6. Aristoteles, *Kategorien und Hermeneutik*, Paderborn 1951, 2 a, S. 22

7. Aristoteles, *Zeugung*, Buch II[4], 38 b, S. 93

8. Vgl. Kapitel 1 die Vermischung der ein-fließenden Selbste

9. *American Heritage Dictionary* (aus dem alle zukünftigen Hinweise entnommen sind, soweit nicht anders angegeben), Boston 1981

10. Hesiod, *Theogonie*, Werke, Wiesbaden 1948, S. 20

11. Ovid, *Metamorphosen*, München 1952, 4. Buch, S. 163

12. James Hillman, *The Dream and the Underworld*, New York 1979, S. 23

13. James Hillman, *Re-Visioning Psychology*, New York 1975, S. 71

14. Ovid, a. a. O., S. 163

15. Merlin Stone, *When God Was a Woman*, New York 1976, S. 199

16. Joseph Campbell, *The Masks of God: Occidental Mythology*, New York 1965, Kap. I

17. Vgl. Gimbutas, *Goddesses and Gods of Old Europe*

18. Campbell, *Masks of God*, S. 24

19. Ebd., S. 21

20. Stone, *When God Was a Woman*, S. 202

21. Ebd.

22. Jane Harrison, zit. in Graves, *Greek Myths*, Bd. 1, S. 46

23. Gilbert Murray, *Five Stages of Greek Religion*, New York 1955, S. 17 f.

24. Ebd., S. 36

25. Hesiod, *Theogonie*, S. 59–60

26. Vgl. Catherine Keller, »Swallowed, Walled and Wordless Women«, *Soundings*, 1982

27. In Wiedergeburtsmythen und -lehren wird fast immer die Geburt durch die natürliche Mutter durch eine Wiedergeburt durch einen spirituellen Vater abgewertet und damit das Prinzip der Väterlichkeit glorifiziert. Daher neigen Feministinnen dazu, das Thema Wiedergeburt ganz zu meiden. Doch haben Initiation und Wiedergeburt *ihrem Wesen nach* zunächst nichts Patriarchales an sich, sie können als Metamorphose in und durch die Kraft der Göttin verstanden werden und wurden auch so verstanden.

28. Jean Shinoda Bolen, *Goddesses in Everywoman*, San Francisco 1984, S. 82

29. Adrienne Rich, *Von Frauen geboren*, München 1979, S. 114

30. Vgl. Dalys Definition der »elementaren Leidenschaft« der Wut, die eine Ursache hat, im Gegensatz zu den »Plastikleidenschaften« wie Feindseligkeit, Bitterkeit und Ressentiment. *Reine Lust*, München 1985, S. 246–272

31. Robert von Ranke-Graves, *Griechische Mythologie*, Reinbek 1984, Kap. 33.3

32. Erich Neumann, *Die Große Mutter*, Zürich 1956, S. 163

33. Jocelyn M. Woodward, *Perseus: A Study in Greek Art and Legend*, Cambridge 1937, S. 39

34. Da die Schrecken der »Schrecklichen Mutter« vor allem aus der bewußten Unterdrückung und der unbewußten Verdrängung des Archetyps der Muttergöttin herrühren, muß der schreckliche Aspekt ein sekundärer sein. Doch *Archetyp* bedeutet wörtlich erster oder Ur-Eindruck, also ist die Schreckliche Mutter ein Widerspruch in sich. Das Ergebnis von Verdrängung/Unterdrückung kann nur sekundär und abgeleitet sein.

35. Emily Culpepper, »Ancient Gorgons: A Face for Contemporary Women's Rage«, *Woman of Power*, 1986:23

36. May Sarton, »The Muse as Medusa«, *Collected Poems: 1930–1973*, New York 1974, S. 332

37. Ranke-Graves, a.a.O., Kap. 73.4

38. Campbell, *Masks of God*, S. 152

39. Ebd.

40. C. G. Jung, Werke, Frankfurt 1968, Bd. 9, S. 110

41. Campbell, *Masks of God*, S. 153

42. Erich Neumann, *Ursprungsgeschichte des Bewußtseins*, Frankfurt 1986, S. 175

43. Ebd.

44. Ebd., keine deutsche Fundstelle

45. Ebd., S. 178

46. Ebd., S. 178

47. Philip Slater, *The Glory of Hera: Greek Mythology and the Greek Family*, Boston 1968, S. 326

48. *The Choephori 831*, zit. ebd., S. 328

49. Ebd., S. 330

50. Ebd., S. 330ff.

51. Ebd., S. 318

52. Neumann, *Ursprungsgeschichte*, S. 176

53. Ebd.

54. Hillman, *Re-Visioning Psychology*, S. 89

55. Hillman, *Dream and the Underworld*, Kap. 3

56. Vgl. mit Winnicotts Feststellung, daß das »falsche Selbst« keinerlei wirkliche *Erfahrung* machen kann. Siehe Kap. 3

57. Hillman, *Re-Visioning Psychology*, S. x

58. Hillman, *Dream and the Underworld*, S. 82

59. Hillman, *Re-Visioning Psychology*, S. 222

60. Hillman, *The Myth of Analysis*, Evanston 1972, S. 298

61. Edward S. Casey, *Remembering: A Phenomenological Study*, Bloomington 1987

62. Campbell, *Masks of God*, S. 125

63. Hillman, *Re-Visioning Psychology*, S. 61

64. Judy Grahn, »The Land that I Grew Up on Is a Rock«, in *The Queen of Wands*, Trumansburg, N. Y. 1982, S. 3

65. Ovid, *Metamorphosen*, a. a. O., 4. Buch, S. 157

66. Ebd., S. 159

67. Ebd.

68. Neumann, *Ursprungsgeschichte*, S. 162

69. Ranke-Graves, a. a. O., Kap. 137.2

70. Beauvoir, *Geschlecht*, keine deutsche Fundstelle

71. Ebd., keine deutsche Fundstelle

72. Vgl. Kim Chernin, *The Hungry Self: Women, Eating, and Identity*, New York 1985

73. *The Enuma Elish*, in Barbara Sproul, *Primal Myths: Creating the World*, San Francisco 1979, S. 92

74. Ebd.

75. Ebd., S. 94

76. Daly, *Gyn/Ökologie*, S. 26

77. *Enuma Elish*, S. 93

78. Joseph Campbell, *Der Heros in tausend Gestalten*, Frankfurt 1953, S. 320

79. Alfred North Whitehead, *Prozeß und Realität*, Frankfurt 1978, S. 608

80. *Enuma Elish*, S. 93

81. Neumann, *Ursprungsgeschichte*, S. 18 ff.

82. Whitehead, a. a. O., S. 618

83. *Enuma Elish*, hier nach C. G. Jung, a. a. O., Bd. 5, S. 324

84. *Enuma Elish*, S. 96

85. Ebd.

86. Es ist das Verdienst von Mary Daly (*Reine Lust*, S. 33), daß sie das schottische Wort *snool* (in der deutschen Übersetzung *Knilch,* Anm. d. Ü.) für den feministischen Gebrauch ausgegraben hat: »Das Substantiv *snool* bedeutet (schottisch) ›ein fader, gemeiner, verächtlicher Mensch, von schäbiger, kleinlicher Gesinnung‹« (Oxford English Dictionary) und das Verbum *snool* steht für »zum Gehorsam zwingen: einschüchtern, schikanieren« und andererseits für »kriechen, sich ducken«.

87. *Enuma Elish*, hier nach C. G. Jung, a. a. O., Bd. 5, S. 324

88. Paul Ricoeur, *Symbolik des Bösen*, Freiburg 1971, Bd. II, S. 206

89. Ebd., S. 201

90. Ebd., S. 209

91. Ebd., S. 225

92. Daly, *Gyn/Ökologie*, S. 373

93. Ricoeur, *Symbolik*, S. 218

94. Vgl. Linda J. Tessier, »Boundary Crossing in the Three-storied Universe«, unpubliziert, Claremont Graduate School 1982

95. Mircea Eliade, *Das Heilige und das Profane*, Frankfurt 1984, S. 70

96. Daly, *Gyn/Ökologie*, S. 102

97. Aristoteles, *Über die Zeugung der Geschöpfe*, Buch I[21], S. 63

98. Hillman, *Myth of Analysis*, S. 267

99. E.A. Speiser, *The Anchor Bible: Genesis*, Garden City, N.Y. 1964, Bd. I, S. 70

100. Heidel, *The Babylonian Genesis*, S. 129, zit. in Bd. I, ebd. S. 9ff.

101. Michael Fishbane, »Israel and the ›Mothers‹«, in *The Other Side of God: A Polarity in World Religions*, Hg. Peter L. Berger, Garden City, N.Y. 1981, S. 32

102. Ebd., S. 33

103. John A. Phillips, *Eva*, Stuttgart 1987, S. 14

104. Ebd.

105. Bruce Vawter, *On Genesis*, New York 1977, S. 86f.

106. Vgl. Phyllis Trible, »Depatriarchalizing in Biblical Interpretation«, in *The Jewish Woman: New Perspectives*, New York 1972; Merlin Stone in *When God Was a Woman*

107. Vgl. Catherine Keller, »Women, Warriors, and the Nuclear Complex«, Manuskript noch in Arbeit

108. Vgl. Dalys »Hagographie« der Großen Häxen in *Gyn/Ökologie*, S. 35

109. Alice Walker, »While love is unfashionable«, *Revolutionary Petunias and Other Poems*, New York and London 1973, S. 68

110. Daly, *Reine Lust*, S. 220

111. Casey, *Remembering*, S. 279

112. Nelle Morton, *The Journey Is Home*, Boston 1985

3. Kapitel: Ozeanische Gefühle und die auferstehende Tochter

1. Sigmund Freud, *Zur Einführung des Narzißmus*, Ges. Werke, Frankfurt 1968, Bd. 14

2. Juliet Mitchell, *Psychoanalyse und Feminismus*, Frankfurt 1976, S. 11

3. Mitchell leugnet keineswegs Freuds eindeutige Zustimmung zur herrschenden Gleichsetzung aller Kultur mit dem Patriarchat. Diese Freudsche Verstärkung der androzentrischen Kultur beunruhigt sie weniger als der allgemeine feministische Anti-Freudianismus. Doch ist ihre Grundthese durchaus bedenkenswert: Freuds Theorie des Ödipuskomplexes, die Geschlechterasymmetrie, die er bestätigte, und die Verkleinerung der Mutter, geben wichtige Aufschlüsse darüber, wie sich, unter aller bewußter Absicht, eine misogynistische Gesellschaft mit überwältigender Konsequenz in ihren Männern und Frauen repro-

341

duziert. Nancy Chodorows wesentlich kritischere Freud-Darstellung in *Das Erbe der Mütter* zeigt, wie wichtig der Ödipuskomplex für jede feministische Kulturanalyse ist. Bleibt Freuds Analyse einer patriarchalen Gesellschaft auch in sich patriarchal, was niemand bestreiten kann, so ist doch seine Darstellung der ungelösten ödipalen Neurose, die bis heute die Geschichte beherrscht, für diese Zivilisation kaum schmeichelhaft.

4. Estella Lauter und Carol Schreir Rupprecht, Hg., *Feminist Archetypal Theory: Interdisciplinary Re-Visions of Jungian Thought*, Knoxville 1985. Vgl. auch Keller, »Wholeness and the King's Men«, *Anima*, 1985, S. 83–95

5. Freud, *Das Unbehagen in der Kultur*, Werke, Bd. 14, S. 425

6. Ebd., S. 423

7. Im Gesamtverzeichnis der Werke Freuds findet sich kein entsprechender Titel

8. Freud, *Unbehagen*, S. 423

9. Reuben Fine, *A History of Psychoanalysis*, New York 1979, S. 15

10. Freud, *Unbehagen*, S. 423

11. Ebd., S. 425

12. Hillman, *Dream and the Underworld*, S. 112

13. Ebd., S. 180

14. Freud, *Unbehagen*, S. 425

15. Ebd.

16. Sigmund Freud, *Totem und Tabu*, Werke, Bd. 9

17. Ebd., S. 189/190

18. Sigmund Freud, *Massenpsychologie und Ich-Analyse*, Werke, Bd. 13

19. Sigmund Freud, *Das Ich und das Über-Ich*, Werke, Bd. 13, S. 267

20. Mitchell, *Psychoanalyse*, S. 96

21. Vgl. George Hogenson, *Jung's Struggle with Freud*, Notre Dame 1983

22. Mitchell, *Psychoanalyse*, S. 361

23. Beauvoir, *Geschlecht*, S. 57

24. Mitchell, *Psychoanalyse*, S. 468

25. Vgl. Lacan, »The Freudian Thing, or the Meaning of the Return to Freud in Psychoanalysis«, *Écrits*, S. 114–146

26. Freud, *Massenpsychologie*, S. 153

27. Carl Gustav Jung, *Symbole der Wandlung*, Ges. Werke, Olten 1973, Bd. 5

28. Ebd., S. 301

29. Ebd., S. 302

30. C. G. Jung, *Die psychologischen Aspekte des Mutterarchetyps*, Werke, Bd. 9, S. 96

31. Jung, *Symbole*, S. 324

32. Ebd., S. 326

33. Ebd., S. 445

34. Ebd., S. 445

35. C. G. Jung, »Über die Energetik der Seele«, in *Die Dynamik des Unbewußten*, Werke, Bd. 8, S. 50

36. C. G. Jung, *Zwei Schriften über analytische Psychologie*, Werke, Bd. 7, S. 230

37. Wie es beispielsweise Jung in »Die Frau in Europa« sagt: »Aber niemand kommt um die Tatsache herum, daß die Frauen einen Beruf ergreifen, in männlicher Weise studieren und damit etwas tun, was ihrer weiblichen Natur zum mindesten nicht ganz liegt, wenn nicht geradezu schädlich ist.« Werke, Bd. 10, S. 140

38. Jung, *psychologische Aspekte*, S. 110

39. Hillman, *Dream and the Underworld*, S. 76

40. Jung, *Über die Archetypen des kollektiven Unbewußten*, Werke, Bd. 9, S 31

41. Jung, *The Spirit Mercury*, New York 1953, S. 150; engl. Quelle, keine deutsche Fundstelle

42. Jung, *psychologische Aspekte*, S. 106

43. Dorothy Dinnerstein, *Das Arrangement der Geschlechter*, Stuttgart 1979

44. Ebd., S. 148

45. Ebd., S. 124

46. Ebd., S. 122

47. Ebd., S. 124

48. Carol Gilligan, *Die andere Stimme*, München 1984

49. Ebd., S. 22

50. Ebd., S. 14, nach engl. Original verändert

51. Ebd., S. 17

52. Ebd., S. 212

53. Nancy Chodorow, *Das Erbe der Mütter*, München 1985

54. Ebd., S. 16

55. Ebd., keine Fundstelle, nach dem Englischen übersetzt

56. Sigmund Freud, *Über die weibliche Sexualität*, Werke Bd. 14, S. 518

57. Ebd., S. 522

58. Thomas von Aquin, *Summa Theologica*, Frage 92

59. Mitchell, *Psychoanalyse*, S. 126

60. Sigmund Freud, *Einige psychologische Folgen des anatomischen Geschlechtsunterschieds*, Werke, Bd. 14, S. 25

61. Freud, *weibliche Sexualität*, S. 522

62. Freud, *psychologische Folgen*, S. 29

63. Freud, *weibliche Sexualität*, S. 519

64. Chodorow, *Erbe*, S. 217

65. Ebd.

66. Ebd.

67. Freud, *weibliche Sexualität*

68. Chodorow, *Erbe*, S. 220

69. Ebd., S. 256

70. Ebd., keine Fundstelle

71. Adrienne Rich sagt in ihrem Buch *Von Frauen geboren*, daß es wohl in der ganzen menschlichen Natur nichts vibrationsgeladeneres gibt, als den Energiefluß zwischen zwei biologisch gleichen Körpern, von denen der eine in amniotischer Glückseligkeit im anderen lag, während der andere ihn unter Wehen geboren hat. Und in *On Lies, Secrets and Silence* meint sie, daß ihr, als lesbischer Feministin, ihre Nerven und ihr Fleisch ebenso wie ihr Intellekt sagen, daß die Beziehungen unter Frauen die gefürchtetsten, die problematischsten und die potentiell transformierendsten auf dem ganzen Planeten sind.

72. Chodorow, *Erbe*, S. 133

73. Ebd., S. 134

74. George Eliot, *Middlemarch*, New York 1964, S. 482

75. Chodorow, *Erbe*, S. 280

76. Barbara G. Walker, *The Women's Encyclopedia of Myths and Secrets*, San Francisco 1983, S. 218

77. Heinz Kohut, *The Analysis of the Self*, New York 1971, S. 220

78. W. R. D. Fairbairn, »An Object Relations Theory of the Personality«, in *International Journal of Psychoanalysis*, 44, 1963, S. 224–25

79. Alice Miller, *Das Drama des begabten Kindes*, Frankfurt 1979, S. 25

80. Ebd.

81. Ebd., keine Fundstelle

82. D. W. Winnicott, *Vom Spiel zur Kreativität*, Stuttgart 1973, S. 119

83. Ebd., S. 20

84. Ebd., S. 125

85. Miller, *Drama*, S. 63

86. Ebd.

87. Rita Nakashima Brock, »Transcendence, Love, and Agency: A Feminist Critique of Power«, Vortrag bei der American Academy of Religion, 1985

88. Miller, *Drama*, im deutschen Text nicht enthaltener Zusatz der amerikanischen Ausgabe

89. Vgl. Alice Miller, *For Your Own Good: Hidden Cruelty in Childrearing and the Roots of Violence*, New York 1984

90. Adrienne Rich, »For Memory«, in *A Wild Patience Has Taken Me This Far: Poems 1978–1981*, New York 1981, S. 22

91. C. G. Jung, *Zur Psychologie des Kind-Archetyps*, Werke, Bd. 9, S. 193

92. Siehe auch Millers Kritik an Jung, von dem sie meint, er habe seine eigenen frühen Einsichten über die Bedeutung der Kindheitserfahrung für die psychische Entwicklung verraten, in *Du sollst nicht merken*, Frankfurt 1981. Zweifellos zeigt diese Kehrtwendung Jungs Bedürfnis, sich von Freud zu befreien.

93. Miller, *Drama*, S. 164/65
94. Winnicott, *Spiel*, S. 81
95. Jung, *Kind-Archetyp*, S. 192
96. Judith van Herik, *Freud on Femininity and Faith*, Berkeley 1982, S. 97
97. Ebd., S. 2
98. Vgl. Slater, *The Glory of Hera*

## 4. Kapitel: Psyches Selbst

1. Susan Griffin, *Pornography and Silence: Culture's Revenge against Nature*, New York 1981, S. 260
2. Ranke-Graves, *Griechische Mythologie*
3. Diese Form von Kritik liegt auch der wichtigen frühen Kritik von Marx an Hegel zugrunde. Er warf Hegel vor, daß er die Idee zum Subjekt mache und daß damit alle wahren Subjekte – Gesellschaft, Familie, Umstände, Willkür – unwirklich würden und die ganz andere Bedeutung von objektiven Momenten der Idee annähmen.
4. Whitehead, *Prozeß und Realität*, S. 33
5. Ebd., S. 48
6. Sheila Ortiz Taylor, *Faultline*, Tallahassee 1982, S. 8
7. Marge Piercy, »Bridging«, in *Circles on the Water*, New York 1982, Bd. 2, S. 1070
8. Robin Morgan *Die Anatomie der Freiheit*, München 1985, S. 12
9. Ebd., S. 319
10. Hekate steht manchmal zugleich für die ganze Mondtriade und für deren dritten Teil, die Häxe – in dem Sinne, wie Mary Daly ihn etymologisch verwendet (vgl. *Gyn/Ökologie*). Die Häxe oder Weise Alte wird in unserer Gesellschaft, die nur das junge Mädchen oder die Mutter wünscht (die in die eine Figur der Madonna zusammengefaßt wurden), herabgesetzt. Doch ursprünglich umfaßte die Weise Alte die gesamte Trinität, denn sie enthält Mädchen und Mutter, da sie bereits durch die Potenzen der jüngeren Phasen gegangen ist und sie daher in sich trägt.
11. Siehe Dalys »Näx-Gnostizismus«, die Weisheit der Häxe, in *Reine Lust*, S. 22
12. Daly, *Gyn/Ökologie*, S. 431
13. Luce Irigaray, *Das Geschlecht, das nicht eins ist*, Berlin 1979, S. 25
14. *Zahlwörter* unterscheiden sich technisch von *Allgemeinwörtern*. Man kann diese drei besonderen Selbst zählen, voneinander unterscheiden, im Gegensatz etwa zu ›Selbstsein‹ oder ›Menschheit‹.
15. Irigaray, *Geschlecht*, S. 30
16. Aurelius Augustinus, *Bekenntnisse*, Zürich 1950, S. 392

17. Die weiblichen Freunde Jesu hätten ihn, so nehme ich an, niemals vergöttlicht. Sie kannten nicht nur seine Menschlichkeit zu gut, sie fühlten sich von ihm auch ermächtigt und nicht *über*mächtigt. Die christologischen Absichten der Frauen scheinen immer anders gewesen zu sein, wie die Anfänge einer feministischen Christologie heute bestätigen. Vgl. Rita Nakashima Brook in »The Feminist Redemption of Christ«, in *Christian Feminism*, New York 1983; Elisabeth Schüssler-Fiorenza, *In Memory of Her*, New York 1983; Rosemary Redford-Ruether, *Sexism and God-Talk*, Boston 1983

18. Augustinus, *Bekenntnisse*, S. 392

19. Die auf eine göttliche Einheit zusteuernden Impulse, die den radikalen Monotheismus der biblischen Überlieferung verstärken, finden einen interessanten, ja vielversprechenden, niemals voll realisierten Gegenpol in der interpersonellen, ja interkonnektiven Gesellschaftlichkeit der Personen der Trinität. Siehe Joseph Bracken, *The Triune Symbol: Persons, Process and Community*, Washington 1985

20. *Des Heiligen Kirchenvaters Augustinus Fünfzehn Bücher über die Dreieinigkeit*, München 1935

21. Ebd., S. 193

22. In dieser Form nicht zu finden

23. Ebd., S. 224

24. Ebd., S. 225

25. Ebd., S. 222

26. keine deutsche Fundstelle, nach dem Engl. übersetzt

27. Daly, *Gyn/Ökologie*, S. 60

28. Ebd.

29. Elisabeth Moltmann-Wendel und Jürgen Moltmann, *Humanity in God*, New York 1983

30. Daly, *Gyn/Ökologie*, S. 99

31. John B. Cobb jr./David Griffin, *Prozeß-Theologie*, Göttingen 1979, S. 108

32. Daly, *Gyn/Ökologie*, S. 102

33. Vgl. Joseph A. Bracken, »Subsistent Relation: Mediating Concept for a New Synthesis«, *Journal of Religion*, Bd. 64, 2, 1984, S. 188–204

34. Thomas Aquinas, *Commentary on the Metaphysics of Aristotle*, Übers. J.P. Rowan, Chicago 1961, S. 497

35. Ebd., S. 501

36. Ebd., S. 916

37. René Descartes, *Meditations*, Übers. E. Haldane, in *The Philosophical Works of Descartes*, Cambridge 1911, S. 165

38. Whitehead, *Prozeß*, S. 37

39. David Hume, *A Treatise of Human Nature*, Oxford 1888, S. 636

40. Ebd., S. 635

41. Griffin, *Pornography and Silence*, S. 261

42. William James, *The Principles of Psychology*, New York 1890, Bd. 7, S. 224

43. Ebd., Bd. 2, S. 82

44. Ebd., Bd. 1, S. 488

45. William James, »A World of Pure Experience«, in *Essays in Radical Empiricism*, London 1912, S. 42

46. William James, »Does Consciousness Exist?«, in *Essays*, S. 4

47. Ebd.

48. James, *Psychology*, Bd. 1, S. 239

49. James, »Pure Experience«, S. 36–37

50. William James, *A Pluralistic Universe*, New York 1909, S. 380

51. Eine derartige Reduktion, die die spiegelbildliche Umkehr des klassischen Individualismus bedeutet, indem jegliche Individualität in den Reiz- und Antwort-Schemata der sozialen Umgebung vernichtet wird, bleibt den Visionen einer Brave New World des empirischen Behaviorismus vorbehalten, wie er in Skinners *Walden Two* vorgestellt wird.

52. Mead, *Geist*, S. 218/222

53. Ebd., keine Fundstelle

54. H. Richard Niebuhr, *The Responsible Self: An Essay in Christian Moral Philosophy*, New York 1963, S. 72

55. Ebd., S. 126

56. Ebd., S. 125

57. Ebd., S. 139

58. Ebd., S. 137

59. Whitehead, *Prozeß*, generelle Nomenklatur

60. Ebd.

61. Ebd., S. 162

62. Ebd., S. 162

63. Ebd., S. 94

64. Ebd., S. 354

65. Ebd., S. 94

66. Ebd., S. 110/111

67. Ebd., S. 63

68. A. N. Whitehead, *Modes of Thought*, New York 1938, S. 205

69. Bernard Loomer, »S-I-Z-E Is the Measure«, in *Religious Experience and Process Theology*, hg. von J. Cargas and B. Lee, Mahweh, N.J. 1976

70. Whitehead, *Prozeß*, S. 283

71. A. N. Whitehead, *Adventures of Ideas*, New York 1967, S. 177

72. Nancy Frankenberry, »The Power of the Past«, *Process Studies*, Bd. 13, 2, 1983, S. 129–38

73. Audre Lorde, »A Woman Speaks«, in *The Black Unicorn*, New York 1978, S. 4f.

74. Ebd.

75. Uni-versum, »in-Einem-kreisen«, könnte am besten durch das Wort *Kosmos* ersetzt werden, das etymologisch eher auf Schönheit denn auf Einheit hinweist. Doch ist mit dem Wort »in-Einem-kreisen« eigentlich genau das zusammengesetzte Einssein der vielen, die eines *werden* und dann wieder in viele zerfallen, ausgedrückt.

76. Whitehead, *Prozeß*, S. 215

77. Ebd.

78. Ebd., S. 310

79. Freud, *Unbehagen*, S. 422

80. Whitehead, *Prozeß*, S. 64

81. Ebd., S. 164

82. Gerard Manley Hopkins, »As kingfishers catch fire, dragonflies draw flame«, in *Poems of Gerard Manley Hopkins*, New York 1948, S. 95

83. Whitehead, *Prozeß*, S. 288

84. Wirkliche Ereignisse währen nicht lange, sie währen überhaupt nicht – sie geschehen: Dennoch stellen sie die empfundene Zeiteinheit dar – vielleicht eine Mikrosekunde. Sie »nehmen sich Zeit, zu sein«, wie John Cobb es in einem unveröffentlichten Vortrag ausgedrückt hat.

85. Whitehead, *Prozeß*, S. 84

86. Ein wenig wie die substantielle Form des Aristoteles, doch hier auf die ganze Gesellschaft und nicht nur auf das Individuum angewendet und durch erfassendes Empfinden vermittelt.

87. Whitehead, *Modes of Thought*, S. 223

88. Cris Williamson, »Waterfall«, auf *The Changer and the Changed*, LF 904, Olivia Records, Inc., 1975

89. Wenn dieses Freikämpfen nicht länger notwendig wäre – weil sich eine Welt entwickelt hat, in der die Energien von Frauen sowie die aller gegenwärtig unterdrückten Gruppen voll tätig würden, zusammenarbeiteten –, dann würde sich vielleicht die Metaphysik als solche auflösen, sich selbst abschaffen. Oder sie würde endlich wirklich lebendig, erlöst aus ihrer akademischen Gefangenschaft.

90. Daly, *Lust*, S. 436

91. An dem Tag, als ich diesen Absatz schrieb, berichtete eine junge Frau von einem Erlebnis, das sie am Vorabend hatte: Sie stand neben zwei männlichen Kollegen, die miteinander sprachen, während sie sich mit jemand anderem unterhielt. Als sie sich zum Gehen wandte, unterbrach die andere Dyade ebenfalls ihr Gespräch und wandte sich zum Gehen; sie flachste, daß sie nicht die Absicht gehabt hätte, sie zu unterbrechen. »Doch, das haben Sie«, gab der eine zurück. Als sie später darüber nachdachte, hatte sie das Gefühl, als hätten die beiden selbst aus der Entfernung von ihrer Energie gezehrt.

92. Emmanuel Levinas, *Totality and Infinity: An Essay in Exteriority*, Übers. A. Lingis, Pittsburgh 1969, S. 154–56

93. Jung, *Symbole der Wandlung*

94. Hillman, *Re-Visioning Psychology*, S. 70
95. Daly, *Lust*, S. 435
96. Daly, *Gyn/Ökologie*, S. 400/401
97. Ebd., S. 401
98. Daly, *Lust*, S. 301
99. Ntozake Shange, *for colored girls who have considered suicide/when the rainbow is enuf*, Toronto/New York 1975, S. 67
100. Charles Hartshorne, *The Divine Relativity: A Social Conception of God*, New Haven and London 1948, S. 47
101. Whitehead, *Adventures of Ideas*, S. 277
102. Ebd., S. 275

## 5. Kapitel: Der Geist der Spinne

1. Ovid, *Metamorphosen*, Zürich 1958, S. 371
2. Etymologie von Penelope nach Ranke-Graves, *Griechische Mythologie*
3. Ich danke William Whedbee vom Pomona College für seine unveröffentlichte literaturkritische Analyse über Jeremia als tragischer Figur.
4. Vgl. Drorah Setel, »Feminist Reflections of Separation and Unity in Jewish Theology«, *Journal of Feminist Studies in Religion*
5. Daly, *Gyn/Ökologie*, S. 355
6. Irigaray, *Geschlecht*, S. 221
7. Es ist interessant, daß Levinas, ein Philosoph, der das Anderssein zelebriert, Odysseus als »die Rückkehr zum Gleichen« deutet. (*Totality and Infinity*, S. 33f., 176f., 271)
8. Irigaray, *Geschlecht*, S. 221
9. Morton, *The Journey Is Home*, S. 172
10. Alice Walker, *Die Farbe Lila*, Reinbek 1984, S. 140
11. Ebd.
12. Robin Morgan, »The Network of the Imaginary Mother«, *Lady of the Beasts*, New York 1962, S. 88
13. *Sinister Wisdom*. Dies ist der Name der feministischen Zeitschrift.
14. Morton, *The Journey Is Home*, S. 172
15. Adrienne Rich, *Der Traum einer gemeinsamen Sprache*, München 1982, S. 76
16. Adrienne Rich, »Integrity«, in *A Wild Patience Has Taken Me This Far*, S. 8
17. Irigaray, *Geschlecht*, im deutschen Text nicht auffindbar
18. Rich, »Integrity«, S. 9
19. Daly, *Lust*, S. 246–286
20. Whitehead, *Adventures of Ideas*, S. 195
21. Ebd.

22. Daly, *Lust*, S. 10
23. Whitehead, *Prozeß*, S. 151
24. A. N. Whitehead, *Religion in the Making*, New York 1960, S. 16
25. Rich, »Integrity«, S. 9
26. Irigaray, *Geschlecht*, S. 224
27. Whitehead, *Prozeß*, S. 164
28. Whitehead, *Modes of Thought*, S. 223
29. Jung, *Kind-Archetyp*, Werke, Bd. 9, S. 187
30. Griffin, *Pornography and Silence*, S. 253
31. Ebd., S. 260
32. Rich, *Von Frauen geboren*, S. 276
33. Irigaray, *Geschlecht*, S. 224
34. Whitehead, *Prozeß*, S. 93
35. David Bohm, *Wholeness and the Implicate Order*, London 1984, S. 11
36. Ebd., S. 14
37. Irigaray, *Geschlecht*, S. 221/22
38. Vgl. Edward Casey, *Placeing: A Phenomenology of Lived Space*, erscheint demnächst
39. Whitehead, *Prozeß*, S. 140
40. Daly, *Lust*, S. 366
41. Irigaray, *Geschlecht*, S. 223
42. Judy Grahn, »Helen you always were the factory«, *The Queen of Words*, Trumansburg 1982, S. 92
43. Morton, *Journey Is Home*
44. Die klarste Darstellung der Rolle der Göttin heute als Symbol für die Kraft, die die Frauen für ihr Selbst gewinnen, ist Carol P. Christ, »Why Women Need The Goddess« in *Womanspirit Rising: A Feminist Reader in Religion*, San Francisco 1979; und die klassische Verbindung zwischen psychologisch-archetypischem Pluralismus und dem Bild der Göttin als Selbst der Frau stellt Naomi Goldenberg in *Changing of the Gods: Feminism and the End of Traditional Religions*, Boston 1979, dar.
45. Morgan, »The Network of the Imaginary Mother«, S. 84
46. Fanchon Shurs choreographisches Werk *Taalit: Gebetsschal* (das in Cincinnati spielt) ist ein zeremonieller Tanz, der ein altes jüdisches Symbol entpatriarchalisiert, indem die heilige Allumfassendheit von Gemeinschaft und Kosmos bewegungsmäßig dargestellt wird.

## Ursula Wirtz · Seelenmord
Inzest und Therapie
*290 Seiten, 5 Farbtafeln, kartoniert, ISBN 3 268 00080 0*

Inzest ist ein Angriff auf die menschliche Würde, auf die seelische und körperliche Integrität und damit die Identität der Mißbrauchten. Inzest ist Seelenmord.

Die traumatischen Auswirkungen sexueller Ausbeutung haben Ähnlichkeit mit den psychischen Folgeschäden bei KZ-Opfern, und vergleichbar sind auch die kollektive Verdrängung und die Hilflosigkeit von Fachleuten angesichts dieses Traumas.

Die Autorin setzt sich mit den verschiedenen Möglichkeiten der Therapie mit Inzestbetroffenen auseinander und stellt dabei auch die brisante Frage, warum Inzestopfer so häufig von ihren Therapeuten erneut mißbraucht werden. In der Therapie, so Ursula Wirtz, geht es um die Suche nach der gemordeten Seele, nach dem wahren Selbst. Sie zeigt, wie sexuell mißbrauchte Frauen aus ihrer seelischen »Totenstarre« herausfinden und ihren Gefühlen und ihrem Körper wieder näherkommen können. Mit der Frage nach dem Sinn und der Möglichkeit des Heilwerdens wird auch die spirituelle Dimension des Inzestthemas berührt.

## Elisabeth Camenzind/Ulfa von den Steinen (Hrsg.)
## Frauen verlassen die Couch
Feministische Psychotherapie
*222 Seiten, kartoniert, ISBN 3 268 00085 1*

Was heißt es, als Frau psychotherapeutisch tätig zu sein, und was heißt es, als Frau eine Psychotherapie in Anspruch zu nehmen? Zwischen Frauen-Bewegung und Männer-Theorien versuchen in diesem Sammelband Psychotherapeutinnen ihre Position zu bestimmen.

Sie gehen dabei von sehr verschiedenen, praktischen und theoretischen Fragestellungen aus. Allen gemeinsam ist jedoch der Wunsch, das, was in der Therapie geschieht, mit weiblichen Augen neu zu sehen.

Kreuz Verlag

*Inge Stephan*
*Das Drama der begabten Frau*
Im Schatten berühmter Männer
*216 Seiten, zahlreiche Abbildungen,*
*kartoniert mit vierfarbigem Umschlag*
*ISBN 3 7831 0987 6*

Frauen, so meinte man lange Zeit, sind zu Spitzenleistungen in Kunst und Wissenschaft nicht imstande; Genies gibt es nur unter Männern. Inge Stephan zeigt am Beispiel von elf Frauen aus allen Bereichen der Kunst und Wissenschaft, daß bedeutende Männer wie Einstein, Marx, Tolstoi, Corinth und Barth ihre großen Werke nur schaffen konnten, weil Frauen ihnen praktisch, emotional und geistig zugearbeitet haben. Bei ihrer Auswahl hat Inge Stephan Frauen berücksichtigt, die als Künstlerinnen und Wissenschaftlerinnen selbst außerordentlich begabt waren und bewiesen haben, daß sie Außergewöhnliches leisten konnten. Sie haben aber ihr eigenes Werk zurückgestellt oder konnten es nicht vollenden, weil sie ihre Kraft einem Geliebten, Ehemann oder Vater zur Verfügung stellten, beziehungsweise ihre besten Jahre durch Mutterschaft und häusliche Sorgen aufgezehrt wurden. Die Umwelt hat sie selbst dann, wenn sie auf ihrem Gebiet Bedeutendes leisteten, wie zum Beispiel Clara Westhoff, nur unter dem Namen ihres berühmten Mannes zur Kenntnis genommen oder, wie im Falle von Camille Claudel, unterstellt, sie habe Rodin kopiert. Albert Einstein hat seiner Frau, von der er getrennt lebte, das Honorar für seinen Nobelpreis gegeben, die Ehre aber, die ihr ebenso gebührt wie ihm, kam allein ihm zu.

Der Konflikt zwischen Liebe und Karriere ist kein Thema der Vergangenheit. Auch heute stellt sich für Frauen die Frage, ob sie lieben oder kreativ sein wollen, ob sie Beziehungsarbeit oder schöpferische Arbeit tun. Die begabte Frau erlebt eine dramatische Tragödie, wenn sie zugleich eine liebende Frau sein will.

Kreuz Verlag